Hans Küng

Ewiges Leben?

SERIE PIPER
Band 364

Zu diesem Buch

Der bekannte Tübinger Theologe setzt sich mit den großen Fragen nach dem Sinn menschlichen Lebens und Sterbens auseinander. Das Buch ist jedoch keine theologische Enzyklopädie von den »letzten Dingen«; es bietet vielmehr mit wissenschaftlicher Intensität wesentliche Informationen und Anregungen zu diesem existentiellen Thema, dem keiner ausweichen kann. Es ist Hans Küng überzeugend gelungen, die Grundfragen transparent zu machen, den Leser unmittelbar anzusprechen und ihm praktische Hilfe zu geben.

»Küng stellt dar, wie auch ein Kind ›unserer Zeit‹ sich durchaus vernünftig für den Glauben an das ewige Leben entscheiden kann; er führt zur Einsicht, daß es dabei um etwas geht, was einen, hat man erst die Schalen seiner Vorurteile durchbrochen, nicht in jedem Fall mehr gleichgültig läßt.«

Frankfurter Allgemeine Zeitung

Hans Küng, geboren 1928 in Sursee (Schweiz). (1948 bis 1955 Studium der Philosophie und Theologie in Rom. 1955 Studium an der Sorbonne und am Institut Catholique in Paris. 1957 bis 1959 praktische Seelsorge in Luzern. 1960 Berufung an die Universität Tübingen als o. Professor für Fundamentaltheologie. Unter Papst Johannes XXIII. theologischer Konzilsberater. Seit 1963 Professor der dogmatischen und ökumenischen Theologie. Seit 1980 fakultätsunabhängig Professor für ökumenische Theologie und Direktor des Instituts für ökumenische Forschung. – Zahlreiche Veröffentlichungen. Im Piper Verlag sind erschienen: »Christ sein« (1974, [11]1983); »Existiert Gott?« (1978, [2]1984); »20 Thesen zum Christsein« (1975, [6]1980); »Die Kirche« (1977, [2]1980); »24 Thesen zur Gottesfrage« (1979, [3]1980); »Die christliche Herausforderung« (1980); (mit Josef van Ess, Heinrich von Stietencron, Heinz Bechert) »Christentum und Weltreligionen« (1984).

Hans Küng

Ewiges Leben?

Piper
München Zürich

Von Hans Küng liegen in der Serie Piper
außerdem vor:
20 Thesen zum Christsein (100)
Die Kirche (161)
24 Thesen zur Gottesfrage (171)

ISBN 3-492-10364-2
Neuausgabe 1984
6. Auflage, 87.–92. Tausend August 1986
(3. Auflage, 17.–22. Tausend dieser Ausgabe)

Umschlag: Federico Luci, unter Verwendung des Gemäldes
»Farbwege« (1983) von Otto Herbert Hajek
Foto Umschlagrückseite: Barbara Klemm
Satz: Welsermühl, Wels
Druck und Bindung: Clausen & Bosse, Leck
Printed in Germany

Inhalt

Vorwort

Glauben Sie an ein Leben nach dem Tod? So direkt gefragt, geraten selbst Theologen manchmal in Verlegenheit. Hier ist in der Tat eine Frage gestellt, die, wiewohl seit den Anfängen der Menschheit in der Altsteinzeit virulent, ein wenig aus der Mode gekommen zu sein scheint. Ein ewiges Leben? Was soll das angesichts eines ständig besser werdenden Lebens in einer Zeit des Fortschritts, des steigenden Lebensstandards und der wachsenden Lebensqualität?

Glauben Sie an ein Leben nach dem Tode? *Nein, ich bin nicht religiös!* Diese Antwort klingt heute nicht mehr so »modern« wie ehedem, eher ein wenig schmalbrüstig, uninformiert. Wie die Antwort auf die Frage nach Musik: Nein, ich bin nicht musikalisch! Kein Argument jedenfalls gegen Musik, bestenfalls Anlaß zu einer Rückfrage: Ein Leben mit oder ohne Musik, mit oder ohne Religion – macht das wirklich keinen Unterschied?

Die Plädoyers der Theologen für ein ewiges Leben freilich waren oft wenig überzeugend und zeugten von Realitätsferne – an den Schwierigkeiten denkender Menschen heute ebenso vorbei wie an den Widersprüchlichkeiten der Bibel bezüglich Tod und Auferstehung, Himmel und Hölle, Weltende und Weltgericht. Da waren die Gegenargumente oft zupackender, und die Opponenten, mit viel Wahrheit in ihren Zweifeln, hatten Gewichtigeres zu sagen: Ewiges Leben – was ist das anderes als eine Wunschprojektion (Feuerbach), eine Vertröstung für die Unterdrückten (Marx), ein Verleugnen der ewigen Wiederkehr des Gleichen (Nietzsche), eine unrealistische Regression des psychisch Unreifen (Freud) ...?

Was kommt im Tod, was nach dem Tod? Die neueren Philosophen, Existenzphilosophen und Neomarxisten, begannen die Frage bereits differenzierter zu diskutieren: Während Jean-Paul Sartre negativ antwortete, hielt Martin Heidegger die Frage offen, und Karl Jaspers bejahte sie bedingt; und während Theodor W. Adorno den Gedanken von einem Tod als dem schlechthin Letzten unausdenkbar fand, bekannte sich Max Horkheimer offen zur Sehnsucht nach dem ganz Anderen; Ernst Bloch blieb bis zu seinem Ende ungeheuer neugierig auf das »große Vielleicht«. Und so spricht es sich denn in unserer Welt, geprägt von Positivismus und Materialismus, langsam herum, daß die Frage nach dem ewigen Leben mit Formeln wie »Wunschdenken«, »Opium«, »Ressentiment«, »Illusion« nicht abgetan werden kann. Sie sind zu kurz, um das immer wieder aufbrechende Hoffnungspotential erschöpfen zu können.

Unübersehbar ist, daß wir mitten in einer gesellschaftlichen Orientierungskrise großen Stils stehen. Neue Probleme und Bedürfnisse sind wach geworden, neue Ängste und Sehnsüchte durchgebrochen. Viele suchen nach einem neuen Halt, einer grundlegenden Gewißheit, einem Kompaß für ihr und der anderen Menschen Leben. Religion findet wieder Beachtung, mit aller Widersprüchlichkeit und Ambivalenz der Phänomene: die alte Religion und viele neue, die christliche wie die islamische, hinduistische, buddhistische. Der Gott Fortschritt jedenfalls scheint in West und Ost rapide an Glaubwürdigkeit verloren zu haben, der Glaube an ein stets besseres Leben durch Wissenschaft und Technologie, aber auch durch Revolution und Sozialismus starken Glaubenszweifeln zu unterliegen. Und während sich die Ältergewordenen mit dem Sinn des Sterbens trotz aller Psychologie nicht abgefunden haben, fragen die Jüngeren – angeblich eine »No future«-Generation voll von Apathie, Verweigerung, Angst und Selbstzerstörung – neu nach dem abhanden gekommenen Sinn des Lebens. Gerade jene Wissenschaft indessen, die im letzten Jahrhundert am meisten zur Zerstörung des Unsterblichkeitsglaubens getan und sich zugleich in staunenerregender Weise um die Lebensverlängerung bemüht hat, die Medizin, ist es heute, welche die Tabuisierung des Todes durchbrochen und mit ihrer Sterbeforschung die Frage nach Tod und Weiterleben neu belebt hat. Aber – hat die Medizin, oder vielleicht die Parapsychologie, ein Leben nach dem Tod bewiesen?

Die Religionen rechnen fast allgemein mit irgendeinem Leben nach dem Tod, sei es in einem Schattenreich, einem Himmel oder einem Nirwana, sei es nach einem oder nach mehreren Leben, sei es unmittelbar schon nach dem Tod oder erst nach einem Weltgericht. Seelenwanderung, Wiedergeburt, spiritistische Phänomene, so viele »Dinge zwischen Himmel und Erde«, jenseits unseres »normalen Menschenverstandes«. Vielleicht noch dringlicher sind Probleme anderer Art: Probleme eines menschenwürdigen Sterbens, ja Sterbehilfe überhaupt, des Aufbruchs in ein Reich der Freiheit und Gerechtigkeit und des alternativen Lebens, Fragen der Futurologie und Kosmologie ...

»Wenn man das Unsichtbare begreifen will, muß man so tief wie möglich ins Sichtbare eindringen«, hat der große Maler Max Beckmann gesagt. Was man in theologischen Lehrbüchern über »die letzten Dinge« findet, schien mir zur Beantwortung der Frage nach einem ewigen Leben öfters weniger wichtig als das, was Dichter und Philosophen, Ärzte und Naturwissenschaftler dazu – negativ wie positiv – geschrieben haben. Wer an solchen theologischen Detailfragen Interesse hat, mag getrost in diesen Lehrbüchern nachschlagen. Nicht also einen langatmigen theologischen Traktat zur Eschatologie wollte ich verfassen, sondern wie in den Büchern »Christ sein« und »Existiert Gott?« auf die drängenden Fragen der Zeitgenossen antworten, präzise auf dem Stand gegenwärtiger theologischer Forschung, und mich doch nicht an sie verlierend. Ohne diese beiden vorausgegangenen Bücher freilich hätte ich eine, wie ich hoffe, zugleich weiträumige wie solide begründete Beantwortung dieser Fragen kaum verantworten können. Auf diese theologische Fundierung habe ich zurückgegriffen, wo immer es notwendig war, ohne dabei dem Gelehrtenlaster des direkten Selbstzitierens zu huldigen. Auf sie muß ich auch zur Vertiefung mancher Fragen den Leser verweisen. So erscheinen nun diese drei Bücher ineinander verzahnt, und ich bin froh, nach einem Dutzend Jahren sagen zu dürfen, daß sich der mit »Christ sein« eingeschlagene theologische Weg – trotz aller Diskreditierung meines Christenglaubens und meiner Kirchentreue durch kaum gesprächsbereite kirchliche Stellen – bewährt hat und sich unbekümmert um theologische Moden in seiner Konsequenz weitergehen ließ.

Dem Buch liegen neun Tübinger Vorlesungen zugrunde. Widerstanden habe ich einem weiteren Gelehrtenlaster: den Charakter der Vorlesung zu verändern und den Stoff zu einem handbuchartigen Kompendium auszuwalzen. Vieles konnte und mußte in diesen Vorlesungen sehr dicht gedrängt, verknappt gesagt oder überhaupt nur angedeutet werden. Auf Spezialliteratur ist denn auch – wo angebracht – immer wieder verwiesen. Der Lesbarkeit und Problemdichte dürfte ein solches von mir zum erstenmal gewähltes literarisches Genus zugute kommen.

Ich widme dieses Buch all den vielen in der Nähe und in der Ferne, welche mir durch ihre Solidarität in jener schweren Zeit nach dem

18. Dezember 1979 ein geistiges Überleben und schließlich auch ein Weiterarbeiten in der Theologie – jetzt sogar noch in größerer Freiheit und mit weiteren Perspektiven – ermöglicht haben. In erster Linie waren es neben meinen Kollegen und Freunden in Tübingen, in Deutschland, in der Schweiz, in Österreich, in den Vereinigten Staaten und in anderen Ländern meine engsten Mitarbeiter in unserem Institut für ökumenische Forschung, die auch an diesem Buch wieder ihre großen Verdienste haben: Akad. Rat Dr. Karl-Josef Kuschel, der mehr als jeder andere von Anfang bis Ende diese Vorlesungen begleitet und viele wertvolle Anregungen und Verbesserungen beigesteuert hat; Frau Marianne Saur, die unermüdlich sämtliche Fassungen des Manuskripts immer wieder neu kritisch gelesen und das Autorenregister verfaßt hat; meine persönliche Sekretärin Frau Eleonore Henn, die neben einem Übermaß an Sekretariatsarbeit sich um die mehrmalige Niederschrift ständig neue Mühe gemacht hat; cand. psych. Hannelore Türke und Diplomtheologe Michael Stemmeler, die sämtliche Zitate und Anmerkungen überprüft und in die endgültige Fassung gebracht sowie die Druckfahnen korrigiert haben; schließlich unsere langjährige Institutssekretärin Frau Annegret Dinkel, die mit der Beschaffung von Literatur, welche auch in diesem Fall schließlich ein außerordentliches Ausmaß angenommen hat, befaßt war und mir dabei viele kleine Dienste geleistet hat.

Diese neun doppelstündigen Vorlesungen wurden im Sommersemester 1981 im Rahmen des Studium Generale an der Universität Tübingen für Hörer aller Fakultäten gehalten und sind auf ein sehr erfreuliches Echo gestoßen. Für den Druck wurden sie zwar noch einmal gründlich überarbeitet und ergänzt, der Charakter der Vorlesungen aber blieb erhalten.

Tübingen, Juni 1982

A. DER HORIZONT

I. Sterben als Eingang ins Licht?

1. Die Toten lernen nichts dazu

»Die Bühne ist weit und leer und weiß... Das weiße Licht bleibt unveränderlich.« So lautet die Regieanweisung zum breitflächig-mittleren der »drei szenischen Bilder« im »Triptychon«, diesem vor kurzem uraufgeführten Spätwerk über Tod und Ewigkeit des Schriftstellers *Max Frisch*, im Mai 1981 siebzig Jahre alt geworden[1].

Die Bühne weit und leer und weiß, das weiße Licht bleibt unveränderlich: Wie versteht Max Frisch das Sterben? Als Eingang ins Licht? Durchaus, aber: in ein unbarmherzig-untröstliches Licht, wie es unveränderlich leuchtet, ermüdet, lähmt schon in Jean-Paul Sartres Spiel vom Jenseits »Huis clos« (»Bei geschlossenen Türen«) aus dem Jahre 1945. Es ist ein völlig trost-loser Tod, den Frisch ironisch-skeptisch auf der Bühne darstellt vor einer leeren Totenlandschaft, in der die Toten und das Totsein langweilig sind vor lauter Stagnation und gnadenloser Repetition: »Es geschieht nichts, was nicht schon geschehen ist, und ich bin Anfang dreißig. Es kommt nichts mehr dazu. In diesem Sessel habe ich geschaukelt. Es kommt nichts dazu, was ich nicht schon erfahren habe. Und ich bleibe Anfang dreißig. Was ich denke, das habe ich schon gedacht. Was ich höre, das habe ich gehört.« So sagt die Hauptfigur dieser dialogischen Meditation, das verstorbene Mannequin Katrin[2]. Und später: »Es ist grauenvoll, die Toten lernen nichts dazu... Ich habe gehört, was du zu sagen hast. Wir können alles noch einmal sagen, und es ändert nichts... Wir gehen im Kreis herum... Ich möchte schlafen, ich möchte nie gelebt haben und von allem nichts wissen – nur schlafen.«[3]

»Sterben! Sterben! Schlafen – vielleicht träumen«, echot der Clochard, ein früherer Schauspieler, Hamlet zitierend[4]. Um dann mit

Strindberg zu sagen (bei Frisch in Großbuchstaben gesetzt): »ES IST SCHADE UM DIE MENSCHEN, Strindberg, ES IST SCHADE UM DIE MENSCHEN.«[5] Ähnlich der alte Proll, Katrins Geliebter, ein früherer Spanienkämpfer und nachmaliger Antiquariatsbuchhändler: »Hier gibt's keine Erwartung mehr. Das ist der Unterschied ... Irgend etwas erwartet man unentwegt, solange man lebt, von Stunde zu Stunde ... Hier gibt's keine Erwartung mehr, auch keine Furcht, keine Zukunft, und das ist's, warum alles in allem so nichtig erscheint, wenn es zu Ende ist ein für allemal.«[6] Katrin selber sagt es zum Abschluß dieser tristen Hadesszene beinahe thesenhaft: »Die Ewigkeit ist banal.« Dazu Frischs Regieanweisung: »Man hört das Vogelzwitschern.« Und Katrin: »Es ist schon wieder April.«[7]

Leben nach dem Tod? Nicht der Eingang ins Nichts, sondern, schlimmer noch, in die große Langeweile des immer Gleichen? So jedenfalls sieht die Aufklärung von Max Frisch über Tod und ewiges Leben aus: mehr Trübung als Erhellung, wie ja auch der Totenfluß in diesem Hades, in welchem der alte Proll stets erneut erfolglos fischt, als trübes Industriegewässer bei einem Karosseriewerk fließt – oder eben nicht fließt. Ist es das also, was der »aufgeklärte Mensch« des ausgehenden 20. Jahrhunderts – nach Tausenden von Jahren Religion und Christentum – über Tod und ewiges Leben zu sagen weiß? Eine Aufklärung freilich, die nicht etwa zum Fatalismus, zur Resignation führen soll, sondern zum Umdenken, Revidieren, gar Revoltieren! Denn: gesellschaftliche Änderungen sind diesem Autor zufolge nur noch in diesem zeitlichen Leben möglich. Hier und jetzt fallen die Chancen der Bewährung, hier wird gewonnen oder verspielt. Die ewige Langeweile des Totenreiches ist also in diesem Stück eine mahnende Metapher für das Tödliche *vor* unserem Tod, das beginnt, wenn jemand nicht mehr umdenken kann ...

Engagierte Stellungnahme fordert das Stück, so wie es selber engagierte Stellungnahme zu einer der großen Menschheitsfragen ist. Ob nicht mit dem Verweis auf die hiesige Zeit die *Ewigkeit als Frage und Hoffnung allzu schnell abgeblendet* wird? Welchen Sinn kann denn diese so ganz und gar vergängliche Zeit noch angesichts solch banaler, aussichtsloser, auswegloser Ewigkeit haben? Einer Zeit, in der nicht nur ein glaubensfester Pastor seine früheren Illusionen von einem anderen »Licht«, von einer Neugeburt ohne Fleisch, erneut verkündigt, sondern auch ein Revolutionär seine alte Utopie von einer Revolution, die kommen und uns unsterblich machen wird, auch wenn wir sie nicht mehr erleben? Alles in allem: »die Ewigkeit des Gewesenen«[8], wie es ein junger Mann schon in der ersten Szene des Triptychons verkündet?

Ja, von rechts bis links wird man aus diesem melancholisch-skeptischen dreiteiligen Stück weniger Frischs gleichmütige Gelassenheit, ein sich Abgefundenhaben, gar ein Erwarten und Hoffen für dieses Leben herauslesen. Vielmehr eine bei allem Licht lähmende Schwermut, Trostlosigkeit, Hoffnungslosigkeit, bisweilen auch die sonst abgewiesene Angst, Trauer, ja Verzweiflung: »Ernst Bloch ist auch gestorben – Die Zukunft gehört der Angst«, heißt es einmal[9]. Und das Stück endet schließlich nach dem dritten Szenenbild damit, daß derselbe junge Mann, unterdessen fünfzig geworden, von seiner aus dem Tod zurückgekehrten Geliebten dasselbe vernichtende Urteil wie damals vernimmt: »Du hast nie jemand geliebt, dazu bist du nicht imstande ... und du wirst auch nie jemand lieben.« Pause. Er: »Das also bleibt.«[10] Und drückt den Revolver an die Schläfe. Dunkel. Aus. Vorhang.

Ein Dichter in der Sackgasse, hörte man in Wien nach der Uraufführung. Nur ein Dichter? Will das Stück nicht mehr sein als private Konfession, will es nicht parabelhaft verdichtet unsere Zeit als ganze ins Bild rücken? Man wird daher fragen müssen: ein Mensch, ja, der Mensch des 20. Jahrhunderts in der Sackgasse!? Ist da ein Ausweg noch möglich, eine Alternative noch verantwortbar?

Nun, ich gedenke hier nicht wie der Pastor im ersten Teil des Triptychons, einer Beerdigungsszene, nur die Bibel zu zitieren und die beiden Szenen aus dem Johannesevangelium von der Auferweckung des Lazarus und dem ungläubigen Thomas vorzulesen. Auch ich bekäme vermutlich die typisch neuzeitliche Antwort wie der Pastor von dem jungen Mann: »Ich weiß nur, daß es ein menschliches Bewußtsein ohne biologische Grundlage nicht gibt. Schon eine Gehirnerschütterung macht mich bewußtlos. Wie soll mein Bewußtsein sich erhalten nach dem materiellen Zerfall meines Hirns? – zum Beispiel wenn ich mir eine Kugel in den Kopf schieße ... Ich will nur sagen: als biologisches Faktum ist der Tod etwas Triviales, eine Bestätigung der Gesetze, denen alle Natur unterworfen ist. Der Tod als Mystifikation, das ist das andere. Ich sage ja nicht, daß sie inhaltslos sei. Aber eine Mystifikation. Auch wenn die Vorstellung eines ewigen Lebens der Person haltbar ist, die Mystifikation besteht darin, daß der Tod letztlich die Wahrheit über unser Leben ist: Wir leben endgültig.«[11]

Zu diesen ach »so vernünftigen« Gedanken erfolgt dann freilich schon bei Frisch der Kontrapunkt in der Antwort des jungen Mädchens: »O nein, ich meine nicht Swedenborg und solche Leute, die sich auf ihre Halluzinationen berufen. Ich meine bloß: so einfach ist das nicht. Kein Bewußtsein ohne biologische Grundlage. Woher wissen Sie das? Eine Seele ohne Leib, auch Platon liefert dafür keinen Beweis – das stimmt! – und trotzdem hält Platon eine solche Existenz für wahrscheinlich. Wie Bloch übrigens auch. Es gibt ja nicht nur die kleine Logik, es gibt auch eine große.«[12]

Die kleine Logik, die große Logik – wie immer: in diesen Vorlesungen über ewiges Leben sollen jedenfalls keine Mystifikationen geboten, sollen keine blinden Emotionen geweckt werden. Nein, gerade nach dem ungeheuren Umbruch in sämtlichen Lebensbereichen und der verständlichen Sehnsucht nach Frieden, Sicherheit und Stabilität, gerade in dieser technokratisch-durchrationalisierten Welt und all der seelischen Verarmung des Homo faber soll nun nicht etwa eine angebliche Trendwende zum Irrationalen-Überrationalen mitgemacht werden. In der übersättigten, überfeinerten, skeptisch-dekadenten Stimmung eines sich wieder nahenden »Fin de siècle« – in Frischs prosaischer Enderzählung »Montauk« literarisch verarbeitet als eine »Fin de vie«-Stimmung (»Leben ist langweilig«) –, da soll nun nicht ein geistig und politisch neokonservativer (religiöser oder quasireligiöser) Glaube gepredigt werden. Das theologische Wahrheitsinteresse an einem so delikaten Thema, wie es das »ewige Leben« nun einmal ist, richtet sich im strengen Sinn auf die *Wirklichkeit* (oder eben Unwirklichkeit) dieses Lebens und nicht zunächst auf dessen *Funktion* im menschlichen Dasein, seinen Gebrauch und Mißbrauch. Theologisch muß alles vermieden werden, was nach Ausbeutung des menschlichen Wunsches nach ewigem Leben aussieht, bevor dessen Wirklichkeit affirmiert werden kann.

2. *Abschaffung des Todes?*

Um allen theologischen Mißverständnissen a limine zu wehren, sei von vornherein festgestellt, was erst in den folgenden Vorlesungen in seiner ganzen Tragweite deutlich werden wird: Bei aller notwendigen Besinnung auf die religiösen Traditionen der Menschheit stellen wir die Frage nach dem ewigen Leben nicht rückwärtsgewandt, regressiv, um in eine angeblich problemfreie Kindheit der Menschheit oder zumindest der Christenheit zurückzukehren, sondern prospektiv, mit dem Blick nach vorn: Die Wende zur Moderne, jener tiefste Einschnitt in der Zeit nach

Christi Geburt, jene doppelte kopernikanische Wende – von der Erde zur Sonne und zugleich von Gott zum Menschen – will ernst genommen werden.

Das heißt: wir stellen die Frage nach dem ewigen Leben in einer Zeit, in der ein völlig neues wissenschaftliches *Weltbild* sich durchgesetzt hat: die blaue Außenwand des Himmelssaales als der Stätte ewigen Lebens begann sich buchstäblich in Luft aufzulösen;
in der das Postulat der *Aufklärung* durchgedrungen ist: es gibt seither keine ewige Wahrheit am kritischen Urteil der Vernunft vorbei nur etwa auf die Autorität von Bibel, Tradition oder Kirche hin: der Glaube an die Ewigkeit kann seither keine bloß autoritative Setzung oder weltanschauliche Selbstverständlichkeit mehr sein;
in der die *Ideologiekritik* den gesellschaftlichen Mißbrauch des Ewigkeitsglaubens aufgedeckt hat: zur Vertröstung auf ein Jenseits oder zur Stabilisierung ungerechter, unmenschlicher Verhältnisse wird er nie mehr dienen dürfen;
in der die politisch-kulturelle *Vorherrschaft des Christentums* aufgehört hat: die Leugnung eines ewigen Lebens ist seither nicht mehr lebensgefährlich, und der allumfassende Säkularisierungsprozeß hat eine Bewußtseinsverschiebung vom Jenseits aufs Diesseits, vom Leben nach dem Tod auf das Leben vor dem Tod, von der Sehnsucht nach dem Himmel zur Treue zur Erde hervorgebracht ...

Aber vor diesem hier zunächst nur knapp zu skizzierenden geistesgeschichtlichen Horizont zeichnen sich nun doch allerneueste Entwicklungen ab, die die Fragen nach dem ewigen Leben für viele wieder höchst aktuell werden lassen. In Frischs »Triptychon« taucht erstaunlicherweise kein Arzt auf. Es ist indessen vor allem die – noch um die Jahrhundertwende weithin physiologisch-materialistisch orientierte – *Medizin*, die hier Bewegung in die vormals starren Fronten gebracht hat.

Auch Studenten der Medizin wissen heute kaum noch, wie hart die ideologischen Fronten bezüglich Sterblichkeit und Unsterblichkeit in ihren Reihen einstmals waren. Eine kurze historische Reminiszenz ist da angezeigt. Vor rund 130 Jahren – 1854 auf der »31. Versammlung deutscher Naturforscher und Mediziner zu Göttingen« – war innerhalb der deutschen Medizin ein Konflikt offen ausgebrochen, den man den *»Materialismusstreit«* genannt hat. Vorausgegangen war, daß im Frankreich der Revolution eine neue, streng empirisch-naturwissenschaftlich arbeitende Medizin entwickelt worden war, die bis zur Mitte des 19. Jahrhunderts beeindruckende Erfolge zu verzeichnen hatte. Gewaltige Erschütterungen alter Dogmen und Glaubensüberzeugungen, von Theologie und Naturwissenschaft damals gleichermaßen geteilt, waren die Folge. Im Deutschland der Romantik aber waren dagegen Abwehrfronten aufgebaut worden. So wollte der Mediziner *Rudolph Wagner* noch einmal aufgrund philosophisch-theologischer Argumente nicht nur die Abstammung des Menschen von einem einzigen Menschenpaar verteidigen, sondern auch – gegen neuere physiologische, »materialistische« Theorien – eine besondere unsichtbare-unwägbare »Seelensubstanz« behaupten[13]. Wagners Angriff richtete sich damals gegen den Physiologen *Carl Vogt*, der seinerseits scharf mit der traditionellen Konzeption unter dem Titel »Köhlerglaube und Wissenschaft« abrechnete[14]. Er nahm gegen die von Wagner vertretene Linie mehrere ursprüngliche Menschenpaare an und verglich das Verhältnis Gehirn–Gedanken sogar mit dem Verhältnis Leber–Galle oder Niere–Harn.

Für die große Öffentlichkeit damals hatten die Materialisten die Schlacht gewonnen. Seit diesem Streit war auch in Deutschland klar: Glaubensüberzeugungen haben in naturwissenschaftlich-medizinischen Fragen nichts zu suchen;
der mechanisch-naturgesetzliche Zusammenhang ist ohne philosophisch-theologische Vorbehalte bis ins letzte zu erforschen;
Bewußtseinstätigkeit ohne Gehirntätigkeit, eine selbständig dem Leib gegenüberstehende Seele gibt es nicht;
auch in der Medizin hat man von quantitativ messenden Untersuchungen und Experimenten auszugehen;
Religion hat mit Wissenschaft nichts zu tun, Religion ist, wenn überhaupt, Privatsache;
aus dem Zusammenwirken von physikalisch-chemischen Kräften erklärt sich das Weltganze, erklärt sich auch der Menschengeist!

Ein Jahrzehnt nach jenem Materialismusstreit lobt der frühere Theologe und jetzige Philosoph und Atheist Ludwig Feuerbach in einer seiner letzten Abhandlungen, in »Über Spiritualismus und Materialismus«, ausgerechnet den Reformator Martin Luther[15]. Warum? Weil er seinen Sohn Paul Medizin studieren und damit zu einem potentiellen Leugner der unsterblichen Menschenseele habe werden lassen! Für Feuerbach, den Vater der Marxschen Religionskritik, ist es zu dieser Zeit klar: Der Mediziner ist von Natur aus Materialist und Atheist.

Es war also kein Zufall, daß mitten in der Französischen Revolution, ein Jahr nach der öffentlichen Absetzung Gottes in Notre Dame zu Paris (1793), der Revolutionär Antoine de Condorcet die *Aufhebung* oder doch beträchtliche *Aufschiebung des Todes als Fernziel der Medizin* proklamiert hatte: in seinem »Entwurf einer historischen Darstellung der Fortschritte des menschlichen Geistes« (1794)[16]. Condorcet freilich war noch im selben Jahr gestorben, im Gefängnis der gleichen Revolution; aber Atheismus und die Utopie von einer irdischen Unsterblichkeit gingen seither Hand in Hand.

Gott war funktionslos geworden: weder für die Welterklärung noch für die Gesundheitsfürsorge schien er notwendig. Ja, in Naturwissenschaft und Medizin konnte, durfte dieser Gott überhaupt keine Rolle mehr spielen, wenn deren Methode sauber und exakt bleiben sollte. Und für viele Ärzte hat seither die Wissenschaft selbst im Privaten – wen sollte es wundern – die Religion ersetzt. Heilkunde ja, sagen sie, Heilslehre nein! An die Stelle des Glaubens an Gott ist der Glaube an den Menschen, an die Wissenschaft getreten, was gerade für das uns hier interessierende Problem des Sterbens und des Todes einschneidende Konsequenzen hatte: Für solche Ärzte hat die Frage nach dem Leben nach dem Tod den Charakter einer unwissenschaftlich-metaphysischen Abirrung.

Doch zeichnet sich nun schon seit längerem – nicht zuletzt bedingt durch die Verirrungen von Ärzten unter dem nationalsozialistischen Regime und die daraus resultierende Neubesinnung, dann aber auch durch die Krise des Wissenschaftsglaubens in der Medizin – eine Neuorientierung zum Patienten als ganzem Menschen, zum Ethos und damit indirekt auch zur religiösen Frage hin ab. Gerade das Todesproblem – in der Geschichte der Medizin weithin tabuisiert – erlebt heute auch unter Ärzten eine verstärkte wissenschaftliche Aufmerksamkeit. Erschien doch in den vergangenen Jahren eine ganze Reihe medizinischer Publikationen, die das menschliche Sterben von außen und innen analysierten und auf andere Dimensionen als nur die medizinisch-physiologische abhorchten. Ja, eine führende psychiatrische Fachzeitschrift wie das »Journal of Nervous and Mental Deseases« veröffentlichte – was früher undenkbar gewesen wäre – einen ganzen Literaturbericht über die Leben-nach-dem-Tod-Forschung.

3. Erfahrungen mit Sterbenden

Ich zitiere aus dem Bericht eines Wiederbelebten: Der Mann sagte: »Nachdem seine Seele aus ihm gefahren, sei er mit vielen anderen gewandelt, und sie seien an einen wunderbaren Ort gekommen, wo in der Erde zwei nahe an einander stoßende Öffnungen gewesen seien, und am Himmel gleichfalls oberhalb zwei andere ihnen gegenüber. Zwischen diesen Öffnungen seien nun Richter gesessen: Diese hätten allemal, nachdem sie ihren Urteilsspruch getan, den Gerechten befohlen, den Weg rechts und durch den Himmel zu wandern, nachdem sie ihnen zuvor vorn ein Zeichen von beurteilten Taten angehängt. Die Ungerechten aber hätten sie nach der Öffnung zur linken Hand, und zwar nach unten (unter die Erde), verwiesen, und auch diese hätten ihre Zeichen, aber hinten, anhängen gehabt über alles das, was sie verübt hätten. Als nun auch er vorgekommen sei, hätten sie ihm bekannt gemacht, er müsse den Menschen ein Verkündiger des Jenseits werden, und sie hätten ihn aufgefordert, alles an diesem Orte zu hören und zu schauen. Da habe er denn nun gesehen, wie nach der einen Öffnung in dem Himmel (rechter Hand) und nach der anderen in der Erde (linker Hand) die Seelen abgegangen seien, nachdem sie jedesmal ihren Urteilsspruch vernommen hätten. Aus den beiden anderen neben jenen beiden seien aus der in der Erde Seelen hervorgekommen voll Schmutz und Staub, aus der im Himmel dagegen seien andere, von jenen verschiedene, reine Seelen herabgestiegen. Und die jedesmal ankommenden Seelen hätten den Anschein gehabt, als kämen sie von einer langen Wanderung, wären sehr vergnügt auf der bekannten Wiese angelangt und hätten wie zu einer festlichen Versammlung sich hingelagert. Die mit einander Bekannten hätten sich gegenseitig begrüßt, und die aus der Erde Angekommenen hätten bei den anderen sich um die Verhältnisse des Jenseits erkundigt, und die aus dem Himmel Kommenden hätten jene gefragt, wie es bei ihnen herginge. Da hätten sie nun einander erzählt, die einen klagend und weinend, indem sie sich erinnerten, wie große und was für Leiden und Anblicke sie auf der Wanderung unter der Erde gehabt hätten (die Wanderung dauerte nämlich tausend Jahre); die anderen dagegen aus dem Himmel hätten von ihrem Wohlergehen erzählt und von dem unbeschreiblich Schönen, das sie geschaut hätten.«

Das ist nicht ein Bericht aus einer Sterbeklinik der achtziger Jahre, sondern die Geschichte eines Mannes, Er mit Namen, vor fast 2500 Jahren aufgezeichnet von Platon im zehnten Buch seiner »Politeia«[17].

Beinahe so alt wie unsere Zivilisation scheinen Wunsch und Neugier, zu wissen, was »drüben« uns erwartet, vorausgesetzt freilich, es gibt das, was wir – aus der Perspektive des »Hüben« – das »Drüben« nennen. Und was Platon als »wunderbaren Ort« beschreibt, als Begegnung mit dem Richter und den Seelen anderer Menschen (wofür man sehr viele frühere Erzählungen aus Ägypten und Indien zitieren könnte), scheint seine aufregende Bestätigung in Berichten heutiger Patienten und Ärzte zu finden.

a) Weltweites Aufsehen machten zunächst die »Interviews mit Sterbenden«, welche die Psychiatrieprofessorin *Elisabeth Kübler-Ross* unter dem Titel »On Death and Dying«[18] veröffentlicht hat. Die Geschichte von über 2000 todkranken Patienten mit ihren Kämpfen, Erwartungen und Enttäuschungen lehrte die Autorin, mehrere – wenngleich nicht klar abgrenzbare und oft überlappende – Stadien auf dem Weg zum Tod (soweit dafür genug Zeit gegeben ist!) zu unterscheiden:

Wenn Patienten, ob gläubig oder ungläubig, sich ihres kritischen Zustandes – durch ärztliche Aufklärung oder eigenes Erspüren – bewußt werden, reagieren sie zunächst mit Schock und Ungläubigkeit. Das ist Phase 1, die Sekunden oder Monate dauern kann: Nichtwahrhabenwollen und Isolation. Dann aber folgt – oft gezielt auf Pflegepersonal oder Angehörige – die Phase 2 mit Zorn, Ärger, Groll und Neid. Wenn die Umgebung diese Äußerungen ohne eigene Verärgerung hinnimmt, erleichtert sie den Todkranken den Übergang zu Phase 3: das Verhandeln, welchem dann freilich oft sehr rasch Phase 4 folgt: die Depression.

Erst jetzt folgt – mit oder ohne fremde Hilfe – die letzte Phase 5: die endgültige Hinnahme, Zustimmung, Ergebung, Loslösung aus allen Bindungen. »Diese Phase«, sagte Frau Kübler-Ross, »ist ja ein unübersehbarer Hinweis auf den unmittelbar bevorstehenden Tod, den wir auch bei einigen Patienten mit Sicherheit voraussagen konnten, obwohl keine medizinischen Symptome darauf hindeuteten. Der Patient reagiert auf ein inneres Signalsystem, das ihm das Nahen seines Todes meldet. Wir können solche Hinweise empfangen, ohne wirklich zu wissen, welche psychisch-physiologischen Signale der Kranke erhält.«[19]

b) Genau auf diese letzte Frage stieß – mehr zufällig durch die auffallende Ähnlichkeit zweier Sterbeberichte – ein anderer amerikanischer Psychiater, *Raymond A. Moody*. In seinem Buch »Life after Life« (»Leben nach dem Tod«)[20] – ein Weltbestseller mit einer Viertelmillion

Auflage in vier Jahren allein in Deutschland – berichtet Moody (wie schon andere vor ihm, aber publizistisch wenig wirksam) von Menschen, die klinisch tot (»medically dead«) waren, dann aber weitergelebt haben und von ihren Erfahrungen berichten konnten. Berichte, die bei allen individuellen Unterschieden in zahlreichen wichtigen Elementen übereinstimmen.

Wie sehen diese Sterbeerfahrungen aus? – Der Modellfall, der freilich nie vollständig eintritt, von dem sich aber in jedem der rund 150 Berichte wichtige Momente finden, läßt sich etwa so beschreiben: Wenn ein Mensch im Sterben liegt und den Höhepunkt seiner körperlichen Bedrängnis erreicht, so kann er hören, wie der Arzt ihn für tot erklärt. Dann nimmt er ein unangenehmes Geräusch, ein durchdringendes Läuten oder Brummen, wahr. Zugleich hat er das Gefühl, er bewege sich sehr rasch durch einen langen, dunklen Tunnel. Danach findet er sich plötzlich außerhalb seines Körpers, den er samt seiner Umgebung jetzt von außen oder oben her betrachten kann. Er beginnt sich an diesen merkwürdigen Zustand zu gewöhnen und entdeckt, daß er schon immer einen – freilich vom zurückgelassenen physischen Körper sehr verschiedenen – »Körper« mit neuen Eigenschaften und Fähigkeiten besitzt. Es folgen schließlich weitere Ereignisse: »Andere Wesen nähern sich dem Sterbenden, um ihn zu begrüßen und ihm zu helfen. Er erblickt die Geistwesen bereits verstorbener Verwandter und Freunde, und ein Liebe und Wärme ausstrahlendes Wesen, wie er es noch nie gesehen hat, ein Lichtwesen, erscheint vor ihm. Dieses Wesen richtet – ohne Worte zu gebrauchen – eine Frage an ihn, die ihn dazu bewegen soll, sein Leben als Ganzes zu bewerten. Es hilft ihm dabei, indem es das Panorama der wichtigsten Stationen seines Lebens in einer blitzschnellen Rückschau an ihm vorüberziehen läßt. Einmal scheint es dem Sterbenden, als ob er sich einer Art Schranke oder Grenze näherte, die offenbar die Scheidelinie zwischen dem irdischen und dem folgenden Leben darstellt. Doch wird ihm klar, daß er zur Erde zurückkehren muß, da der Zeitpunkt seines Todes noch nicht gekommen ist. Er sträubt sich dagegen, denn seine Erfahrungen mit dem jenseitigen Leben haben ihn so sehr gefangengenommen, daß er nun nicht mehr umkehren möchte. Er ist von überwältigenden Gefühlen der Freude, der Liebe und des Friedens erfüllt. Trotz seines inneren Widerstandes – und ohne zu wissen, wie – vereinigt er sich dennoch wieder mit seinem physischen Körper und lebt weiter.«[21] So die idealtypische – nicht in jedem Fall voll realisierte – Beschreibung des Sterbevorganges durch Moody.

Es mag hilfreich sein, hier einen solchen Bericht von Sterbeerlebnissen zu zitieren: »Ich wußte, daß ich starb und daß es nichts gab, was ich dagegen hätte tun können, weil mich doch keiner mehr hörte ... Ich befand mich außerhalb meines Körpers, ganz ohne Zweifel. Ich konnte ihn da auf dem Operationstisch liegen sehen. Meine Seele war ausgetreten! Zunächst drückte mich all das furchtbar nieder, aber dann erschien dieses gewaltig helle Licht. Am Anfang war es wohl ein bißchen matt, aber dann schwoll es zu einem Riesenstrahl – es war einfach eine enorme Lichtfülle, mit einem großen hellen Scheinwerfer überhaupt nicht zu vergleichen, wirklich ungeheuer viel Licht. Außerdem strahlte es Wärme aus; ich konnte sie deutlich spüren.

Das Licht war von einem hellen, gelblichen Weiß, jedoch mehr zum Weißen hin. Es war außerordentlich hell, einfach unbeschreiblich. Obwohl es alles zu bedecken schien, konnte ich doch meine ganze Umgebung deutlich erkennen – den Operationssaal, die Ärzte und Schwestern, wirklich alles. Ich konnte deutlich sehen. Es blendete überhaupt nicht.

Als das Licht erschien, wußte ich zuerst nicht, was vorging. Aber dann – dann fragte es mich, es fragte mich irgendwie, ob ich bereit sei zu sterben. Es war, als spräche ich mit einem Menschen – nur daß eben kein Mensch da war. Es war wahrhaftig das Licht, das mit mir sprach, und zwar mit einer *Stimme.*

Inzwischen glaube ich, daß die Stimme, die mit mir gesprochen hatte, tatsächlich merkte, daß ich noch nicht zum Sterben bereit war. Wissen Sie, es ging ihm wohl vor allem darum, mich zu prüfen. Dennoch habe ich mich von dem Augenblick an, in dem das Licht mit mir zu sprechen begann, unendlich wohl gefühlt, geborgen und geliebt. Die Liebe, die es ausströmte, ist einfach unvorstellbar, überhaupt nicht zu beschreiben. Es war ein Vergnügen, sich in seiner Nähe aufzuhalten, und es war auch humorvoll auf seine Art, ganz gewiß!«[22]

c) Schon ein Jahr vor Moodys Veröffentlichung hatten in Deutschland die vom früheren Tübinger Psychiatrieprofessor und Chefarzt der Bodelschwinghschen Anstalt in Bethel *Eckart Wiesenhütter* unter dem Obertitel »Blick nach drüben« veröffentlichten »Selbsterfahrungen im Sterben«[23] zahlreiche Diskussionen hervorgerufen und nicht wenige Bestätigungen gefunden. Zuerst im Kriegslazarett auf die innere Sterbeproblematik aufmerksam geworden, sammelte Wiesenhütter verschiedene Fälle von Ertrunkenen, Erfrorenen, Abgestürzten, aber dann doch

Wiederbelebten, die alle erstaunliche Ähnlichkeit aufwiesen mit dem, was Wiesenhütter schließlich wider alles Erwarten selber – im Zusammenhang zweier Lungeninfarkte – erlebte und knapp so umschrieb: »Nach dem unerträglichen Schmerz und der sich zunächst steigernden Todesangst erlebte ich (analog den angeführten Beispielen) die Auflösung beider Empfindungen, auch des Zeit- und Gegenstanderlebens. Wie lange ich in den Auf- und Erlösungszustand getaucht war, ist mir nicht mehr nachvollziehbar oder vorstellbar. Rückblickend kommt mir eher der Gedanke an einen räumlichen Vollzug. Nach dem skizzierten ›Umschlag‹ schien ich einmal wie zum Punkt zusammenzuschrumpfen, gleichzeitig mich aber wie ins Unendliche auszuweiten und in dieses hinüberzufließen. Daß mit diesem Erleben ein zunehmendes Befreiungs- und Glücksgefühl verbunden war, gibt nur in dürren Worten wieder, was sich tatsächlich nicht schildern läßt. Worte können nur noch wie Wegweiser in eine symbolische Richtung angesetzt werden; wie diese laufen sie nicht in die Richtung, in die sie weisen.«[24]

Die Diskussionen um Wiesenhütters Darlegungen hat der evangelische Theologe *Johann Christoph Hampe* zusammengefaßt und durch weiteres Material – nicht aus der Begegnung mit konkreten Menschen wie die Mediziner, sondern vor allem aus der Begegnung mit literarischen Sterbeberichten – ergänzt: »Sterben ist doch ganz anders. Erfahrungen mit dem eigenen Tod«[25]. Zahlreiche Beispiele führt Hampe an, um das Sterben nicht nur »von außen«, sondern »von innen« in den Blick zu bekommen. Als die in vielen Berichten wiederkehrenden (wenn auch keineswegs immer gegebenen) drei Hauptelemente im Sterbeerlebnis stellt er heraus: zuerst der Austritt des Ich aus dem Körper, dann die Rechenschaft des Ich in einem »Lebenspanorama«, schließlich die Weitung des Ich, von der Hampe sagt: »Durch Qualen hindurch scheint und erscheint die Erlösung. – Stand zu Beginn der Austritt des Ich auf eine nahe Entfernung hin, die noch die Bindung an den Körper bezeugt, war mit dem Lebenspanorama noch der Zwang gegeben, Vergangenheit zu verarbeiten, so ist in diesem so oft als das letzte und äußerste Glück beschriebenen Stadium der Horizont weit geworden und das Ich des Sterbenden im wörtlichen wie bildlichen Sinne aufgehoben zum schwerelosen Schweben. Nicht nur die Welt, der Sterbende selbst hat sich verwandelt und strebt einem Neuen zu.«[26]

Soweit der Bericht über das derzeitige Erfahrungsmaterial, das heute bestätigt und ergänzt wird[27]. Eine kritische Bewertung ist nun fällig: Was ist von dem Ganzen aus theologischer Perspektive zu halten?

4. Ein Blick nach drüben?

Es kann sich hier freilich nicht darum handeln, Phänomene und Inhalte der berichteten Sterbeerlebnisse im einzelnen zu untersuchen und zu beurteilen: etwa das »Out-of-body-Erlebnis«, die Entfernung vom eigenen Körper mit einem »Abspalten« des Bewußtseins, das schwerelose Schweben und Überblicken der Sterbeszene, oder jenes geraffte Wiederholen von Lebensdaten samt Schuldgefühlen, oder die starken Licht- und Farberlebnisse trotz des unstofflichen Zustandes, oder gar die Begegnung mit Verstorbenen, die Erscheinung von Lichtgestalten mit Engel- und Christusvisionen...

Wir haben unsere Aufmerksamkeit auf die für uns entscheidende Frage zu konzentrieren: Haben alle diese Sterbenden bereits einen »Blick nach drüben« getan, wie auch E. Wiesenhütters Titel insinuiert? Haben sie zumindest »die Vorderseite jener Welt« gesehen, »in die sie dieses Mal nicht eintreten konnten« (J. C. Hampe)[28]? Oder ganz präzise gefragt: Haben ihre Erlebnisse bewiesen, daß es ein Leben nach dem Tod, ja, ein ewiges Leben gibt? Was ist ihre *Beweiskraft*?

E. Kübler-Ross erklärt in ihrem Geleitwort zu Moodys Buch, mit dessen Resultaten sie sich identifiziert, unumwunden: »Forschungsarbeiten wie diese hier, welche Dr. Moody in seinem Buch vorlegt, werden vielen Menschen Aufklärung bringen und das bestätigen, was uns seit zwei Jahrtausenden gesagt wird – daß es ein Leben nach dem Tode gibt.«[29] Moody selber ist vorsichtiger und erklärt in seiner eigenen Einleitung: »Ich möchte gleich zu Beginn hervorheben, daß ich aus Gründen, die ich erst später darlegen werde, nicht den Beweis zu erbringen beabsichtige, daß es ein Leben nach dem Tode gibt.«[30] Aber Moodys ganzes Buch ist trotzdem von jener Grundüberzeugung bestimmt, die schon im Titel ausgedrückt ist: »Life after Life« – es gibt ein »Leben nach dem Leben«! Die Frage ist nur: Ist eine solche Überzeugung von den berichteten Sterbeerlebnissen her, die keineswegs von vornherein bestritten werden sollen, begründet?

Gerade der Theologe hat sich diesbezüglich vor Wunschdenken zu hüten, hat ein rasches Vereinnahmen medizinischer Ergebnisse für theologische Zwecke zu vermeiden und sich bei der Beurteilung der berichteten Phänomene größter Vorsicht und Sorgfalt zu befleißigen[31]. Um sachliche Analyse also geht es.

Dabei können wir tunlichst alle Berichte *parapsychologischer und spiritistischer Provenienz beiseite lassen*, auf die sich etwa Hampe im

Gegensatz zu den Medizinern in extenso stützt. Auch der bekannte englische Philosoph und Theologe John Hick stellt in seinem bedeutenden Buch über Tod und ewiges Leben (»Death and Eternal Life«)[32] in zwei sehr aufschlußreichen Kapiteln über Parapsychologie und Spiritismus fest: »Es gibt nicht viele, die heute abstreiten würden, daß außersinnliche Wahrnehmung eine erwiesene, wiewohl geheimnisvolle Tatsache ist.«[33] Ich möchte bezüglich all dieser Phänomene etwas zurückhaltender urteilen und dies wenigstens kurz hinsichtlich beider Phänomengattungen begründen, da neuerdings in der Publizistik wieder viel Aufhebens davon gemacht wird.

1. Zugegeben: Phänomene, wie sie die *parapsychologische Forschung* seit langem beschäftigen, insbesondere Telepathie und Hellsehen, sollten nicht von vornherein als Unfug abgetan werden. Alles, was ESP (= extra sensory perception), die »übersinnliche Wahrnehmung«, den geheimnisvollen Faktor Psi betrifft, ist heute zweifellos noch zuwenig erforscht, als daß abschließende Urteile gesprochen werden könnten. Die Forschungsarbeit ist hier in vollem Gange und wird nicht zuletzt in der materialistisch orientierten Wissenschaft der Sowjetunion betrieben (etwa im Leningrader Institut für Gehirnforschung zum Beispiel die »Suggestion auf Distanz« und ähnliches). Da mag Shakespeares vielzitiertes Wort hin und wieder zutreffen: »Es gibt mehr Ding' im Himmel und auf Erden, als Eure Schulweisheit (»philosophy«!) sich träumt.«[34]

Aber: gerade auf dem Gebiet der Parapsychologie sind die Grenzen zwischen seriöser Wissenschaft und Scharlatanerie fließend. Nicht nur die Existenz bestimmter Phänomene, wie etwa psychisch verursachte Heilungen, macht hier das Problem aus, sondern vor allem deren Erklärung: Sind sie physisch oder psychisch entstanden, durch geheimnisvolle Wellen vielleicht der Elementarteilchen oder durch eine besondere psychische Energie (etwa als »Psychokinese«)? Für unsere Fragestellung ist wichtig, daß alle parapsychologischen Phänomene zur Not auch materialistisch erklärt werden können: Man spricht in der Sowjetunion statt von »psychischer Energie« von einer »Bioenergie« und entsprechend von »Bioinformation« und »Biokommunikation«. Ganz abgesehen davon, daß bisher weder eine »Bioenergie« noch eine »Psychoenergie« nach wissenschaftlichen Kriterien eindeutig festgestellt werden konnte, heißt dies: Für ein Leben nach dem Tod beweist weder die eine noch die andere etwas!

2. Noch mehr umstritten ist die Kommunikation mit Verstorbenen,

wie sie der *Spiritismus* mit Hilfe besonders begabter Medien im Trancezustand herzustellen versucht (was in der Sowjetunion jetzt vereinzelt als »Bioplasma« bezeichnet wird, wird ähnlich in Spiritistenkreisen schon seit den letzten Jahrzehnten des 19. Jahrhunderts als »Astralleib« geführt, der sich in Trance und im Koma angeblich vom physischen Leib lösen und nach dem Tod in ätherischer Form weiterleben kann). Noch mehr als in der Parapsychologie hat man bei spiritistischen Experimenten Wunschdenken, unbewußte Täuschung und auch bewußten Betrug nachweisen können[35]. Und selbst wer den zahllosen schwer überprüfbaren spiritistischen Berichten nicht von vornherein alle Glaubwürdigkeit abspricht, wird nur schwer einsehen, warum die hier provozierten »Erscheinungen« längst verstorbener Menschen unbedingt Personen sein müssen, die von der Psyche des Mediums unabhängig sind, und nicht einfach von psychischen Faktoren abhängen: im besten Fall so etwas wie von der eigenen Psyche abgespaltene »Zweitpersonen«, wie wir sie von Traumerlebnissen her kennen.

Deshalb: so verständlich der Wunsch ist, den Glauben an ein Leben nach dem Tod psychologisch oder zumindest parapsychologisch abzusichern: Diesen Glauben auf ein derartig unsicheres, unverifiziertes und vielleicht unverifizierbares empirisches Fundament stellen zu wollen verschafft statt ernsthafter Gewißheit bestenfalls eine Pseudosicherheit. Wenn jemand schon an ein Leben nach dem Tod glauben will, dann tut er es jedenfalls besser nicht deshalb, weil es neben Traum und Suggestion möglicherweise auch Telepathie und Hellsehen gibt, und erst recht nicht, weil bestimmte Menschen über bestimmte Medien Kontakte nach »drüben« meinen herstellen zu können.

5. *Die Mehrdeutigkeit der Sterbeerlebnisse*

Deshalb: Grundlage ernsthafter Diskussion heute können nur die oft erschütternden, wahrhaftig todernsten *Berichte von Wiederbelebten* sein, wie sie in der seriösen medizinischen Literatur diskutiert werden. Daß es solche Phänomene gibt, läßt sich aufgrund der zahlreichen Berichte nicht bezweifeln; und es ist Moody und zahlreichen anderen Medizinern durchaus dafür zu danken, daß sie sich dieser wichtigen Forschungsaufgabe gestellt und die Tabuisierung des Todes in der Medizin gebrochen haben. Also: diese im Zusammenhang mit Sterbeerlebnissen vielfach seriös bezeugten *Phänomene sind nicht zu leugnen, sondern zu deuten.* Die Frage ist auch nach Moody, und sein zweites Buch (»Nachgedanken über das Leben nach dem Tod«[36]) führt das noch deutlicher aus: Was sagen diese Phänomene aus, was sagen sie nicht aus? Wir versuchen zu unterscheiden und den entscheidenden Punkt vorsichtig einzukreisen:

a) Phänomene wie die beschriebenen finden sich nicht nur bei Sterbeerlebnissen, sondern *auch bei anderen seelischen Sonderzuständen.* Das heißt: sie haben keineswegs von vornherein mit einem »Drüben«, einem »Jenseits«, gar einem »ewigen Leben« zu tun. Der Arzt und Psychotherapeut Klaus Thomas, ein bekennender evangelischer Christ, hat in seinem Buch »Warum Angst vor dem Sterben? Erfahrungen und Antworten eines Arztes und Seelsorgers«[37] eine beeindruckende Tabelle erstellt, in welcher er die Erfahrungen Wiederbelebter mit folgenden seelischen Sonderzuständen vergleicht: mit dem Traum, der Schizophrenie, dem Rausch durch Halluzinogene (LSD, Meskalin u. a.), der neurotischen Pseudohalluzination (Hysterie), weiter mit der Suggestion, der Oberstufe des autogenen Trainings, der Konzentration, mit der Meditation und der religiösen Vision. Bei allen Unterschieden sind doch zahlreiche Parallelen mit den Sterbeerlebnissen eklatant: sowohl bezüglich Bewußtseinsrichtung und Bewußtseinslage wie bezüglich optischer, akustischer, taktiler und anderer Sinneswahrnehmungen, der Raum- und Zeitorientierung, wie bezüglich Denken, Willenskraft und Stimmungslage, Mitteilungsdrang und Mitteilungsfähigkeit ... Die Frage stellt sich deshalb: Wenn man die mit Drogen, Narkose, Suggestion, Hirnoperationen usw. verbundenen Phänomene nicht als Ausweis eines »Jenseits« verstehen kann, warum dann die mit Erfahrungen Wiederbelebter verbundenen?

b) Eine weniger freude- und lichterfüllte als vielmehr *qual- und angstvolle Art des Sterbens läßt sich* von den angeführten positiven Sterbeerlebnissen her *nicht von vornherein ausschließen*: Zu zahlreich sind die Berichte von Ärzten und Seelsorgern über körperliche und seelische Qualen, unter denen manche Sterbende ihr Leben zu Ende führen. Bei den von Kübler-Ross und Moody untersuchten Fällen scheint es sich vor allem um langsam an Krebs Sterbende zu handeln. Anders sind möglicherweise die Erlebnisse etwa bei Vergiftungen.

Alfred Salomon schildert ein Erlebnis, das die Folge einer schweren »Blutvergiftung« durch Harnstoffe war. Als Todkranker sah er sich allein auf weiter Steppe unter fahlem Himmel von ganzen Wogen heranrasender giftig-gelber Wölfe bedroht, die sich im Moment des Zupackens allerdings als leeres Truggebilde erwiesen. Es mag auch hier helfen, diesen Bericht wörtlich zu zitieren: »Es ist schon ein paar Jahre her. Die Operation war unvermeidbar. Nephrektomie: die rechte Niere mußte heraus. Am dritten Tag nach der Operation kam es zur Krise. Die mir verbliebene Niere schaffte das nunmehr doppelte Pensum nicht. Im Blut reicherten sich Gifte an. Urämie, sagte der Arzt. Doch davon hörte ich erst später. Damals hatte ich abgeschaltet. Nur wenn der jähe Schmerz einer Injektion mich weckte, war ich für Sekunden da.

Sonst war ich allein. Auf einer endlos weiten Steppe. Braundürres Gras bis zum fernen Horizont. Darüber ein fahler Himmel mit jagenden Wolken. Und dann kam es über die letzten Hügel: Gelbe Wölfe in dichter Front! Welle hinter Welle, wogende Rücken, trommelnde Läufe. Auf mich zu! Ich hörte meine Zähne knirschen. Ich sah mich selbst: wie ich niederkniete, mich fest einstemmte. Laß dich nicht umreißen! Die Bestien – Jetzt sind sie da! Geifernder Schaum und bleckende Zähne. Ganz dicht vor meinen Augen. Ich packte zu, in jagender Angst, mit beiden Händen. Und griff ins Leere.

Der nächste, übernächste: Ich sah die giftgelben Augen. Ich hörte das Hecheln und Heulen. Ich griff, packte zu und – faßte ins Leere. Immer wieder, immer wieder.

Ich sah, wie die gelbe Woge sich vor mir teilte; wie flockende Felle mich streiften, geifernde Rachen schnappten. Vorbei, vorbei!

Und wieder eine neue Welle wogender Leiber – Kampf ohne Ende – Seltsam, daß mitten in diesem Rasen mein Verstand sich meldete, nüchtern die Lage analysierte: Bitte, mein Lieber, es sind nur Halluzinationen! Dein fieberflammendes Hirn gaukelt dir das alles vor. Greif nur hin! Und du faßt durch.

Plötzlich erfüllte mich Ruhe. Ich hatte den Spuk begriffen. Zupacken! Und die Wölfe werden zum leeren Wahn.

Tage danach, als alles vorüber war, berichtete man mir: ›Stundenlang haben Sie mit den Händen ins Leere gegriffen. Es war nicht mehr mitanzusehen.‹ Als ich sagte, warum ich's tat, sah mich der Arzt ernst an: ›Sie waren ganz hart an der Grenze.‹ Ich war an der Grenze. Ich weiß nicht, ob auch andere, die an die Grenze geführt werden, die gelben Wölfe sehen. Ich weiß nicht, ob auch sie zupacken und den Wahn begreifen. Es könnte sein, daß einer sich zur Flucht wendet. Und unter die Wölfe gerät. Ist das dann – der Tod? Ich hatte damals mein Haus bestellt: gebeichtet, das Abendmahl genommen. Ich war bereit, die Grenze zu überschreiten. Der Tod war mir das andere Ufer. Ich kann nur hoffen, daß ich auch bereit bin, wenn wieder die gelben Wölfe kommen. Sie werden kommen.«[38]

Wiesenhütter, der dieses Beispiel zitiert, führt aus: »Andere erleben vor dem Sterben – ähnlich Rauschzuständen nach Drogeneinnahmen – durch Vergiftungen in der Leber oder Niere infolge nicht verarbeiteter Stoffe traumartige Zustände. Sie sehen – wie auf manchen Gemälden Vincent van Goghs – riesenhafte schwarze Vögel, Ratten oder Unterweltsgetier leibhaftig als Vorboten des Todes. Kommen sie wieder ›zu sich‹, berichten sie in der Regel angst- oder ekelerfüllt über ihre Erlebnisse. Es wäre eine Flucht vor den Anliegen des Patienten, würde man auf diese Vorboten nicht eingehen, auch wenn man bei jedem neu den jeweiligen Gesamtzustand, das Aufnahme- und Verarbeitungsvermögen zu beachten hat.«[39]

c) Alle Sterbephänomene *lassen sich möglicherweise naturwissenschaftlich-medizinisch erklären:* Moody selbst gibt zu, daß die beschriebenen Phänomene auch unabhängig vom Sterbeprozeß zu beobachten seien. Er meint jedoch einen wesentlichen Unterschied zwischen solchen Phänomenen und denen der Todesnähe feststellen zu können. Doch gibt er gleichzeitig zu, daß bei dem Gesamtvorgang keine Naturgesetze verletzt werden: »Man ist in keinem dieser Fälle zu der Annahme gezwungen, da sei ein biologisches oder physiologisches Naturgesetz durchbrochen worden.«[40] Tatsächlich aber argumentiert Moody in seinen Büchern energisch gegen eine naturwissenschaftliche Erklärung seiner Beobachtungen. Nicht ohne Widerspruch. Denn es gibt – vermutlich zunehmend – Fachleute, die alle diese Phänomene für wissenschaftlich erklärbar halten. Zweierlei ist hierbei zu beachten:

Zunächst: offensichtlich spielt das uns aus Träumen wohlbekannte Projizieren und Kombinieren dessen, was vor dem Bewußtseinsverlust passierte, eine bedeutsame Rolle. Das Erscheinen bekannter Gestalten aus dem familiären und dem religiösen Bereich macht deutlich, wie sehr diese Phänomene von der individuellen Vorstellungswelt des Betroffenen bestimmt sind. Dasselbe gilt aber auch vom problematischen massiv-platonischen Leib-Seele-Dualismus, der Leib und Seele, statt als Einheit mit zwei Dimensionen, als zwei zusammengefügte Einheiten versteht, die sich auch wieder trennen lassen.

Weiter: es läßt sich nach neuesten Forschungen nicht ausschließen, daß die euphorischen Gefühle vieler Sterbender die Folge einer Abwehrreaktion von Psyche und Körper darstellen. Der Psychologe *Ronald K. Siegel* von der University of California, Spezialist für Psychopharmaka und Halluzinationen, zum Beispiel behauptet, alle berichteten Sterbephänomene wiesen eine frappante Ähnlichkeit zu Erlebnissen während drogeninduzierter Halluzinationen auf oder zu Halluzinationen, die durch andere Bedingungen erzeugt wurden. Dies gelte für die »Nicht-Mitteilbarkeit« der Erlebnisse, das Hören von Tönen, das helle Licht, das Tunnelerlebnis, das Verlassen des eigenen Körpers, die Begegnung mit bekannten Gestalten und die panoramische Rückblende auf das eigene Leben. Und mit Berufung auch auf andere Forscher erklärt er die den Todesvisionen und Halluzinationen gemeinsamen Mechanismen wie folgt[41]:

In der Extremsituation der Todesnähe verhindere eine psychologische Schutzschaltung des Gehirns, daß der Sterbende seine Situation als bedrohlich erkenne, so daß das Bewußtsein ins Traumland zu entfliehen vermöge. Erregungen des Zentralnervensystems würden euphorische Gefühle, außerordentliche Lichtreize, einfache wie komplexe Visionen in fieberähnlicher Intensität und Rapidität hervorbringen. Denn das zentrale Nervensystem schalte bei außerordentlicher Belastung Teile des Gehirns einfach ab, so daß sich gleichsam eine Jalousie zwischen Innen- und Außenwelt schiebe und der Sterbende in einen Bereich ohne Raum und Zeit, Vergangenheit und Zukunft entgleite. Dabei produziere das hochaktive Gehirn des Sterbenden »intern« unablässig und ungehindert Bilder aus Vergangenheit und Zukunft und bringe sie möglichst in eine sinnvolle Reihe anhand jener Informationen, die es im Laufe des Lebens zum Thema Tod gespeichert und als wichtig erkannt habe. Das alles heißt: Todesnäheerlebnisse wären demnach zu verstehen als so etwas wie ein letztes »Ersatzluftholen« des absterbenden Gehirns – jenes wohlbekannte letzte Aufflackern des Feuers, bevor es endgültig in sich zusammenfällt ...

Nun, wir brauchen auch diese Erklärung nicht für endgültig zu halten; es kann ja auch noch andere geben. Aber schwierig dürfte es sein, eine naturwissenschaftlich-medizinische (und eventuell auch psychologische) Erklärung der in Frage stehenden Phänomene von vornherein für unmöglich zu erklären. Insofern also hätten diese Phänomene nichts mit dem »Drüben«, nichts mit dem übersinnlich-jenseitigen Bereich zu tun, nichts mit dem Leben nach dem Tod. Die Frage, was genau unter »Tod« zu verstehen sei, bedarf jetzt dringend der Klärung.

6. *Was heißt Tod?*

Der von Moody und anderen gebrauchte Terminus »klinischer Tod« (»medical death«), so wissenschaftlich er klingt, wirkt in diesem Zusammenhang verwirrend. Das hier aufgeworfene Problem ist in der Tat nicht zuletzt semantischer Art: Wie definiert man Tod? Er läßt sich einfach umschreiben als unwiderruflicher Stillstand aller Lebensfunktionen. Wie freilich stellt man dies fest? *Wann tritt der Tod ein?*

Lange Zeit meinte man, das Eintreten des Todes ganz einfach feststellen zu können: Fehlten alle Lebenszeichen, vor allem Herzschlag und Atemtätigkeit, galt ein Mensch gemeinhin als tot. Aber daß dies offenkundig nicht präzise genug war, zeigten schon früh beglaubigte Fälle von Lebendigbegrabenwerden. Die neuere Medizin entwickelte deshalb genauere Methoden der Todesfeststellung, darunter das Elektroenzephalogramm, das bei völlig flachen EEG-Kurven (»Null-Linien-EEG«) das Aufhören jeglicher Hirnstromaktivität und damit den Tod anzeigt. Aber – selbst vom Elektroenzephalographen als tot angezeigte Menschen sind schon wiederbelebt worden: etwa im Fall von passiver Unterkühlung (Hypothermie) oder bei einer Überdosis sedativer Medikamente.

»Reanimation«, »Wiederbelebung«, kommt heutzutage in der Tat sehr viel häufiger vor als früher und hat die intensive Sterbeforschung (= Thanatologie) überhaupt erst möglich gemacht. Besonders durch Eingriffe am Herzen haben sich Reanimationsmethoden erheblich verfeinert[42]. Feststellen konnte man dabei, daß der Tod nicht notwendigerweise auf einen Schlag eintritt, sondern offenbar *sukzessiv* erfolgen kann. Denn die Lebensfunktionen erlöschen in den verschiedenen Organen und Geweben zeitversetzt, was sich auf den Gesamtorganismus ganz verschieden auswirken kann. Dieses Absterben einzelner lebenswichtiger Organe bezeichnet man medizinisch als *»Organtod«* oder *»Partialtod«*, dem natürlich leicht das Absterben anderer Organe, besonders der Gehirntod (der *»zentrale Tod«*), und schließlich der Tod des gesamten Organismus (der *»totale Tod«*) folgen können.

Von daher ist nun klar, was unter *klinischem Tod* zu verstehen ist (so schwierig ein solcher in einer Situation der Spannung und Aufregung verläßlich festzustellen sein mag). Unter klinischem Tod – genauer: unter »nur-klinischem« Tod – verstehen wir jenen Zustand, in welchem das Aussetzen der Atmung, der Herztätigkeit und der Gehirnreaktion festgestellt wurde, in welchem jedoch eine Wiederbelebung – vor allem durch Herzmassage oder künstliche Atmung – doch nicht völlig ausgeschlossen ist. Die Zeitspanne für eine Wiederbelebung beträgt in der Regel fünf Minuten, in Extremfällen wie Unterkühlung möglicherweise bis zu dreißig Minuten. Dann aber sind im Gehirn durch Sauerstoffmangel bereits derart irreparable Schäden erfolgt, daß nun – gleichsam in der Konsequenz des klinischen Todes – der *biologische Tod* eintritt. Unter biologischem Tod verstehen wir demnach jenen Zustand, in welchem zumindest das Gehirn (anders vielleicht die noch transplantierbare Niere) seine Funktionen unwiderruflich verloren hat und *nicht mehr wiederbelebbar* ist. Dieser biologische Tod ist freilich der endgültige, allgemeine Tod: irreversibler Verlust der Lebensfunktionen und Untergang aller Organe und Gewebe! Sowohl Funktionserhaltungszeit wie Wiederbelebungszeit wie schließlich Strukturerhaltungszeit – an sich zu unterscheiden – sind unwiderruflich abgelaufen.

Auch Moody kennt selbstverständlich neben dem klinischen den biologischen Tod. Statt diese fundamentale Unterscheidung jedoch gleich zu Beginn des Buches deutlich zu machen, kommt er erst gegen Ende des Buches – in Antwort auf verschiedene Einwürfe – auf sie zu sprechen: Vom »Tod« als Nichtvorhandensein klinisch eruierbarer Lebenszeichen (oder auch von Hirnstromwellen) wird hier unterschieden der »Tod« als irreversibler Verlust vitaler Funktionen. In diesem zweiten Sinn wird Tod definiert als »derjenige Zustand des Körpers, in dem seine Wiederbelebung unmöglich ist«[43]. Die Anwendung dieser Definition jedoch macht nun freilich schlagartig klar, was man bei der spannenden Lektüre von Moodys Buch beinahe vergessen hat: Von Moodys 150 untersuchten Sterbenden ist *kein einziger wirklich gestorben*! Moody formuliert das so: »Es versteht sich, daß nach dieser Definition kein einziger meiner Fälle in Frage kommt, weil bei allen eine Wiederbelebung stattgefunden hat.«[44]

Das aber ist nun einmal das Entscheidende: Erfahren haben die von Moody und jetzt auch von vielen anderen examinierten ehemaligen Todkranken vielleicht das *Sterben*, aber sicher *nicht den Tod*! Sterben und Tod gilt es demnach strikt zu unterscheiden: Sterben – das sind die physisch-psychischen Vorgänge unmittelbar vor dem Tod, die vom Eintreten des Todes unwiderruflich gestoppt werden. Sterben ist also der Weg, der Tod das »Ziel«. Und durch dieses »Ziel« ist kein einziger der Untersuchten gegangen.

Anders formuliert: Todesnäheerlebnisse sind keine Erlebnisse des Todes. »Klinisch tot« meint in unseren Befragungen eben keineswegs einfach »tot«, sondern meint im Moment der Feststellung »anscheinend tot« und im Rückblick dann »scheintot«. Ein klinischer Tod, der nicht – wie im allgemeinen der Fall – auch ein biologischer Tod ist, ist ein uneigentlicher Tod, genau besehen ein Scheintod. Klinisch Tote sind Fast-Tote. Es geht also bei den in der Literatur untersuchten Fällen nicht um eine Todesphase, sondern durchaus noch um eine bestimmte *Lebensphase*: um die möglicherweise letzte Zeitspanne von wenigen Sekunden oder Minuten zwischen dem klinischen »Tod« und dem biologischen Tod – was Menschen da gesehen, gehört, durchlebt haben. Erlebnisse von Menschen also, die dem wirklichen Tod zwar sehr nahe waren, irrtümlicherweise zu sterben meinten, schließlich aber doch nicht starben. Nahe an der Schwelle des Todes, haben sie diese doch nirgendwo überschritten.

Was also besagen dann solche Sterbeerlebnisse für das Leben nach dem Tod? Kurz gesagt: nichts! Ja, ich sehe es als eine Pflicht theologischer Wahrhaftigkeit an, klar zu antworten: Solche Sterbeerlebnisse beweisen für ein mögliches Leben nach dem Tod nichts; denn hier geht es um die letzten fünf Minuten *vor* dem Tod und nicht um ein ewiges Leben *nach* dem Tod. Diese Übergangsminuten entscheiden somit noch nicht über die Frage, wohin der Sterbende geht: hinein in ein Nichtsein – oder in ein neues Sein... Es verdient Respekt, wenn Moody und zahlreiche andere Gesinnungsgenossen als Christen für den Glauben an ein ewiges Leben plädieren. Aber ihre Argumente, näher betrachtet, sind nicht ad rem, sind unzureichend, reichen nur für diese Zeit, nicht aber für die Ewigkeit. Sie setzen voraus, was sie, wenn vielleicht auch nicht streng zu beweisen, so doch zu insinuieren hoffen. Aber alle noch so intensiven Lichtphänomene sind kein Beweis, ja nicht einmal ein Indiz, für den Eingang in ein freundliches ewiges Licht, allerdings noch weniger ein Indiz, gar Beweis, für den Eingang in das zeitlich-zeitlose trostlose Licht von Frischs »Triptychon«.

7. *Drei entscheidende Einsichten*

Was können wir trotz allem Widerspruch aus der gegenwärtigen Sterbeforschung für unsere spezielle Problematik entnehmen? Drei entscheidende Einsichten, für die wir diesen Forschern dankbar sind, will ich knapp wie folgt zusammenfassen:

- Die *Frage nach dem ewigen Leben*, lange Zeit mit angeblich wissenschaftlich-medizinischen Argumenten abgetan, ist heute auch für Mediziner als Mediziner eine *offene Frage*. Die Frage eines möglichen Lebens nach dem Tod ist von immenser Bedeutung für das Leben vor dem Tod. Sie erfordert eine Antwort, die, wenn sie von der Medizin nicht gegeben werden kann, anderswo gesucht werden muß. Vermutlich kann sie nur in interdisziplinärer Forschung gefunden werden: in Zusammenarbeit von Medizinern und Psychologen, Juristen, Philosophen und schließlich Theologen.
- Sterbeerfahrungen und Lebenserfahrungen scheinen in einem inneren Zusammenhang zu stehen: Sterben scheint nicht zuletzt davon abhängig zu sein, wie das *Leben* bewältigt wurde. Die Bedeutung des gelebten Lebens für die Bewältigung des eigenen Todes wäre – auch im Zusammenhang der Problematik des Freitodes, mit dem angeblich keine positiven Sterbeerlebnisse verbunden sind – weiter zu untersuchen. Die Lösung der Lebensaufgaben mag die Lösung der Sterbeaufgaben erleichtern. Angesichts des Todes geht es um die Herausforderung einer letzten Freiheit von innerweltlichen Abhängigkeiten schon im Leben (eine Freiheit auch von Schuld), die möglicherweise Voraussetzung ist für eine letzte Freiheit im Sterben: die Verwirklichung eines *Lebenssinnes* als Vorbereitung zur Verwirklichung eines *Sterbenssinnes*.
- Die positiven Sterbeerlebnisse machen Hoffnung, daß das Sterben, das der Mensch normalerweise mit Bangen, gar mit Furcht und Zittern erwartet, in der allerletzten Phase möglicherweise doch nicht so angstbesetzt verläuft, wie oft befürchtet. Vielleicht ist jene Veränderung der Gesichtszüge nach schwerem Todeskampf, die so oft das Gesicht des nun wirklich – biologisch und nicht nur klinisch – Verstorbenen so friedlich, erlöst, gar lächelnd, »selig« erscheinen läßt, ein *Zeichen* dafür – ein Zeichen und nicht mehr –, daß ein neues Sein nicht von vornherein auszuschließen ist: ein Zeichen für eine Transzendenz im Tod.

Eine andere Stimmung – wir kehren zum Schluß zu Max Frisch zurück – steigt, wenngleich sofort abgewiesen, auch in Frischs »Triptychon« auf, und die Zuschauer, seltsam angerührt, horchen wohl ebenso reglos wie die lauschenden Toten auf der Bühne, wenn mitten in den trostlos sich wiederholenden Dialogen von unten aus der irdischen Welt – es ist Ostern – mit Orgelgebraus und Glockengeläut das Tedeum der Mönche heraufschallt: »Te Deum laudamus ... Großer Gott wir loben Dich ...«[45]

Und auch der skeptische Zuschauer mag sich da fragen:
Wie, wenn dieses Tedeum doch nicht nur einem offenbar abwesenden, sondern einem verborgenen präsenten Gott gälte?
Wie, wenn die Ewigkeit doch nicht so tödlich langweilig und banal wäre, wie hier auf den Brettern gezeigt, die die Welt doch nur bedeuten?
Ewigkeit also nicht eines längst bekannten Gewesenen, sondern eines noch unbekannten Zukünftigen, Ewigkeit nicht als ewiger Tod, sondern als ewiges Leben?

»Glauben Sie an ein Leben nach dem Tod?« So lautet die Frage am Anfang des »Triptychon«, und zweimal heißt dann die Antwort: »Ich weiß es nicht ... Ich weiß es nicht!«[46] Aber am Ende, so empfindet es der Zuschauer, ist die Frage nach wie vor nicht beantwortet, sondern, durch Frisch neu angeregt, mehr denn je offen: Ewiges Leben: fromme Fiktion und Projektion der Pastoren und Mönche – oder vielleicht doch für alle Menschen eine Realität, Wirklichkeit? Wir werden uns der Frage das nächste Mal ausdrücklich stellen müssen.

II. Das Jenseits – eine Wunschprojektion?

Ewiges Leben – das ist nicht eine wissenschaftlich von vornherein erledigte, sondern ist erneut eine wahrhaft offene Frage. Dies war das Hauptergebnis der ersten Vorlesung, die von den Berichten heutiger Sterbensforschung ausging, sie in ihrer Mehrdeutigkeit kritisch abwog und sie dann freilich für eine theologische Beweisführung zu leicht befand. Zwar sollte nicht bestritten werden, daß solche Sterbeerlebnisse Menschen helfen können, ihr wiedererlangtes Leben und dann auch den Tod in größerer Reife und Weisheit zu bewältigen, aber einen Indizienbeweis zugunsten eines Lebens nach dem Tode geben diese Erlebnisse nicht her – trotz aller Lichtphänomene in den Sterbeminuten. Also: weder ein Beweis für den Eingang in ein ewig-tröstliches Licht noch allerdings auch ein Beweis für den Eingang in ein ewig-trostloses Licht, wie Max Frisch es in seinem »Triptychon« gezeigt hat.

1. *Und es kommt nichts nachher?*

Es bleibt also dabei: Das ewige Leben ist eine wahrhaft offene Frage, der wir uns in ihrer ganzen Radikalität zu stellen haben, und zwar langsam Schritt für Schritt vorgehend. Wir leiten dies mit einem Gedicht von *Bertolt Brecht* aus seiner Gedichtsammlung »Hauspostille« von 1927 ein[1]. Aufklärerisches Pathos prägt dieses Lehrgedicht, von dem der Schriftsteller Horst Krüger in einer kurzen Interpretation sagen kann: »Es ist, als wenn die Dramatik und Wucht des Todesthemas letzte Tiefenerfahrungen des Dichters freigelegt hätte. Weisheit, nicht Wissen treibt diese Belehrung voran. Auch Weisheit der Bescheidung: ›Ihr sterbt mit allen Tieren. Und es kommt nichts nachher.‹«[2] Der Text trägt den Titel: »Gegen Verführung«:

Laßt euch nicht verführen!
Es gibt keine Wiederkehr.
Der Tag steht in den Türen;
Ihr könnt schon Nachtwind spüren:
Es kommt kein Morgen mehr.

Laßt euch nicht betrügen!
Das Leben wenig ist.
Schlürft es in schnellen Zügen!
Es wird euch nicht genügen
Wenn ihr es lassen müßt!

Laßt euch nicht vertrösten!
Ihr habt nicht zu viel Zeit!
Laßt Moder den Erlösten!
Das Leben ist am größten:
Es steht nicht mehr bereit.

Laßt euch nicht verführen
Zu Fron und Ausgezehr!
Was kann euch Angst noch rühren?
Ihr sterbt mit allen Tieren
Und es kommt nichts nachher.

Horst Krüger hat recht: »Selten ist das, was man den dialektischen Materialismus des Marxismus nennt (und was bei den Klassikern des Marxismus meist einen immensen Begriffsapparat in Bewegung setzte), so einfach, so bildhaft, so fast volksliedhaft sangbar in Sprache übergegangen.«[3] Der Text lebt von einer Elementarität der Erfahrung, von einer thesenhaften Verknappung der Zentralaussage und von einer – im besten Sinne des Wortes – ergreifenden Schlichtheit. Wer wollte sich seiner Suggestion und Verführungskraft so leicht entziehen?

Gegenüber diesen in ihrer Einfachheit und Klarheit großartigen Versen sind *Ludwig Feuerbachs* »Theologisch-satirische Xenien«, die er seinen anonym veröffentlichten antitheologisch-aufklärerischen »Gedanken über Tod und Unsterblichkeit« (1830)[4] beigegeben hatte, eine Reihe von bestenfalls kecken, aber oft einfältig trivialen Distichen und platten Reimereien. Die Erwähnung Feuerbachs in diesem marxistisch bestimmten Kontext ist kein Zufall. War es doch gerade dieser Philosoph, der hundert Jahre zuvor für die Auffassung Brechts die philosophischen Grundlagen gelegt hatte. *Gottfried Keller* vergleicht ihn in seinem Roman »Der grüne Heinrich« im Kapitel »Der gefrorene Christ« nicht umsonst mit einem Zaubervogel, der »Gott aus der Brust von Tausenden hinwegsang« und der auch Keller selber seines christlichen Unsterblichkeitsglaubens beraubt hatte:

Ich hab' in kalten Wintertagen,
In dunkler hoffnungsarmer Zeit
Ganz aus dem Sinne dich geschlagen,
O Trugbild der Unsterblichkeit.

Nun, da der Sommer glüht und glänzet,
Nun seh' ich, daß ich wohl getan;
Ich habe neu das Herz umkränzet,
Im Grabe aber ruht der Wahn.

Ich fahre auf dem klaren Strome,
Er rinnt mir kühlend durch die Hand;
Ich schau' hinauf zum blauen Dome –
Und such' kein besseres Vaterland.

Nun erst versteh' ich, die da blühet,
O Lilie, deinen stillen Gruß,
Ich weiß, wie hell die Flamme glühet,
Daß ich gleich dir vergehen muß![5]

Auch hier wieder die gleiche Motivstruktur wie bei Brecht: die Negation einer Welt des »droben«, einer Illusion von Unsterblichkeit, bei gleichzeitiger Affirmation der Zugehörigkeit zur Erde, eine Solidarität mit dem Negativen bis in den Tod: »Die Lilie, einst heraldisches Symbol der Unsterblichkeit, verwandelt sich in die lebendig-vergängliche Blume zurück, wird zum Spiegel der eigenen vegetativen Seele. In Gruß und Gegengruß vollzieht sich der Eintritt des Menschen in den Reigen der irdischen Geschöpfe. Da er jetzt ja nicht mehr nur Gast auf Erden ist, mit durchgewetztem Pilgerschuh unterwegs zu einer ewigen Heimat, kann er sich im Jetzt und Hier erst wirklich zu Hause fühlen« (Albert von Schirnding)[6].

Noch viele Menschen heute werden sich in einer solchen Haltung der »großen Unglaubensgenossen« des 19. Jahrhunderts (S. Freud) wiedererkennen: eine Treue zum Diesseits, zur Erde als dem einzigen Vaterland, bei Zurückweisung jeglichen »jenseitigen Trostes« – und dies nicht aus notorischer Ignoranz und Arroganz, sondern um der Freiheit und Würde des Menschen willen.

2. *Gott – Spiegelbild des Menschen*

Was war *Feuerbachs Problemstellung*? Feuerbach, ein früherer Theologiestudent, der auf dem Standpunkt »denkender« Religion evangelischer Pfarrer werden wollte, sich aber schon früh zum Hegelianer und schließlich zum bedeutendsten Vertreter der linken Hegel-Kritik vor Marx wandelte, wollte den alten Zwiespalt endlich aufheben, der die Geschichte der abendländischen Metaphysik durchzog: den Zwiespalt zwischen Oben und Unten, Diesseits und Jenseits. Aber nicht wie Hegel spekulativ, im Denken, sondern real, in Wirklichkeit: damit sich der Mensch wieder ungeteilt auf sich selbst, seine Welt und seine Gegenwart konzentriere. Aufhebung des Zwiespalts: nicht mehr länger die Ausrichtung auf ein unsterbliches Leben in einem Jenseits dort »oben«, sondern die Konzentration auf ein neues Leben hier und heute; statt auf Unsterblichkeit erpichte Individuen tüchtige, ganzheitliche, an Geist und Leib gesunde Menschen!

Jene erste Schrift Feuerbachs von 1830 war dabei noch keineswegs atheistisch. Gerichtet war sie »nur« gegen die Annahme eines persönlichen Gottes und gegen einen egoistischen Unsterblichkeitsglauben. Positiv plädierte sie für den Glauben an die Unsterblichkeit des Geistes und eine unvergängliche Jugend der Menschheit. Der Skandal aber war da. Die Schrift wurde beschlagnahmt und verboten, ihr Autor polizeilich ermittelt und als Freigeist, Atheist und leibhaftiger Antichrist auf Dauer diskreditiert, so daß er die Universität verlassen mußte. Umsonst waren von da ab seine Bemühungen um eine weitere Professur. Als Privatgelehrter veröffentlichte Feuerbach ein Jahrzehnt später – nach Arbeiten über die neuere Philosophiegeschichte (von Bacon von Verulam bis Pierre Bayle) – jenes sehr viel radikalere Buch, von welchem *Friedrich Engels*, getreuer Kampfgefährte von *Karl Marx*, noch nach vierzig Jahren enthusiastisch schreiben konnte: »Da kam Feuerbachs ›Wesen des Christentums‹. Mit einem Schlag zerstäubte es den Widerspruch, indem es den Materialismus ohne Umschweife wieder auf den Thron erhob. Die Natur existiert unabhängig von aller Philosophie; sie ist die Grundlage, auf der wir Menschen, selbst Naturprodukte, erwachsen sind; außer der Natur und den Menschen existiert nichts, und die höheren Wesen, die unsere religiöse Phantasie erzielt, sind nur die phantastische Rückspiegelung unseres eigenen Wesens. Der Bann war gebrochen; das (hegelsche) ›System‹ war gesprengt, und beiseite geworfen, der Widerspruch war, als nur in der Einbildung vorhanden, aufgelöst. – Man muß die befreiende Wirkung dieses Buches selbst erlebt haben, um sich eine Vorstellung davon zu machen. Die Begeisterung war allgemein; wir waren alle momentan Feuerbachianer. Wie enthusiastisch Marx die neue Auffassung begrüßte und wie sehr er – trotz aller kritischen Vorbehalte – von ihr beeinflußt wurde, kann man in der ›Heiligen Familie‹ lesen ...«[7]

Beinahe hundert Jahre nach der Radikalisierung der französischen Aufklärung im atheistischen Materialismus (1748: Julien Offray de Lamettrie »L'Homme machine«) kommt es so in den vierziger Jahren nun auch in Deutschland zu einem religiösen wie politischen Radikalismus, der die Deutsche Revolution von 1848 vorbereiten half. Anders gesagt: Auf der Linie der Radikalen der Französischen Revolution (der »Montagnards« = »Bergpartei«, »Hinterbänkler«) wird nun auch in Deutschland die »Montagne proklamiert« und werden »der Atheismus und die Sterblichkeit zur Fahne erhoben«. Zehn Jahre nach Hegels Tod kann der führende Junghegelianer Arnold Ruge die neue geistig-politische Situation so umschreiben: »Gott, Religion und Unsterblichkeit wird abgesetzt und die philosophische Republik, die Menschen, die Götter proklamiert.«[8]

Diese antijenseitige Diesseitsphilosophie Feuerbachs ist nun systematisch zu entfalten. Sein *Grundgedanke* war vergleichsweise einfach: »Das Bewußtsein Gottes ist das Selbstbewußtsein des Menschen, die Erkenntnis Gottes die Selbsterkenntnis des Menschen.«[9] Mit dieser Einsicht überprüft Feuerbach in beeindruckend konsequenter Weise, von leidenschaftlichem Aufklärungswillen beseelt, die gesamte Theologie: Was ist das *Geheimnis der Theologie? Die Anthropologie!* Und Aufgabe der neueren Zeit ist die Verwirklichung und Vermenschlichung Gottes: die Verwandlung und Auflösung der Theologie (Lehre von Gott) in die Anthropologie (Lehre vom Menschen)!

Bei Feuerbach zeigte sich klar, wie ungeheuer gefährlich Hegels Identifikation von Gott und Mensch, von endlichem und unendlichem Bewußtsein, für Gottesglaube und Christentum war. Man brauchte ja nur den Standpunkt zu wechseln, und alles erscheint umgekehrt: Dann nämlich wird das endliche Bewußtsein des Menschen nicht wie bei Hegel ins unendliche Bewußtsein, der menschliche Geist nicht in den absoluten Geist »aufgehoben«, sondern umgekehrt: Das unendliche Bewußtsein wird »aufgehoben« in mein endliches, der absolute Geist in den menschlichen Geist! Und genau das tut Feuerbach: Er will nicht »trunkene« Spekulation, er will »nüchterne« Philosophie. So gibt er den »absoluten Standpunkt« und damit den »Unsinn des Absoluten« auf. Damit schlägt das menschliche Bewußtsein vom (göttlichen) Unendlichen um: in das menschliche Bewußtsein von der Unendlichkeit des (eigenen, menschlichen) Bewußtseins! Der idealistische Pantheismus (Panentheismus) kippt um in »materialistischen« Atheismus.

Das heißt: Ausgangspunkt und erster Gegenstand der Philosophie ist nicht länger das »Absolute«, sondern nach Feuerbach der *Mensch*, und zwar der wahre, wirkliche, konkrete, sinnlich-leibliche Mensch. Und *Gott*? Nach Feuerbach hat der gottgläubige Mensch nichts anderes als sein Wesen aus sich herausgestellt, das er nun als etwas außer ihm Existierendes und von ihm Getrenntes ansieht; ja, er hat sein eigenes Wesen als selbständige Gestalt gleichsam an den Himmel projiziert, es Gott genannt und begonnen, es anzubeten. Der Gottesbegriff ist somit gar nichts anderes als eine *Projektion des Menschen*: »Das absolute Wesen, der Gott des Menschen ist sein eigenes Wesen. Die Macht des Gegenstandes über ihn ist daher die Macht seines eigenen Wesens.«[10]

Gotteserkenntnis (und eingeschlossen darin jegliche religiöse Ausdrucksform bis hin zum Glauben an ein ewiges Leben) ist so als ein gewaltiges Schein-Werfen durchschaut: Gott erscheint als projiziertes, hypostasiertes Spiegelbild des Menschen von sich selbst, das so wenig Realität besitzt wie ein auf eine Leinwand geworfenes Licht-Bild. Das Göttliche ist demnach das ins Jenseits hinausprojizierte allgemein Menschliche. Machen wir die Probe: Liebe, Weisheit, Gerechtigkeit hält man gewöhnlich für Eigenschaften des göttlichen Wesens. Aber sind dies in Wirklichkeit nicht Eigenschaften, die jeder Mensch anstrebt, die er aber bestenfalls in der menschlichen Gattung verwirklichen kann?

Beim eigenständigen, außerhalb des Menschen existierenden, persönlichen (»theistischen«) *Gott des Christentums* wird das besonders deutlich. Dieser Gott ist nichts anderes als das personifizierte Menschenwesen: Der Mensch nämlich »schaut sein Wesen außer sich«; Gott ist das offenbare Innere des Menschen, sein ausgesprochenes, »entäußertes Selbst«[11]. Stimmt dies, so sind die Bestimmungen Gottes in Wirklichkeit nichts anderes als die Bestimmungen des vergegenständlichten Wesens des Menschen. Also nicht mehr wie in der Bibel: Gott schuf den Menschen nach seinem Bild. Vielmehr umgekehrt: Der Mensch schuf Gott nach seinem Bild. Die Formel muß lauten: Homo homini deus! Der Mensch ist der Gott des Menschen! Gott als ein außerhalb des Menschen existierendes und von ihm selbst vorgespiegeltes, gespenstisches Gegenüber. Der Mensch ein großer Projektor, Gott die große Projektion.

Kapitel für Kapitel in erregter und doch manchmal ermüdender, aber zweifellos noch heute sehr nachhaltiger Weise hämmert Feuerbach dem Leser sein neues Credo ein. Und von Anfang bis Ende, von der Schöpfung bis zur Vollendung wendet er diese seine Grunderkenntnis auf sämtliche christliche Glaubensartikel an. Wie ist unter diesen Umständen der Glaube an ein *ewiges Leben* zu verstehen?

3. *Das Jenseits als entfremdetes Diesseits*

Der erste Teil des »Wesen des Christentums« (1841) über »Das wahre, d. i. anthropologische Wesen der Religion« kulminiert geradezu im 19. Kapitel: *»Der christliche Himmel oder die persönliche Unsterblichkeit«*. Doch entwickelt Feuerbach dieses Kapitel – gut hegelisch – aus dem vorausgegangenen über die christliche Bedeutung des freien Zölibats und Mönchtums. Das ehelose, überhaupt asketische Leben sei ja für Christen der direkteste Weg zum himmlischen unsterblichen Leben; denn der Himmel sei doch nichts anderes als das übernatürliche, gattungsfreie, offensichtlich geschlechtslose, absolut subjektive Leben.

So ist für Feuerbach der Glaube an das himmlische Leben oder – was für ihn dasselbe ist – der Glaube an persönliche Unsterblichkeit typisch für die Lehre des Christentums, weil diese mit dem Glauben an einen persönlichen Gott zusammenfällt. Aber auch hier wieder die Umkehrung: »Der Glaube an die *persönliche Unsterblichkeit* ist ganz *identisch* mit dem *Glauben an den persönlichen Gott* – d. h. dasselbe, was der Glaube an das himmlische, unsterbliche Leben der Person ausdrückt, dasselbe drückt Gott aus, wie er den Christen Gegenstand ist –, das Wesen der *absoluten, uneingeschränkten* Persönlichkeit.«[12]

Insofern sind Gott und Himmel für Feuerbach identisch: Man kann Gott den unentwickelten Himmel und den wirklichen Himmel den entwickelten Gott nennen. »Gegenwärtig ist Gott das Himmelreich, in Zukunft der Himmel Gott.«[13] Gott ist nach ihm der von uns gegenständlich gedachte Gattungsbegriff, der sich im Himmel erst verwirklichen, individualisieren wird: Gott somit der Begriff oder das Wesen des absoluten, seligen, himmlischen Lebens, das aber jetzt noch zusammengefaßt wird in eine ideale, absolute, uneingeschränkte Persönlichkeit.

Doch – wir hörten es schon – was ist Gott anderes als die Projektion, der Entwurf des Menschen von sich selbst? Und wenn der Mensch von seinem eigenen unbeschränkten himmlischen Leben redet, dann ist dies nichts anderes als der Traum, den der Mensch von sich selber träumt. Er selber möchte doch die von allen irdischen Begrenzungen freie, absolute Persönlichkeit sein. Und so phantasiert er sich in der Vorstellung Gottes selber in den Himmel hinein. Was der Mensch jetzt noch nicht ist, aber einmal sein will, setzt er schon jetzt als im Himmel existent an. In der Gottesvorstellung nimmt er somit illusionär seine eigene Zukunft voraus, woraus umgekehrt zu folgern ist: Leugnung Gottes und Leugnung der Unsterblichkeit des Menschen fallen notwendig in eins.

Was also ist der Glaube an die Unsterblichkeit? »Der Glaube an die *Unsterblichkeit* des Menschen ist der Glaube an die *Göttlichkeit* des Menschen, und umgekehrt der Glaube an Gott der Glaube an die reine, von allen Schranken erlöste und folglich eben damit *unsterbliche* Persönlichkeit.«[14]

Hier kulminiert die Religion: Die Unsterblichkeitslehre erscheint in dieser Sicht geradezu als »die Schlußlehre der Religion – ihr Testament, worin sie ihren letzten Willen äußert«[15]. Denn was sie sonst verschweigt, spricht sie hier unverhohlen aus: Religion hat im Menschen selber Ausgangspunkt und Ziel! Nicht mehr um die Existenz eines anderen Wesens geht es hier, sondern ganz offensichtlich nur um die eigene Existenz: »Das Jenseits ist nichts weiter als die *Wirklichkeit einer bekannten Idee,* die Befriedigung eines bewußten Verlangens, die Erfüllung eines Wunsches: es ist nur die *Beseitigung der Schranken,* die hier der Wirklichkeit der Idee im Wege stehen.«[16]

Ursprünglich, bei den »wilden« Völkern – meint Feuerbach –, war der Glaube an ein Jenseits, an ein Leben nach dem Tode, ja noch ganz direkt Glaube an das Diesseits, war es der unmittelbare, ungebrochene Glaube an dieses Leben. Bei den kultivierten Völkern wurde dieser Glaube nur differenzierter und abstrakter. Aber auch bei ihnen ist der Glaube an das jenseitige Leben »nur der Glaube an das diesseitige *wahre* Leben; die wesentliche Inhaltsbestimmtheit des Diesseits ist auch die wesentliche Inhaltsbestimmtheit des Jenseits; der Glaube an das Jenseits demnach kein Glaube an ein *anderes unbekanntes* Leben, sondern an die Wahrheit und Unendlichkeit, folglich Unaufhörlichkeit des Lebens, das *schon hier* für das *echte Leben* gilt.«[17]

Was bedeutet also der Jenseitsglaube für den religiösen Menschen? Er ist nichts anderes als ein riesiger *Umweg zu sich selbst!* Unzufrieden und in sich gespalten, hängt sich ein solcher Mensch an ein erträumtes Jenseits, um dort das Glück seiner fernen Heimat um so lebhafter zu empfinden: »Der Mensch trennt sich in der Religion von sich selbst, aber nur um *immer wieder auf denselben Punkt zurückzukommen, von dem er ausgelaufen.* Der Mensch verneint sich, aber nur, um sich wieder zu setzen, und zwar jetzt in verherrlichter Gestalt. So verwirft er auch das Diesseits, aber nur um am Ende es *als Jenseits wieder zu setzen.*«[18] Und dieses Jenseits ist nichts anderes als das Diesseits im Spiegel der Phantasie: »Das Jenseits ist das im Bilde angeschaute, von aller groben Materie gereinigte – verschönerte Diesseits.«[19] Anders formuliert: *Der Jenseitsglaube ist nichts als der Ausdruck des Glaubens des Menschen an sein idealisiertes Selbst,* an die Unendlichkeit und Wahrheit seines eigenen Wesens.

Diesem Typus des religiösen Menschen setzt Feuerbach den natürlichen, vernünftigen Menschen als positives Gegenbild gegenüber. Ein solcher Mensch hat die Zerrissenheit überwunden, er bleibt in seiner Heimat, im Diesseits, wo es ihm wohlgefällt, weil er vollkommen befriedigt ist (wie Nietzsche dann später sagen wird: »Brüder, bleibt der Erde treu!«). Triumphierend schließt Feuerbach sein Kapitel über den christlichen Himmel und die persönliche Unsterblichkeit mit den Worten: »Unsere wesentlichste Aufgabe ist hiermit erfüllt. Wir haben das außerweltliche, übernatürliche und übermenschliche Wesen Gottes reduziert auf die Bestandteile des menschlichen Wesens als seine Grundbestandteile. Wir sind im Schlusse wieder auf den Anfang zurückgekommen. Der Mensch ist der Anfang der Religion, der Mensch der Mittelpunkt der Religion, der Mensch das Ende der Religion.«[20]

Und man beachte wohl: Feuerbach verfolgt mit dieser seiner Philosophie keineswegs eine nur theoretische, sondern eine durchaus *praktische Zielsetzung*: Die durchgängige Entfremdung und Verarmung des Menschen, der sich an Gott entäußert, der Gott und seinen Himmel mit den Schätzen seines eigenen Inneren ausgestattet hat, soll rückgängig gemacht werden. Die Zweiteilung zwischen Gott und Mensch ist aufzuheben, damit der gespaltene, entfremdete Mensch seine Identität wiederfindet: Der Atheismus erweist sich so als der wahre Humanismus.

Und ist dies nicht genau das, was wir auch im Blick auf eine sozialpolitisch verantwortbare Praxis ganz nüchtern brauchen: statt der Verschwendung an Gottesliebe endlich ganz die Liebe zum Menschen, statt Glauben an Gott den Glauben des Menschen an sich selbst, statt einer Ausrichtung auf Jenseitigkeit die Einrichtung in der Diesseitigkeit, die es freilich zu verändern gilt? Später, in seinen »Vorlesungen über das Wesen der Religion« im Revolutionsjahr 1848, hat Feuerbach seine Aufgabe sehr deutlich so formuliert: »Der Zweck meiner Schriften, so auch meiner Vorlesungen, ist: die Menschen aus Theologen zu Anthropologen, aus Theophilen zu Philanthropen, aus Kandidaten des Jenseits zu Studenten des Diesseits, aus religiösen und politischen Kammerdienern der himmlischen und irdischen Monarchie und Aristokratie zu freien selbstbewußten Bürgern der Erde zu machen.«[21]

Eine *theologische Auseinandersetzung mit Feuerbach* ist alles andere als rasch erledigt. Zu eindrücklich ist diese Kritik am ewigen Leben vorgetragen, zu suggestiv formuliert, zu umfassend begründet. Gewiß, man wird – von der »Dialektik der Aufklärung« her – heute vieles an Feuerbach kritisch anmerken müssen, an seinem Natur- und Gattungsbegriff, seinem Gesellschafts- und Menschenbild. Aber ist nicht zumindest sein Grundansatz durchgängig plausibel? Ist die Zusammengehörigkeit von theologischer und politischer Kritik nicht konsequent durchgeführt? Enthält das hier einer repressiven feudalen und klerikalen Gesellschaft vorgehaltene Spiegelbild von einem »freien und selbstbewußten Bürger« nicht zuviel an Wahrheit, als daß man dessen Berechtigung bestreiten könnte? Nein, Feuerbach ist auch heute alles andere als vorbei und überholt, passé et dépassé. Kein Atheismus seither (vom Marxismus und der Psychoanalyse bis hin zum Positivismus und kritischen Rationalismus), der nicht von Feuerbachs Argumenten in der einen oder anderen Weise gezehrt hätte. Und so ist die Frage an den Theologen sehr ernsthaft: Ist Feuerbachs Kritik des Unsterblichkeitsglaubens nicht wirklich begründet? Was wären die Gegenargumente? Ich will im folgenden die Auseinandersetzung mit dem Problem der Unendlichkeit des menschlichen Bewußtseins ausklammern und mich auf das für unsere Fragestellung (es geht ja nicht allgemein um seine Religionskritik) zentrale Argument konzentrieren: Ist das ewige Leben nicht in der Tat eine psychologische Projektion des Menschen?

4. Das ewige Leben – Wunsch oder Wirklichkeit?

Psychologisch gesehen gründet der Jenseitsglaube nach Feuerbach, wie Religion überhaupt, in einem natürlichen Abhängigkeitsgefühl des Menschen. Näherhin gründet er in durchaus begreiflichen menschlichen Wünschen und Bedürfnissen, genauer im Trieb nach Glückseligkeit, der wiederum Produkt des allumfassenden menschlichen Selbsterhaltungstriebes ist – letztlich also im menschlichen Egoismus. Dabei ist es die Phantasie, die Einbildungskraft des Menschen, die den Gegenstand real setzt, auf den sich diese Kräfte und Triebe, Bedürfnisse und Wünsche ausrichten. Sie läßt Gott und seinen Himmel als ein wirkliches Wesen erscheinen. Aber nach Feuerbach ist klar: Der Schein trügt, und die Religion gibt diesen Schein für Wirklichkeit aus. Die Vorstellung von Gott und einem ewigen Leben ist nichts als menschliche Einbildung, ein Produkt unserer schöpferischen Phantasie.

Also: ist diese philosophisch fundierte und psychologisch entfaltete Projektionstheorie nicht bestechend plausibel? Man hat es unter Theologen oft bestritten, was man nie hätte bestreiten dürfen: Auch der Glaube an ein Jenseits läßt sich psychologisch deuten, psychologisch ableiten! Niemand kann in Abrede stellen, daß das nun einmal vorhandene Abhängigkeitsgefühl, daß verschiedenste Wünsche und Bedürfnisse im Menschen, daß erst recht der Selbsterhaltungs- und der Glückseligkeitstrieb beim Glauben an ein ewiges Leben eine wichtige Rolle spielen. Zugleich muß zugegeben werden, daß bei jedem Erkennen auch die Phantasie, die Vorstellungskraft, mitspielt, daß ich jeden und jedes auf meine eigene Weise erkenne und daß ich so bei jeder Erkenntnis auch etwas von mir in den Gegenstand meines Erkennens hineinlege, also hineinprojiziere. Auch wissenssoziologisch sind wir heute stärker denn je über die soziokulturellen Faktoren und Vorbedingungen im Prozeß von Wissensgewinnung und Erkenntnisvermittlung aufgeklärt[22].

Nur: ist mit einer solchen psychologischen Erklärung schon *alles* über das sehr vielschichtige Problem »Jenseits« oder »ewiges Leben« gesagt? Ist mit der Anerkennung der Tatsache, daß psychologische (oder andere) Momente beim Glauben an ein ewiges Leben eine bedeutsame Rolle spielen, schon ausgeschlossen, daß diese Momente auf ein reales Objekt, eine von unserem Bewußtsein unabhängige Wirklichkeit zielen? Gewiß: positiv ist nicht auszuschließen (und das ist von Feuerbach her gegen allzu rasch »transzendental« deduzierende Theologen zu sagen), daß den verschiedenen Bedürfnissen, Wünschen, Trieben und auch dem Glückseligkeitsstreben des Menschen (»desiderium naturale beatitudinis«) in Wirklichkeit vielleicht doch kein Objekt entspricht und ich im Tode in die ewige Ruhe des Nichts versinke. Wer wüßte hier Bestimmtes? Aber es läßt sich auch umgekehrt nicht von vornherein ausschließen (und dies ist gegen einen selbstsicheren Atheismus einzuwenden), daß allen diesen Bedürfnissen, Wünschen, Trieben und auch dem Glückseligkeitsstreben tatsächlich etwas Wirkliches (wie immer es zu bestimmen ist) entspricht und ich in eine allerletzte Wirklichkeit aufgehoben werde. Wer könnte hier von vornherein das Gegenteil behaupten?

Präziser gefragt: könnten *Abhängigkeitsgefühl* und *Selbsterhaltungstrieb* nicht einen sehr *realen* Grund, könnte unser *Glückseligkeitsstreben* nicht ein sehr *reales* Ziel haben? Und wenn ich – wie bei jeder Erkenntnis so auch im Glauben an das ewige Leben – viel von meinem Eigenen in den Gegenstand hineinlege, hineinprojiziere, ist denn damit schon erwiesen, daß dieser Gegenstand ausschließlich meine Einbildung ist? Projektion und sonst nichts? Könnte all unserem glaubenden Wünschen, Denken und Einbilden nicht vielleicht doch irgendein transzendentes Objekt, irgendeine verborgene Wirklichkeit Gottes – wie auch immer zu bestimmen – entsprechen?

»Wenn die Götter Wunschwesen sind, so folgt daraus für ihre Existenz oder Nicht-Existenz gar nichts«, führt der Philosoph Eduard von Hartmann aus: »Nun ist es ganz richtig, daß darum etwas noch nicht existiert, weil man es wünscht; aber es ist nicht richtig, daß darum etwas nicht existieren könne, weil man es wünscht. Feuerbachs ganze Religionskritik und der ganze Beweis für seinen Atheismus beruht jedoch auf diesem einzigen Schluß, d. h. auf einem logischen Fehlschluß.«[23] Das ist mehr als ein »formallogisches« Argument. Ich kann ja auch meine *Welterfahrung* psychologisch ableiten, aber das sagt doch nichts gegen die Existenz einer von meinem Bewußtsein unabhängigen Welt – als dem Bezugspunkt meiner Erfahrungen; das ist noch kein Beweis für einen Solipsismus! Und ich kann meine *Gotteserfahrung psychologisch ableiten,* aber das *sagt doch nichts gegen die Existenz einer von mir unabhängigen göttlichen Wirklichkeit* – als Bezugspunkt all meiner Bedürfnisse und Wünsche; das ist noch kein Beweis für den Atheismus! Kurz: meiner psychologischen Erfahrung kann in Wirklichkeit durchaus etwas Wirkliches entsprechen; auch dem Wunsch nach Gott und einem ewigen Leben können durchaus ein wirklicher Gott und ein wirkliches ewiges Leben – Schein und Sein – entsprechen. Man kann sich der Schlußfolgerung nicht entziehen: Feuerbachs *Leugnung eines ewigen*

Lebens bleibt unter diesem psychologischen Gesichtswinkel ein Postulat! Und auch ein solcher Atheismus ist über jeden *Projektionsverdacht* nicht erhaben!

Aber ich will dies hier nicht vertiefen, sondern noch einen Schritt weitergehen: Von diesem kritischen Ansatz her müssen auch die Argumente *Freuds* gewertet werden, der den Wunsch- und Projektionsverdacht Feuerbachs gegenüber Religion und Glauben an ein ewiges Leben in unserem Jahrhundert aufnahm und weiterführte.

5. *Der Projektionsverdacht in der Psychoanalyse*

Sigmund Freud war sich in Sachen Religion einer historischen Kontinuität durchaus bewußt. Die entscheidenden *Argumente für seinen persönlichen Atheismus* habe er im wesentlichen *von Feuerbach und dessen Nachfolgern übernommen*: »Ich habe bloß – dies ist das einzig Neue an meiner Darstellung – der Kritik meiner großen Vorgänger etwas psychologische Begründung hinzugefügt«, schreibt Freud bescheiden und richtig zugleich in seiner religionskritischen Hauptschrift »Die Zukunft einer Illusion«[24]. Es ist also die von Feuerbach entwickelte Projektionstheorie, die die Grundlage gibt nicht nur für Marxens Opiumstheorie, sondern auch für Freuds Illusionstheorie.

Das heißt: es war Freud, der hinter Feuerbachs psychologische Projektionstheorie zurückzufragen versuchte, um tiefenpsychologisch auf die verborgenen, unbewußten Bedingungen der religiösen Schein- und Traumwelt vorzudringen. Bekanntlich war es Freuds epochales Verdienst, die Mechanismen und Verlaufsformen des Unbewußten für den einzelnen Menschen wie für die Menschheitsgeschichte freigelegt zu haben. Freud konnte nachweisen, daß gerade auch für religiöse Einstellungen und Vorstellungen solche Erfahrungsfelder von grundlegender Bedeutung sind, denen er seine ganz besondere Aufmerksamkeit gewidmet hatte: früheste Kindheit, erste Eltern-Kind-Beziehungen, Einstellung zur Sexualität. Dies kann hier nicht vertieft werden. Auch hier soll unsere Aufmerksamkeit der zentralen Streitfrage gelten, und hier gilt analog für Freud, was schon für Feuerbach galt: Aus dem unbestreitbaren Einfluß psychologischer Faktoren auf den Glauben an ein ewiges Leben, sahen wir, folgt noch nichts für die Existenz oder Nichtexistenz eines ewigen Lebens. Und auch aus dem unbestreitbaren Einfluß *tiefenpsychologischer, unbewußter* Faktoren auf den Glauben an ein ewiges Leben folgt noch nichts für die Existenz oder Nichtexistenz eines ewigen Lebens.

Die religiösen Vorstellungen, meint Freud, seien »Erfüllungen der ältesten, stärksten, dringendsten Wünsche der Menschheit«[25]. Gewiß! Aber sind Religion und Glaube an ein ewiges Leben deshalb »nur«, »nichts als« menschliche Wunschgebilde? Gott und sein Himmel »nur« menschliche Phantasie, »nur« infantile Illusion oder gar »nur« neurotische Wahnidee, wie Freud sie beschreibt? Auch hier gilt: dem Wunsch nach einem ewigen Leben *kann* – wer weiß das schon – durchaus ein wirkliches ewiges Leben entsprechen. Diese Möglichkeit hat auch Freud in keiner Weise endgültig ausgeschaltet.

Freilich stünde es schlimm um einen religiösen Glauben, hätte er keine echten Gründe vorzubringen oder blieben in einer psychoanalytischen Behandlung keine Gründe mehr übrig. Hier offenbarte sich dann, auch wenn er sich scheinbar noch so fromm gebärdete, in der Tat ein unreifer, infantiler, unter Umständen gar neurotischer Glaube. Das alles gibt es – auch! Aber: spricht es schon gegen die Wahrheit des Glaubens, weil in ihm – wie doch auch in der Psychoanalyse! – alle möglichen triebhaften Motive, libidinösen Neigungen, psychodynamischen Mechanismen, bewußte und unbewußte Wünsche mitspielen? Warum soll ich hier nichts wünschen dürfen? Warum soll ich nicht wünschen dürfen, daß – konkret gefragt – der Mörder nicht über sein Opfer triumphiere, wie der Philosoph Max Horkheimer einmal sagte, daß Schweiß, Blut und Tränen, alles Leid durch die Jahrtausende nicht umsonst waren, daß definitives Glück allen Menschen und besonders den Mißachteten und Getretenen schließlich doch ermöglicht werde? Und warum soll ich nicht umgekehrt die Zumutung zurückweisen dürfen, wir hätten mit seltenen Augenblicken des Glücks zufrieden zu sein und uns mit dem »normalen Unglück« abzufinden? Zurückweisen diese Zumutung auch angesichts der vielfach belegbaren Einsicht, daß offenbar immer nur die Mächtigen und Rücksichtslosen sich durchsetzen, daß das Leben des Menschen und der Menschheit nur von unbarmherzigen Naturgesetzen oder noch gnadenloseren sozialen und ökonomischen Machtgesetzen bestimmt sei, regiert von der Laune des Zufalls und vom Überleben des Stärkeren, und daß wohl schließlich alles Sterben ein Sterben in ein Nichts hinein sei?

Aus dem tiefen menschlichen Wunsch nach ewigem Leben folgt, da irren manche Theologen, zweifellos noch nicht die *Realität* des ewigen Lebens. Daraus folgt aber auch nicht, da irren manche Atheisten, dessen

Nichtrealität! Gewiß, der Wunsch allein birgt in sich nicht schon die Erfüllung. Es *kann* ja sein, daß den ältesten, stärksten, dringendsten Wünschen der Menschheit nichts entspricht und die Menschheit sich tatsächlich jahrtausendelang Illusionen gemacht hat. Aber könnte nicht auch das Gegenteil sein?

Ziehen wir, bevor wir zu einem weiteren Abschnitt übergehen, ein *vorläufiges Fazit:*

- Feuerbachs philosophisch-psychologische Deutung des Glaubens an ein ewiges Leben, auf der auch Marxens gesellschaftskritische und Freuds psychoanalytische Deutung gründen, läßt keine Entscheidung zu über die Wirklichkeit oder Unwirklichkeit eines ewigen Lebens.
- Insbesondere vermag Feuerbachs Projektionstheorie, auf der Marxens Opiumstheorie und Freuds Illusionstheorie gründen, nicht zu beweisen, daß ein ewiges Leben *nur* Projektion des Menschen (interessenbedingte Vertröstung, infantile Illusion) sei; allen »Nur«-Sätzen und »Nichts-als«-Sätzen gegenüber ist Mißtrauen angebracht.
- Die atheistische Negierung eines ewigen Lebens ist ihrerseits nicht über jeden Projektionsverdacht erhaben. Sie, die oft ebenfalls aus einer »Glaubenshaltung« heraus lebt (einem Glauben etwa an die Menschennatur, die sozialistische Gesellschaft, die rationale Wissenschaft), muß sich fragen lassen, ob sie nicht ihrerseits eine Projektion des Menschen sei.
- Weil alle atheistische Negierung eines ewigen Lebens sich als letztlich unbegründet erwies, ist jedoch der Glaube an ein ewiges Leben noch keineswegs begründet. Läßt sich denn dieser Glaube seinerseits überhaupt begründen? Beide Positionen scheinen gleich gut oder gleich schlecht begründet und sich gegenseitig aufzuheben. Wir scheinen somit in einer Pattsituation zu stehen, wie kommen wir weiter?

6. *Ein Sinn des Todes?*

Hier ist nicht weiterzukommen! Alles Weiterkommenwollen gelingt nur bei Strafe unwissenschaftlicher, metaphysisch restaurierter Hypothesen, die den Gesprächspartner für den seriösen wissenschaftlichen Diskurs unglaubwürdig machen: Diese Warnung zeitgenössischer Philosophen ist nicht zu überhören. Vorbei ist die Zeit der Meta-Physik, und dies nicht nur aus erkenntnistheoretischen Gründen. Hat man den Tod von daher nicht als unerklärbares, unausdeutbares brutum factum einfach stehen zu lassen – ein biologisches Geschenen, das naturnotwendig abläuft? So schreibt der Tübinger Philosoph *Walter Schulz* unmißverständlich: »Die Metaphysik mit ihren Vorstellungen vom Fortleben und persönlicher Unsterblichkeit liegt hinter uns. Für uns ist die biologisch orientierte Vorstellung vom natürlichen Tod grundlegend.«[26]

Freilich: »die ganze Misere« liegt nach Schulz darin, daß der Mensch zugleich »ein Wesen« ist, »das sich zu sich verhalten kann«: »Wäre der Mensch ein Tier oder ein Gott, dann würde er keine Todesangst kennen. Daß er mit dem Tode nicht ›zurecht kommt‹, das gründet eben in seiner widersinnigen oder – um ein Fremdwort zu gebrauchen – in seiner paradoxen Struktur.«[27] Und Schulz beruft sich zur Illustration dieses Paradoxon auf Pascal, nach welchem es ja nicht erst das Universum braucht, um Menschen zu töten (ein Wassertropfen genügt schon); daß aber der Mensch zum Unterschied vom Universum, das ihn zermalmen kann, darum weiß, daß er stirbt. Und so ließe sich jetzt (und dies durchaus in Übereinstimmung mit Pascal) hinzufügen: Gerade weil der Mensch sich zu sich verhalten, sich so verstehen, um seinen Tod wissen, seinen Tod vorausahnen und Todesangst haben kann, braucht er angesichts des Todes, bei allem Bewußtsein der Grenzen seines Erkennens, vielleicht doch nicht von vornherein sprachlos zu bleiben.

Und so drängt sich denn die Auseinandersetzung mit dem Tod doch auch einer skeptisch enthaltsamen Philosophie in vielfacher Weise auf: wenngleich anders als zur Zeit Platons, der auf die Herausforderung des Todes mit seinem Unsterblichkeitsbeweis antwortete; wenngleich anders auch als zur Zeit einer christlichen Philosophie, die mit den Gottesbeweisen auch das Todesproblem gelöst zu haben meinte. Schon aus unserer ersten Vorlesung ist deutlich geworden: In unserem »nachmetaphysischen« Zeitalter stellt sich die Frage nach dem *Tod* des *Individuums* zunächst von der Medizin her! Denn ob klinischer Tod und Wiederbelebung oder biologischer Tod, ob passive oder aktive Sterbehilfe, ob Alterstod oder Freitod, ob inhumanes oder humanes Sterben: in all diesen für den Menschen höchst schwerwiegenden Problemen stellt sich die Grundfrage nach dem – neutral verstanden – *Sinn des Todes*, der nun einmal in all diesen Fragen mit dem *Sinn des Lebens* eng zusammenhängt.

Und erst recht stellt sich diese Grundfrage in der nicht nur individuellen, sondern *gesellschaftlichen Dimension.* Denn ob in einer Gesellschaft der Tod »verdrängt« wird (wie dies zum erstenmal Max Scheler im Zusammenhang mit dem Arbeitstrieb analysiert hat) oder ob durch den dialektischen Umschlag von Aufklärung, Wissenschaft und Technik eine Welt totaler Verwaltung und Gleichschaltung und damit eine »Welt des Todes« (für die als letztes Extrem Auschwitz steht) heraufkommt[28] (wie dies in der »Negativen Dialektik« Theodor W. Adorno dargelegt hat): es stellt sich nun einmal die Grundfrage, wie man mit dem Tod überhaupt »zurecht kommen« kann, um die Formulierung von Walter Schulz aufzunehmen. Es stellt sich also wiederum die Frage nach jenem Sinn des Todes, der mit dem Sinn des Lebens zusammengesehen werden muß.

Oder soll sich die Philosophie für alle diese Fragen als von vornherein inkompetent erklären und Fragen wie die nach dem Tod den von vornherein »unwissenschaftlichen« Religionen und Weltanschauungen überlassen? Über solche Arbeitsteilung sollten sich Theologen nicht zu früh freuen: Sie macht es beiden, Philosophen *wie* Theologen, zu leicht! Und da von der in den letzten Jahren auch in Deutschland vorherrschenden angelsächsischen sprachanalytischen Philosophie (vom späten Wittgenstein einmal abgesehen) diese Fragen weithin abgeblendet werden, greifen wir zur Erhellung der philosophischen Problematik auf die große europäische *Tradition der Existenzphilosophie* zurück, die auf den Spuren Sören Kierkegaards und der von ihm analysierten »Krankheit zum Tode« die Todesfrage als zentrales menschliches Problem im Zusammenhang von Existenz und Existenzangst des Menschen behandelt hat. Auf *drei philosophische Optionen* in dieser Frage möchte ich kurz hinweisen, wobei ich mir wohl darüber im klaren bin, wie schwierig die richtige und zugleich verständliche Darstellung von drei so unterschiedlichen und so differenzierten philosophischen Positionen mit wenigen Sätzen ist.

1. *Option: Das Vorlaufen in den Tod: Martin Heidegger*

Heideggers frühes Hauptwerk »Sein und Zeit«[29] stellt – vor dem Horizont der von ihm für die philosophische Diskussion des 20. Jahrhunderts neu entdeckten Seinsfrage – eine breit angelegte Analyse dessen dar, was zum menschlichen Dasein »dazugehört«, was die konkrete menschliche Existenz in ihren Strukturen bestimmt; menschliches Sein ist ja etwa vom Sein eines Steins, eines Tieres, einer Maschine oder eines Kunstwerks grundlegend verschieden. Wieso? Da ist zunächst des Menschen Befangensein im Alltag, sein Dasein als Sorge, sein Verfallensein an die Welt und an die Diktatur des anonymen »Man«. Da sind dann aber auch die Grundbestimmungen des Menschen, vor allem die Grunderfahrung seiner Angst (Einfluß Kierkegaards!); die Erfahrung also, daß er mit der Fraglichkeit alles Seienden, mit der Nichtigkeit der Welt, mit der Unausweichlichkeit des Todes konfrontiert ist. Der Mensch bleibt somit grundlegend bestimmt von seiner Zeitlichkeit, seinem Geworfensein (nicht frei gewählt!) in den Tod, seinem Hinausgehaltensein ins mögliche Nichtsein.

»Sobald ein Mensch zum Leben kommt, sogleich ist er alt genug zu sterben.« So zitiert Heidegger den »Ackermann aus Böhmen«[30]. Ja, der Mensch lebt – das ist Heideggers Erkenntnis – in ständiger Unabgeschlossenheit, in einem Raum des Noch-nicht; er ist noch nicht ganz, denn sein Enden beginnt ja schon mit dem Anfang. Und dieses Enden kann nicht einfach als »Vollendung« bestimmt werden, da es so oft in Unvollendetheit mündet. Doch umgekehrt kann es auch nicht einfach als »Verenden«, als ein Sterben »mit allen Tieren«, angesehen werden. Was heißt dann Enden jenseits von Vollenden und Verenden? Enden ist für Heidegger nicht einfach ein Aufhören, Verschwinden, Zu-Ende-Sein, sondern es ist vielmehr ein »Sein zum Ende«[31]. Anders gesagt: Sterben ist eine Weise des Seins, die der Mensch übernimmt, sobald er geboren ist. Also nicht erst etwas, was ihn in Zukunft angeht, sondern was schon immer präsent ist. Schon die Gegenwart ist also als ein Hinausgehaltensein in den Tod zu verstehen. Menschliches Dasein ist somit geradezu als »Sein-zum-Tod« anzusehen. Umgekehrt: erst vom Tod als dem Nicht-Sein kann das Dasein *in seiner Ganzheit* bestimmt werden. Erst vom Tod her wird das Dasein als Dasein »ganz«.

Tod ist also für Heidegger mehr als der biologische, natürliche Tod. Er ist vielmehr eine Weise des Seinkönnens, gezeichnet freilich durch einen Seinsausstand, eine Weise des Sichverhaltens und Sichergreifens. Paradox formuliert: Im Tod geht es um die Möglichkeit der schlechthinnigen Daseins*un*möglichkeit, die in uns eine grundlegende Angst hochkommen läßt; nicht Furcht vor irgend etwas Bestimmtem, sondern Angst vor etwas Unbestimmtem, Angst um die Existenz. Doch sollen Angst und Tod nicht im alltäglichen Geschwätz verdrängt oder umgangen werden, wie dies oft genug geschieht. Dem Tod gilt es sich vielmehr als einer sehr realen Möglichkeit zu stellen, ihn sich zu eigen zu machen, entschlossen in ihn »vorzulaufen«, wie Heidegger sagt. In diesem Vorlaufen zum Tod enthüllt sich dem menschlichen Dasein geradezu die

Möglichkeit, authentisch es selbst zu sein: in einer »sich ängstenden *Freiheit zum Tode*«[32].

Wie also soll der Mensch mit dem Tod »zurecht kommen«? Nach Heidegger soll er in freier Entscheidung und todbereiter Entschlossenheit seine nichtige Existenz übernehmen und aus sich selber heraus zu existieren trachten: um nämlich gerade so zu seinem eigentlichen Selbst und zu seiner Ganzheit zu kommen, indem er das Heute, die Gegenwart, als Möglichkeit des Selbstseins ergreift.

Angesichts dieser tiefsinnig-dialektischen Interpretation vom Leben als »Sein-zum-Tode« scheint es klar: Kann man den Tod ernster nehmen, als wenn man das ganze Dasein des Menschen von ihm her versteht und deutet? Und doch fragt sich umgekehrt: Wird durch eine solche philosophische Ausdeutung der Tod selber in seiner bedrohenden Nichtigkeit faktisch nicht allzusehr ausgeklammert? Wird hier der Tod, den jeder Mensch nun einmal je anders sterben muß, nicht allzusehr verharmlost, wenn er mit der Endlichkeit des Menschen identifiziert, wenn er so einfachhin zur ontologischen Struktur des Menschen gemacht, gar noch als ausgezeichnete »Möglichkeit« des Menschen interpretiert wird? Dies ist zumindest die Kritik von Jean-Paul Sartre.

2. *Option: Die Absurdität des Todes: Jean-Paul Sartre*

Jean-Paul Sartre hat Heideggers Existenzanalyse zum Ausgangspunkt seiner eigenen Philosophie gemacht, eines Existenzialismus, den Heidegger selber, ganz am Sein orientiert, nie bejaht hat. In seinem Hauptwerk »L'être et le néant« (»Das Sein und das Nichts«)[33] begreift Sartre das »Wesen« des Menschen nicht länger (wie Heidegger) in der existentialen Seinsauslegung, wo Sein als die Bedingung der Möglichkeit von Existenz dieser schon immer voraus ist und zugrunde liegt. Vielmehr liegt nach Sartre die frei sich entwerfende Existenz des Menschen seiner Essenz je schon voraus. Das heißt: der Mensch ist in seinem absolut freien Existenzentwurf durch keinen fixierbaren Wesensstand mehr bestimmt, und dies hat Konsequenzen für die Sartresche Deutung des Todes, die jetzt (anders als noch bei Heidegger) entschieden atheistisch vorgetragen wird.

Wie Heidegger plädiert auch Sartre gegen die moderne Verschleierung und Verdrängung des Todes, wie Heidegger begreift auch er die Sterblichkeit entschieden als Teil der menschlichen Existenz. Aber anders als Heidegger sieht Sartre das Leben nicht vom Tod her, sondern umgekehrt den Tod vom Leben her. Mit Verve wendet er sich gegen die

Deutung des Daseins als »Sein-zum-Tode«. Allzu optimistisch erscheint es ihm, den Tod als eine ausgezeichnete Möglichkeit des sich entwerfenden und verstehenden Daseins zu deuten. So lasse sich der Tod nicht verinnerlichen, individualisieren, ins Leben vereinnahmen und für die Ganzheit der menschlichen Existenz gewinnen. Warum?

Nun, für Sartre ist der Tod einfachhin ein Faktum, ein zufälliges, sinnblindes Faktum, das wir niemals verstehen werden, über das wir in keiner Weise verfügen können. Er kommt jäh und unerwartet, ist unberechenbar und bleibt Überraschung selbst für den, der ihn für ein bestimmtes Datum erwartet. Der Tod ist demnach etwas anderes als nur jene Endlichkeit (Zeitlichkeit), die zur ontischen Struktur des Menschen gehört und die ja auch ohne den Tod gegeben wäre, selbst wenn der Mensch unsterblich wäre. Nein, der Tod tritt als völlig zufälliges, unbestimmtes, brutales Faktum von außen in das sich entwerfende und seine Möglichkeiten realisierende Sein des Menschen ein. Er verhilft ihm nicht zur Ganzheit, sondern verhindert sie definitiv. Tod ist Abbruch von Möglichkeit und macht Dasein zum Fragment. Mein Tod ist somit alles andere als meine Möglichkeit, sondern ist geradezu die Kehrseite meiner freien Wahl. Zwar ist es *mein* Tod, aber im Tod werde ich nur dazu verurteilt, den *Anderen*, den Weiterlebenden, zur Beute zu werden.

Anders gesagt: der Tod nimmt dem Leben jede Bedeutung, er ist, wie nicht meine Möglichkeit, so erst recht nicht meine ausgezeichnete Möglichkeit. Er ist vielmehr die jederzeit mögliche Ver-Nichtung aller meiner Möglichkeiten. Gewiß, Endgültigkeit erlangt der Mensch im Tod; aber es ist eine sinnlos-nichtige Endgültigkeit! Denn am Ende wird alle Möglichkeit, die wir im Leben realisiert haben, eingeholt und weggewischt: von einem Zufall, der so unser ganzes Leben bestimmt und es der Sinnlosigkeit ausliefert. Absurd ist der Tod, weil er unser ganzes Leben absurd macht: »Ce qu'il faut noter tout d'abord c'est le caractère absurde de la mort« (»Was man sich von vornherein merken muß, das ist der absurde Charakter des Todes«)[34]. Er ist nicht der auflösende, erlösende Schlußakkord, der sich aus einer Melodie herausentwickelt und dieser nachträglich Sinn und Ganzheit verleiht. Nein, er ist ihr jäher Abbruch, von außen, ohne allen Sinn.

Aber, so ist nun Sartre seinerseits zu fragen, wird hier der Atheismus, und folglich dann auch die Absurdität des Todes, nicht allzu selbstverständlich vorausgesetzt? Wird hier nicht mehr beschworen als begründet? Ist der Tod nur das, was sichtbar wird in der noch nicht lebendigen toten Materie, dem nicht mehr lebenden Leichnam? Wird der Tod so nicht in falscher Weise verabsolutiert als etwas ausschließlich Absurdes? Wird so dem Tod nicht gerade das genommen, was sein »Wesen« ausmacht: offene Frage zu sein, eine Wirklichkeit offenzuhalten, über deren Sein und Sollen noch nicht entschieden ist? Hier wäre die Position von Karl Jaspers ins Spiel zu bringen, der, ebenfalls Philosoph der Existenz, sich gegen eine Verabsolutierung des Lebens *und* des Todes zur Wehr setzt.

3. Option: Tod als Erfüllung: Karl Jaspers

Auch Karl Jaspers' Philosophie kreist um den Menschen, seine existentielle Freiheit und sein Selbstsein in Kommunikation mit anderen. Unübersehbar ist, daß der Mensch immer wieder tiefen Krisen ausgesetzt ist und unvermeidlich in Situationen gerät, in denen er an Grenzen stößt: »Grenzsituationen« – das berühmte Stichwort der Jaspersschen Philosophie – im angstvollen Erleben der Unausweichlichkeit von Kampf, von Leid, von Schuld, im Erleben des unabänderlichen Schicksals, im Sterben eines lieben Menschen oder im Gedanken an den eigenen Tod. Hier überall drohen Scheitern, Hoffnungslosigkeit, nihilistische Verzweiflung. Gibt es daraus eine Befreiung? Nur, indem der Mensch diese Situation annimmt und sie ganz bejaht – ja sagt selbst zum Tod.

Ein Sprung ist hier allerdings gefordert – aus der Verzweiflung heraus zum Selbstsein und zur Freiheit. Ein Sprung freilich, der nur möglich ist, wenn der Mensch sich als Beschenkter erfährt, so wie er die Erfahrung machen kann, daß er sich selber nicht geschaffen hat, vielmehr sein Dasein anderen verdankt. Denn gerade in der äußersten Situation des Scheiterns ist dem Menschen die Grunderfahrung von jener »Transzendenz« ermöglicht, die mit der Welt nicht identisch ist, ohne die aber menschliche Existenz im wahren Sinn des Wortes nicht möglich wäre. Wenn Menschen also Grenzsituationen durchstehen können, wenn sie selber noch im Sterben unbeirrt standhalten, dann nicht durch sich selbst, sondern durch eine »Hilfe«, die anders ist als alle Hilfe dieser Welt und die nur der *philosophische Glaube* erfahren kann: ein Glaube, aber nach Jaspers ein Glaube ohne jede Offenbarung, dem nur gewiß ist, *daß* Transzendenz ist, ohne daß er zu sagen wüßte, *was* sie ist.

So kann nach Jaspers die Härte des Daseins zwar nicht umgangen, wohl aber in ihr die Transzendenz begriffen werden. Deshalb wendet er sich gegen alle Verabsolutierung der Wirklichkeit, selbst gegen die

Verabsolutierung von Leben und Tod: »Wird das *Leben* ohne Tod verabsolutiert, so ist keine Transzendenz vor Augen, sondern nur ein bis zur Endlosigkeit erweitert gedachtes Dasein. Wird der *Tod* verabsolutiert, so ist Transzendenz verschleiert, weil nur die Vernichtung bleibt. Werden aber Leben und Tod identisch, was für unser Denken unsinnig ist, so vollzieht sich in dem Versuch dieses Gedankens ein Transzendieren: der Tod ist nicht das, was sichtbar wird in der noch nicht lebendigen toten Materie und in dem nicht mehr lebenden Leichnam; das Leben ist nicht, was sichtbar ist als das Leben ohne Tod und der Tod ohne Leben. In der Transzendenz ist der Tod Erfüllung des Seins als mit ihm in eins gegangenes Leben.«[35]

Was können wir aus dem Vergleich der drei philosophischen Positionen entnehmen? Auch hier geht es nur um eine vorläufige Bilanzierung:

- Mit der Heraufkunft des Atheismus – in der deutschen Philosophie begründet vor allem durch Feuerbach – hat auch die *Todesproblematik ein bedrückendes Eigengewicht* bekommen. Sichtbar werden gerade bei den neueren Denkern, bei Heidegger, Sartre und Jaspers, der ungeheure Ernst und die ungewöhnliche Anstrengung, um dem Tod gegenüber nicht sprachlos zu bleiben, sondern ihn als Teil menschlicher Existenz zur Sprache zu bringen.
- Eine philosophische Deutung des Todes erscheint indessen schwierig, wenn nicht unmöglich: Selbst innerhalb der Existenzphilosophie, die sich der Todesproblematik mehr als jede andere Philosophie gestellt hat, sind die *Positionen* nicht nur verschieden, sondern geradezu *widersprüchlich.* Und es wäre für die Theologie allzu billig, wollte sie diese Positionen gegeneinander ausspielen, um so die ihr möglicherweise nächste zu favorisieren. Alle drei Positionen sind in ihrem Eigengewicht zu wägen und für die Deutung heutiger menschlicher Todeshaltungen ernst zu nehmen.
- Auch bezüglich eines *Lebens nach dem Tod* sind die drei beschriebenen philosophischen Positionen gegensätzlich: Für Heidegger bleibt die Frage offen, von Jaspers wird sie bedingt positiv und von Sartre entschieden negativ beantwortet. Keine dieser Positionen läßt sich für die Bejahung eines ewigen Lebens in Anspruch nehmen: Die Philosophie gibt die Frage an die Theologie zurück! Wer also sagt, der so zufällige Tod sei sinnlos, er bedeute die Destruktion des ganzen Menschen (auch seines Geistes, welcher nun einmal ganz an Hirn und

Organe gebunden sei), der läßt sich rational kaum widerlegen. Rational bewiesen freilich hätte er diese Position ebensowenig.

Für *Heidegger* bleibt die Frage offen, insofern für ihn auch die Frage der Transzendenz im strengen Sinn völlig offen bleibt: »Die ontologische Analyse des Seins zum Ende greift ... keiner existentiellen Stellungnahme zum Tode vor. Wenn der Tod als ›Ende‹ des Daseins, das heißt des In-der-Welt-seins bestimmt wird, dann fällt damit keine ontische Entscheidung darüber, ob ›nach dem Tode‹ noch ein anderes, höheres oder niedrigeres Sein möglich ist, ob das Dasein ›fortlebt‹ oder gar, sich ›überdauernd‹, ›unsterblich‹ ist. Über das ›Jenseits‹ und seine Möglichkeit wird ebensowenig ontisch entschieden wie über das ›Diesseits‹, als sollten Normen und Regeln des Verhaltens zum Tode zur ›Erbauung‹ vorgelegt werden.«[36]

Von *Jaspers* wird die Frage *bedingt bejaht,* aber nur in einem philosophischen Glauben, und dies nicht für ein persönliches Weiterleben des Einzelnen, sondern nur für das Weiterleben des Einen auch den Menschen Umgreifenden: »Daß das Sein des Einen ist, ist genug. Was mein Sein ist, das als Dasein restlos vergeht, ist gleichgültig, wenn ich nur im Aufschwung bleibe, solange ich lebe. In der Welt gibt es keinen wirklichen und wahrhaften Trost, der mir die Vergänglichkeit von allem und meiner selbst verständlich und ertragbar erscheinen läßt. Statt des Trostes ist das Seinsbewußtsein in der Gewißheit des Einen.«[37]

Von *Sartre* wird die Frage eines Lebens nach dem Tod eindeutig *negativ* beantwortet, insofern sich für ihn als Atheisten die Frage überhaupt nicht ernsthaft stellt. Er geht aus von der Absurdität des Todes und begnügt sich mit der Feststellung: Der Tod darf nicht als »Dachluke zum Absoluten«[38] angesehen werden: »Der Tod offenbart uns nur etwas über uns selber und dies von einem menschlichen Standpunkt aus.«[39]

Doch Sartres Autobiographie »Les Mots« (»Die Wörter«[40]) läßt den persönlichen und sachlichen Kontext dieser Aussagen deutlicher werden. Jean-Paul Sartre – Katholik und von Hause aus für die Laufbahn des Gläubigen und gar Mönches geradezu prädestiniert, aber vom bürgerlichen Christentum abgestoßen (Parallelen zum Katholiken und Jesuitennovizen Martin Heidegger drängen sich auf) – hatte sich schon als frühreifer Knabe einer belletristischen Ersatzreligion zugewandt: Er wurde zum Märtyrer einer Literaturreligion, die ihm eine eigene Art von Unsterblichkeit, den literarischen Nachruhm, versprach. Gegen

Ende seines Lebens freilich spricht Sartre in rücksichtsloser Offenheit davon, wie auch diese Ersatzreligion aufgegeben, der Glaube an die Literatur als Irrglaube erkannt, der Heilige Geist der Belletristik ausgetrieben werden muß und wie grausam und langwierig das Unterfangen des Atheismus ist: »Die Illusion der Rückschau ist zerbröckelt; Märtyrertum, Heil, Unsterblichkeit, alles fällt in sich zusammen, das Gebäude sinkt in Trümmer, ich habe den Heiligen Geist im Keller geschnappt und ausgetrieben; der Atheismus ist ein grausames und langwieriges Unterfangen; ich glaube ihn bis zum Ende betrieben zu haben. Ich sehe klar, bin ernüchtert, kenne meine wirklichen Aufgaben, verdiene sicherlich einen Preis für Bürgertugend; seit ungefähr zehn Jahren bin ich ein Mann, der geheilt aus einem langen, bitteren und süßen Wahn erwacht und der sich nicht darüber beruhigen kann und der auch nicht ohne Heiterkeit an seine einstigen Irrtümer zu denken vermag und der nichts mehr mit seinem Leben anzufangen weiß. Wieder bin ich, wie damals mit sieben Jahren, der Reisende ohne Fahrkarte: der Schaffner ist in mein Abteil gekommen und schaut mich an, weniger streng als einst. Er möchte am liebsten wieder hinausgehen, damit ich meine Reise in Frieden beenden kann; ich soll ihm nur eine annehmbare Entschuldigung sagen, ganz gleich welche, dann ist er zufrieden. Unglücklicherweise finde ich keine und habe übrigens auch keine Lust, eine zu suchen. So bleiben wir miteinander im Abteil, voller Unbehagen, bis zur Station Dijon, wo mich, wie ich genau weiß, niemand erwartet. – Ich habe das geistliche Gewand abgelegt, aber ich bin nicht abtrünnig geworden: ich schreibe nach wie vor. Was sollte ich sonst tun? – *Nulla dies sine linea.*«[41]

Der Tübinger Literaturwissenschaftler *Hans Mayer*, Übersetzer und Herausgeber dieses Buches, bemerkt dazu: »Man kann den Zustand des Mannes, der die letzten Seiten seines Buches ›Les Mots‹ niederschreibt, je nachdem als heitere Illusionslosigkeit oder als tiefe Enttäuschung verstehen. Man kann aber auch einwenden, hält man sich von aller ›Identifikation‹ mit Sartre fern, hier werde ein Zustand als Endzustand ausgegeben, als totaler Atheismus und Absage an alle Ersatzreligionen, der in Wirklichkeit eine neue Ersatzreligion bedeutet. Ein totaler Atheist, der weiterproduziert und sich stets von neuem engagiert, durchlebt eine Phase, worin das *Arbeitsethos* die Funktion erhielt, eine neue Ersatzreligion zu entwerfen.«[42]

Auch diese Ersatzreligion, in welcher Sartre »der Atheismus noch immer nicht total genug ist«, müßte nach Hans Mayer konsequenterweise aufgegeben werden, was aber erst dann einträte, wenn Sartre »nicht mehr schreiben will oder schreiben wird«[43], worauf sich Sartre »glücklicherweise« nie einließ. Mayer hat recht: Es hilft nicht, eine Ersatzreligion durch eine Ersatzreligion zu ersetzen. Ob es aber – angesichts des Nichtmehrschreibens – nicht sinnvoll sein könnte, die Ersatzreligion durch eine echte (freilich nicht mehr bürgerliche) Religion zu ersetzen? Ob diese Möglichkeit in unserem nachbürgerlichen Zeitalter von vornherein ausgeschlossen werden kann?

7. *Das Entweder – Oder*

In summa dürfte in dieser zweiten Vorlesung klar geworden sein: Nicht nur um eine *offene Frage* geht es hier, wie sich in der ersten Vorlesung aus der Diskussion medizinischer Daten ergeben hat, sondern, wie sich jetzt in der Auseinandersetzung mit neueren Philosophen gezeigt hat, um eine *große Alternative*. Ein großes Entweder – Oder: Grundoptionen bezüglich Mensch und Welt, die menschlich verantwortlich zu vollziehen sind. Diese Grundoptionen seien zum Schluß nochmals thesenhaft verknappt herausgehoben: die eine mit Brechts Lehrgedicht »Gegen Verführung« – die andere (deren Begründung noch ausführlich zu erfolgen hat) in respektvoller Umkehrung des Brechtschen Textes. Nochmals Bertolt Brecht, »Gegen Verführung«:

Laßt euch nicht verführen!
Es gibt keine Wiederkehr.
Der Tag steht in den Türen;
Ihr könnt schon Nachtwind spüren:
Es kommt kein Morgen mehr.

Laßt euch nicht betrügen!
Das Leben wenig ist.
Schlürft es in schnellen Zügen!
Es wird euch nicht genügen
Wenn ihr es lassen müßt!

Laßt euch nicht vertrösten!
Ihr habt nicht zu viel Zeit!
Laßt Moder den Erlösten!
Das Leben ist am größten:
Es steht nicht mehr bereit.

Laßt euch nicht verführren
Zu Fron und Ausgezehr!
Was kann euch Angst noch rühren?
Ihr sterbt mit allen Tieren
Und es kommt nichts nachher.

Und jetzt die theologische Umkehrung, vorgenommen mit nur wenigen Korrekturen am Text von Brecht, aber ohne Verrat an dessen Ernst und Würde[44]:

Laßt euch nicht verführen!
Es gibt eine Wiederkehr.
Der Tag steht in den Türen;
Ihr könnt schon Nachtwind spüren:
Es kommt ein Morgen mehr.

Laßt euch nicht betrügen!
Das Leben wenig ist.
Schlürft nicht in schnellen Zügen!
Es wird euch nicht genügen
Wenn ihr es lassen müßt!

Laßt euch nicht vertrösten!
Ihr habt nicht zu viel Zeit!
Faßt Moder die Erlösten?
Das Leben ist am größten:
Es steht noch mehr bereit.

Laßt euch nicht verführen
Zu Fron und Ausgezehr!
Was kann euch Angst noch rühren?
Ihr sterbt nicht mit den Tieren
Es kommt kein Nichts nachher.

Kommt nichts nachher? Kommt nicht nichts nachher? Ersatzreligion, gar Nihilismus, oder eben doch Religion? Was soll nun gelten? Vorläufig kann nur das eine gesagt werden: Wir haben eine weitere Anstrengung des Denkens nicht zu scheuen. Die Theologie hat es nicht von vornherein leichter als die Philosophie. Keine ernsthafte denkerische Option soll dort übersprungen werden. Jedes Wort zum Tod über das Schweigen hinaus will verantwortet sein.

III. Modelle des Ewigkeitsglaubens in den Religionen

1. *Das große Vielleicht*

Wir sterben »mit den Tieren«: dies ist keine Frage. Eine offene Frage aber ist: Wohin sterben wir? In ein Nichts oder aber in eine allerletzte Wirklichkeit? Sehr viel vorsichtiger als Jean-Paul Sartre hat sich sein ebenfalls atheistischer Zeitgenosse *Ernst Bloch* zu dieser Frage geäußert. Für ihn war der Tod die stärkste Nicht-Utopie, die Fragen aufwirft, welche keine philosophische Spekulation leichthin »aufheben« kann und die schon eh und je die Domäne der *Religionen* war.

Bloch wußte nicht weniger als die Existenzphilosophen um die Dringlichkeit und Unabgegoltenheit der Todesfrage, um den Zusammenhang von Sinnfrage und Todesfrage, aber auch darum, wie sehr die Religionen vom Todesproblem her ihre Stärke beziehen, und dies in der ganzen Ambivalenz von Unterdrückungs- *und* Hoffnungspotential: »Nicht das Wunder, sondern der Tod ist des Glaubens ›liebstes Kind‹«, sagte er 1964 in einem Gespräch mit Theodor W. Adorno[1], und zum historisch gewordenen Christentum: »Das Christentum siegte zum großen Teil in Konkurrenz mit anderen Propheten der Unsterblichkeit und des Fortdauerns durch den Ruf Christi: ›Ich bin die Auferstehung und das Leben‹. Nicht etwa durch den Ruf der Bergpredigt . . . Im ersten Jahrhundert nach Golgatha wurde die Auferstehung auf Golgatha ganz *persönlich* bezogen, so daß man durch die Taufe in den Tod Christi mit ihm die Auferstehung erlebe, da er der erste derer war, die gerettet wurden vom Tod. Es ging damals eine Leidenschaft der Verzweiflung um, die uns heute völlig unverständlich erscheint und ein krasses Gegenspiel macht zu unserer Gleichgültigkeit. Doch nichts schützt uns davor, daß in fünfzig oder hundert Jahren, oder warum nicht in fünf Jahren, eine solche Neurose oder Psychose von Todesangst metaphysischer Art wieder ausbricht mit der Grundfrage: Wozu die Mühe unseres

Daseins, wenn wir zur Gänze sterben, in die Grube fahren und haben im Beschluß nicht das mindeste davon.«[2]

Bloch kennt also die von den Religionen wachgehaltene existentielle Dringlichkeit der Frage nach Tod und Weiterleben, der auch die traditionellen Antworten einer marxistischen Ideologie nicht genügen können. Die marxistische Redensart vom »eingeschreint im Herzen der Arbeiterklasse« kommt ihm wie die »Abmattung der ursprünglichen Frage« vor: »Die ursprünglichste Frage aber – und hier kommt das Wort ›existenstiell‹ wirklich nach Hause – ist diese: Was geschieht denn mit *meinem* Sterben, mit *meiner* Intensität, mit *meinen* Erfahrungen? Nicht im Sinne des Individualismus, aber der Erlebbarkeit. Wer erlebt denn die Unsterblichkeit in Fortdauer des Werkes oder der Arbeiterbewegung oder jener anderen großen, jemals gewesenen Bewegung, die Volksmassen oder ganze Zeiten ergriffen hat. Wer erlebt solche Fortdauer, meine Kinder oder Kindeskinder? ›Die Kinder sollen es besser haben als wir‹, das sind doch eben lauter Abmattungen. Wir selbst, nicht ich als Individuum, das wäre noch besonders privatkapitalistisch geheizt, nein, wir selbst, wir sollen weiterleben und wollen bei dem, was kommt, noch dabei sein. Das ist ein wichtiges Motiv. Das ganze Haus der Menschheit muß erleuchtet stehen, mit allen seinen Fenstern, da geht's nicht nur um die Herrschaften, die zufällig im ungeheuren Jahr des eschatologischen Glücks auf der Erde anwesend sind. Was wäre das für eine Unverschämtheit gegen uns, und wie sehr würden wir dabei benachteiligt und alle, die mit uns das Pech haben, eine Generation zu früh geboren zu sein. Warum sollten wir vom Glück des Eschaton und des Dabeiseins ausgeschlossen werden? Wir finden hier noch keine wissenschaftlichen Motive, aber stark emotionale, menschliche. Doch die Wissenschaftlichkeit der Antwort ist damit noch nicht von vornherein ausgeschlossen, weil unser Interesse derart stark an solchen Fragen hängt oder vielleicht wieder stärker als heute daran hängen wird.«[3]

Blochs endgültige Antwort auf diese dringliche Frage nach dem, was uns erwartet, sucht eine delikate Balance zu halten zwischen der Affirmation des Sinnpotentials dieser Frage und der Negation einer positiv-gewissen Festlegung. Gibt es das, was die Menschen ersehnen, dieses Weiterleben, dieses Dabeisein nachher? Blochs Antwort ist schon im »Prinzip Hoffnung« – vor dem langen Kapitel über den Tod »Selbst und Grablampe oder Hoffnungsbilder gegen die Macht der stärksten Nichtutopie: den Tod« – mit einem Wort des sterbenden Rabelais umschrieben: »Je m'en vais chercher un grand peut-être.« Auch später greift Bloch immer wieder auf dieses »große Vielleicht« zurück: »Was noch nicht ist, läßt sich überhaupt noch gar nicht beweisen und vor Augen bringen. Doch die Richtung darauf bleibt immerhin – dies muß gefaßt werden mit dem eigentümlichen, durchaus wissenschaftlichen Realitätsgrad des Möglichen, des ›grand peut-être‹ ... Ich gehe also das große Vielleicht zu sehen, waren die letzten Worte des sterbenden Rabelais ... Wir können nicht sagen – daher ›le grand peut-être‹ –, wir können absolut nicht sagen, daß es die Sphäre nicht gibt, bloß weil wir keine Kenntnis davon haben. Wir können nur sagen, non liquet, das Material reicht nicht aus, um zu sagen, es gibt sie. Das Material reicht aber ebenso wenig aus, mit Stringenz zu sagen, es gibt sie nicht. Denn wir haben keine Erfahrungen über diese Sache. Hier liegt also ein offener Raum vor, in den nun andere Kategorien oder andere Methoden als die naturwissenschaftlichen Wissens hinreichen.«[4]

Ja, gibt es dieses Weiterleben, dieses Dabeisein nachher, das die Menschen ersehnt haben – buchstäblich *von Urzeiten her*? Was wir in der ersten Vorlesung zuerst von der Medizin und in der zweiten von der Philosophie her beleuchtet haben, muß jetzt in dieser dritten Vorlesung noch einmal von einer neuen Seite beleuchtet werden: von der *vergleichenden Religionswissenschaft* her.

In jedem religionsgeschichtlichen Handbuch ist nachzulesen: Schon die Anfänge der Religion haben mit der Bewältigung des Todes zu tun und in diesem Zusammenhang auch mit Vorstellungen von Seelen, Geistern, Göttern, Gott ... Doch die Klärung der Frage nach den Anfängen der Religion erwies sich in der Geschichte der religionsgeschichtlichen Forschung als reichlich verwickelt. Woher kommt Religion? Was sind ihre Ursprünge, ihre weiteren Phasen?

2. *Religion am Ursprung der Menschheit*

Wer Ursprünge und Verlaufsphasen einer Sache erforschen will, arbeitet in der Regel mit irgendeiner Theorie von Entwicklung. Und doch sind wir damit gerade in Sachen »Ursprung der Religion« bereits am neuralgischen Punkt. Es war *Charles Darwin*, der dem Denken in *Entwicklungsstufen* nicht nur in der Biologie und den Naturwissenschaften, sondern auch in Ethnologie, Religionsgeschichte und Religionswissenschaft überhaupt in epochaler Weise zum Durchbruch verholfen hatte. Das bis dahin vorherrschende theologische Deutungsschema von einem Höhenanfang der Religion, einem reinen Monotheismus und einem paradiesischen Zustand menschlicher Vollkommenheit und *Unsterblichkeit*, der sich im Verlauf der Geschichte immer mehr verschlechtert habe (Abfall-Theorie, Degenerationstheorie), wurde nach und nach abgelöst durch ein naturwissenschaftlich orientiertes Schema von einem Tiefenanfang: einem primitiven menschlichen Urzustand der *Sterblichkeit*, geprägt von einem elementaren »Macht«- oder Geisterglauben, der sich erst allmählich zu reineren, höheren Glaubensformen entwickelte (Evolutionstheorie).

Der *Entwicklungsgedanke* als solcher war freilich nicht neu. Nach Ansätzen in der griechischen Antike (Empedokles, Lukrez) wurde er, insbesondere von Leibniz her, im deutschen Idealismus wie im französischen Positivismus heimisch. Vor allem Hegel und Comte hatten ihm in ihrer Geschichtsphilosophie vorgearbeitet. Der Philosoph und Soziologe *Herbert Spencer*, Darwins englischer Zeitgenosse und philosophischer Hauptvertreter des Evolutionismus im 19. Jahrhundert, hatte schon vor Darwin die Entwicklung von niedrigeren zu höheren Stufen als *Grundgesetz aller Wirklichkeit* proklamiert und zur Grundlage seines »Systems der synthetischen Philosophie« gemacht[5]. Auf *ethnologischer Ebene* aber wurde die Evolutionstheorie durch den Kulturanthropologen (erster Fachprofessor in Oxford) *Edward Burnett Tylor* grundgelegt[6]: Auch Religion habe sich in einer geraden Linie von der Steinzeit bis zur Gegenwart entwickelt, gleichförmig durch dieselben Phasen hindurch, in kleinen Schritten von niedrigeren zu höheren Formen – freilich auf verschiedenen Gebieten mit verschiedenem Tempo! Also gelte es nur, die Religion der »primitiven« Naturvölker und ihre Überbleibsel (»survivals«) in späteren Religionen zu untersuchen – und man hat die älteste Religion gefunden!

Als *erste Stufe der Religion* – oder besser nur Vorstufe – galt seit Tylor der *Animismus*: jener in Rein- oder Mischform sich findende Glaube an anthropomorph gedachte »Seelen« oder – später – »Geister« (lateinisch »animi«: selbständig bestehende Seelen), also der Glaube an eine Allbeseelung der Natur. Dem Seelen- oder Geisterglauben folgte dann – konsequent dem Entwicklungsgedanken zufolge – auf nächst höherer Stufe der polytheistische Götterglaube, der schließlich im monotheistischen Gottesglauben kulminierte.

Nach diesem Schema ist also das Leben der Naturvölker nicht anders als primitiv vorstellbar: dumpf, ja nach manchen beinahe sprachlos (nur mit Gebärden und Grunzlauten), prälogisch. Deshalb ist jeder Kult auf der Stufe des Animismus (oder Totemismus) nichts anderes als *Magie* (Zauber): Handlungen, besonders Worte, durch deren gleichsam automatische Wirkung zwingend auf die Naturmächte Einfluß genommen werden soll. Erst aus der wachsenden Erkenntnis der Wirkungslosigkeit der Magie – vor allem gegen den Tod – soll sich dann zur Besänftigung der Naturmächte der Glaube an Geister und Götter und somit *Religion* entwickelt haben. Und schließlich, sehr viel später durch weitere Korrekturen, das rationale, wissenschaftliche Denken: die *Wissenschaft*. Jenes von Hegel und Comte her wohlbekannte weltgeschichtliche Dreitaktschema erscheint jetzt umgesetzt in ein religionsgeschichtliches Entwicklungsschema, das insbesondere durch den britischen Ethnologen und Religionsforscher *James George Frazer* mit ungeheuer viel Tatsachenmaterial angefüllt wurde: die *drei Phasen Magie – Religion – Wissenschaft*[7]; ein Schema, das Frazer später auf den Unsterblichkeitsglauben anwendet[8]. So plausibel dieses Deutungsschema auch sein mag, so haben wir dennoch dessen Haltbarkeit im Lichte heutiger Forschungsergebnisse zu überprüfen.

In Zweifel gezogen wurde in der Folgezeit nicht so sehr das umfangreiche Tatsachenmaterial selbst, sondern die Einordnung des so wenig gleichförmigen Materials in ein vorgefaßtes Schema: in das *Entwicklungsschema* Magie – Religion – Wissenschaft. Gewiß: kein ernsthafter Forscher bestreitet heute eine Evolution in der Religionsgeschichte; auch Religionen haben sich entwickelt! Aber: sehr ernsthaft wird heute ein *schematischer Evolutionismus* in der Religionsgeschichte bestritten. Denn empirisch hat man nun einmal festgestellt, daß die Religionen sich in ganz und gar unsystematischer Vielfalt entwickelt haben.

Für die postulierten Urphasen der Religion bedeutet dies:

Gewiß haben die Magie sowie der Seelen- und Geisterglaube in vielen Religionen eine überragende Rolle gespielt;

gewiß sind manche vergötterten Ahnen später als göttliche Wesen verehrt worden;

gewiß ist in vielen Fällen die Verehrung eines Totemtieres in Götterverehrung übergegangen.

Aber: daß überall ein Animismus oder Präanimismus oder Totemismus die ursprüngliche Form von Religion gewesen sei, ist ein dogmatisches Postulat, keine empirisch bewiesene Tatsache! Historisch wurde nämlich keineswegs bewiesen, was jenes Entwicklungsschema voraussetzte:

daß sich Religion überhaupt gleichförmig entwickelt habe;

daß eine bestimmte Religion jene verschiedenen Phasen durchgemacht habe;
daß sich also generell Religion aus der Magie, Heiligkeitsvorstellungen aus dem Tabu, Geisterglauben aus dem Seelenglauben, Götterglauben aus dem Geisterglauben und Gottesglauben aus dem Götterglauben entwickelt habe.

Die angeblich primitivste Stufe eines Seelen- oder Geisterglaubens findet sich keineswegs bei allen Naturvölkern und besonders nicht bei den vermutlich ältesten Kulturen. Animistische Vorstellungen sind ethnologisch, religionsgeschichtlich und entwicklungspsychologisch nicht von vornherein ursprüngliche, sondern vielfach spätere, abgeleitete Phänomene. Schon von daher wird klar, warum bisher bei keiner einzigen Religion die angenommene Abfolge der verschiedenen Phasen nachgewiesen werden konnte. Es läßt sich einfach nicht übersehen: die einzelnen Phänomene und Phasen durchdringen einander. Statt von Phasen oder Epochen spricht man deshalb heute lieber von Schichten und Strukturen, die sich grundsätzlich in allen Phasen oder Epochen finden können.

Schon im Jahre 1912 hatte einer der Begründer der modernen Soziologie, *Émile Durkheim*[9], mit dem Blick besonders auf bestimmte australische Urvölker Einspruch erhoben gegen das damals verbreitete Bild von primitiver Religion als einem leeren, abstrusen Gespinst aus Aberglauben. Auch diese primitiven Religionen hätten einen Kern von Realität, den Durkheim freilich nicht in einer göttlichen Macht, sondern in der Gesellschaft sah: im Clan, dessen Symbol oder Emblem das Totem (= »Verwandtschaft«: das verwandte Tier, später auch Pflanze oder Naturerscheinung) ist.

Frontal aber wurde dieses Entwicklungsschema vom Niedrigen zum Höheren zuerst vom schottischen Schriftsteller *Andrew Lang*[10] in Frage gestellt, dann vom deutschen Anthropologen *Wilhelm Schmidt*, der in seinem riesigen zwölfbändigen Werk über den Ursprung der Gottesidee[11] die These zu beweisen versuchte: nicht Animismus, Präanimismus oder Totemismus, sondern der »*Ur-Monotheismus*« sei die älteste Religion. Es scheinen sich nämlich in der Tat primitive Stämme nachweisen zu lassen, die nicht an Geister, sondern an einen »Hochgott« (Ur- oder Allvater als Stammes- oder Himmelsvater) glauben, der im Kult freilich merkwürdig zurücktritt und anscheinend nur als »Urheber« für Antworten auf die Fragen nach dem Woher der Dinge fungiert. Diese Hochgötter könnten etwas Primäres und nicht aus niederen Stufen Abgeleitetes sein. Also: statt einer Entwicklung vom Niedrigen zum Höheren die umgekehrte Entwicklung vom Höheren zum Niedrigen?

Doch sosehr diese Forschungen das Entwicklungsschema erschütterten, sie haben doch die *zentrale These nicht bewiesen*, die sie beweisen wollten: daß gerade diese Hochgott-Religion, und nicht der Animismus, die Urreligion schlechthin ist. Überdies: das hinter dem »Anti-Evolutionsschema« steckende theologische Interesse war allzu offenkundig: Mit der These vom Urmonotheismus glaubte man eine »Uroffenbarung« als Faktum historisch aufgewiesen zu haben, was sich auf die wissenschaftliche Diskussion belastend auswirken mußte. Heute darf – nach der wahrhaft bewundernswerten Forschungsarbeit so vieler Generationen von Religionshistorikern – als ein weithin geltender Konsens festgehalten werden:

- Schemata fangen die Geschichte nicht ein: Weder die *Degenerationstheorie* von einem monotheistischen Höhenanfang noch die *Evolutionstheorie* von einem animistischen (präanimistischen) Tiefenanfang lassen sich historisch belegen. Beide sind im Grunde vorgefaßte Deutungsmuster, das erste in theologisch-naturwissenschaftlichem und das andere in aufgeklärt-naturwissenschaftlichem Gewande.
- Bisher ist die *Urreligion* nicht nur nicht gefunden worden. Sie ist wissenschaftlich überhaupt *nicht zu finden*: Für eine historische Erklärung des Ursprungs der Religion fehlen einfach die notwendigen Quellen: Die zeitgenössischen Naturvölker sind mit den »Urvölkern« keineswegs schlechthin identisch; wie die Kulturvölker haben sie eine lange, wenngleich ungeschriebene Geschichte hinter sich.
- Die Religion des prähistorischen Menschen ist uns trotzdem nicht unbekannt. Bisher wurde in der ganzen langen Geschichte der Menschheit jedenfalls *kein Volk oder Stamm* gefunden *ohne irgendwelche Merkmale von Religion.*

3. Die Religion des Steinzeitmenschen

Schon der Mensch der *Altsteinzeit (Paläolithikum)*, wie er vielleicht eine Million Jahre als Jäger, Fischer und Sammler lebte, besaß – davon ist man heute allgemein überzeugt – »Religion«. Aber wegen der Spärlichkeit und der »Undurchsichtigkeit« der »Dokumente« (vor allem Knochen, Werkzeuge, Farbpigmente, Grabfunde, Felsenzeichnungen) ist es außerordentlich schwierig, das Leben des vorgeschichtlichen Menschen im allgemeinen und seiner Religion im besonderen näher zu bestimmen.

In seinem schon zitierten Buch »Death and Eternal Life«[12], in dem er zu Recht eine »globale« (ich würde sagen: »ökumenische«) Theologie des Todes fordert, welche die Weltreligionen berücksichtigt, stellt der englische Philosoph und Theologe *John Hick* in der Nachfolge von James George Frazer heraus, daß alle primitiven Völkerstämme an irgendein Weiterleben des Einzelnen nach dem Tod geglaubt haben[13]. Doch der Tod wurde von diesen Menschen weniger als natürlicher Vorgang der Lebensbedingungen oder als eine Art göttliches Eingreifen verstanden, vielmehr als die »magische Handlung eines Feindes«[14]. Denn der meist gewaltsam erfahrene Tod (das durchschnittliche Lebensalter des prähistorischen Menschen betrug möglicherweise nur 18 Jahre) war für diese Völker kaum natürlich vorstellbar, sondern mußte als magisch erzwungene Einwirkung durch irgendeinen Feind angesehen werden. Überdies: das Weiterleben stellten sich die Primitiven eher als »geisterhaftes Überleben« denn als »ewiges Leben« oder gar »Unsterblichkeit«[15] vor. Ein faktischer, aber kein religiöser Unsterblichkeitsglaube, meint Hick: »Der frühe Glaube an ein Weiterleben schien nicht die Hoffnung und die Ängste der Menschen reflektiert zu haben, war vielmehr das Produkt der Unfähigkeit, sich lebhaft erinnerte Personen als nicht mehr lebend vorzustellen – vielleicht verstärkt durch Träume von den Verstorbenen –, zusammen mit einer vagen Idee von ihrem Zustand im Grab und von daher von einer dunklen Region unter der Erde.«[16]

An dieser Beschreibung der primitiven Vorstellungen ist zweifellos vieles richtig. Fragwürdig scheint mir indessen die Trennung von faktischem und religiösem Unsterblichkeitsglauben zu sein, die allzusehr auf dem Evolutionsschema (Magie – Religion – Wissenschaft) Frazers aufruht, auf den sich Hick denn auch beruft[17]. Nun gibt es zweifellos ungeheure Unterschiede zwischen der Geistigkeit der heutigen und der der Urzeitmenschen. Trotzdem wird man sich, wie der deutsche Paläontologe *Karl Narr* betont, vor der »Vorstellung von einem speziellen, von unserem Denken qualitativ und radikal verschiedenen ›primitiven Denken‹, das wesentlich magischer und ›prälogischer‹ Natur sein soll«, hüten müssen[18]. Warum soll die »geisterhafte« Form des Weiterlebens nach dem Tode nur magische, aber keine religiöse Bedeutung gehabt haben – religiös selbstverständlich im weitesten Sinn des Wortes? Warum soll der Glaube an ein Weiterleben nichts mit der

»Hoffnung und den Ängsten« der Menschen zu tun gehabt haben, nichts mit »göttlichen« Wesen und Mächten? Magie und Religion sind auch bezüglich des Unsterblichkeitsglaubens zwar zu unterscheiden – über ihre begriffliche Abgrenzung gibt es freilich keinen Konsens –, sie sind aber keinesfalls chronologisch zu trennen; wohl sachgemäßer wird man deshalb von einer »magisch-religiösen« Bedeutung der Bestattungsriten sprechen.

Nun sind freilich unsere Kenntnisse von der *älteren Altsteinzeit* (Altpaläolithikum) – also der Zeit etwa des »Homo heidelbergensis« (der älteste Menschenfund in Deutschland) – äußerst begrenzt. Bisher sind keine Gräber gefunden worden. Ein Grund könnte darin liegen, daß Bestattungsplätze, wenn es sie überhaupt gegeben hat, auf der Erdoberfläche oder in den oberen Erdschichten unter freiem Himmel angelegt worden waren; sie wären so für uns verlorengegangen. Aber bereits seit der *mittleren Altsteinzeit* (Mittelpaläolithikum), bereits seit dem steinzeitlichen Moustérien 70 000–50 000 vor Christus – dem Auftreten des Neandertalers –, kann man mit Sicherheit von eigentlichen Bestattungen sprechen. Schon der *Neandertaler glaubte an ein Fortleben nach dem Tod!* Der Paläontologe *Alfred Rust*, der sich viele Jahrzehnte mit dem urreligiösen Verhalten und Opferbrauchtum des eiszeitlichen Homo sapiens (vor allem im Zusammenhang mit Ausgrabungen in der Hamburger Gegend[19]) beschäftigt hat, führt in seiner Darstellung der eiszeitlichen Kulturen aus: »Wir kennen einige Dutzend Gräber von Neandertalern. Die Verstorbenen wurden ganzkörperlich, zum Teil in Schlafstellung einzeln oder gepaart, oft in kleinen Steinkammern oder durch aufgelegte Steinplatten geschützt, pietätvoll beigesetzt. Man gab den Toten zur Fahrt in die ewigen Jagdgründe, in ein Reich, in dem vielleicht eine Gottheit ihren Sitz hatte, Steinwerkzeuge, wahrscheinlich auch Waffen aus organischem Material und Wildstücke als Wegzehrung mit auf die Reise.«[20]

Auch der amerikanische Religionswissenschaftler *Mircea Eliade* stellt, die prähistorische Forschung resümierend, mit dem Blick auf die Zeit des Neandertalers heraus, daß »der Glaube an ein Weiterleben nach dem Tode durch die Verwendung von Ocker als rituellem Blutersatz, also als ›Symbol‹ des Lebens, schon für die früheste Zeit bewiesen zu sein scheint. Der Brauch, den Leichnam mit Ocker zu bestäuben, ist sowohl zeitlich als auch räumlich allgemein verbreitet; er ist von Choukoutien bis zu den westlichen Küsten Europas, in Afrika bis zum Kap der Guten Hoffnung, in Australien, Tasmanien und in Amerika bis Feuerland anzutreffen ... Der Glaube an ein Fortleben wird *a fortiori* durch die Bestattungen bestätigt; anderenfalls bliebe es unverständlich, warum man sich die Mühe machte, den Leichnam einzugraben. Dieses Fortleben konnte rein ›geistig‹, also als Weiterleben der Seele verstanden werden, eine Vorstellung, die durch das Erscheinen der Toten in Träumen bestärkt wurde. Einige Bestattungen lassen sich aber auch als Vorsichtsmaßnahme gegen eine eventuelle Wiederkehr des Toten deuten; in diesem Fall waren die Leichen gekrümmt, möglicherweise auch gefesselt. Es spricht aber auch nichts gegen die Annahme, daß die gekrümmte Haltung der Toten keineswegs die Angst vor dem ›lebenden Leichnam‹ (wie bei einigen Völkern belegt ist) verrät, sondern ganz im Gegenteil die Hoffnung auf eine ›Wiedergeburt‹; denn wir kennen zahlreiche Fälle einer bewußten Bestattung in Fötusposition.«[21]

Eliade zögert also nicht, zu behaupten, daß »die Bestattungen den Glauben an ein Weiterleben (erste Andeutungen in der Verwendung von Ockerrot) bestätigen und einige weitere Einzelheiten aufdecken: Die nach Osten ausgerichtete Position der Toten verrät die Absicht, das Geschick der Seele mit dem Lauf der Sonne zu verbinden, also die Hoffnung auf eine ›Wiedergeburt‹, d. h. auf ein Weiterleben, in einer anderen Welt; der Glaube an eine Weiterführung der je spezifischen Tätigkeit; bestimmte Bestattungsriten, die sich durch die Beigabe von Schmuckgegenständen und durch Überreste von Mahlzeiten erschließen lassen«[22]. Wie immer, daran wird man festhalten müssen: »Der *homo faber* war auch ein *homo ludens, sapiens* und *religiosus.*«[23]

Daß schließlich auch die berühmten Meisterwerke der Höhlenmalerei, verfertigt von Künstlern der *jüngeren Altsteinzeit,* religiösen Charakter haben, dürfte heute weithin anerkannt sein, wenngleich deren genaue Funktion (Initiationsriten? Opfer?) kaum sicher eruiert werden konnte. *André Leroi-Gourhan* (nach dem Altmeister Abbé Breuil der wohl beste Kenner der Materie), der zusammen mit P. Hours und M. Brézillon sämtliche Höhlen und Abris Frankreichs und Spaniens untersucht, photographiert und zu entziffern versucht hat, spricht in seinem großen Werk über die prähistorische Kunst geradezu von »paläolithischen Heiligtümern«[24]. Den Sinn dieser Felsenbilder sieht er in der Darstellung der Ordnung der lebendigen Welt, genauer: »Wir können, ohne das Material zu überfordern, die Gesamtheit der figurativen Kunst des Paläolithikums als Ausdruck von Vorstellungen über die natürliche und übernatürliche Ordnung (die im steinzeitlichen Denken nur eine Einheit bilden konnten) der lebendigen Welt auffassen. Aber kann man noch weiter gehen? Es ist möglich, daß die Wahrheit diesem noch überaus weitgefaßten Rahmen entspricht. Für ein dynamisches Verständnis der Felsbilder jedoch müßten noch der Symbolismus des Speers und der Wunde mit einbezogen werden. Speer und Wunde, aufgefaßt als Symbole der geschlechtlichen Vereinigung und des Todes, würden sich in einen Zyklus des erneuerten Lebens einfügen, dessen Akteure sich zu zwei parallelen und einander ergänzenden Reihen ordnen: Mann-Pferd-Speer und Frau-Bison-Wunde.«[25]

Aus all dem ergibt sich: Immer und überall hat es Religion und Unsterblichkeitsglauben gegeben. Beides ist historisch wie geographisch allgegenwärtig. Ja, es hat sich in der religionsgeschichtlichen Forschung geradezu eine Umkehr der Problemstellung ergeben, wie der große britische Ethnologe *Bronislaw Malinowski* schreibt, der (zunächst ganz unter dem Einfluß von Frazer, doch nach mehrjährigen Feldstudien in Neuguinea und Melanesien gegenüber historischen Spekulationen kritisch geworden) das Evolutionsschema durch seine Theorie vom Funktionalismus ersetzte, welche die gesellschaftlichen Institutionen in Korrelation zu bestimmten menschlichen Grundbedürfnissen (»basic needs«) zu analysieren versuchte: »Tyler mußte noch den Irrtum widerlegen, es gäbe primitive Völker ohne Religion. Heute sind wir etwas verwirrt durch die Entdeckung, daß für einen Primitiven alles Religion ist, daß er ständig in einer Welt des Mystizismus und des Ritualismus lebt. Wenn Religion ›Leben‹ und ›Tod‹ umschließt, wenn sie aus allen ›kollektiven‹ Handlungen erwächst und aus allen ›entscheidenden Ereignissen‹ des individuellen Lebens, wenn sie die ganze ›Gedankenwelt‹ der Primitiven und alle ihre ›praktischen Belange‹ umfaßt – dann sehen wir uns veranlaßt, nicht ohne Bestürzung zu fragen: Was verbleibt noch außerhalb der Religion, welches ist der Bereich des ›Profanen‹ im Leben des Primitiven?«[26]

Immer hat es Unsterblichkeitsglauben gegeben. Kann man nicht verstehen, daß manche Religionswissenschaftler gerade aufgrund ihrer religionsgeschichtlichen Einsichten der Meinung sind, daß es auch immer Religion, Unsterblichkeitsglauben geben wird? Ist Unsterblichkeitsglaube vielleicht doch so etwas wie eine anthropologische Konstante: eine ewige, unausrottbare Sehnsucht der Menschheit? Eine Sehnsucht der Menschheit nach dem Endgültigen, Dauernden, Ewigen, die, wenn sie sich nicht legitim durch Religion Ausdruck verschaffen darf, alle möglichen anderen abergläubisch-magischen Ausdrucksformen sucht – damals wie heute?

Doch: können wir so von Religion im allgemeinen, von Religion im Singular reden? Gibt es überhaupt die abstrakte Entscheidung für *die* Religion, muß man sich konkret nicht immer für eine ganz bestimmte Religion entscheiden? Müssen wir vom *heutigen Welthorizont* her nicht mehr denn je von vielen und verschiedenartigen *Religionen* ausgehen? Und müssen wir nicht gerade im Hinblick auf ein ewiges Leben die immensen Unterschiede zwischen den verschiedenen heutigen Religionen zur Kenntnis nehmen?

In der Tat: gerade diese Differenzen wird eine wahrhaft ökumenische Theologie herauszustellen haben. Und doch ist es nicht unwichtig, daß gerade eine ökumenische Theologie das nicht übersieht, was man füglich einen *Basiskonsens* zwischen den Religionen heute nennen kann: ein Basiskonsens, von dem her dann sogleich auch die *Basisdifferenz* – vor allem zwischen Religionen semitischen und denen indischen Ursprungs – zu bestimmen und dann zu analysieren und differenzieren ist.

4. Basiskonsens und Basisdifferenz heute

Bei all ihren ungeheuren Unterschieden sind die großen Religionen doch umgetrieben von denselben *ewig jungen Fragen* des großen Warum und Wozu, die sich hinter dem Sichtbar-Greifbaren und der eigenen Lebensspanne eröffnen. Ewig neue Fragen, die nicht nur eine theoretische Antwort erfordern, sondern vor allem einen gangbaren Weg. Was bestimmt das Schicksal des Einzelnen und das der Mitmenschen? Warum sind wir geboren, leiden wir, müssen wir sterben? Wie erklären sich das sittliche Bewußtsein und das Vorhandensein ethischer Normen? Woher diese Welt und ihre Ordnung? – Alle Religionen wollen doch über die Existenz- und Weltdeutung hinaus auch einen *praktischen Weg* ermöglichen: aus der Not und der Qual des Daseins zu einem irgendwie gearteten Heil. Das Gemeinsame, das sich aus der Religionsgeschichte überreich dokumentieren ließe, könnte auf knappstem Raum wie folgt formuliert werden[27]:

1. Nicht nur das Christentum, auch die anderen Weltreligionen sind sich der *Entfremdung, Verfallenheit, Erlösungsbedürftigkeit des Menschen* bewußt. Inwiefern?

Insofern sie alle in irgendeiner Form wissen um die Unwissenheit, Einsamkeit, Vergänglichkeit, Verderbtheit, Unfreiheit des Menschen,

wissen um seine abgrundtiefe Angst und Sorge, seine Begehrlichkeit und Ichbezogenheit, seine Rollen und Masken;
insofern sie bekümmert sind um das unsägliche Leid, das Elend dieser unheilen Welt, den Sinn und Widersinn des Todes;
insofern sie deshalb harren auf eine neue Freiheit und sich sehnen nach einer Erleuchtung, Verwandlung, Erkenntnis, Wiedergeburt, Befreiung, Erlösung des Menschen und seiner Welt.

2. Nicht nur dem Christentum, auch den anderen Weltreligionen geht es um ein *Unbedingtes, Letztes, Absolutes* – wie immer es genannt wird. Inwiefern?
Insofern sie wissen, daß die eigentliche Wirklichkeit bei aller Nähe fern und verborgen ist, daß die letzte Wirklichkeit nicht von vornherein zugänglich ist, sondern daß sie selbst Nähe, Gegenwart, Erleuchtung, Offenbarung, Aufhebung des Leidens vermitteln muß;
insofern sie dem Menschen sagen, daß er der Reinigung, Erleuchtung, Befreiung, Erlösung bedarf, daß es nur durch Entleerung zur Erfüllung, nur durch Sterben zum Leben kommt.

3. Nicht nur das Christentum, auch die anderen Weltreligionen hören zu Recht auf den *Ruf ihrer »Propheten«*. Inwiefern?
Insofern sie durch ihre großen – berufenen oder erleuchteten – Gestalten, Vorbilder in Wissen und Wandel, Inspiration, Mut und Kraft empfangen;
insofern diese großen Berufenen oder Erleuchteten einen entscheidenden, epochalen Beitrag geleistet haben zum Durchbruch, zur Verlebendigung und Erneuerung der überlieferten Religion, zum Neuaufbruch in größere Wahrheit und tiefere Erkenntnis, zu rechtem Glauben, Handeln, Streben und Leben.

Was – auf unsere Fragestellung konkret zugespitzt – die Frage des *Jetzt- und Endzustandes* des Menschen angeht, so ließe sich ein Basiskonsens zwar wohl nicht zwischen allen den Naturreligionen, wohl aber zwischen den meisten ethischen Hochreligionen – den Weltreligionen insbesondere – herausstellen. Ein solcher Basiskonsens könnte bezüglich Jetzt- und Endzustand – vor dem Hintergrund des gerade Entwickelten – in zwei Sätzen umschrieben werden:

- Die großen Religionen stimmen darin überein, daß der Mensch, so wie er gewöhnlich lebt, unwirklich lebt, unfrei, nicht mit sich identisch, daß also der *Jetzt-Status* des Menschen unbefriedigend, leidvoll, unglücklich ist. Warum? Weil der Mensch getrennt und entfremdet leben muß von jener verborgenen allerletzten Wirklichkeit, die seine wahre Heimat ist, seine eigentliche Freiheit ausmacht, seine wirkliche Identität bedeutet und die man das Unverfügbare, Unbedingte, Unaussprechliche, Absolute, die Gottheit, Gott oder wie immer nennt.

- Die großen Religionen stimmen darin überein, daß der *End-Zustand* des Menschen so sein wird, daß Trennung und Entfremdung von dieser wahren Wirklichkeit überwunden sein wird. Wie? Indem der Mensch seine falsch verstandene Autonomie und seine illusionäre Selbstverfügung, kurz seinen sich vielfältig auswirkenden Selbstbehauptungswillen aufgibt und sich von dieser letzten Wirklichkeit her erleuchten, verwandeln, wiedergeboren, erlösen sein läßt, was definitiv freilich nur durch den Tod hindurch zu erreichen ist.

Im Kontext dieses Basiskonsens wird nun freilich auch die *Basisdifferenz* sofort deutlich, wenn wir konkret zu reden beginnen und uns auf bestimmte Religionen konzentrieren. Vergleichen wir zum Beispiel – da wir hier ja unmöglich alle großen Religionen behandeln können – die *christliche Position* mit dem, was zweifellos ihre äußerste Gegenposition darstellt: mit dem *Buddhismus*, der seine ganze Stärke im Laufe der Jahrhunderte auf seinem Siegeszug von Indien aus im Norden (China, Korea, Japan: nördlicher Mahayana-Buddhismus) und im Süden (Sri Lanka, Birma, Thailand, Laos, Kambodscha: der südliche Theravada-Buddhismus) gezeigt hat; der gegen alle Erwartungen christlicher Missionare bisher, selbst in einer zunehmend säkularisierten Welt, überlebt hat; ja, der so nicht nur seine Anpassungsfähigkeit an die gesellschaftliche Entwicklung im Osten, sondern auch eine anhaltende Attraktivität unter westlichen Intellektuellen – man denke nur an Schopenhauer, Richard Wagner, Heidegger, Whitehead – bewiesen hat.

Nun, was Christen glauben oder geglaubt haben, wenn sie vom Endzustand sprechen, ist uns geläufig: Vom »*Himmel*« ist dann die Rede und vom Weg, »wie man in den Himmel kommt«. Der Buddhismus dagegen wird sehr oft als nicht nur atheistisch, sondern sogar nihilistisch angesehen: Man verweist dann gerne auf das Wort »*Nirwana*«, mit dem Buddhisten den Endzustand von Welt und Mensch bezeichnen. Doch was heißt Nirwana? »Nirwana« (von der Sanskrit-Wurzel »va« = »wehen«) meint das »Verwehen« oder »Verlöschen« in ein wunschloses, leidloses, bewußtloses, endloses Ruhesein – so wie eine Kerze verlöscht oder ein Regentropfen im Meer aufgeht. Das ist der Grundgedanke des Buddhismus, ausgedrückt schon in den »vier edlen Wahrheiten« Buddhas: Wer durch Überwindung seines Lebensdurstes und Erleuchtung seine Begierden zum »Erlöschen« gebracht hat und so zur Ruhe des eigenen Selbst gelangt ist, darf schon zu Lebzeiten das – freilich noch unvollkommene – Nirwana erfahren. Wer jedoch den egoistischen Lebensdurst zu Lebzeiten nicht überwunden hat, verurteilt sich selbst nach dem Tod zur Wiedergeburt (»Wiederverkörperung«). Nur wer als Erleuchteter stirbt, ist dem Zwang zur Wiedergeburt endgültig enthoben: Er findet Eingang ins vollkommene Nirwana.

Stellt man beide Positionen – die christliche und die buddhistische – in ihrer extremen Ausformung gegeneinander, so läßt sich eine *Basisdifferenz* herausarbeiten, die nicht nur für das Christentum und den Buddhismus, sondern weithin für die Religionen des semitischen Ursprungs, also die *jüdisch-christlich-islamische Tradition*, und die Religionen des indischen Ursprungs, also die *hinduistisch-buddhistische Tradition*, charakteristisch sein dürfte. Diese Basisdifferenz läßt sich im Hinblick auf den Endzustand mit folgenden freilich sehr schematischen Stichworten umschreiben, die die vorwiegenden Tendenzen wiedergeben dürften:

- Die jüdisch-christlich-islamische Tradition versteht die *Welt* (und dieses Leben) grundsätzlich *positiv*, als Gottes gute Schöpfung, so daß die Erlösung des Menschen *in* dieser Welt geschieht. – Die hinduistisch-buddhistische Tradition versteht die Welt (und dieses Leben) vorwiegend *negativ* als Illusion, Schein, »Maya«, so daß die Erlösung des Menschen *von* dieser Welt geschieht.
- Die jüdisch-christlich-islamische Tradition (den aktiven Weg durch Gerechtigkeit und Liebe betonend) kennt nur ein *einziges Leben* des Menschen, in dem sich für die Ewigkeit alles entscheidet – die hinduistisch-buddhistische Tradition dagegen (den mystischen Weg in Versenkung und Erleuchtung vorziehend) kennt *mehrere Leben*, in denen der Mensch sich immer wieder reinigen und vervollkommnen kann.
- Die jüdisch-christlich-islamische Tradition versteht den Endzustand von Mensch und Welt grundsätzlich als *Sein* und *Fülle* (meist personal verstanden), besonders die buddhistische Tradition dagegen als *Nichtsein* und *Leere* (meist apersonal verstanden).

Diese Basisdifferenz scheint den festgestellten Basiskonsens völlig in Frage zu stellen. Soll denn hier überhaupt noch ein Gemeinsames übrigbleiben, eine Diskussion über Gemeinsames Sinn haben?

Es sollte hier zunächst der Blick geschärft werden durch die schematische Feststellung der gegensätzlichen Tendenzen in ihrer extremen Ausformung. Wir müssen jetzt, soweit in unserem Rahmen möglich, genauer analysieren und differenzieren: denn die Wirklichkeit der Religionen sowohl semitischen wie indischen Ursprungs ist bekanntlich sehr viel komplexer, spannungsgeladener. Dabei lasse ich in diesem Kontext alles beiseite, was man zu Recht auch kritisch in die Auseinandersetzung mit den Religionen einbringen müßte: daß es in allen Weltreligionen (ähnlich wie im Christentum) unterschiedliche, ja geradezu kontradiktorische Lehren und Praktiken gibt; daß es neben der theoretischen Reflexion und Diskussion die oft sehr verschiedene spirituelle Erfahrung und Übung, neben den spekulativen (oft sehr abstrakt-apersonalen) Theoriegebäuden die (oft sehr personal ausgerichtete) Glaubenspraxis des Volkes gibt; daß es neben höchster, sublimster Philosophie, Askese, Spiritualität auch verdeckten oder massiven Götzenglauben, grobe Sinnlichkeit und geistige Oberflächlichkeit gibt. Es geht mir hier vielmehr darum, anhand der genannten gegensätzlichen Begriffspaare die gegensätzlichen Modelle des Ewigkeitsglaubens zu skizzieren, zwischen denen – wie mir scheint – trotz aller Verschiedenheit der Bezugssysteme eine Gemeinsamkeit besteht und jedenfalls ein Dialog möglich sein müßte. Und es wird deutlich werden, daß sich bei der Umschreibung der allerletzten Wirklichkeit im Prozeß der Differenzierung verschiedene Problemebenen abbilden. Wie ist diese letzte Wirklichkeit, wie der Endzustand von Mensch und Welt zu denken?

5. Endzustand als Sein oder als Nichtsein?

a) Will man differenzieren, so muß herausgearbeitet werden, daß es schon im *Buddhismus* selber zwei sehr unterschiedliche Interpretationen des Endzustandes gibt[28]:

Da ist zunächst der frühe, stärker dualistisch denkende südliche Buddhismus des *»Kleinen Fahrzeugs« (Hinayana)*, der dem historischen Buddha näher steht und von den eigenen Anhängern *Theravada* (»Lehre der Älteren«) genannt wird. Für diesen Buddhismus ist die allerletzte Wirklichkeit von der Welt radikal getrennt: Das »Nirwana« ist hier der *diametrale Gegensatz zum »Samsara«*, zum leidvollen Leben in der empirischen Welt. Es ist zunächst negativ qualifiziert: als unbeschreibbarer, unerkennbarer, unwandelbarer Zustand der Aufhebung allen Leidens. Aber der negative Begriff hat schon hier zugleich einen positiven Inhalt und meint den Stand höchster Seligkeit.

Daneben hat sich nun freilich in den ersten nachchristlichen Jahrhunderten ein anderer, nicht dualistisch denkender Buddhismus entwickelt: der nördliche *»Mahayana«-Buddhismus des »Großen Fahrzeugs«*. Hier ist das Absolute ganz mit der Welt identifiziert: *»Nirwana« und »Samsara«* sind nur noch *verschiedene Aspekte der einen und selben Wirklichkeit*, das Individuelle und Weltliche ist nur Erscheinung, Schein, Illusion. Aber gerade hier wird das Nirwana auch positiv verstanden als die allerletzte Wirklichkeit, die man nicht erkennt, die man bereits besitzt, freilich nur verborgen, solange die volle Erkenntnis durch Erleuchtung noch nicht aufgegangen ist.

Damit ist deutlich geworden: ob dualistisch oder nichtdualistisch, *in keiner der beiden großen buddhistischen Schulen wird das Nirwana völlig negativ aufgefaßt*, als Nichts schlechthin. Man ist im Theravada und erst recht im Mahayana positiv davon überzeugt, wie einer der besten westlichen Kenner des Buddhismus, *Edward Conze*, formuliert, »daß das Nirwana ewig sei, beständig, unvergänglich, unbeweglich, weder dem Altern noch dem Tode unterworfen, ungeboren und ungeworden, daß es Macht, Segen und Seligkeit bedeute, ein rechter Zufluchtsort sei, ein Obdach und ein Platz unangreifbarer Sicherheit; die wirkliche Wahrheit und die höchste Wirklichkeit; daß es das Gute sei, das höchste Ziel und die einzige Erfüllung unseres Lebens, ewiger, verborgener und unbegreiflicher Frieden«[29].

b) Gemeinsamkeiten mit dem *Christentum* zeichnen sich hier ab. Dabei gilt es freilich immer zu beachten: Viele Wörter haben im Osten eine andere Bedeutung als im Westen. Worte wie »Nicht-Sein«, »Nicht-Selbst«, »Nicht-Ich«, »Nichts«, »Leere«, »Schweigen« klingen im Osten keineswegs so negativ wie im Westen. Ja, von seiten buddhistischer Philosophen, besonders in der japanischen Kyoto-Schule Kitaro Nishidas, wird eigens betont, daß der Begriff des Absoluten, verstanden als »absolutes Nichts« (japanisch: »mattaku mu«) ähnlich wie die indische »Leere« (Sanskrit: »śunyata«), nicht nihilistisch oder atheistisch aufgefaßt werden darf. In Analogie zur christlichen Gotteserkenntnis auf negativem Weg (»via negativa«), wie wir sie von Pseudo-Dionysios,

Meister Eckhart, Nikolaus von Cues und anderen her kennen, wird auch für den Buddhisten deutlich: das Absolute ist nicht bestimmbar, verifizierbar, begreifbar.

Ob hier nicht ein Ansatz läge, bei der Rezeption der buddhistischen Philosophie im Westen weiterzufragen? Wenn das Absolute Nichts (das Nirwana als das absolute Mu) nach buddhistischem Verständnis (zum Beispiel Abe Masao) »absolute Negation«, also »Negation der Negation«, und deshalb »absolute Affirmation« ist: *Warum* dann weiterhin die *absolute Affirmation unbedingt als »Nichts«* bezeichnen, das doch wieder nicht nichts ist? Vielleicht wäre es bei aller Beachtung der Anliegen des Buddhismus und einer Negativen Theologie weniger mißverständlich, wenn man das Absolute (zumindest auch) das *Absolute Sein* oder Sein-Selbst nennen würde – in *diesem* Sinn jenseits von Sein und Nichtsein? Oder hält man aus indischer Traditionsverhaftetheit, worauf Hajime Nakamura hinweist, an der vorwiegend negativen Sprache fest, obwohl das Nirwana, das Absolute, der Sache nach keineswegs den rein negativen Sinn des Verlöschens hat, sondern eine höchst positive Bedeutung: die wirkliche Wahrheit, höchste Wirklichkeit, unaussprechliche Seligkeit und einzige Erfüllung unseres Lebens[30]?

So würde es möglich sein, daß nicht nur Christen von Buddhisten, sondern auch – im Geiste gegenseitiger Herausforderung – Buddhisten von Christen lernen. Wenn das Nirwana im Buddhismus somit als die wirkliche Wahrheit und höchste Wirklichkeit, als Seligkeit, das höchste Ziel, die einzige Erfüllung unseres Lebens, als ewiger verborgener und unbegreiflicher Friede verstanden wird, dann läßt sich auch verstehen, warum der *Buddha*, der die persönliche Verkörperung des Nirwana darstellt, Gegenstand aller religiösen Empfindungen wird. Und es wird auch begreiflich, warum man im einflußreichen Amitaba-Buddhismus – in Japan als Amida-Buddhismus die verbreitetste Form des Buddhismus – im Zusammenhang des Nirwana sogar von einem persönlichen Seligkeitsparadies des »Reinen Landes« spricht, in welches man nicht wie im älteren Buddhismus durch eigene Kraft, sondern, ähnlich wie im Christentum, im Vertrauen auf die Verheißung und Kraft Buddhas, des Buddhas des Lichts und des Erbarmens (»Amida«), eingeht. Fazit:

- Auch im Buddhismus kennt man eine letzte, höchste Wirklichkeit, ein Absolutes. Und auch im Buddhismus gibt es die Spannung zwischen einer mehr negativen und einer mehr positiven Sprache, zwischen einer mehr personalen und einer mehr apersonalen Religiosität.

- Ein gegenseitiges Verstehen und Sichbereichern auch im Hinblick auf die letzte Wirklichkeit und den Endzustand des Menschen scheint nicht von vornherein ausgeschlossen.

Gegenseitige Bereicherung schließt – wie dies bereits angeklungen ist – gegenseitige Kritik nicht aus, sondern ein. Bei aller Konvergenz der Positionen tun sich ja auch immer wieder zu diskutierende Differenzen auf. Deutlich wird dies sofort, wenn wir die uralte und immer wieder neue Frage stellen, ob den Menschen ein ewiges Leben oder ob ihn mehrere Leben nach dem Tod erwarten.

6. *Ein einziges oder mehrere Leben?*

Christliche Theologen nehmen eine solche Frage gewöhnlich kaum ernst[31]. Mehr als einmal leben, Re-Inkarnation (Wieder-Verkörperung, Wieder-Geburt) oder Seelenwanderung (Metempsychose, Transmigration): das gilt weithin als kurios und skurril, Aberglauben schlechthin ... Dabei übersieht man freilich zweierlei, was man in der Religionsgeschichte allenthalben nachlesen kann[32]:

1. Ein *großer Teil der Menschheit* glaubt seit Jahrtausenden an Reinkarnation oder Wiedergeburt. Man ist davon überzeugt, daß alles sinnenhafte Leben zutiefst zusammenhängt und sich in Zyklen des Entstehens und Vergehens, des Sterbens und neuen Lebens abspielt, ohne daß man einen Anfang und vielleicht auch ein Ende des ganzen Prozesses feststellen kann. Warum soll also nicht auch ein menschliches Wesen wieder als ein anderes menschliches Wesen oder eben auch als ein Tier oder ein Gott wiedergeboren werden? Dies glauben nicht nur die vielen Naturvölker, bei denen dieser Glaube viel mit dem erwähnten Animismus und Totemismus zu tun hat. Dies glauben vor allem jene Hunderte von Millionen Menschen, die Religionen indischer Herkunft angehören: Hindus, Buddhisten, Jainas usw. Denn bereits seit den Upanishaden (circa 800 v. Chr. ?) ist diese Lehre – vermutlich durch die Indoarier von der vorarischen Bevölkerung übernommen – Glaubensüberzeugung dieser Religionen. Indischer Einfluß auf die frühen griechischen Denker in Griechenland und Kleinasien ist zwar nicht erwiesen, ist aber durchaus möglich. Sicher ist, daß nicht nur die Orphiker, Pythagoras und Empedokles, sondern auch Platon, Plotin und die Neuplatoniker

(ebenso römische Dichter wie Vergil in seiner »Äneis«) diese Lehre vertreten haben, was seinen Einfluß hatte auf die christliche Gnosis ebenso wie den Manichäismus bis hin zu mittelalterlichen Sekten (Katharer).

2. Auch im *Europa und Amerika* von heute gibt es zahlreiche Menschen – nach den Auflageziffern diesbezüglicher Schriften müssen sie sehr zahlreich sein –, die die Lehre von der Reinkarnation religiös überaus überzeugend finden. Dazu zählen nicht nur alle möglichen Gruppen von Spiritisten und Spiritualisten, sondern auch mit vielen Anhängern von Neuoffenbarungen die Theosophie (von Helene Petrowna Blavatsky und Annie Besant) und heutzutage besonders die Anhänger der Anthroposophie Rudolf Steiners. Gerade sie zählen bedeutende Denker der deutschen Klassik und Romantik zu ihren Kronzeugen: Dichter und Philosophen wie Kant, Lessing, Lichtenberg, Lavater, Herder, Goethe und Schopenhauer haben zumindest zeitweise der Reinkarnationslehre angehangen. Selbst ein so kritischer Geist wie Lessing, der die historisch-kritische Leben-Jesu-Forschung mit den aufsehenerregenden Fragmenten des Reimarus über Jesus und seine Auferstehung in Gang setzte, konnte in seiner »Erziehung des Menschengeschlechts« schreiben: »Warum sollte ich nicht so oft wiederkommen, als ich neue Kenntnisse, neue Fertigkeiten zu erlangen geschickt bin? Bringe ich auf Einmal so viel weg, daß es der Mühe wieder zu kommen etwa nicht lohnet?... Die Erinnerung meiner vorigen Zustände, würde mir nur einen schlechten Gebrauch des gegenwärtigen zu machen erlauben. Und was ich auf jetzt vergessen *muß*, habe ich denn das auf ewig vergessen?«[33]

Auf alle die verschiedenen Gestalten, Verzweigungen und Sonderentwicklungen der Reinkarnationsidee können und brauchen wir jetzt nicht einzugehen; je mehr man ihre konkreten und oft widersprüchlichen Begründungen und Ausfaltungen ansieht, um so mehr erkennt man freilich auch ihre immanenten Schwierigkeiten. Trotzdem ist unbestreitbar, daß sie für viele zweifellos sehr religiöse Menschen ihre Überzeugungskraft und ihren Orientierungswert bewahrt hat. Der Gegensatz zur genuin christlichen Position, wie sie im Neuen Testament grundgelegt ist, erscheint indessen gerade in dieser Frage besonders scharf und unüberwindbar. Die anderen Gegensatzpaare, mit denen wir die Basisdifferenz zwischen den Religionen umschrieben haben – positiv–negativ, Sein–Nichtsein, Fülle–Leere, aktiv–passiv – erscheinen heute in dialektischer Vermittlung »aufhebbar«, das heißt, sie lassen sich in ein gegenseitig vertieftes Verständnis der Religionen untereinander integrieren und sind so nicht mehr exklusiv, unvermittelbar. Aber beim Gegensatz: ein einziges Leben – mehrere Leben scheint eine denkerische Vermittlung unmöglich und eine Entscheidung unumgänglich!

Deshalb sollen hier zunächst die Hauptargumente pro und contra Reinkarnation gebracht werden, in klarem Bewußtsein indessen, daß diese sich erheblich modifizieren je nach dem Standpunkt, von dem her sie vorgetragen werden: ob von dem eines hinduistischen oder spinozistischen Pantheisten oder eines jegliche Seele verwerfenden Buddhisten, ob von einem Spiritisten, Anthroposophen oder einem konfessionell gebundenen katholischen, evangelischen oder orthodoxen Christen oder (wie es in der Geschichte bisweilen auch vorkam) von einem Juden oder Moslem. Doch wie immer: für viele Menschen beantwortet die Reinkarnationslehre nun einmal Fragen, auf die sie sonst keine Antwort finden; sie füllt so für manche ein geistig-religiöses Vakuum. Was also sind die Argumente pro und contra?

7. *Argumente für und gegen Reinkarnation*

Es ist unbestreitbar, daß sich hinter der Reinkarnationslehre vor allem die religiös-philosophische Frage nach einer gerechten, moralischen Weltordnung verbirgt, die Frage also nach der Gerechtigkeit in einer Welt, in der die menschlichen Lebensschicksale so ungleich und ungerecht verteilt sind. Eine Prüfung der Argumente sowohl retrospektiv, in Rückschau, wie prospektiv, in Vorausschau, drängt sich auf.

a) *Retrospektive:* Eine wahrhaft moralische Weltordnung setzt die Vorstellung *eines Lebens vor dem jetzigen Leben* notwendig voraus. Denn wie können Chancenungleichheiten unter Menschen, die verwirrende Verschiedenheit moralischer Anlagen und individueller Schicksale befriedigend erklärt werden, wenn man nicht annimmt, daß der Mensch im früheren Erdenleben durch seine guten oder bösen Taten sein jetziges Schicksal selbst verursacht hat? Andernfalls müßte ich alles dem blinden Zufall zuschreiben oder einem ungerechten Gott, der die Welt so werden ließ, wie sie nun einmal ist. Reinkarnation oder Wiedergeburt also zur Aufklärung des Menschen über sich selbst, seine Herkunft und Zukunft, *und* zur Rechtfertigung Gottes! Das Theodizeeproblem wäre hier gelöst. Denn man vermag jetzt zu erklären, warum es dem Guten so oft schlecht geht (wegen früherer Schuld) und dem Bösen gut (wegen früherer guter Taten!)! Eine Lehre von der Wiedergeburt also, die auf dem »Karman« (= »Tat« oder »Werk«) basiert, auf der »Auswirkung« guter wie böser Taten, die jedes Menschengeschick im gegenwärtigen Leben und in zukünftigen Geburten bestimmen: Ein gutes Handeln führt automatisch zu Wiedergeburt im Glück (als Brahmane, König oder im Himmel), schlechtes Handeln zur Wiedergeburt im Elend (als Tier oder in der – freilich nicht ewigen – Hölle).

So einleuchtend diese Position auf den ersten Blick scheint, so drängen sich doch *Gegenfragen* auf:

1. Kann mein jetziges Lebensschicksal wirklich durch ein früheres Lebensschicksal befriedigend erklärt werden? Auch dies müßte ja wieder durch ein noch früheres erklärt werden, so daß es zu einer Kette von Wiedergeburten in infinitum käme: was letztlich nichts erklärt und von den Hindus und Jainas ja auch nicht angenommen wird.

2. Vorausgesetzt aber, man hält als Reinkarnationsgläubiger mit der jüdisch-christlich-islamischen Tradition an einem Anfang durch Gottes Schöpfung fest: Wie ist dann dieser Uranfang zu denken, der noch ein zweites Leben erforderlich macht und doch nicht den Schöpfer dieses offenkundig mißglückten Geschöpfes belasten soll? Ist also das Theodizeeproblem reinkarnatorisch wirklich gelöst? Ist da ein Rekurs auf den präkosmischen Fall reiner Geister wirklich eine Hilfe?

3. Wenn unsere moralischen Anlagen durch Wiedergeburt erklärt werden: verfällt man dann nicht einem geschichtslosen Individualismus, der weithin übersieht, was uns ganz konkret nicht aus einem postulierten Vorausleben zukommt, sondern vermittelt wird durch das biologische Erbe, die frühkindliche Formung unseres Bewußtseins und Unbewußten, durch die primären Bezugspersonen und schließlich durch die ganze gesellschaftliche Situation?

4. Wenn im allgemeinen ein radikales Vergessen des früheren Lebens angenommen werden muß, wird dann die Identität eines Menschen gewahrt, und hilft es mir tatsächlich zu wissen, daß ich schon mal gelebt habe, wenn ich dieses Leben doch ganz und gar vergessen habe?

5. Läßt es die Reinkarnationslehre nicht schließlich an Respekt fehlen vor dem Geheimnis der Gottheit, der man eine gerechte und barmherzige Zuteilung und Beurteilung von Schicksal und Leid nicht zutraut? Das harte Kausalitätsgesetz des Karman statt der Liebe Gottes, die in Gerechtigkeit und Barmherzigkeit gute wie böse Taten umgreift?

b) *Prospektive:* Eine wahrhaft moralische Weltordnung setzt die Vorstellung *eines Lebens nach diesem Leben* notwendig voraus. Denn wie soll es zu dem von so vielen Menschen mit Recht erwarteten sühnenden Ausgleich der Taten (man denke an die Mörder und ihre Opfer!) wie auch zur Entwicklung der notwendigen ethischen Vollkommenheit im Leben eines Menschen kommen, wenn ihm nicht die Gelegenheit zu einem weiteren Leben gegeben wird? Reinkarnation also zur angemessenen Vergeltung aller Werke, der guten wie bösen, ebenso wie zur sittlichen Läuterung des Menschen! Die Lehre von Karman und Wiedergeburt erlaubt es folglich dem Menschen, die Störung der Weltordnung durch seine eigenen Taten wieder rückgängig zu machen und endlich aus dem ewigen Kreislauf der Wiedergeburten (»Samsara«) hinauszutreten. Und nur nebenbei gefragt: Wird die christliche Fegefeuer-Lehre nicht durch einen ähnlichen Gedanken an ein zweites Leben bestimmt, dem dann gewissermaßen ein drittes folgt (»ewiges Leben«), wenngleich diese »Leben« in überirdischen Regionen angesiedelt sind?

Aber auch hier stellen sich *Gegenfragen*, die nicht überhört werden können:

1. Verkennt die Forderung nach einem sühnenden Ausgleich in einem anderen geschichtlichen Leben nicht den Ernst der Geschichte, die nun einmal gerade in ihrer Einmaligkeit und Unwiederholbarkeit liegt, so daß alles, was einmal versäumt wurde, nie wiederkehren kann?
2. Gibt es nicht Störungen der Weltordnung, die durch keine menschliche Tat je wieder rückgängig gemacht werden können: Schuld, die nicht vergolten, sondern nur vergeben werden kann? Ja, gehört es nicht zur Menschlichkeit (besser vielleicht: Christlichkeit) des Schuldgedankens, daß Schuld auch »vergeben und vergessen« werden kann, anstatt daß sie – nach einem ehernen übermenschlichen Gesetz – voll gesühnt werden muß? Also: anstelle des gnadenlosen Kausalitätsgesetzes des Karman nicht doch der gnädige Gott?
3. Kann gerade im Buddhismus die alte indische Lehre von der Seelenwanderung wirklich überzeugend mit der neuen buddhistischen Lehre von der Seelenlosigkeit des Menschen verbunden werden? Ist es nicht ein Widerspruch, wenn die buddhistische Nicht-Ich-Lehre ein kontinuierliches Subjekt leugnet, während die altindische Wiedergeburts- und Karmalehre ein solches Subjekt fordert? Wie soll es also eine Seelenwanderung ohne Seele geben, wie die Identität ohne ein Ich bewahrt werden können? Kann das Karman – auch in seinen philosophischen Ausdeu-

tungen (als Karmanbündel, Formation grundlegender Dispositionen, innerer Charakter) – die persönliche Existenz ersetzen?

c) Was immer aber retrospektiv oder prospektiv theoretisch zu sagen ist: Empirisches Material, sagt man, *bestätigt die Tatsache des wiederholten Erdenlebens.* Denn, so wird von Vertretern der Reinkarnationslehre angeführt: Gibt es nicht zahlreiche ausführliche Berichte von Menschen, die sich an ihr früheres Leben erinnern können? Wie soll dies anders erklärt werden können als durch Reinkarnation? Haben darüber hinaus zahlreiche Untersuchungen heutiger Parapsychologen die Reinkarnationslehre nicht auch wissenschaftlich erhärtet? Durch Untersuchungen von Wirkungen Verstorbener? Müssen deshalb sogenannte spiritistische Erfahrungen mit den Geistern Verstorbener nicht neu gewertet und ernst genommen werden? Ja, gibt es nicht selbst im Alten und Neuen Testament zumindest Andeutungen dieser Lehre, wenn etwa vom Wiederkommen des Propheten Elia in der Gestalt Johannes' des Täufers die Rede ist, und müssen deshalb deren kirchlich-konziliare Verurteilungen nicht aus dem damaligen zeitgeschichtlichen Kontext heraus verstanden und relativiert werden? Ist das Christentum mit der Reinkarnationsidee wirklich unversöhnbar? Kann diese heute nicht aus dem so verschiedenen weltanschaulichen Rahmen herausgenommen und in einen christlichen Kontext integriert werden, wie man im Lauf der Kirchen- und Theologiegeschichte so viele neue Lehren integriert hat?

Wenngleich eine Integration neuer Lehren in die christliche Tradition nicht von vornherein ausgeschlossen werden kann, so sind doch folgende *Einwände* ernsthaft zu überlegen: Vom christlichen Standpunkt aus wird man schon der Hauptvoraussetzung zumindest der hinduistischen Reinkarnationslehre skeptisch gegenüberstehen: daß die menschliche Seele (wenn sie nicht überhaupt nur anfangslose Emanation aus dem Göttlichen ist) als eine vom Leib unabhängige Substanz zu verstehen sei, die allen Untergang des menschlichen Leibes überdauere. Am Rande des Neuen Testaments vorkommende volkstümliche Vorstellungen wie die von der Wiederkehr des Propheten Elia meinen denn auch nicht die Wiedergeburt des verstorbenen Elia in einem anderen Leib als vielmehr die Wiederkunft des zum Himmel entrückten Elia im selben Leib. Alle Kirchenväter – von Hippolyt und Irenäus im 2. Jahrhundert angefangen (auch Origenes!) – haben sich wie auch spätere Konzilien[34] gegen die von Pythagoräern und Platonikern vertretene Reinkarnationslehre gewendet.

Die gleiche Skepsis trifft auch für die Behauptung zu: daß es – wie eine Seele *nach* dem Leib – auch eine Seele *vor* dem Leib gäbe. Sowohl die Annahme der Präexistenz wie der Postexistenz einer separaten, vom leiblichen Substrat unabhängigen Seelensubstanz entspricht weder unseren Erfahrungen noch den Ergebnissen heutiger Medizin, Physiologie und Psychologie, die heute im allgemeinen von der psychosomatischen Einheit des Menschen ausgehen. Dies alles entspricht aufs Ganze gesehen aber auch nicht dem Alten und Neuen Testament, wo – anders als etwa im platonischen Dualismus – eine ganzheitliche Auffassung vom Menschen vertreten wird.

Vor biblischem Hintergrund erscheinen somit spiritistische Überzeugungen von einem feinstofflichen Astralleib doch eher wie purer Aberglauben. Jedenfalls gibt es trotz der zahllosen Berichte auf diesem Gebiet keine wissenschaftlich unumstrittenen, allgemein anerkannten Fakten, wie auch John Hick zugeben muß, der eine Vermittlung zwischen dem indischen Reinkarnationsglauben und dem jüdisch-christlichen Auferweckungsglauben versucht[35]. Keiner der – zumeist von Kindern und aus Ländern des Reinkarnationsglaubens stammenden – Berichte über eine Erinnerung an ein (!) früheres Leben konnte verifiziert werden, ebensowenig wie die viele Jahrhunderte nach Buddhas Tod aufgeschriebene, offensichtlich legendarische Erzählung von Buddhas Erinnerung an 100 000 gelebte Leben. Und wenn man auch, wie ich schon in der ersten Vorlesung ausführte, keineswegs alle Phänomene, mit denen sich die Parapsychologie beschäftigt (Telepathie, Hellsehen), schon von vornherein als Unfug abtun darf, so ist doch offenkundig, daß wissenschaftlich seriös arbeitende Parapsychologen bezüglich Reinkarnationstheorien äußerst zurückhaltend sind. Selbst wenn sie persönlich an die Reinkarnation glauben, geben doch die meisten von ihnen zu, daß man bei den von ihnen festgestellten Erfahrungen nicht von einem wirklich überzeugenden Beweis für ein wiederholtes Erdenleben sprechen könne. Und so betrachten denn auch viele Anthroposophen die Reinkarnationslehre weniger als eine wissenschaftlich bewiesene Theorie denn als eine unbeweisbare Glaubensüberzeugung.

Man wird also – alle Argumente pro und contra überblickend – auf keinen Fall sagen können, die Lehre von der Reinkarnation sei bewiesen. Vielmehr läßt sich nicht übersehen, daß trotz aller Attraktivität der Wiedergeburtsidee sehr gewichtige Gründe gegen sie sprechen, wie man ja auch unter gebildeten Indern, Chinesen und Japanern nicht wenig Skepsis gegenüber der Reinkarnationsidee antrifft. Sie löst nicht nur viele Probleme nicht, die sie zu lösen beansprucht, sondern sie schafft auch manche neue. In jedem Fall dürfte es sich im Hinblick auf eine verantwortete Entscheidung lohnen, sich der alternativen Lösung zuzuwenden, wie sie in diesem Fall die jüdisch-christlich-islamische Tradition anbietet, die in diesem Punkt von einer anderen großen, aber oft vernachlässigten[36] Tradition des Ostens bestätigt wird: nämlich die sich auch in Korea, Japan und Vietnam auswirkende chinesische Tradition. Vor der Einführung des Buddhismus glaubte man in China nicht an eine Reinkarnation, und auch nachher fuhren die Gelehrten der konfuzianischen Tradition fort, die Reinkarnation zu verwerfen, da sie es unter der Würde des Menschen fanden, alle sinnenhaften Wesen gleich zu achten und sich die hochverehrten Ahnen als Lasttiere oder gar Insekten vorzustellen ...[37]

Aber die Frage muß hier noch offen bleiben; denn die Alternative ist noch nicht deutlich geworden: Welche der beiden Erklärungen – hinsichtlich eines oder mehrerer Leben nach dem Tod – ist plausibler? Für traditionelle Christen ist die Wahl rasch getroffen, für andere vielleicht weniger. Jedenfalls wird man jetzt vielleicht doch etwas besser verstehen, warum die Wiedergeburtsidee für viele Menschen eine nicht geringe Attraktivität bewahrt hat. Wobei ich eine ganz besondere Attraktivität noch nicht erwähnt habe. Es ist die unheimlichste und modernste Form der Wiedergeburtsidee: die ewige Wiederkehr des Gleichen. Wir müssen hier dem »abgründlichsten Gedanken« *Friedrich Nietzsches* noch ein wenig nachgehen. Hat es doch bisweilen den Anschein, als ob der Weg der europäischen Avantgarde philosophisch von Heidegger und Sartre über Marx und Freud zu Nietzsche – in die fast unerträgliche Spannung zwischen Verneinung und Bejahung, Nihilismus und Überwindung des Nihilismus – führte.

8. Ewige Wiederkehr des Gleichen?

Für Nietzsche war die Wiederkunftsidee kein Produkt der grauen Theorie, sondern Sache einer ganz persönlichen, erschreckenden Erfahrung. So beeindruckt war Nietzsche von diesem Gedanken, daß er gar Ort und Zeit dieser Erfahrung festgehalten hat. »Die Grundkonzeption des Werks (er meint ›Also sprach Zarathustra‹), *der Ewige-Wiederkunfts-Gedanke*, die höchste Formel der Bejahung, die überhaupt erreicht werden kann –, gehört in den August des Jahres 1881: er ist auf ein Blatt hingeworfen, mit der Unterschrift: ›6000 Fuß jenseits von Mensch und Zeit‹. Ich ging an jenem Tage am See von Silvaplana (im schweizerischen Engadin) durch die Wälder; bei einem mächtigen pyramidal aufgetürmten Block unweit Surlei machte ich halt«.[38]

Schon in der »Fröhlichen Wissenschaft« hatte er den ihm damals aufgegangenen Grundgedanken in seiner ganzen Ambivalenz von höchster Verneinung *und* höchster Bejahung fragend vorangekündigt: »Wie, wenn dir eines Tages oder Nachts ein Dämon in deine einsamste Einsamkeit nachschliche und dir sagte: ›Dieses Leben, wie du es jetzt lebst und gelebt hast, wirst du noch einmal und noch unzählige Male leben müssen; und es wird nichts Neues daran sein, sondern jeder Schmerz und jede Lust und jeder Gedanke und Seufzer und alles unsäglich Kleine und Große deines Lebens muß dir wiederkommen, und alles in derselben Reihe und Folge – und ebenso diese Spinne und dieses Mondlicht zwischen den Bäumen, und ebenso dieser Augenblick und ich selber. Die ewige Sanduhr des Daseins wird immer wieder umgedreht – und du mit ihr, Stäubchen vom Staube!‹ – Würdest du dich nicht niederwerfen und mit den Zähnen knirschen und den Dämon verfluchen, der so redete? Oder hast du einmal einen ungeheuren Augenblick erlebt, wo du ihm antworten würdest: ›du bist ein Gott und nie hörte ich Göttlicheres‹!«[39]

Im ersten Fall also höchste *Verneinung*: »Wenn jener Gedanke über dich Gewalt bekäme, er würde dich, wie du bist verwandeln und vielleicht zermalmen; die Frage bei allem und jedem: ›willst du dies noch einmal und noch unzählige Male‹? würde als das größte Schwergewicht auf deinem Handeln liegen!«[40] – Oder vielleicht doch höchste *Bejahung*? »Oder wie müßtest du dir selber und dem Leben gut werden, um nach nichts *mehr zu verlangen* als nach dieser letzten ewigen Bestätigung und Besiegelung?«[41]

Ewige Wiederkehr des Gleichen – ein höchst zwiespältiger Gedanke. Nicht wie in den Religionen indischer Herkunft: Wiederkehr in stets neuer Gestalt, sondern: Wiederkehr des stets *Gleichen*. Und nicht um schließlich in ein Nirwana einzugehen, sondern um ewig im Samsara zu bleiben: *ewige* Wiederkehr des Gleichen.

Es dauerte drei Jahre, bis Nietzsche die ihm im Engadin blitzartig aufgegangene, aber offensichtlich nicht leicht zu entwickelnde »Grundkonzeption« darlegte. Im dritten Teil des »Zarathustra« wird sie nun freilich gleich am Anfang wirkungsvoll – aber unter durchaus negativen Vorzeichen – eingeführt, im Rahmen einer grausigen Auseinandersetzung mit einem Zwerg als »Gesicht und Rätsel«: »Siehe diesen Torweg!...: der hat zwei Gesichter. Zwei Wege kommen hier zusammen: die ging noch niemand zu Ende. Diese lange Gasse zurück: die währt eine Ewigkeit. Und jene lange Gasse hinaus – das ist eine andre Ewigkeit... Der Name des Torwegs steht oben geschrieben: ›Augenblick‹... Von diesem Torwege Augenblick läuft eine lange ewige Gasse *rückwärts*: hinter uns liegt eine Ewigkeit... Muß nicht, was geschehn *kann* von allen Dingen, schon einmal geschehn, getan, vorübergelaufen sein?... Müssen wir nicht alle schon dagewesen sein? – und wiederkommen und in jener anderen Gasse laufen, hinaus, vor uns, in dieser langen schaurigen Gasse – müssen wir nicht ewig wiederkommen?«[42] Ein Gedanke, schwierig zu verkraften: Am Ende muß der Hirte der Schlange, die im Schlaf in seinen Mund gekrochen war, den Kopf abbeißen, um so als Verwandelter und Umleuchteter lachen zu können!?

Die eigentliche »Offenbarung« dieser Lehre – und uralte indische Themen klingen hier an – geschieht indessen erst nach dem entscheidenden Abschnitt »von alten und neuen Tafeln«: »Ich, Zarathustra, der Fürsprecher des Lebens, der Fürsprecher des Leidens, der Fürsprecher des Kreises – dich rufe ich, meinen abgründlichsten Gedanken!«[43] Ein Gedanke, der zugleich »Heil« und »Ekel, Ekel, Ekel – wehe mir!«[44] bewirkt. Durch den Mund der Tiere wird er gedeutet:

»Alles geht, alles kommt zurück; ewig rollt das Rad des Seins. Alles stirbt, alles blüht wieder auf, ewig läuft das Jahr des Seins. Alles bricht, alles wird neu gefügt; ewig baut sich das gleiche Haus des Seins. Alles scheidet, alles grüßt sich wieder; ewig bleibt sich treu der Ring des Seins.

In jedem Nu beginnt das Sein; um jedes Hier rollt sich die Kugel Dort. Die Mitte ist überall. Krumm ist der Pfad der Ewigkeit.«[45]

Das also ist nun Zarathustras Schicksal: »*Siehe, du bist der Lehrer der ewigen Wiederkunft.*«[46] Als solcher soll auch er selbst »genesen«, »untergehen« und »wiederkehren«. Doch sogar hier bleibt die Ambivalenz: »Ach, der Mensch kehrt ewig wieder! Der kleine Mensch kehrt ewig wieder!... Und ewige Wiederkunft auch des Kleinsten! – das war mein Überdruß an allem Dasein! Ach, Ekel! Ekel! Ekel!«[47] »Neue Lieder« und das Ertragen des »Schicksals« sollen dagegen »Trost« und »Genesung« bringen[48]. Deshalb geht Zarathustra über zu einem »anderen Tanzlied«: ein Lied auf das ewige »Leben«, das Leben »jenseits von Gut und Böse«, das Leben, das Leiden, Vergehen und Entstehen und so doch Ewigkeit bedeutet:

Die Welt ist tief,
Und tiefer als der Tag gedacht.
Tief ist ihr Weh –,
Lust – tiefer noch als Herzeleid:
Weh spricht: Vergeh!
Doch alle Lust will Ewigkeit –,
– will tiefe, tiefe Ewigkeit![49]

So kulminiert und endet der dritte Teil des »Zarathustra« im großen »Ja- und Amen-Lied«, mit dem Refrain der »sieben Siegel«: »O wie sollte ich nicht nach der Ewigkeit brünstig sein und nach dem hochzeitlichen Ring der Ringe – dem Ring der Wiederkunft! ... *Denn ich liebe dich, o Ewigkeit!*«[50]

Was steckt, so fragen wir, hinter der Vorstellung von der »ewigen Wiederkehr des Gleichen«? Nietzsche wollte den Nihilismus hinter sich lassen, aber doch nicht zur jüdisch-christlich-islamischen Auffassung von der Geschichte als einem sinnvollen, zusammenhängenden, weiterführenden, zielgerichteten Geschehen zurückkehren. Seine Alternative: Er greift auf den Mythos zurück! Auf jenen uns nun wohlbekannten *uralten Menschheitsmythos,* der sich in allgemeinerer Fassung nicht nur in der ältesten indischen, sondern auch in der ältesten germanischen Überlieferung findet: »Der Glaube an die periodische Zerstörung und Schöpfung des Weltalls findet sich schon im ›Altharva Veda‹. Die Bewahrung ähnlicher Vorstellungen in der germanischen Überlieferung (Weltbrand, ragnarök, dem eine neue Schöpfung folgt) bekräftigt die indo-arische Struktur dieses Mythos...«[51], schreibt Mircea Eliade. Nach ihm ist dieser Mythos »ein äußerster Versuch zur ›Statisierung‹ des Werdens, zur Annullierung der Unumstößlichkeit der Zeit«[52].

Gewiß, wir merken es schon: auch der Gedanke eines zyklischen Zeit- und Geschehensablaufs hat eine gewisse Suggestionskraft. Gibt es nicht in der Natur eine allgemeine Periodizität, nach der sich wesentliche Abläufe wie Gestirnsbewegungen, Jahreszeiten, Tag und Nacht immer wiederholen? Und doch: gerade von daher ist Nietzsches spezifischer Gedanke nicht zu verifizieren: In der Natur wiederholen sich gerade nicht die konkreten Details! Gerade die Natur, von den Atomkernen bis zu den Sternen, wir werden darauf zurückkommen, macht eine Geschichte durch. Sosehr es Nietzsche selber versucht hat: als wissenschaftlich völlig unverifizierbar erwies sich gerade dieser für ihn zentrale

Gedanke von der ewigen Wiederkehr des *Gleichen*, als ob jedes Ereignis im Universum mit allen seinen Details und in seinem ganzen kosmischen Zusammenhang unendliche Male exakt gleich ablaufen würde, wie es schon in der Vergangenheit unendliche Male abgelaufen ist. Dem amerikanischen Philosophen Milič Čapek ist zuzustimmen: »Die Annahme einer völlig identischen Wiederholung der kosmischen Situation macht die Theorie aus ihrem inneren Wesen heraus unverifizierbar ... Die ewige Wiederkehr wird abgelehnt von allen Denkern, die auf die Unumkehrbarkeit des Werdens, auf echte Neuheit und Unvergänglichkeit der Vergangenheit Gewicht legen.«[53]

9. Alternativen

So haben wir in dieser dritten Vorlesung in aller notwendigen Gedrängtheit einen riesigen Bogen geschlagen von den Anfängen der Religion, viele Jahrtausende vor Christus, bis zum Nihilismus des 20. Jahrhunderts. Wir sind damit an dem Schluß des ersten Blocks dieser Vorlesungsreihe angelangt, der zunächst einmal den *Horizont* der Frage beschreiben und die Gesamtproblematik analysieren wollte, aus medizinisch-philosophisch-religionswissenschaftlicher Sicht. Der prima vista so selbstverständliche Titelbegriff dieser Vorlesung, »Ewiges Leben«, erwies sich dabei als ungemein komplex und als höchst differenziert zu beurteilendes Phänomen, das in jedem Fall verschiedene *Alternativen* eröffnet. Diese Alternativen gilt es jetzt zum Abschluß und zur Überleitung auf drei Problemebenen programmatisch herauszustellen.

Auf der *ersten* Problemebene stellt sich die am weitesten gespannte Alternative: Was erwartet uns nach diesem Leben? *Ein definitives Verlöschen im Nichts oder ein ewiges Bleiben im Sein?* Also:

- *Entweder:* der Mensch löst sich mit dem Tod völlig in nichts auf. Wir sahen, daß man dafür nicht die Lehre vom Nirwana anführen kann. Gemeint ist vielmehr die Position Feuerbachs ebenso wie die des Nihilismus, für die der Mensch – wie Brecht sagte, »mit allen Tieren« – einen völlig »natürlichen Tod« stirbt, bestenfalls im Gedächtnis der Mitmenschen »weiterlebt«, bis er, vergessen, auch dort ins Nichts sich auflöst. Diese Hypothese erwies sich aus verschiedenen Gründen als logisch nicht zwingend und existentiell zumindest höchst problematisch.

- *Oder:* der Mensch bleibt für ewig im Sein. Auch diese Position setzt nicht notwendig einen Gottesglauben voraus. Selbst Atheisten und Agnostiker können sie annehmen, so etwa, wenn ein marxistischer Philosoph wie Bloch, dem Prinzip Hoffnung zufolge, voll Neugierde harrte auf das, was im Tod möglicherweise, »peut-être«, auf ihn zukommt; wenn Adorno in der »Negativen Dialektik« den Gedanken, der Tod sei das schlechthin Letzte, »unausdenkbar« fand; wenn Horkheimer die Sehnsucht nach einem »ganz Anderen« als dem hier Vorfindlichen und Erfahrbaren artikulierte.

Gehen wir von dieser in sich sinnvollen und rational verantwortbaren Hypothese aus – nicht ein definitives Verlöschen im Nichts, sondern Bleiben im Sein –, bejahen wir also für den Menschen prinzipiell eine Ewigkeit des Bleibens, dann stellt sich im Vorgang der Differenzierung auf einer *zweiten* Problemebene eine weitere Alternative. Wie ist die Kategorie Ewigkeit zu bestimmen? *Das Ewige als Wiederkehr oder das Ewige als Ziel?* Das heißt:

- *Entweder:* alles Leben dreht sich unendlich im Kreis, wie die Natur dies mit ihrem Zyklus des Werdens und Vergehens vorzuzeichnen scheint und wie der alte Mythos von der Ewigen Wiederkehr, von Nietzsche neu aufgegriffen, glauben machen will, ohne daß dies freilich verifiziert werden könnte.
- *Oder:* die Geschichte zumindest des Menschen (und vielleicht auch des Kosmos) ist ausgerichtet auf das, was schließlich die Erfüllung des Menschenlebens ausmacht. Wir haben gesehen, daß die großen Religionen heute letztlich allesamt ein definitives Ziel des Menschen anvisieren, ob sie nun vom Eingehen in ein Nirwana oder vom Eingehen in Gottes Himmel reden.

Bejahen so die großen Religionen prinzipiell die Ewigkeit als Ziel, dann differenziert sich auf einer *dritten* Problemebene eine dritte Alternative: Was heißt Ziel? Kommt *der Mensch ans Ziel nach mehreren Erdenleben oder nach einem einzigen Erdenleben?* Also:

- *Entweder* hat der Mensch zur Reinigung, Läuterung, Befreiung, Vervollkommnung durch mehrere Erdenleben zu wandern, wie es in den Religionen und Weltanschauungen indischer (jedoch nicht chinesischer) Herkunft angenommen wird.

- *Oder* aber des Menschen Schicksal entscheidet sich unwiderruflich in diesem Erdenleben, wie dies die Überzeugung jüdisch-christlich-islamischer Tradition ist.

Jedermann dürfte sich im Verlauf dieser Darlegungen darüber klar geworden sein, daß es sich hier überall nicht nur um abstrakte, rein theoretische philosophisch-theologische Alternativen handelt, sondern um solche, die den Menschen bis ins Innerste der Persönlichkeit betroffen machen können. Die meisten Menschen haben ihre Wahl getroffen – oder sind von frühester Kindheit an in sie hineingewachsen. Doch viele Menschen zweifeln immer wieder neu. Immer wieder neu sehen sie sich – und dies nicht nur in Grenzsituationen – herausgefordert, ihre Wahl zu prüfen, zu rechtfertigen, sie gegen Zweifel neu zu fällen und unter Umständen bei neuen Argumenten gar zu revidieren.

Gerade in solchen Grundfragen, bei der das Ultimum, das Eschaton des Menschen, der allerletzte Sinn seines Sterbens und seines Lebens, auf dem Spiele steht, geht es nie nur um Entscheidungen der Vernunft, sondern um *Entscheidungen des ganzen Menschen*, der mehr ist als nur Vernunft, allerdings mehr auch als nur Gefühl, Sentiment, Emotion, und der deshalb dazu berufen ist, eine zwar nicht durch die reine Vernunft bewiesene, wohl aber eine vor der Vernunft verantwortete Entscheidung zu treffen.

Einiges dürfte im Hinblick auf eine derartig vernünftig verantwortete Entscheidung jetzt schon geklärt sein: Nicht alles ist gleich akzeptabel! Nicht alle jemals geäußerten Vorstellungen von einem Leben nach dem Tode liegen auf der gleichen Ebene, sind gleichwertig und gleichrangig.

Die jüdisch-christlich-islamische Tradition und insbesondere das spezifisch Christliche, die christliche Botschaft selber, haben wir bis jetzt nur am Rand ins Spiel gebracht. Um aber entscheidungsfähig zu sein oder wieder neu entscheidungsfähig zu werden, bedürfen wir der Information, der Information ganz besonders über das allzu Selbst-Verständliche: die Entwicklungen und Verwicklungen, Schwächen und Stärken christlichen Glaubens in der Frage des ewigen Lebens. Die nächsten drei Vorlesungen – der zweite Vorlesungsblock – haben den Sinn, solche kritischen Informationen zu geben und so Entscheidungshilfen anzubieten. Nicht nur vom notvollen Horizont unserer heutigen Welt sehen wir uns dazu aufgefordert, sondern erst recht vom Zentrum der christlichen Botschaft her: »Seid stets bereit, jedem Rede und Antwort zu stehen, der nach der Hoffnung fragt, die euch erfüllt.«[54]

B. DIE HOFFNUNG

IV. Auferweckung der Toten?

1. *Ist ewiges Leben erfahrbar?*

Eine hermeneutische Eingangsüberlegung – ich formuliere sie so einfach wie möglich – ist hier notwendig. Es geht bei diesen Fragen über Leben und Tod, ich deutete dies bereits an, nie nur um Entscheidungen der Vernunft, sondern um Entscheidungen des ganzen Menschen, der freilich eine vor der Vernunft verantwortete Entscheidung zu treffen hat. Was heißt das konkret?

Eine vor der Vernunft verantwortete Entscheidung heißt: Ein Leben nach dem Tod *darf nicht nur behauptet werden*! Es wäre in der Tat verhängnisvoll, wenn Theologen – sie mögen nun aus jüdischer, islamischer oder auch christlicher Tradition kommen – diese schwierige Frage mit Berufung auf Gottes »Offenbarung«, Gottes »Wort«, Gottes »Schrift« zu lösen meinten. Als wäre der Hinweis auf das »Es steht geschrieben« – es sei dies die hebräische Bibel, der Koran oder auch das Neue Testament – schon Beweis für die Wahrheit eines Sachverhaltes, als könnte mit Autorität allein eine kritische Diskussion zum Schweigen gebracht werden. Ganz davon abgesehen, daß das, was »geschrieben« steht, exegetisch-theologisch differenziert beurteilt werden muß, drängen sich gerade hier grundsätzliche theologische Fragen auf:

Woher weiß ich denn so sicher, daß Gottes »Offenbarung«, auf die ich mich berufe, nicht vielleicht auf einer unbegründeten Voraussetzung beruht?

Daß Gottes »Wort« nicht vielleicht nur unser theologischer Überbau ist, unsere Projektion, kurz, reine Illusion: ein Wort jedenfalls, das Menschen sich von sich selber sagen?

Daß diese »Schrift« nicht bloßer Niederschlag dieser unserer Projektion und Illusion ist, reines Konservat menschlicher Worte über menschliche Wünsche und Sehnsüchte?

Daraus folgt: die Theologie darf der Forderung nach *Bewahrheitung des Ewigkeitsglaubens* nicht ausweichen. Würde die Vernunft hier zur Abdankung gezwungen und ein sacrificium intellectus (Opferung des Verstandes) gefordert, wäre ein solcher Glaube im Ansatz un-glaubwürdig, un-verständig, ja un-menschlich. Glaube gerade hinsichtlich der »letzten Dinge« muß kommunizierbar bleiben, dialogfähig, soll das Gespräch über Tod, Weiterleben oder neues Leben mit jedem Menschen – sei er Christ oder Nichtchrist – geführt werden. Die Erfahrungen des jeweiligen Gesprächspartners sind dabei einzubeziehen. Eine verantwortete Glaubensentscheidung setzt also nicht einen blinden, sondern einen verantworteten Glauben an ein ewiges Leben voraus: damit der Mensch nicht geistig vergewaltigt, sondern mit Gründen überzeugt werde.

Soll nun aber die Forderung nach Bewahrheitung umgekehrt heißen, Leben nach dem Tod sei *beweisbar*? Vielleicht durch jene Beweise für Unsterblichkeit der Seele, wie sie seit *Platon* immer wieder versucht wurden? Für Platon, der sich in der Nachfolge seines großen Meisters Sokrates, welcher heiter-überlegen in den Tod gegangen war, aus ethischen und politischen Impulsen leidenschaftlich immer wieder neu um Beweise für die Unsterblichkeit der Seele bemüht hat[1], ist die Seele Prinzip des Lebens und schon deshalb unsterblich. Wesensverwandt mit den ewigen geistigen Ideen des Wahren, Guten und Schönen, ist sie selber nicht wie der Körper, ihr Gefängnis, sichtbar, zusammengesetzt, materiell, sondern einfach, geistig, göttlich, so daß sie sich gar nicht auflösen kann. Das Wissen um die großen geistigen Ideen kann die Seele auch gar nicht aus der vorfindlichen materiellen Wirklichkeit haben. Es kann nur aus der Erinnerung, der Anamnese, stammen: aus der Zeit des Vorlebens, das die Seele geführt haben muß, bevor sie in diese Materie, in diesen konkreten Leib einging. Durch den Tod nun wird diese freie Geistseele aus dem Leib, ihrem Gefängnis und Grab, wieder befreit; sie wird durch Wiedergeburten geläutert und kann sich schließlich wieder mit dem Göttlichen vereinigen. Die Geistseele ist unsterblich, und gerade dies soll das individuelle und soziale Leben des sterblichen Menschen hier und jetzt bestimmen.

Doch diese philosophischen Gedankengänge Platons, vielfach variiert, blieben durch die Jahrhunderte umstritten. Schon Aristoteles nahm Unsterblichkeit nur noch für die überindividuelle Weltseele in Anspruch. Die Neuplatoniker und Augustin folgten wiederum Platon; Averroes und andere mittelalterliche arabische Philosophen dagegen

Aristoteles. Die großen christlichen Denker des Mittelalters Albert und Thomas, obwohl Aristoteliker, wie denn auch die großen Philosophen der Neuzeit bis hin zur Aufklärung, Descartes, Leibniz, Wolff (und in deren Gefolge auch die Aufklärungstheologie), folgten allesamt wieder der Linie Platons und versuchten, eine Unsterblichkeit der Seele philosophisch zu begründen.

Es war schließlich *Immanuel Kant*, der in dieser Frage auch für heute noch die kritischen Maßstäbe setzte. Kant, der zunächst die Unsterblichkeit der Seele zu beweisen versucht hatte, schloß sich schließlich doch der skeptischen Philosophie von Pierre Bayle, Voltaire und David Hume weitgehend an, unterzog die »Träume eines Geistersehers« (1766), Swedenborgs Verkehr mit der Geisterwelt[2], einer scharfen Kritik, um dann in der »Kritik der reinen Vernunft« (1781)[3] die Beweise für die Unsterblichkeit der Seele (wie die für die Existenz Gottes überhaupt) zu destruieren. Freilich: Kant ließ den Glauben an die Unsterblichkeit der Seele (gegen Humes totale Leugnung) als Postulat der praktischen Vernunft – für die Ethik! – gelten. Zusammen mit der Freiheit des Willens und der Existenz Gottes bildet die Unsterblichkeit der Seele die Voraussetzung für ein unbedingt ethisches Handeln des Menschen. Denn: der Mensch ist nach Kant nun einmal zur sittlichen Heiligkeit bestimmt, die er jedoch erst im Jenseits erreichen kann; und ohne einen Ausgleich zwischen Tugend und Schicksal wäre die gesamte sittliche Weltordnung in Frage gestellt.

Seit Kants Kritik an den Beweisen für die Unsterblichkeit der Seele steht für viele fest: Unsere Vernunft, an den Horizont unserer raumzeitlichen Erfahrung gebunden, kann keinen allgemein überzeugenden Beweis liefern für das, was jenseits dieses Erfahrungshorizontes liegt. Also auch nicht für ein ewiges Leben! Aber: unsere Vernunft kann auch nicht – und auch dies ist, oft vergessen, Kants Auffassung – das Gegenteil beweisen. Für die reine Vernunft, die nach Beweisen verlangt, scheint ewiges Leben einfach eine Idee zu sein ohne Realität – ein Gedanke ohne Wirklichkeit.

Aber wie immer – auch wer Kants Kritik nicht akzeptiert, dürfte es erfahren haben: Der Glaube an ein ewiges Leben kann jedenfalls nicht unter Vernachlässigung der existentiellen Komponente einem Menschen anbewiesen werden, so daß dieser vom Glauben dispensiert statt zum Glauben, besser würde man sagen: zur Hoffnung, herausgefordert wäre. Eine rein rationale Demonstration der Existenz des ewigen Lebens, die allgemein zu überzeugen vermöchte, gibt es bisher nicht.

Kein einziger dieser Beweisgänge wird allgemein akzeptiert. Eine *deduktive Ableitung* eines Lebens nach dem Tod aus dieser erfahrenen Wirklichkeit von Welt und Mensch durch die theoretische Vernunft scheint *unmöglich* zu sein.

Trotz allem: der *Ewigkeitsglaube* ist, wenn auch nicht zu beweisen, so doch zu *bewahrheiten*: Denn: nicht *unmöglich* erscheint eine *induktive Anleitung*, welche die einem jeden zugängliche Erfahrung der fraglichen Wirklichkeit auszuleuchten versucht. So wird der Mensch – gleichsam auf der Linie der »praktischen Vernunft«, des »Sollens« (Kant) – vor eine rational verantwortbare Entscheidung gestellt, die über die reine Vernunft hinaus den ganzen Menschen beansprucht. Also keine theoretische, sondern eine durchaus praktische, »existentielle«, ganzheitliche Aufgabe der Vernunft, des vernünftigen Menschen: eine die konkrete Erfahrung der Wirklichkeit begleitende, aufschlüsselnde, ausleuchtende, nachdenkliche Reflexion mit praktischer Absicht.

Der Glaube an das ewige Leben muß also bewahrheitet werden in Rekurs auf menschliche Erfahrungen. Der hier eingeführte Erfahrungsbegriff ist dabei freilich keineswegs eindeutig und bedarf der Differenzierung. Von welcher Erfahrung ist die Rede? Keineswegs bloß von einer rein *innerlichen, persönlichen Erfahrung*, die ein bestimmter Mensch gemacht zu haben beansprucht. Sie kann zwar ein beeindruckendes Zeugnis sein, das einen anderen möglicherweise zum Glauben einlädt. Aber der Gefahr einer respektlosen oder gedankenlosen Identifikation dieser meiner Erfahrung mit der Wirklichkeit Gottes, des ewigen Lebens, ist tunlichst zu wehren. Wir haben die Berichte von Sterbeerfahrungen oder von Spiritisten gehört. Wie leicht erweisen sich doch unsere Träume als Wunschträume, unsere Bilder als Trugbilder, unsere Offenbarungen als Einbildungen!

Die Rede ist hier freilich auch nicht von einer *rein äußerlichen, sinnlichen Erfahrung*, die jeder neutrale Beobachter machen könnte. Eine solche wäre zwar völlig ausreichend, um physikalische Aussagen zu begründen, aber sie ist aus sich heraus nicht geeignet, Aussagen über eine »meta-physikalische«, »meta-empirische« Wirklichkeit zu machen. Eine solche objektivierende Erfahrung der Wirklichkeit Gottes oder eines ewigen Lebens konnte bisher nirgends verifiziert werden.

Nicht also im strengen Sinn von einer direkten Erfahrung des ewigen Lebens – sei es eine äußere oder eine innere – soll hier die Rede sein, sondern von einer – auch anderen zugänglichen! – *erfahrungsbezogenen Erkenntnis des ewigen Lebens.* »Erfahrung« deckt dabei ein ganzes

Spektrum ab: nicht nur die sinnliche, sondern auch die geistige (innerliche, emotionale, zwischenmenschliche, intellektuelle) Dimension menschlicher Wirklichkeit. »Erfahrungsbezogen« ist dabei wohl zu unterscheiden von »erfahrungsabhängig«. Keine Erkenntnis des ewigen Lebens darf sich völlig von menschlicher Erfahrung abhängig machen, will sie die Wahrheit des ewigen Lebens nicht ausschließlich vom menschlichen Erfahrungspotential bestimmt sein lassen. Eine theologische Erkenntnisstruktur wird hier also angestrebt, die die konkreten Erfahrungen der Wirklichkeit von Mensch und Welt so weit wie irgendwie möglich aufnimmt, Erfahrungen, die immer kommunizierbar, allgemein zugänglich sein müssen, die diese Erkenntnisstruktur aber vermittelt, konfrontiert, mit der Hoffnungs- und Erfahrungsgeschichte, wie sie sich in den biblischen Texten niedergeschlagen hat. Unsere Erfahrungen hier und heute sollen im Lichte der als Hoffnungsbotschaft für die Menschen verdichteten Erfahrungsgeschichte der Schrift in ihrem letzten Sinn und einer letzten Tiefe ausgeleuchtet werden. Die heutige Erfahrung als *Horizont* und die biblische Botschaft (vom Islam bezüglich der Ewigkeitshoffnung mit starker Akzentuierung des Gerichtsgedankens in wesentlichen Zügen übernommen und hier deshalb nicht gesondert abzuhandeln) als *Zentrum* und *Kriterium*: dies ist das hermeneutische Konzept einer ökumenischen Theologie, wie ich sie verstehe, und dies ist auch der theologische Ansatz dieser Vorlesungen über das ewige Leben.

Es soll hier also – ich will die wissenschaftstheoretische Problematik nur mit einem Wort andeuten – ein Verifikationskriterium zur Anwendung gebracht werden, das weder so eng ist wie das empiristische, welches nur empirisch Verifizierbares gelten läßt, noch so weit ist wie das hermeneutische, welches alles verstehen läßt: ein *indirektes Verifikationskriterium,* das die Subjektivität menschlicher Erfahrung nicht überspringt, sie aber dennoch nicht zum Maßstab von Wahrheit allein macht. Das heißt: was die Erfahrung der konkreten Wirklichkeit von Mensch und Welt bietet, soll im Lichte der Hoffnung auf ein ewiges Leben aufgeschlüsselt und sprachlich zum Ausdruck gebracht werden: nicht in zwingender Ableitung aus einer angeblich evidenten Erfahrung, die eine Entscheidung des Menschen erübrigt, wohl aber in klärender Ausleuchtung der immer problematischen Erfahrung, die zu einer positiven Entscheidung des Menschen einlädt.

2. *Eine Frage des Vertrauens*

Aller Verweis auf Erfahrung also macht die Entscheidung nicht überflüssig, sondern provoziert sie geradezu. Der Glaube an ein ewiges Leben hat Entscheidungscharakter und umgekehrt: Die Entscheidung für – oder gegen – ewiges Leben hat Glaubenscharakter. Was sind – wenn wir nun nach Abschreiten des religionsgeschichtlichen Horizonts näher auf die christliche Perspektive eintreten – die Optionen? Es sollen hier zunächst nur gleichsam die Rahmenbedingungen umrissen werden, um die Entscheidungssituation zu verdeutlichen; es soll nicht etwa der Rahmen dieser Optionen schon jetzt konkret inhaltlich gefüllt werden, um eine Entscheidung zu provozieren. Wie immer man sich entscheiden wird, worum geht es?

1. *Option:* Wie die Auseinandersetzung besonders mit Feuerbach und Freud gezeigt hat, ist ein *Nein zum ewigen Leben möglich, ja unwiderlegbar.* Der Grund? Es ist immer wieder neu die Erfahrung der »Treue zur Erde« und der »Treue zu sich selbst«, des Zerbrechens von Hoffnungen, aber gewiß auch der ungeheuren Realität des Todes, die vielen Menschen Anlaß gibt, zu behaupten und die Behauptung auch aufrechtzuerhalten: »Es gibt kein Leben nach dem Tod!«

Das heißt: es kann nicht positiv widerlegt werden, wer sagt: »Mit dem Tod ist alles aus! Ich sterb' mit allen Tieren, und es kommt nichts nachher.« Gegen eine solche Behauptung, die den Horizont unserer Erfahrung überschreitet, kommt weder ein strenger Beweis noch ein Aufweis eines ewigen Lebens letztlich an. Diese negative Behauptung beruht zutiefst auf einer Entscheidung, die negative Erfahrungen absolut setzt und die mit der Grundentscheidung zur (stets ambivalent bleibenden) Wirklichkeit und zu Gott als ihrem Ziel-Grund im Zusammenhang steht. Nein, die Verneinung eines ewigen Lebens ist rein rational nicht zu widerlegen.

2. *Option:* Die Auseinandersetzung mit Feuerbach und Freud hat ebenfalls ergeben, daß auch ein *Ja zum ewigen Leben möglich, ja unwiderlegbar* ist. Der Grund? Es ist die Wirklichkeit dieses Lebens, es sind die negativen und positiven Erfahrungen des Menschen in dieser Welt, die Glückserfahrungen, deren Dauer man ersehnt, aber es ist auch all das Unabgegoltene, Unaufgelöste und vorläufig Bleibende, das genügend Anlaß gibt, um ein vertrauendes Ja zu einem Leben nach

diesem Tod zu wagen, ohne welches vielen Menschen dieses Leben letztlich ziellos, sinnlos und haltlos vorkommen muß.

Also: es kann auch umgekehrt nicht positiv widerlegt werden, wer sagt: »Mit dem Tod ist nicht alles aus! Ich sterb' nicht mit den Tieren, es kommt kein Nichts nachher.« Gegen ein solches – von diesem Leben selber her – sich aufdrängendes Vertrauen kommt der Atheismus seinerseits nicht an. Auch die Bejahung eines ewigen Lebens überschreitet den Horizont unserer Erfahrung und beruht zutiefst auf einer Entscheidung, die weder negative noch positive Erfahrungen absolut setzt und die wiederum mit der Grundentscheidung für die ambivalente Wirklichkeit und für Gott als ihrem Ziel-Grund in Zusammenhang steht. Auch sie ist rational unwiderlegbar.

Was also? Das ewige Leben erscheint zutiefst als eine Sache des *Vertrauens*! Hier genau liegt der entscheidende Knoten zur Lösung der Frage nach dem postmortalen Leben: Daß ewiges Leben ist, kann nur in einem – in der Wirklichkeit freilich begründeten – *Vertrauen* angenommen werden. In einem vor der Vernunft verantworteten und deshalb *durchaus vernünftigen* Vertrauen! Dieses hoffende Vertrauen – darin der Liebe sehr ähnlich – ist keineswegs einfachhin Projektion, verfügt nicht über zwingende rationale Beweise, wohl aber über einladende vernünftige Gründe, wie hoffentlich im Lauf dieser Vorlesungen immer deutlicher werden wird. Es ist *erfahrungsbezogen*!

Dieses vertrauende Sich-Einlassen auf einen letzten Sinn der gesamten Wirklichkeit und unseres Lebens, auf den ewigen Gott, auf ein ewiges Leben, wird im allgemeinen Sprachgebrauch zu Recht als *»Glauben«* an Gott, *an ein ewiges Leben* bezeichnet. Dabei geht es freilich um Glauben in einem weiten Sinn, der hier besser mit Vertrauen oder Hoffnung umschrieben wäre. Das heißt: ein solcher Glaube muß nicht notwendig von der biblischen Verkündigung provoziert sein; er ist grundsätzlich auch Nichtchristen und Nichtjuden möglich: Hindus, Konfuzianern, Buddhisten ... und natürlich erst recht Muslimen, die sich auf den (von der Bibel inspirierten) Koran berufen.

Sobald die Frage in ihrer ganzen Tiefe für den einzelnen aufbricht, wird eine freie – und keineswegs willkürliche – *Entscheidung unumgänglich*. Wie bei der Gottesfrage, so gilt auch in der Ewigkeitsfrage: Der Mensch hat sich zu entscheiden, ohne intellektuellen Zwang, allerdings auch ohne rationalen Beweis. Ewigkeitsglaube oder »Zeitlichkeitsglaube«: beide sind ein Wagnis – beide ein Risiko. Wer wagt, gewinnt! Und wie bei der Gottesfrage, so gilt auch hier: Wer nicht wählt, wählt: Er hat gewählt, nicht zu wählen. Stimmenthaltung in einer Vertrauensabstimmung zum ewigen Leben bedeutet Vertrauensverweigerung, faktisch – wenn auch vielleicht nicht gewollt – ein Mißtrauensvotum. Wer hier nicht (zumindest faktisch) ja sagt, sagt faktisch nein[4]. Zu solcher vernünftig verantworteten Entscheidung – oder auch zur Revision einer Entscheidung – sollen die folgenden Überlegungen, wiederum langsam Schritt für Schritt, hinführen.

3. *Enden alle Wege am Grabe?*

Nach diesen notwendigen hermeneutischen Vorüberlegungen gilt es nun, sich dem konkreten Textmaterial zuzuwenden. Die Frage nach den *Entwicklungsphasen des Auferstehungsglaubens in den jüdisch-christlichen Schriften,* den auch der Islam übernommen hat, soll uns nun beschäftigen. Wir beginnen unsere historisch-systematische Problemanalyse mit einer kleinen Erzählung. Vom irischen Schriftsteller *George Bernard Shaw* stammt die Geschichte von einem Negermädchen, das im Urwald Gott zu finden versucht. Um diese Geschichte zu verstehen, muß man wissen, daß das Negermädchen Shaws Symbolfigur für alles Natürliche, Unverfälschte und Illusionsfreie ist, also ganz dem Bild des »glücklichen Wilden« entspricht, das wir von der Aufklärung her kennen.

Auf seiner Wanderung durch den Urwald trifft dieses Mädchen zunächst einen alten Mann von adliger Gestalt: mit schönen, regelmäßigen Zügen, einem prächtigen Bart und üppig wucherndem, welligem Haar. Es ist der *Gott Abrahams,* der Herr der Heerscharen, in dessen Hand Tod und Krankheit ruhen, Donner und Blitz und der vom Menschen die bedingungslose Unterwerfung bis hin zum grausamen Menschenopfer fordert. Doch das Mädchen – von der Unzumutbarkeit dieses Gottes entsetzt – kann ihn im Namen des wahren Gottes verscheuchen. – Nicht anders ergeht es dem *Gott Hiobs,* den das Mädchen als nächsten trifft. Er ist weniger der brutale als der verbindliche Gott, ein Gott, der nicht Anbetung fordert, sondern den Menschen in Dialog und Debatte verwickelt. Aber gerade zur Diskussion ist dieser Gott letztlich unfähig, denn auf die entscheidende Frage, warum er denn die Welt so geschaffen habe, wie sie ist, bleibt er die befriedigende Antwort schuldig. Auch er kann verscheucht werden.

Doch dann begegnet dem Negermädchen ein auffallend hübscher, glattrasierter, weißer junger Mann in einer griechischen Tunika. Auf ihre Frage, ob denn er ihr den Weg zu Gott weisen könne, antwortet dieser: »›Kümmere dich nicht darum ... Nimm die Welt, wie sie ist, denn jenseits gibt es nichts. Alle Wege enden am Grabe, es ist das Tor zum Nichts, und im Schatten des Nichts ist alles eitel. Befolge meinen Rat und suche nicht weiter, als deine Nase reicht. Du wirst immer finden, daß es darüber hinaus noch etwas gibt; und in dieser Erkenntnis wirst du hoffnungsvoll und glücklich sein.‹«

Und doch kann sich das Negermädchen mit dieser Antwort nicht zufrieden geben: »›Es gibt eine Zukunft, wenn ich tot bin ... und wenn ich sie auch nicht erleben kann, so kann ich dennoch um sie wissen.‹

›Weißt du um die Vergangenheit?‹ fragte der junge Mann. ›Wenn die Vergangenheit, die tatsächlich gewesen ist, jenseits deiner Kenntnis liegt, wie kannst du hoffen, um die Zukunft zu wissen, die noch nicht gewesen ist?‹

›Trotzdem gibt es die Zukunft, und ich weiß genug von ihr, um dir sagen zu können, daß die Sonne jeden Tag aufgehen wird‹, sagte das Negermädchen.

›Das ist auch ein Wahn‹, sprach der junge Weiße. ›Die Sonne brennt und muß eines Tages ausgebrannt sein.‹

›Das Leben ist eine Flamme, die immer ausbrennt; aber sie fängt immer wieder Feuer, so oft ein Kind geboren wird. Das Leben ist größer als der Tod, und Hoffnung ist größer als Verzweiflung. Die Arbeit, die mir bestimmt ist, will ich nur verrichten, wenn ich weiß, daß sie eine gute Arbeit ist. Und um das zu wissen, muß ich Vergangenheit und Zukunft und auch Gott kennen.‹

›Du meinst, daß du selbst Gott *sein* mußt‹, sagte er und blickte das Negermädchen fest an.

›Soweit ich kann‹, erwiderte es. ›Ich danke dir. Wir, die Jungen, sind die Wissenden. Ich habe von dir gelernt, daß Gott kennen Gott sein bedeutet. Du hast meine Seele gestärkt. Ehe ich dich verlasse, sag mir, wer du bist.‹

›Ich bin Koheleth, vielen als Ecclesiastes, der Prediger, bekannt‹, erwiderte er. ›Gott sei mit dir, wenn du ihn finden kannst. Mit mir ist er nicht. Lerne Griechisch. Es ist die Sprache der Weisheit. Lebewohl.‹«[5]

Zur selben Zeit, als in Indien Brahmanen ihre Erfahrungen von Leid und Leidüberwindung durch Lebensentsagung machten, lebte im Nahen

Osten, in Palästina, ein Jude, der ein nicht weniger nachdenklicher Mann war. Er nannte sich mit einem Pseudonym »*Kohelet*«, traditionell mit »*Prediger*« übersetzt, was aber auch »Versammler«, »Versammlungsleiter« bedeuten kann[6]. Bernhard Lang, der frühere katholische Tübinger Alttestamentler, hat dem Buch Kohelet (verfaßt vermutlich zwischen 190 und 180 v. Chr.) eine schöne theologische Meditation gewidmet, an die wir uns hier zunächst halten wollen[7]; denn die Interpretation dieser Schrift ist höchst umstritten, schon von der Form her, einer losen Folge von Aphorismen und »pensées«, höchst ungewöhnlich, so daß viele sie am liebsten aus dem alttestamentlichen Kanon entfernt sehen möchten. Kein Wunder, daß dieses Buch immer wieder gerade die kritischen Geister angezogen hat: Voltaires Übersetzung ins Französische (sinnigerweise Madame Pompadour gewidmet!) ließ das Pariser Parlament 1759 kurzerhand verbrennen.

Obwohl Kohelet vermutlich ebenfalls ein Lehrer der Weisheit war, vertrat er genau die Gegenposition zu jener herkömmlichen Weisheitstradition (Salomonische Sprichwörter, Jesus Sirach), die allzu optimistisch einen gerechten Gott und eine sittliche Weltordnung voraussetzte: wo Lohn für gutes Handeln und Strafe für schlechtes irdisch-sichtbar verteilt wird. Auch dieser Prediger, mehr Philosoph als Theologe, mehr griechisch – Shaw hat da recht – von Gott und den Menschen als jüdisch von Jahwe und den Juden redend, war ein Angehöriger der Oberschicht, lebte in einer Überflußgesellschaft und war zutiefst skeptisch geworden angesichts dieser für ihn durch und durch *fragwürdigen Welt*:

wo keine erkennbare Gerechtigkeit herrscht, keine sittliche Weltordnung, keine prästabilisierte Harmonie;

wo kein lenkender und vergeltender Gott sein gnädiges Angesicht zeigt;

wo unerforschlich der Zufall in seiner Willkür zu regieren scheint;

wo manchem Guten das Schicksal von Bösen zufällt und manchem Bösen das Schicksal von Guten;

wo nicht immer die Schnellsten den Wettlauf gewinnen und die Tapfersten den Krieg, und erst recht nicht die Weisesten Reichtum und die Gescheitesten Beifall; nein,

wo vielmehr jeden jederzeit jedes Unglück treffen kann und der Mensch sein Schicksal nicht kennt.

Wahrhaftig: windig, nichtig ist diese Welt! Das ist der ständig wiederkehrende Refrain dieses Mannes: »Wind, nichts als Wind, alles ist Wind.«[8] Vanitas vanitatum, hieß es in der lateinischen Übersetzung, »Eitelkeit der Eitelkeiten« bei Luther. »Vanitas«, »Leere«, »leerer

Schein« könnte man auch sagen, was dann sofort an das indische »Maya« erinnert: »leerer Schein«, wertlos, nichtig ist alles.

Auch für Kohelet, diesen kritischen Realisten, ist nicht weniger klar als für die Inder: Des Menschen Dasein ist *Sein-zum-Tode.* »Wie er aus dem Leib seiner Mutter herausgekommen ist – nackt, wie er kam, muß er wieder gehen.«[9] Der Mensch endet zwar nicht im Nichts, wie Kohelet bei Shaw sagt, wohl aber im Totenreich, im Haus der Finsternis, wo er nur noch der Schatten seiner selber ist: »Wenn einer hundert Kinder hat und viele Jahre lang lebt, aber keinen einzigen Tag genießen kann und kein Begräbnis bekommt, dann sage ich: Eine Fehlgeburt hat es besser als er! Denn sie kommt aus dem Wind und geht ins Dunkel, und im Dunkel bleibt ihr Name verborgen; auch die Sonne sieht sie nicht und kennt sie nicht. Sie hat Ruhe, er nicht. Selbst wenn er zweimal tausend Jahre lebte, ohne das Glück zu genießen, geht er dann nicht zum selben Orte wie sie?«[10]

Was tun? Das ist die Frage auch für Kohelet, die er aber grundlegend anders beantwortet als die Inder, die Befreiung vom Leid durch Befreiung vom Ich suchten, anders auch als die Platoniker, die mit dem Blick auf die Unsterblichkeit der Seele dieses Leben hier und heute abwerten. Nein, *kein Verzicht auf Leben, sondern Genuß des Lebens!* Besser ein lebendiger Hund als ein toter Löwe! Was Gott gegeben, das soll der Mensch auch gebrauchen. Deshalb: die Feste feiern, wie sie fallen; das Leben ausnutzen, solange es geht, und des Todes vergessen, der ohnehin kommt und Verständige wie Unverständige gleichermaßen trifft. Hat denn nicht alles seine Zeit? Das Pflanzen und das Ausreißen, das Klagen und das Tanzen, das Lieben und das Hassen, das Gebären und das Sterben? »Ich kenne das Geschäft, das Gott den Menschen gegeben hat, daß sie sich damit plagen. Alles hat er schön gemacht zu seiner Zeit, zugleich aber hat er Dunkel tief in alles hineingelegt, damit der Mensch das Werk, das Gott tut, von Anfang bis Ende nicht durchschaue.«[11]

Gott ist dunkel, Gott ist unberechenbar und *die Wirklichkeit undurchschaubar.* Es mag einen Sinn dieser Welt, dieser Geschichte, meiner Geschichte geben: Aber nur Gott kennt ihn, nicht der Mensch, der das Geschehen in der Welt anschauen muß, ohne es zu begreifen: »Als ich mir vorgenommen hatte, zu erkennen, was Wissen wert ist, und zu beobachten, welches Geschäft eigentlich auf der Erde getätigt wird, da sah ich ein, daß der Mensch, selbst wenn er seinen Augen bei Tag und bei Nacht keinen Schlaf gönnt, das Tun Gottes nicht in seiner Ganzheit wiederfinden kann, das Tun, das unter der Sonne getan wird. Denn danach suchend arbeitet der Mensch sich ab und findet es doch nicht wieder. Selbst wenn der Gebildete behauptet, er erkenne – er kann es doch nicht wiederfinden.«[12]

Ein in vieler Hinsicht »modernes« Buch, dieser Kohelet, mit Themen, die uns nicht zuletzt von der Existenzphilosophie, von Kierkegaard, Heidegger, Jaspers und Sartre her wohlbekannt sind. Und auch die *gesellschaftliche Ausgangslage* dieses Buches weist erstaunliche Analogien zu der unsrigen auf: »Die im vorigen und in der ersten Hälfte dieses Jahrhunderts immer deutlicher werdende Auflösung der europäischen segmentären Strukturen, horizontale Klassenbildung, wachsende Vereinzelung und Bindungslosigkeit des Individuums in der immer technischeren internationaleren Gesellschaft. Sie entstand auch eher im Bürgertum als bei den armen Leuten. Kohelet hätte in seiner Welt auch anderen philosophischen Schulen des Griechentums begegnen können. Daß gerade die Popularphilosophie so stark zu ihm gesprochen hat, mag nicht nur daran liegen, daß sie in der Tat damals auf dem intellektuellen Markt am lautstärksten war. Ihr Ansatz entsprach auch am meisten der durch den damaligen gesellschaftlichen Wandel gegebenen Hilflosigkeit des einzelnen in einer nicht mehr überschaubaren Wirklichkeit.«[13]

Kohelet: ein Buch, freilich auch gefährlich systemstabilisierend mit seinem Aufruf zu weithin untätiger weiser Skepsis, die sich doch wohl nur Gebildete, und zu einem Genußsinn, den sich nur Wohlhabende leisten können, nicht aber alle jenen kleinen Leute, die in ihrem Kampf um ihr Leben und Überleben ganz andere Sorgen haben. Ein Buch trotz allem, das in seiner melancholischen Diesseitsfreudigkeit *weit entfernt* ist *von der oberflächlichen herkömmlichen Vergeltungstheologie*, nach der sich alles in diesem Leben regelt, und dem dazugehörigen (oft puritanischen) Moralismus der Weisheitsliteratur. Ein Buch, weit entfernt *aber auch von jeglicher freudiger Jenseitshoffnung*. Kohelet hat für dieses Erdenleben, das man nach ihm (im Gegensatz zu aller indischen Weisheit) unwiderruflich nur einmal leben kann, die Konsequenzen gezogen. Und dies aus der Einsicht, daß unser Dasein Sein-zum-Tode ist und daß mit dem Tod zwar nicht alles, aber eben doch das allermeiste aus ist: »Die Lebenden erkennen wenigstens, daß sie sterben werden. Die Toten aber erkennen überhaupt nichts mehr. Sie erhalten auch keine Belohnungen mehr, die Erinnerung an sie ist in der Vergessenheit versunken. Liebe, Haß und Eifersucht gegen sie, all dies ist längst erloschen. Für alle Zeit ist ihnen ihr Anteil genommen in allem, was unter der Sonne getan wird ... Alles, was deine Hand zu tun vorfindet, tu mit deiner ganzen Kraft. Denn es gibt weder Tun noch Rechnen noch Können noch Wissen im Totenreich, in das du bald gehen wirst.«[14]

4. *Auferweckungsglaube – eine späte Erscheinung*

Auch für Kohelet war mit dem Tod nicht »alles aus«. Denn nach altisraelitischer Auffassung galt: *Die Toten leben weiter.* Freilich: sie vegetieren mehr, als sie leben! Was da in diesem Totenreich, dieser Unterwelt, von der Kohelet sprach, dahinlebt, ist gewiß nicht nur die »Seele« des Menschen im Sinne Platons, ist nicht nur ein Teil des Menschen, sondern ist der eine ganze Mensch. Aber eben nicht mehr der lebendige Mensch, sondern nur noch sein *»Schatten«:* das Schattenbild, welches sich im Tod von der Person losgelöst hat und das doch noch an das Grab, die Gebeine, gebunden bleibt, die deshalb nicht verbrannt werden dürfen. Grab und Unterwelt gehen dabei ineinander über.

Die *Unterwelt* der alten Israeliten – das ist die *»Scheól«* (was vermutlich »Nicht-Land«, »Un-Land« meint), die man sich als geschlossenen Raum unter der Erdscheibe dachte: ein Ort der Finsternis und des Schweigens, der Kraftlosigkeit und der Vergessenheit, wo die Menschen zu einem gespensterhaften Dasein verurteilt sind. Zwar haben sie alle noch ihren früheren Rang und Stand bewahrt: der König trägt noch seine Krone, der Prophet seinen Mantel, der Soldat seine Rüstung; aber sie sind allesamt nur noch die Schatten ihrer selbst, ohne Gemeinschaft untereinander, ohne Gemeinschaft mit Gott. Ein trauriges, freudloses Land ohne Wiederkehr. Endgültiger Ruheplatz alles Lebens, ohne Hoffnung, das Licht, die Erde, je wiederzusehen.

Wer als Christ gewohnt ist, bedenkenlos das Alte Testament in einer angeblich heilsgeschichtlichen Kontinuität mit dem Neuen zu rezipieren, mache sich klar, was das bedeutet: *All die Väter Israels,* Abraham, Isaak und Jakob, Mose und die Richter, die Könige und die Propheten, Jesaja, Jeremia und Ezechiel, gingen für sich wie für alle anderen Menschen von einem solchen Ende in Dunkelheit aus – und doch haben sie aus einem unerschütterlichen Glauben an Gott gelebt und gehandelt. Alle diese Juden – mehr als ein Jahrtausend – *glaubten nicht an eine Auferweckung von den Toten,* glaubten nicht an ein ewiges Leben im positiven Sinn des Wortes, an einen »christlichen« Himmel. In imponierender Konsequenz konzentrierten sie sich auf das Diesseits, ohne sich sehr um dieses – in jedem Fall trübe, dunkle, aussichtslose – Jenseits zu kümmern.

Gewiß hat man sich in christlicher Auslegungstradition immer wieder auch auf alttestamentliche Stellen berufen, um »hier schon« die christliche Rede von der Auferweckung der Toten festzumachen. Aber die verschiedenen alttestamentlichen Aussagen, die von einer angeblichen »*Auferweckung*« reden, sind *bildlich, metaphorisch* gemeint und dürfen in ihrer Bilderwelt nicht ohne weiteres real genommen werden:

Wenn also der Prophet *Hosea* sagt: »Nach zwei Tagen gibt er uns das Leben zurück, am dritten Tag richtet er uns wieder auf, und wir leben vor seinem Angesicht«[15], dann meint er damit nicht wirklich eine Auferwekkung von den Toten, sondern bildlich die Genesung und Heilung des kranken Volkes Israel in ganz kurzer Zeit.

Oder wenn der Prophet *Ezechiel* in einer grandiosen Vision die Neubelebung der verdorrten Gebeine schaut: »Die Hand des Herrn legte sich auf mich, und der Herr brachte mich im Geist hinaus und versetzte mich mitten in die Ebene, die voll von Gebeinen war. Er führte mich ringsum an ihnen vorüber, und ich sah sehr viele über die Ebene verstreut liegen; sie waren ganz ausgetrocknet. Er fragte mich: Meinst du, Mensch, daß diese Gebeine wieder lebendig werden? Ich antwortete: Herr und Gott, das weißt nur du. Da sagte er zu mir: Sprich als Prophet über diese Gebeine und sag zu ihnen: Ihr trockenen Gebeine, hört das Wort des Herrn! So spricht Gott, der Herr, zu diesen Gebeinen: Ich selbst hauche euch Atem ein, damit ihr lebendig werdet. Ich spanne Sehnen über euch und umgebe euch mit Fleisch; ich überziehe euch mit Haut und hauche euch Atem ein, damit ihr lebendig werdet. Dann werdet ihr erkennen, daß ich der Herr bin.«[16] Doch nach dem Kontext dieser Vision ist unbestreitbar, daß hier nicht die Auferweckung gestorbener Israeliten angesprochen ist, sondern die Rückführung der nach Babylonien Deportierten aus dem Grab der Gefangenschaft zu einem neuen Leben im Lande Israel.

Oder wenn schließlich die späte *Jesaja-Apokalypse* von den Toten Jahwes spricht, die leben, und von den Leichen, die auferstehen werden: »Deine Toten werden leben, die Leichen stehen wieder auf; wer in der Erde liegt, wird erwachen und jubeln. Denn der Tau, den du sendest, ist ein Tau des Lichts; die Erde gibt die Toten heraus.«[17] Auch hier dürfte es sich um ein Bild handeln für ein in der Endzeit zu erwartendes Heil von unbeschränkter Dauer, aber nicht notwendig um eine wirkliche Auferweckung der Toten. Dies geht eindeutig auch aus Jesaja 26,14 hervor:

»Die Toten werden nicht leben, die Verstorbenen stehen nie wieder auf; denn du hast sie bestraft und vernichtet, jede Erinnerung an sie hast du getilgt.« Alle diese Texte verwenden den Auferweckungsgedanken also nur als Bild insbesondere für die nationale Wiederherstellung Israels. Auch vereinzelte Sätze in den Psalmen, in den Gottesknecht-Liedern und bei Hiob sprechen bei genauerem Zusehen bestenfalls bildlich von einer Auferweckung zum Leben[18].

Aber: *in persischer Zeit*, nach dem babylonischen Exil, war man im Judentum je länger desto weniger mit der alten Antwort zufrieden, daß nach dem Grundsatz der Entsprechung oder Vergeltung, nach welchem auch die Freunde Hiobs argumentieren, im Leben zwischen Geburt und Tod alle Rechnungen aufgehen. Es lag ja offen zutage und konnte tagtäglich von jedermann verifiziert werden: Weder im Leben des Volkes noch in dem des Einzelnen werden Gutes und Böses in ausreichendem Maße abgegolten. Dem Bösen geht es oft so gut und dem Guten oft so schlecht... Kein Wunder somit, daß sich in den beiden Jahrhunderten vor Christus immer deutlicher – gestützt auch von manchen biblischen Texten über das mögliche Eingreifen Gottes in jeglicher Not und Gefahr – die Erwartung durchsetzen konnte, daß – anders als der skeptische Kohelet Generationen zuvor dachte – eine umfassende Gerechtigkeit, eine bisher nicht erreichte Erfüllung, noch ausstehen werde.

5. *Die ersten Belege*

a) Die älteste, ja, die *einzige unumstrittene Belegstelle für die Auferweckung von den Toten im ganzen Alten Testament hebräischer Sprache* stammt aus dem 2. *Jahrhundert* (um 165/164 v. Chr.): aus der Zeit des Widerstandes gegen jene gewaltsame Hellenisierung der Juden, die der Seleukide Antíochos IV. Epíphanes durchzuführen versuchte (Verbot des jüdischen Kultes, Verehrung des Reichsgottes Zeus Olympios und gar des Herrschers selbst im Tempel). Bekanntlich führte die rigorose Hellenisierungspolitik des Antíochos bald darauf zu einem von den Makkabäern angeführten Volksaufstand, der schließlich mit dem Sieg des Judentums endete.

In dieser Krise der Makkabäerzeit war der Apokalyptiker als Warner und Deuter der Zeit an die Stelle des Propheten aus der Krise des 8. bis 6. Jahrhunderts getreten. Und es war das *Danielbuch*, in dem die apokalyptische Verkündigung – nach mehreren Vorstufen in der prophetischen Literatur – ihre volle Ausgestaltung erhalten hatte. Unumstritten dürfte heute sein, daß das Danielbuch wegen seiner Sprache, seiner Theologie (die spätere Engeltheologie) und seiner uneinheitlichen Komposition auf keinen Fall vom Seher am babylonischen Hof des 6. Jahrhunderts stammt, vielmehr von einem Autor des 2. Jahrhunderts, eben aus der Zeit Antíochos' IV. Epíphanes. Was die Frage der Auferweckung angeht, so findet sich im letzten Kapitel dieses (ursprünglich apokalyptischen) Danielbuches eine Stelle, die vermutlich von persischen Vorstellungen beeinflußt ist: »Zu jener Zeit wird sich Michael erheben, der große (Engel-)Fürst, der die Söhne deines Volkes beschützt, und es wird eine Zeit der Bedrängnis sein, wie noch keine gewesen ist, seit Völker bestehen, bis auf jene Zeit. Und in jener Zeit wird dein Volk errettet werden, ein jeder, der sich aufgezeichnet findet im Buche (des Lebens). Und viele von denen, die schlafen im Erdenstaube, werden erwachen, die einen zu ewigem Leben, die anderen zu Schmach, zu ewigem Abscheu. Die Weisen aber werden leuchten wie der Glanz der Himmelsfeste und, die viele zur Gerechtigkeit geführt, wie die Sterne immer und ewig.«[19]

Keine Frage, daß sich in solcher Verfolgungszeit – für den Verfasser des Danielbuches geradezu eine Notzeit vor der Endzeit, wo Männer, Frauen und Kinder wegen ihres Festhaltens am Gesetz grausam gefoltert wurden – sich das alte Problem der gerechten Vergeltung viel schärfer stellte als Generationen zuvor zur Zeit der Ptolemäer und des Kohelet. Angesichts der Glaubenstreue vieler Märtyrer – vor die Alternative Abfall oder Tod gestellt – mußte erst recht die Frage aufbrechen: Vergeltung des Unrechts allein in diesem Leben? Was kann der Sinn eines Märtyrertodes sein, wenn die Glaubenstreuen ihre Belohnung nicht mehr erhalten, weder im diesseitigen Leben (sie sind ja schon tot) noch im jenseitigen Leben (das nur die Schattenexistenz kennt)? Wo bleibt da Gott mit seiner Gerechtigkeit? Die Antwort des Apokalyptikers: Dieser Notzeit wird die Endzeit folgen, in der Israel gerettet und – dies ist das Neue – Tote auferstehen werden: die Glaubenszeugen und ihre Verfolger. Denn die Toten, die im »Staubland« geschlafen haben, werden erwachen und als ganze Menschen (und nicht etwa nur als »Seelen«) zurückkommen ins Leben, in dieses diesseitige Dasein, das nun aber ewig, endlos dauern wird: für die Weisen in der Form ewigen Lebens, für die anderen in der Form – und auch dies wird nicht ausgemalt – ewiger Schmach.

b) *Außerhalb der hebräischen Bibel*, im griechischen Alten Testament (der Septuaginta), finden sich weitere Zeugnisse dieser so spät aufgebrochenen Auferweckungshoffnung, besonders im *zweiten Makkabäerbuch*, das die ältesten jüdischen Märtyrerberichte enthält, die zum Vorbild für die kirchlichen Märtyrerakten wurden. Aber gerade im berühmten siebten Kapitel über das Martyrium der sieben makkabäischen Brüder und ihrer Mutter steht auffälligerweise nicht das Martyrium im Vordergrund, auch nicht die Gesetzestreue durch Zurückweisung des Schweinefleischgenusses, sondern die Botschaft von der Auferweckung. Richtig sagt Ulrich Kellermann, der diesen Text in einer Monographie traditions- und theologiegeschichtlich analysiert hat: »Die Zerdehnung des Erzählablaufs durch Entfaltung einer Lehre entspricht kaum dem Anliegen der jüdischen Märtyrerberichte, in denen es sonst auf den unabänderlichen Gesetzesgehorsam als frommes Werk par excellence ankommt. Unser Text gibt sich als eine Lehrerzählung über das postmortale Geschick der gesetzestreuen Märtyrer. In ihr wird eine Theologie der Auferstehung ausgeführt.«[20]

In der Tat zeigt die Analyse, wie der Auferweckungsgedanke von Redeabschnitt zu Redeabschnitt weitergebracht und abgesichert wird. Bis ins einzelne wird der Prozeß der grausigen Verstümmelung und langsamen Ermordung des *ersten Bruders* vor dem König (vermutlich im syrischen Antiochia) beschrieben. Nach dessen Tod aber ermahnen sich die übrigen Brüder und die Mutter mit den Worten: »Der Herr, Gott, sieht es alles und wendet uns gewiß sein Erbarmen zu.«[21] Und sie berufen sich auf den Satz der Tora: »Über seine Knechte wird er sich erbarmen.«[22] Die theologische Begründung der Auferweckung wird so fundiert durch Berufung auf die Tora, Gottes heiliges Gesetz.

Deutlich ausgesprochen wird der Glaube an die Auferweckung dann beim Martyrium des *zweiten Bruders*. »Als dieser in den letzten Zügen lag, sprach er: ›Du Verbrecher nimmst uns das gegenwärtige Leben. Der König der Welt aber wird uns, die wir für sein Gesetz sterben, zur Wiedergeburt in das ewige Leben auferwecken.«[23] Um ein »*Auferwekken*« also geht es auch hier – eine *Tat Gottes* selbst – und erst sekundär um ein »Auferstehen« (des Menschen)! Doch finden wir im Makkabäerbuch die *Auferweckung* anders vorgestellt. Denn anders als im Danielbuch ist hier offensichtlich nicht von einer »eschatologischen«, einer endzeitlich-irdischen Auferweckung die Rede, sondern – vielleicht weil die Danielsche Naherwartung kurz zuvor nicht in Erfüllung gegangen war – von einer »transzendenten«, einer vorzeitig-himmlischen: Gedacht ist an eine *postmortale Aufnahme oder Erhöhung in den Himmel* – eine Vorstellung, die sehr viel später im Glauben an Jesus von Nazaret und seine Auferweckung eine zentrale Bedeutung erhalten sollte.

In unserer Erzählung aber konkretisieren die letzten Worte des *dritten Sohnes* diese Vorstellung durch einen Hinweis auf die *Auferweckungsleiblichkeit,* die zwar nicht näher erörtert, aber mit einer himmlischen Neuschöpfung durch Gott begründet wird. Als man ihm auf grausame Art Körperteile nehmen will, sagt er: »Vom Himmel habe ich diese bekommen, und um seines Gesetzes willen lasse ich diese fahren und hoffe von ihm diese wieder zu erlangen.«[24] Und der *vierte Bruder* weiß gar um den doppelten Ausgang der menschlichen Schicksalsfrage. Denn für den Gesetzestreuen geht es bei der Auferweckung um »die von Gott (geschenkte) Hoffnung«; für den gottlosen Verfolger aber »gibt es keine Auferstehung zum Leben«[25]. Anders also als im Danielbuch keine Auferweckung zur Schande, sondern ewiger Tod – für den Juden damals die höchstmögliche Form der Schande freilich. In diesem Rahmen bleiben auch die Reden des fünften und des sechsten Bruders.

Ihren Höhepunkt indessen erreicht die Argumentation für eine Auferstehung mit den beiden Reden der *Mutter,* die hier mehr als Philosophin stilisiert denn als Mutter beschrieben ist. In ihrer ersten Rede wird ausdrücklich der Schöpfungsgedanke – in einer Verbindung von griechischer Elementenlehre und altisraelitischem Schöpfungsdenken (wir sind in der jüdischen Diaspora!) – thematisiert, um so die Möglichkeit einer Neuschöpfung zu begründen: »Folglich wird euch der Schöpfer der Welt, der den Ursprung des Menschen kunstvoll gebildet und den Ursprung von allem bewirkt hat, Odem und Leben erbarmungsvoll wiedererstatten, welches ihr jetzt um seines Gesetzes willen fahren laßt.«[26]

In ihrer zweiten Rede hebt die Mutter noch mehr als auf die Menschenschöpfung auf die Weltschöpfung ab und läßt hier – möglicherweise zum erstenmal im ganzen Alten Testament – den Gedanken einer Schöpfung aus dem Nichts anklingen, wie er sich freilich kaum aus dem priesterlichen Schöpfungsbericht Genesis 1,2 herauslesen läßt: »Ich bitte dich, liebes Kind«, sagt die Mutter zu ihrem Jüngsten, »schau auf zum Himmel und hin zur Erde und sieh alles an, was darinnen ist. Bedenke, daß Gott dieses nicht aus solchem, was (vorher) vorhanden war, geschaffen (wörtlich: »nicht aus Seiendem«) und daß das Menschengeschlecht den gleichen Ursprung hat. Fürchte dich nicht vor diesem Henker da, sondern nimm, deiner Brüder würdig, den Tod auf dich, damit ich dich mit deinen Brüdern zusammen ›beim Erbarmen‹ (Gottes) wiedergewinne.«[27]

Anders als bei den Ägyptern, wo die Mumie für das ewige Leben unbedingt unverletzt bleiben muß, sind dem Gott Israels also auch durch leibliche Verstümmelung und physische Vernichtung keine Grenzen gesetzt. Diese alttestamentlichen Texte zeigen: Glaube an die Auferweckung der Toten ist *Konsequenz des Glaubens an den Schöpfer*! Hier tritt das Besondere, das Distinktivum der jüdischen Auferweckungserwartung, heraus, die ja so ganz verschieden ist von den platonisch-hellenistischen Unsterblichkeitserwartungen – bei allen Gemeinsamkeiten bezüglich einer unmittelbar-postmortalen himmlischen Existenz. Denn für das Alte Testament überlebt nicht eine menschliche Seele aufgrund ihrer wesenhaften Geistigkeit und Göttlichkeit aus sich selber; hier wird vielmehr der eine ganze Mensch auferweckt durch eine Tat Gottes: durch das Wunder einer neuen Schöpfung, das in der Treue Gottes zu seinem Geschöpf begründet ist. So bleibt nichts, auch nicht die Unterwelt, der Herrschaft dessen entzogen, der der Schöpfer von allem ist.

Wie in der Danielapokalypse, so steht also auch im zweiten Makkabäerbuch das *Theodizeeproblem im Vordergrund* der Überlegungen: Auferweckung im Dienst der Selbstrechtfertigung Gottes, der seine Sache zum Wohl von Volk und Einzelnen in dieser so wenig gerechten Welt schließlich doch durchsetzen wird. Demgegenüber war die Frage nach dem *Schicksal der Toten zweitrangig*. Sie wurde denn auch durchaus verschieden beantwortet, je mehr auf die Danielapokalypse weitere Apokalypsen folgten, die ganz und gar auf die Enthüllung und Ausmalung der Endzeit ausgerichtet waren. Diese schrieben ihre Visionen zwar großen Gestalten der Vorzeit (Henoch, Abraham, Mose, Elia u. a.) zu, wurden aber dann trotzdem nicht in den alttestamentlichen Kanon aufgenommen.

So finden wir denn schließlich eine beinahe verwirrende Pluralität *apokalyptischer Auffassungen von Auferweckung und Endgericht vor*: Die einen verkündeten die Auferweckung aller *vor* dem Endgericht – zum Richterspruch über Heil oder Unheil; die anderen die Auferwekkung nur der Gerechten *nach* dem Endgericht – zur Teilnahme am ewigen Heil. Verschieden waren auch die Auffassungen vom Goldenen Zeitalter, das nach der bald eintretenden Zeitenwende erwartet und immer konkreter ausgemalt wurde: Die einen dachten eher an ein irdisch-messianinisch-nationales (und eventuell dann so auch universales) Reich; die anderen aber – sei es in Bewahrung oder nach Zerstörung oder nach Umwandlung dieser Welt – an ein kosmisches Reich, einen neuen Himmel und eine neue Erde. Alle möglichen Variationen und Kombinationen waren hier möglich.

Walter Eichrodt faßt in seiner »Theologie des Alten Testaments« den Befund hinsichtlich der eschatologischen Auferstehungshoffnung im Alten Testament wie folgt zusammen: »Überblickt man das Bild der eschatologischen Auferstehungshoffnung, soweit sie sich auf dem Boden des Alten Testaments entfaltet, so gewinnt man den Eindruck eines dogmatisch noch nicht durchgebildeten und verfestigten, sondern noch elastischen und ganz mit dem aktuellen Kampf um die Gottesgewißheit zusammenhängenden Glaubensgedankens: im Vordergrund steht die einfache Aussage, daß der Tod die entschlafenen Jahvetreuen nicht auf die Dauer von der Verbindung mit Gott abschneiden könne, sondern sie nach dem endgültigen Sieg Jahves über seine Feinde freigeben müsse. Dagegen wird weder über die Art und Weise ihrer Auferweckung, noch über ihre Existenzform (volle irdische oder verklärte Leiblichkeit) Näheres ausgesagt. Nur soviel ist klar, daß die Wiederbelebung der Verstorbenen im Einklang mit den israelitischen Vorstellungen vom Zustand nach dem Tode sich vollzieht: die Toten ›erwachen‹, wie sie vorher im Staub der Erde schlafen, sie treten demnach in ihrer totalen Menschlichkeit, auch mit einem Leibe versehen, ins Leben zurück. So wenig der Tod eine Scheidung von Seele und Leib gebracht hat, sondern beide dem Schattendasein überantwortet, ebenso wenig kann das Wiederaufleben etwa nur auf einen verklärten Geist bezogen werden. Auch der Ausdruck ›auferstehen‹ spricht ja für die Vorstellung eines Hervorgehens aus dem Grabe oder aus der Unterwelt. Aber alle weiteren Ausmalungen dieses Vorgangs fehlen, das Interesse haftet ganz an dem vollen Wiedereintritt in ein Leben der Gemeinschaft mit Gott. Einzig in der Daniel-Stelle ist auf den Anteil an der göttlichen Lichtglorie Wert gelegt, was mit der Auffassung der Neuen Welt Gottes als Offenbarung des göttlichen ›kabod‹ durchaus in Übereinstimmung steht; hier ist zweifellos die Möglichkeit zur Ausspinnung weiterer Spekulationen gegeben, doch wird in unserer Zeit davon noch kein Gebrauch gemacht.«[28]

6. *Auferweckungsglaube – eine apokalyptische Spekulation?*

Nimmt man Eichrodts Hinweis auf das »Ausspinnen weiterer Spekulationen« ernst, so drängt sich doch auch schon für die apokalyptische Literatur selber die Frage auf, der wir uns jetzt stellen müssen: Geraten wir von dieser Literatur her nicht in ein ganzes Gewirr wildester Spekulationen über das Ende von Mensch und Welt, wie sie freilich auch heute für viele noch immer attraktiv sind? Was ist überhaupt von diesen ganzen Apokalypsen zu halten, in deren Kontext zum erstenmal die Auferweckungshoffnung *artikuliert* – und vielleicht auch schon von Anfang an *kompromittiert* wurde?

Wir können ja auch nicht übersehen, daß schon damals ein nicht geringer Teil der gesetzestreuen Juden den Auferweckungsglauben nicht annahm und ihn auch heute nicht annimmt. Im Gegensatz zum zweiten Makkabäerbuch weiß denn auch das erste Makkabäerbuch von einer Auferweckung der Toten nichts; die allzu früh verstorbenen makkabäischen Helden ernten Ruhm und Ehre und leben »nur« im Andenken des Volkes weiter. Ganz auf dieser Linie lehnte auch noch zur Zeit Jesu von Nazaret – eineinhalb Jahrhunderte später – die Gruppe der Sadduzäer, »welche bekanntlich sagen, es gebe keine Auferstehung«[29], die Auferweckung ab, selbst wenn nun die jüdisch-apokalyptische Vorstellung von der Auferweckung der Toten oft mit der ja auch in Palästina allenthalben verbreiteten (popularhellenistischen) Anschauung von der Unsterblichkeit der Seele verbunden wurde. Kurz, es stellt sich für uns heute die Frage: Desavouiert die ganze phantastische Apokalyptik nicht von vornherein jeden seriösen Auferweckungsglauben? Ist der Glaube an eine Auferweckung nicht bloß eine illusionäre Spekulation in apokalyptischem Gewand, geboren aus der Zwangs- und Notlage leidender Menschen? Ein geradezu klassisches geschichtliches Paradigma Feuerbachscher Projektions- und Freudscher Illusionstheorie?

Zunächst ist ohne weiteres zuzugeben, daß der Inhalt gerade des *Danielbuches* mehr Fragen offen läßt, als er beantwortet. Fragen werden nämlich nicht nur hinsichtlich der Authentizität der hier gemachten Ankündigungen wach; Fragen werden auch wach hinsichtlich ihrer Erfüllung: daß die Danielschen Prophezeiungen nur so weit durch die Geschichte in Erfüllung gehen, als sie vor der wirklichen Abfassungszeit liegen – vaticinia ex eventu! Dieses Buch hat also in Wirklichkeit geschehene und nicht künftige Ereignisse zum Gegenstand seiner Voraussagen. Bekannt ist ebenfalls, daß der vom Danielbuch prophezeite Geschichtsablauf im Vier-Reiche-Schema (das babylonische, medische, persische und griechische Reich) durch die Geschichte selber desavouiert worden ist, so daß es denn auch in seiner späteren kirchlichen Variante (babylonisches, medisch-persisches, griechisches, römisches Reich) in der Neuzeit aufgegeben wurde.

Gewiß: dieses apokalyptische Buch, dessen Visionen mehr gedacht und ausgeklügelt als »geschaut« erscheinen, hat die Glaubensgenossen der Makkabäerzeit in ihrem vom hellenistischen Pantheon bedrohten Glauben an den Einen Gott Jahwe und in der Hoffnung auf eine bessere Zukunft bestärkt. Gewiß: es hat dann das jüdisch-christlich-apokalyptische Schrifttum stark beeinflußt, und schließlich zählt es noch heute, etwa für Adventisten und Zeugen Jehovas, geradezu zur Mitte der Schrift. Aber unbestreitbar ist: das vom Danielbuch mit genauer Fristenangabe prophezeite Reich Gottes der Endzeit ist ausgeblieben. Und wenn diese Erwartung der Endzeit nicht in Erfüllung gegangen ist, warum, so fragt man sich, soll dann die Erwartung einer Auferweckung von den Toten in Erfüllung gehen? Kann man also theologisch die Auferweckungshoffnung auf ein so fragwürdiges Buch gründen?

Alle diese Fragen verstärken sich angesichts der *nachdanielischen apokalyptischen Literatur*, wo Zeitenwende, Auferweckung, Gericht und das neue Zeitalter noch intensiver und phantastischer ausgemalt sind. Mit dem Alttestamentler *Georg Fohrer* läßt sich die bei den Apokalyptikern ausgemalte herrliche Zukunft wie folgt beschreiben: »Grundlegend ist der wunderbare Wiederaufbau Jerusalems als einer märchenhaften Stadt, die zum Mittelpunkt der Welt und des ewigen Gottesreiches wird und in die ein gewaltiger Reichtum für den Bedarf des Tempels und der Heilsgemeinde fließt. Dazu treten die paradiesische Fruchtbarkeit des Landes, das Wachstum Israels durch zahlreiche Nachkommen, die Behebung körperlicher Gebrechen, die Langlebigkeit der Menschen (ein Hundertjähriger wird noch als junger Mann gelten, sagt Jes 65,20) bis zu der einmal erwähnten Vernichtung des Todes (Jes 25,8), die Einbeziehung der toten Gerechten durch die Auferstehung und der ewige Friede in Menschen- und Tierwelt. Daneben steht das religiös-geistige Heilsgut: die Beseitigung der vorhandenen Schuld, die Sündlosigkeit und die Weihe Israels für Jahwe... Die Teilhabe am Heil kommt zunächst der israelitischen Gesamtgemeinde des neuen Zeitalters zu. Gewöhnlich werden dann die anderen Völker (oder ihr Rest) als ein zweiter, weiterer Kreis zugelassen; sie schließen sich Israel an aufgrund ihrer Bekehrung, einer Aufforderung Jahwes oder als Folge der Mission unter ihnen ... Hinsichtlich der Ausübung der Herrschaft in der Heilszeit glaubte man teilweise, daß Jahwe selbst als König herrschen wird. Andere Kreise, die noch der abgesetzten davidischen Dynastie anhingen, nehmen an, daß an Stelle Jahwes ein von ihm eingesetzter eschatologischer König aus davidischem Geschlecht als sein Statthalter oder Stellvertreter regieren wird. Nur Sach 4 und teilweise die Gemeinde von Qumran verteilen die Messiaswürde auf einen weltlichen und einen geistlichen Repräsentanten.«[30]

Mit Recht fragt Fohrer, der vom Christentum zum Judentum (prophetischer, nicht apokalyptischer Prägung!) konvertierte: »Doch läßt sich die Zukunft so bewältigen und so gestalten, wie Eschatologie und Apokalyptik es erwarten? Ist dies die Antwort des Glaubens auf die Forderung nach Veränderung einer notvollen und unerträglichen Welt? Liegen in solcher Endzeiterwartung Maßstäbe oder Modelle vor, die die gültige Antwort eines auf die Zukunft gerichteten Glaubens darstellen?«[31]

Was könnte die Antwort eines »auf die Zukunft gerichteten Glaubens« für uns heute sein? Wie als Christ mit diesem durchaus fragwürdigen theologischen Erbe fertig werden? Wir müssen, bevor wir die Antwort systematisch zu entfalten versuchen, nach dem alttestamentlichen nun auch den *neutestamentlichen Befund* zur Kenntnis nehmen. Wir tun dies, indem wir Nebensächliches beiseite lassen und gleich die Zentralfrage ansteuern: Wie hat der, der für die Christen der Maßgebende, der Christus, ist, über Auferweckung geredet, an was hat er geglaubt, was wollte er, daß die Menschen, zu denen er sprach, glaubten? Man könnte sich – was den Übergang vom Alten zum Neuen Testament angeht – die Sache leichtmachen und, wie es allgemein üblich ist, von den Auferweckungserzählungen der Makkabäerzeit kontinuierlich zu denen über Jesus von Nazaret fortschreiten. Man hätte dann zwar eine scheinbar stimmige Systematik und das Neue Testament wieder einmal als Erfüllung und Überbietung des im Alten Testament »Angelegten« interpretiert, und doch hätte man die Komplexität des Sachverhalts zwischen Altem und Neuem Testament übersehen.

7. *Jesus und sein Tod*

Gewiß lebte, verkündigte, wirkte Jesus – wie denn auch seine erste Gemeinde und Paulus – *im Horizont apokalyptischer Vorstellungen.*

Wie anders wäre das Bewußtsein von einer Zäsur der Zeit, in der er lebte, deutbar? Sein Bewußtsein davon, am Ende einer alten und am Beginn einer neuen Zeit zu leben? Nein, Jesus lebte mit vielen seiner Zeitgenossen im Zustand apokalyptisch vorgestellter *Naherwartung*: Sein Reich komme! Eine ganze apokalyptische Generation mit ihm erwartete das Reich Gottes, das Reich der Gerechtigkeit, der Freiheit, der Freude und des Friedens, für die allernächste Zeit – und wurde darin getäuscht! Dies ist in den ältesten Schichten der synoptischen Überlieferung zu gut belegt, als daß man es hätte bestreiten dürfen, und wurde denn auch – ob des skandalösen Charakters dieser Tatsache – in späteren Schriften und Schichten des Neuen Testaments bereits entschärft[32].

Im Gegensatz zu den Apokalyptikern par excellence war Jesus freilich nicht an der Befriedigung menschlicher Neugierde interessiert. Er hat das Reich Gottes weder datiert noch lokalisiert, noch hat er den Ablauf des apokalyptischen Dramas breit geschildert. Aber wenn er auch die genauen Berechnungen der eschatologischen Vollendung ausdrücklich abgelehnt und die bildhafte Ausmalung des Gottesreiches im Vergleich mit der frühjüdischen Apokalyptik aufs äußerste beschränkt hat, blieb er doch grundsätzlich dem uns heute befremdenden Verstehensrahmen der Naherwartung, dem Horizont der Apokalyptik verhaftet. Was ist dazu zu sagen?

Aus heutiger Perspektive können wir nur zugeben: der apokalyptische Verstehensrahmen ist durch die geschichtliche Entwicklung überholt, der apokalyptische Horizont ist endgültig versunken. Bei der Naherwartung handelte es sich weniger um einen Irrtum Jesu als um eine *zeitbedingte, zeitgebundene Weltanschauung*, die Jesus mit vielen seiner Zeitgenossen teilte, wie so manches andere auch. Jesus und seine Zeitgenossen haben sich also so viel und so wenig »geirrt«, wie sich die Generationen von Menschen »geirrt« haben, die vor Kopernikus an das Ptolemäische Weltbild glaubten. Aber eines ist sicher: Dieser apokalyptische Horizont kann heute nicht mehr künstlich wiedererweckt werden, ja, er sollte es auch nicht, wie immer wieder gerade in sogenannten »apokalyptischen Zeiten« die Versuchung besteht – und dies nicht nur bei Adventisten und Zeugen Jehovas, sondern manchmal auch bei politischen Theologen. Der damalige, uns fremd gewordene, apokalyptische Vorstellungs- und Verstehensrahmen würde heute die gemeinte Sache nur verbergen oder verstellen und für die unmittelbare Gegenwart falsche Erwartungen wecken. Es kommt ja heute alles darauf an, ob der Grundgedanke Jesu, ob die nun freilich äußerst dringliche *Sache*, um die es Jesus mit seiner Verkündigung des kommenden Gottesreiches ging, noch einen Sinn hat: im völlig veränderten Erfahrungshorizont einer Menschheit, die sich grundsätzlich damit abgefunden hat, daß der Lauf der Weltgeschichte, vorläufig wenigstens, weitergeht, wiewohl auf ein Ende zu – wie darzulegen sein wird.

Schon Fohrer hat darauf hingewiesen, daß Jesus von Nazaret selber, bei allem apokalyptischen Horizont, sich mit seiner Botschaft und Grundhaltung auf der Linie nicht der Apokalyptik, sondern der großen vorexilischen Einzelpropheten bewegt hat. Und in der Tat: mit seinem Grundgedanken, seinem Programm, mit der Sache, die er vertreten hat, mit seiner Reich-Gottes-Verkündigung, lag Jesus gerade nicht auf der Linie der Apokalyptiker, die ihr ganzes Interesse auf die Zukunft konzentrierten, sondern *auf der Linie der großen vorexilischen Einzelpropheten,* die von Gegenwart, Vergangenheit und Zukunft zugleich reden:

- Wie die großen Propheten, so will auch Jesus nicht eine ferne Zukunft voraussagen und auf eine Endzeit vertrösten; seine Gegenwart will er bestimmen und das Hier und Jetzt formen, weil gerade so die nahe Zukunft bestimmt wird.
- Wie die großen Propheten, so will auch Jesus nicht durch neue Gesetze oder eine selbstgerechte, heilssichere traditionelle Frömmigkeit und Theologie wirken; in klarer Erkenntnis der bedrohlichen Situation verkündigt er den schuldigen, dem Tod verfallenen Menschen, daß sie nur durch radikalen Glauben, umfassende Umkehr und neuen Gehorsam gegenüber dem Einen Gott gerettet werden können.

Dies alles bedeutet, wenn man es mit all seinen Implikationen ernst nimmt, eine Konzentrierung, Radikalisierung und Überbietung der prophetischen Verkündigung. Denn:

Wenn Jesus im Hinblick auf das kommende Reich nicht irgendein Gesetz oder Dogma zur obersten Norm für das Handeln der Menschen erklärt, sondern den Willen Gottes, der ganz auf das »Heil«, das heißt das umfassende Wohl des Menschen zielt, dann *konzentriert und konkretisiert* er die prophetische Verkündigung und ihr »tuet Gutes und nichts Böses«.

Und wenn bei ihm der Mensch an die Stelle einer verabsolutierten Gesetzesordnung und einer verabsolutierten Liturgie tritt, wenn für ihn die Gebote um der Menschen willen da sind, wenn Versöhnung und alltäglicher Dienst vor dem Altardienst kommen, wenn er so das religiös-gesellschaftliche System samt dem Kult faktisch relativiert, dann *radikalisiert* er die *Kritik der Propheten* an der Ungerechtigkeit und am Ritualismus im Volke Israel.

Und wenn Jesus zum Ärger der Frommen sich mit allen Armen, Armseligen, »armen Teufeln« solidarisiert, mit den Häretikern und Schismatikern, den Unmoralischen, den politisch Kompromittierten, den gesellschaftlich Ausgestoßenen und Vernachlässigten, den Schwächeren, Frauen und Kindern, und überhaupt dem gemeinen Volk, dann *überbietet* er in unerhörter Weise alles das, was die *großen Propheten* an Bekehrung und neuer Lebensgestaltung gefordert hatten. Er wagte ja sogar, was kein Prophet je gewagt hatte: statt der gesetzlichen Bestrafung Gottes Vergebung – völlig umsonst – zu verkünden und sie auch ganz persönlich – auf der Straße, mitten im Leben – zuzusprechen, um gerade so die Umkehr und die Vergebung gegenüber den Mitmenschen zu ermöglichen.

Ja, wie die Propheten, so verfügte Jesus nur über die Macht des Wortes, die sich freilich auch in charismatischen Taten äußerte. Wie die Propheten war Jesus politisch machtlos und stieß er auf den Widerstand der Herrschenden. Aber mit ihm konfrontiert, sahen sich diese, wie alle Menschen, vor eine *letzte Entscheidung* gestellt: woraufhin und wonach sie ihr Leben letztlich ausrichten wollten – in Egoismus auf sich selbst oder aber, in Liebe, auf Gott und den Mitmenschen. Ja, wie die Propheten nahm er machtlos eine Vollmacht in Anspruch, die ihm von Gott her zukam. Aber gleichzeitig überstieg seine Vollmacht die eines Propheten bei weitem. Denn er, bei dem Theorie und Praxis sich unangreifbar decken, verkörperte geradezu seine Botschaft: Er selber mit allem, was er sagte, tat und litt, bedeutete in seiner ganzen Person die Forderung der Entscheidung. Gottes letztes Wort vor dem Ende, das große Zeichen der Zeit. Gottes Wort – Fleisch geworden.

So bildete Jesus eine beispiellose *Herausforderung* für das gesamte religiös-gesellschaftliche System und seine Repräsentanten. Hier verkündigte einer statt der unbedingten Gesetzeserfüllung eine merkwürdige neue Freiheit für Gott und den Menschen. Macht er sich mit seiner Relativierung von Gesetz und Kult um des Menschen willen nicht zu mehr als Mose (Gesetz), zu mehr als Salomo (Tempel), zu mehr als Jona (Propheten)? Ist ein Gesetzeslehrer, der sich gegen Moses stellt, nicht ein Irrlehrer? Ein Prophet, der nicht mehr in der Nachfolge Mose steht, nicht ein Pseudoprophet? Ein über Mose und die Propheten Erhabener, der sich hinsichtlich der Sünde gar die Funktion eines letzten Richters anmaßt und so an das rührt, was Gottes und Gottes allein ist, nicht ein Gotteslästerer? Ist er also nicht alles andere als das unschuldige Opfer eines verstockten Volkes, vielmehr ein Schwärmer und Ketzer und als solcher ein höchst gefährliches Individuum, ein die Position der Hierarchie sehr real bedrohender Demagoge und Agitator, ein Ordnungsstörer, Unruhestifter, Volksverführer?

Wie schon die Propheten, hatte Jesus keinen durchschlagenden Erfolg, ja wurde er schließlich abgewiesen. Wie die Propheten mußte er leiden. Aber sein Leiden glich noch mehr als dem Leiden eines Propheten dem Leiden jenes geheimnisvollen Gottesknechtes beim Zweiten Jesaja[33], der die Sünden von vielen trug und für die Schuldigen eintrat. So mindestens verstand man es nachher. Das Bild, das der Tod Jesu damals bot, war das Bild eines nicht zufälligen, sondern *unumgänglichen Scheiterns.*

Die Frage läßt sich von daher nicht unterdrücken: Ist er *nicht umsonst gestorben*? Sosehr wir annehmen können, daß Jesus mit seinem gewaltsamen Tod gerechnet hat, sowenig wissen wir darüber Bescheid, was Jesus bei diesem Tod gedacht und gefühlt hat. Nach Markus, dem ältesten der Evangelisten, stand niemand aus der Gefolgschaft Jesu unter dem Kreuz, der Jesu letzte Worte hätte vermitteln können; nur einige galiläische Frauen, ohne die Mutter Jesu, schauten aus der Ferne zu[34]. Die Jünger waren geflohen. Es hätte nahegelegen, diese Informationslücke zu schließen durch imponierende oder rührende Details in der Art jüdischer und christlicher Märtyrerlegenden. Tatsächlich hat man das später auch getan, in einer im übrigen durchaus würdigen Weise: bei Lukas' Bitte für die Feinde, die nicht wissen, was sie tun, und Bekehrung des einen mitgekreuzigten Verbrechers, der noch heute mit ihm im Paradies sein wird[35]; bei Johannes in sorgender Liebe Abschied von seiner Mutter und dem geliebten Jünger[36].

Von alledem findet sich im *ältesten Passionsbericht* nichts. Ohne erbauliche Ausschmückungen, ohne beeindruckende Worte und Gesten, ohne Hinweis auf eine unerschütterliche innere Gelassenheit (wie beim Tod des Sokrates) wird hier in bestürzend einfacher Weise sein Sterben berichtet: »Da tat Jesus einen lauten Schrei und verschied.« Dieser laute, unartikulierte Schrei entspricht jenem übereinstimmend von den Synoptikern berichteten – und nur bei Lukas durch eine Engelserscheinung, Zeichen der Nähe Gottes, gemilderten – Zittern und Zagen vor dem Tod.

Was aber war das *Besondere dieses Sterbens*? Das war schon damals sichtbar. Jesus starb nicht nur in Menschenverlassenheit, sondern in uneingeschränkter Gottverlassenheit. Die einzigartige Gottesgemeinschaft, in der er sich wähnte, machte auch seine einzigartige Gottesverlassenheit im Tode aus: »Gott, mein Gott, warum hast du mich verlassen?«[37] Dieser Gott und Vater, mit dem er sich bis zum Ende völlig identifiziert hatte, identifizierte sich am Ende nicht mit ihm. Und so schien alles wie nie gewesen: umsonst. Er, der die Nähe und Ankunft Gottes, seines Vaters, öffentlich vor aller Welt angekündigt hatte, stirbt in dieser völligen Gottverlassenheit und wird so öffentlich vor aller Welt als Gottloser demonstriert: ein von Gott selbst Gerichteter, der ein für allemal erledigt ist. Und weil die *Sache*, für die er gelebt und gekämpft hatte, so sehr an seine *Person* gebunden war, fiel mit seiner Person auch seine Sache; eine von ihm unabhängige Sache gibt es nicht. Wie hätte man seinem Wort glauben können, nachdem er in dieser himmelschreienden Weise verstummte und verschied?

Vor der bei jüdischen Hingerichteten üblichen Verscharrung ist der Gekreuzigte bewahrt worden. Nach römischer Sitte konnte der Leichnam Freunden oder Verwandten überlassen werden. Kein Jünger, so wird berichtet, aber ein einzelner Sympathisant, der nur an dieser Stelle erscheinende Ratsherr Josef von Arimathia, anscheinend später nicht Glied der Gemeinde, läßt den Leichnam in seinem Privatgrab beisetzen. Nur einige Frauen sind Zeuge. Schon Markus hat auf die offizielle Feststellung des Todes Gewicht gelegt. Und nicht nur er, sondern auch schon das von Paulus überlieferte alte Glaubensbekenntnis betont das Faktum des Begräbnisses, das nicht zu bezweifeln ist. Aber so groß in der damaligen Zeit das religiöse Interesse an den Gräbern der jüdischen Märtyrer und Propheten war, zu einem Kult um das Grab Jesu von Nazaret ist es merkwürdigerweise nicht gekommen.

War mit dem Tod Jesu alles aus? Alles aus? Es wird Aufgabe der nächsten Vorlesung sein, angesichts eines solchen Sterbens die Rede von Auferweckung und einem ewigen Leben theologisch zu verantworten.

V. Schwierigkeiten mit der Auferweckung Jesu

1. Apokryphes

Eines ist gewiß: Jesu Tod war kein Scheintod, sondern ein erschreckend realer, grausamer Tod – in Menschen- und Gottverlassenheit. Die Realität eines solchen Todes muß auch theologisch ernst genommen werden. War mit seinem Tode alles aus? So haben wir am Schluß der letzten Vorlesung gefragt. Wenn wir nicht den Projektionsverdacht Feuerbachs bestätigen wollen, so müssen wir auf diese Frage mit größter Behutsamkeit antworten. Und nicht umsonst habe ich dieser Vorlesung nicht den Titel »Glauben an«, sondern »Schwierigkeiten mit« gegeben. Will man als Mensch des 20. Jahrhunderts nicht nur halbherzig und mit schlechtem Gewissen, sondern redlich und überzeugt an so etwas wie eine Auferweckung glauben, so müssen diese Schwierigkeiten scharf und ohne Vorurteile des Glaubens – oder Unglaubens – in den Blick gefaßt werden.

Nicht kritische Theologen haben ja diese Schwierigkeiten erfunden, wie harmlose und manchmal auch bösartige Kritiker heutiger Theologie oft meinen. Sie liegen nicht nur in der Sache selber, sondern auch und vor allem in den Berichten, den Ur-Kunden davon. Spätestens seit vor gut zweihundert Jahren der scharfsinnigste Polemiker der klassischen deutschen Literatur, *Gotthold Ephraim Lessing,* die Fragmente des damals bereits verstorbenen Hamburger Aufklärers Hermann Samuel Reimarus († 1768) unter dem Titel »Fragmente eines Ungenannten« einer zunehmend verwirrten Öffentlichkeit preisgegeben hatte, steht das Problem für jede christliche Theologie zur Verhandlung neu an: Wie steht es um die Glaub-Würdigkeit der Auferstehungsberichte im Neuen Testament? Die Kernthese des Reimarus – dargelegt vor allem in den Fragmenten »Vom Zwecke Jesu und seiner Jünger« und »Über die Auferstehungsgeschichte« – lautet: der Auferstehung Jesu sei schon darum nicht zu glauben, weil die Nachrichten der Evangelien davon sich widersprechen. Dem hielt Lessing in seiner Duplik (1778) seine eigene These entgegen: »Ich erwidere: die Auferstehung Jesu kann ihre gute Richtigkeit haben, *ob* sich *schon* die Nachrichten der Evangelisten widersprechen.«[1] Aber ist das so sicher? Unsere bisherigen Darlegungen – besonders über das Fehlen der Auferweckung der Toten im hebräischen Alten Testament und das sehr späte Auftreten der Auferwekkungsvorstellung in der Apokalyptik des 2. Jahrhunderts vor Christus – lassen vermuten, daß es sich bei der Auferweckung oder Auferstehung nicht einfach um eine jener von der Historie unabhängigen »ewigen Wahrheiten« der Aufklärung handelt. Zunächst können wir uns also die Mühe nicht ersparen, bezüglich der Quellen Echtes und Unechtes, Kanonisches und Apokryphes zu unterscheiden.

Auferstehung oder Auferweckung? Wie schon bemerkt, ziehe ich im allgemeinen – ohne »Auferstehung« auszuschließen – mit dem Neuen Testament den Ausdruck *Auferweckung* vor, um auszudrücken, daß es sich nach der Schrift grundlegend nicht um eine selbstmächtige Tat Jesu handelt, sondern um ein Werk Gottes selber an Jesus, dem Gekreuzigten, Gestorbenen und Begrabenen. Nur als der (von Gott, seinem Vater) Auferweckte ist Jesus der (selber) Auferstandene.

Die Auferweckung Jesu ist *alles andere als eine sekundäre Frage*, wie es andere Fragen im Neuen Testament sind. Ob etwa Jesus in Betlehem oder Nazaret geboren, ob er ein oder mehrere Male in Jerusalem gewesen ist, ob und welche Wunder er gewirkt hat: dies alles sind sekundäre Fragen, davon hängt Entscheidendes nicht ab. Ob Jesus jedoch zum Leben erweckt wurde oder nicht: davon hängt in der Tat vieles, beinahe alles ab. Und zwar nicht nur für die Wahrheit unseres persönlichen Christusglaubens, der nach Paulus ohne Jesu Auferweckung leer und nichtig ist[2]. Sondern darüber hinaus auch für die Lösung des historischen Rätsels der Entstehung des Christentums. Wir haben doch zu erklären: Wie konnte es nach einem völligen Scheitern und einem schändlichen Tod zu der fast explosionsartigen Ausbreitung dieser Botschaft und Gemeinschaft gerade im Zeichen eines in Schande am Kreuzesgalgen Aufgehängten kommen – so ganz anders als die allmähliche, stille Ausbreitung der Lehren der erfolgreichen Weisen Buddha und Kungfutse, so ganz anders auch als die weithin gewaltsame Ausbreitung der Lehren des siegreichen Propheten und Feldherrn Mohammed ...

Ja, wie kam es zu der großen Wende? Darüber sind sich alle Zeugnisse, über die wir verfügen, einig: Die Wende kam durch das, was man gemeinhin mit dem Wort »*Ostern*« bezeichnet, dessen Etymologie ungelöst ist (Jacob Grimm führte »Ostern«/»Easter« mit Berufung auf Beda auf eine germanische Göttin Ostara bzw. ein germanisches Frühlingsfest zurück). Und man wird sogar sagen können: Ohne das, was sich hinter dem christlichen »Ostern« verbirgt, wüßten wir vermutlich kein einziges Wort von diesem Jesus aus Nazaret, der ja selber nichts aufgeschrieben hat und nichts aufschreiben ließ. Jesu Aktionsgeschichte, die in einer Passionsgeschichte mit katastrophalem Ausgang endete, wäre in den Annalen der Weltgeschichte kaum verzeichnet worden, wenn es nicht so etwas wie eine Ostergeschichte gegeben hätte, die auch jene Aktions- und Passionsgeschichte in völlig anderem Licht erscheinen ließ. Aber – hier setzen nun die Schwierigkeiten massiv ein: was versteckt sich denn hinter dem Wort »Ostern«, *was geschah an diesem ersten Ostern?*

Manche kirchlichen Ostertexte, Osterlieder, Osterpredigten, auch Osterfeiern und Osterbilder – darunter Matthias Grünewalds meisterhafte Auferweckungsdarstellung im »Isenheimer Altar« – beschreiben den Vorgang der Auferweckung selber ganz direkt: Ein Leichnam wird auf wunderbare Weise wieder lebendig, steigt aus dem Grab und fährt in den Himmel. Die älteste Beschreibung des Auferweckungsvorganges, die wir haben, lautet so: »In der Nacht jedoch, in der der Herrentag anbrach, während die Soldaten zu zwei und zwei Wache hielten, gab's ein gewaltiges Tönen am Himmel, und sie sahen den Himmel offen und zwei Männer in reichem Glanz herniedersteigen und sich dem Grabe nähern. Jener Stein aber, der an die Tür gelegt war, kam von allein ins Rollen und wich bei Seite, das Grab tat sich auf, und die beiden Jünglinge traten ein. Als nun jene Soldaten das sahen, da weckten sie den Zenturio auf sowie die Ältesten; denn auch sie waren ja bei der Bewachung zugegen. Und während sie noch erzählten, was sie gesehen hatten, da sehen sie wieder, wie aus dem Grab drei Männer herauskommen, wie die zwei (von vorhin) den einen stützen und ein Kreuz hinter ihnen drein geht, wobei das Haupt der zwei bis an den Himmel reicht, das Haupt aber dessen, der von ihnen geleitet wird, den Himmel sogar überragt. Und eine Stimme hörte man aus dem Himmel sagen: ›Hast du den Entschlafenen gepredigt?‹ Und als Antwort war vom Kreuz her ›Ja!‹ zu hören. Da zogen jene nun untereinander in Erwägung, hinzugehn und dem Pilatus davon Mitteilung zu machen.«[3]

Eine merkwürdige Erzählung? Ihre Quelle ist das *Evangelium des*

Petrus, von dem Kaiser Konstantins Hofbischof und Geschichtsschreiber Eusebios im 4. Jahrhundert berichtet; das Bischof Serapion um die Jahrhundertwende vom 2. zum 3. Jahrhundert noch im Wortlaut gekannt hatte; und das in einem längeren Bruchstück erneut bekannt wurde durch eine Pergamenthandschrift, die in einem Grab bei Akhmîm in Oberägypten im Winter 1866/67 entdeckt worden ist. Zwei Einsichten lassen sich gewinnen:

Erstens: Diese nur in kleinen Kreisen verbreitete erste Beschreibung des Auferweckungsvorgangs Jesu stammt, wie schon Bischof Serapion herausfand, nicht vom Apostel Petrus, sondern von einem unbekannten Verfasser des 2. Jahrhunderts, geschrieben vermutlich um 150 n. Chr., also rund 120 Jahre nach Jesu Tod.

Zweitens: Die alte Kirche hat dieses Evangelium nie als »echtes«, kanonisches Evangelium akzeptiert, sondern es stets als »unechtes«, apokryphes Evangelium betrachtet und von der Lesung im Gottesdienst ausgeschlossen. Deswegen ist es denn auch weithin unbekannt geblieben.

Und dies durchaus zu Recht. Denn: dieses Petrusevangelium unterscheidet sich trotz der evangelisch einfachen Sprache wesentlich von den »echten« Evangelien, und dies besonders im Punkte Auferweckung. Warum? Nicht nur weil es phantastisch ausgeschmückt ist: mit dem Stein, der von allein zur Seite rollt; mit den beiden Engeln und Jesus, die zu kosmischen Riesen werden; mit einem Kreuz, das selber zu gehen und gar zu reden vermag. Sondern vor allem, weil es in naiver Dramatik mit Hilfe legendärer Einzelheiten die Auferweckung selber beschreibt als einen Vorgang, der sich in aller Öffentlichkeit, für die gesamte römische und jüdische Wache sichtbar, also gleichsam fürs Polizeiprotokoll, abgespielt habe.

Ganz anders die »echten«, kanonischen Schriften: Sie beschreiben nie die Auferweckung Jesu selbst, sondern nur das, was sich für die glaubenden Zeugen *nach* der Auferweckung ereignete. Insofern kann man das Petrusevangelium, wiewohl erst um 150 entstanden, zu Recht als die älteste *Beschreibung* des Auferweckungs*vorgangs* bezeichnen. Im ganzen Neuen Testament jedoch behauptet niemand, Zeuge des Auferweckungsvorgangs selber gewesen zu sein. Wiewohl auch bei den Synoptikern von Engelerscheinungen am Grabe berichtet wird, geht doch der Auferweckungsvorgang selber diesen Erscheinungen voraus, ist also nicht Gegenstand der Beschreibung. Das heißt: Nach den echten Evangelien war niemand bei der Auferweckung zugegen, und die späteren Erscheinungen galten nicht einer weiteren Öffentlichkeit, sondern beschränkten sich auf einige Frauen und Jünger in der Gefolgschaft Jesu. Deshalb zum Vergleich:

2. *Die anerkannten Zeugnisse*

Hören wir im Kontrast die erstaunlich kurze Ostererzählung des ältesten Evangelisten, *Markus*, der möglicherweise fast ein Jahrhundert vor dem Petrusevangelium, ungefähr um das Jahr 70, folgende Geschichte niederschrieb, welche die Auferweckung selber offensichtlich ausspart: »Als der Sabbat vorüber war, kauften Maria aus Magdala, Maria, die Mutter des Jakobus, und Salome wohlriechende Öle, um damit zum Grab zu gehen und Jesus zu salben. Am ersten Tag der Woche kamen sie in aller Frühe zum Grab, als eben die Sonne aufging. Sie sagten zueinander: ›Wer könnte uns den Stein vom Eingang des Grabes wegwälzen?‹ Doch als sie hinblickten, sahen sie, daß der Stein schon weggewälzt war; er war sehr groß. Sie gingen in das Grab hinein und sahen auf der rechten Seite einen jungen Mann sitzen, der mit einem weißen Gewand bekleidet war; da erschraken sie sehr. Er aber sagte zu ihnen: ›Erschreckt nicht! Ihr sucht Jesus von Nazaret, den Gekreuzigten. Er ist auferstanden; er ist nicht hier. Seht, da ist die Stelle, wo man ihn hingelegt hatte. Nun aber geht und sagt seinen Jüngern, vor allem Petrus: Er geht euch voraus nach Galiläa; dort werdet ihr ihn sehen, wie er es euch gesagt hat.‹ Da verließen sie das Grab und flohen; denn Schrecken und Entsetzen hatte sie gepackt. Und sie sagten niemand etwas davon; denn sie fürchteten sich.«[4]

Damit endet – erstaunlich genug – das Evangelium nach Markus. Spekulationen um ein möglicherweise verlorengegangenes anderes Ende des Markusevangeliums sind müßig. Was wir vom ursprünglichen Markusevangelium bezüglich Auferweckung haben, sind diese acht Verse, und die genügen, um im Vergleich mit dem Petrusevangelium deutlich zu machen, daß alles, was sich hier ereignet, *nach* der Auferweckung geschieht. Markus *bezeugt* nur die Auferweckung, genauer: verkündet die Auferweckungsbotschaft; und diese verbreitet hier nicht Staunen und »österliche« Freude, sondern »Schrecken und Entsetzen«: »Und sie sagten niemandem etwas davon; denn sie fürchteten sich.« Auch das mag für kirchliche Ohren unvertraut klingen; denn jahrhundertelang hat man zumindest in der katholischen Kirche am Osterfest diesen letzten Satz, mit dem das ganze Evangelium endet, als offensichtlich zur Osterfreude nicht passend, einfach nicht vorgelesen. Darüber hinaus ist zu beachten: Nur vor wenigen Zeugen ereignet sich alles dies, zunächst nur vor einer so zweifelhaften Gruppe, wie es Frauen als Zeugen in der damaligen Zeit nun einmal waren. Der einzige Name, der überall – auch in den späteren Evangelien – gleich überliefert wird, ist der Name der Maria aus Magdala (von Maria, der Mutter Jesu, sagen die synoptischen Evangelien – wie unter dem Kreuz so auch in den Auferweckungsgeschichten – kein einziges Wort); Maria aus Magdala ist auch nach dem späten Johannesevangelium die einzige, die am Sonntagmorgen – aus Pietät, um Jesus zu salben – zum Grab hinausging.

Ob diese Zurückhaltung der neutestamentlichen Evangelien gegenüber der Auferweckung Jesu nicht eher Vertrauen in deren Authentizität weckt? Und ob umgekehrt das Interesse an Übertreibungen und die Sucht des Demonstrierens, welche die Apokryphen kennzeichnet, diese nicht eher unglaubwürdig machen? Die neutestamentlichen Osterzeugnisse wollen jedenfalls *nicht* Zeugnisse für die *Auferweckung als Vorgang* sein, *sondern* Zeugnisse für den *Auferweckten als Person.*

Zeugnisse wohlgemerkt, nicht einfach Berichte: Die Ostergeschichten allesamt sind keine unparteiischen Dokumentarberichte unbeteiligter Beobachter, sondern sie sind gläubig für Jesus Partei ergreifende *Zeugnisse höchst Interessierter und Engagierter.* Also weniger historische als vielmehr theologische Dokumente: nicht Protokolle oder Chroniken, sondern Glaubenszeugnisse. Der Osterglaube, der die gesamte Jesus-Überlieferung von Anfang an mitbestimmt hat, bestimmt selbstverständlich auch die Osterberichte selbst – was den Prozeß historischer Wahrheitsfindung allerdings von vornherein ungemein behindert! Methodisch freilich gibt es keinen anderen Weg: Es muß nach der Osterbotschaft nicht isoliert für sich, sondern es muß nach den vielfältig entwickelten und verwickelten *Ostergeschichten* gefragt werden, um *in* ihnen die ursprüngliche Osterbotschaft zu entdecken[5].

3. *Entwicklungen und Verwicklungen*

Eine genaue Analyse der Osterberichte zeigt in der Tat nicht zu überwindende *Unstimmigkeiten und Widersprüchlichkeiten* in der Überlieferung. Zwar hat man immer wieder durch harmonisierende

Kombinationen eine einheitliche Überlieferung zu konstruieren versucht. Aber umsonst. Die Übereinstimmung fehlt, zunächst kurz zusammengefaßt, 1. bezüglich der betroffenen Personen: Petrus, Maria aus Magdala und die andere Maria, die Jünger, die Apostel, die Zwölf, die Emmaus-Jünger, 500 Brüder, Jakobus, Paulus; 2. bezüglich der Lokalisierung der Ereignisse: Galiläa (ein Berg dort, der See Tiberias) oder aber Jerusalem (beim Grab Jesu, in einem Versammlungsort); 3. überhaupt bezüglich des Ablaufs der Erscheinungen: am Morgen und am Abend des Ostersonntags, acht Tage und vierzig Tage später. Überall erweist sich die Harmonisierung als unmöglich, wenn man nicht eine Veränderung der Texte und eine Bagatellisierung der Unterschiede in Kauf zu nehmen gewillt ist.

Aber offensichtlich brauchte und wollte man in der Urkirche gar kein einheitliches Schema, konnte man ohne eine glatte Evangelienharmonie leben, erst recht ohne so etwas wie eine Biographie des Auferweckten! Daß neutestamentliche Autoren sich weder an irgendeiner Vollständigkeit noch an einer bestimmten Reihenfolge noch überhaupt an einer kritischen historischen Überprüfung der verschiedenen Nachrichten interessiert zeigen, macht deutlich, wie sehr bei den einzelnen Erzählungen anderes im Vordergrund steht: zunächst, wie bei Markus deutlich, die Berufung und Sendung der Jünger; dann, bei Lukas und Johannes, immer mehr auch die Wirklichkeit der Identität des Auferweckten mit dem vorösterlichen Jesus.

Diese Tendenz zur *erweiternden Ausgestaltung des Traditionsmaterials* in den Evangelien darf nicht verschwiegen werden. Für die Interpretation ist dies wichtig: Das *Markusevangelium* als ältestes (niedergeschrieben um das Jahr 70) ist noch – wie wir sahen – von erstaunlicher Kargheit. Die beiden Evangelien nach dem des Markus jedoch, die Großevangelien des Mattäus und des Lukas, weisen – zum Teil aus apologetischen Gründen – beträchtliche Veränderungen und Erweiterungen auf. In einer neutestamentlichen »Synopse« (»Zusammenschau«), wo die evangelischen Grundtexte für die Auferweckung[6] nebeneinander gesetzt erscheinen, ist dies auch vom Laien leicht nachzuprüfen: *Mattäus* stellt mit einer Erscheinung Jesu selber vor den Frauen erzählerisch einen Zusammenhang zwischen dem Grabesgeschehen in Jerusalem und der galiläischen Erscheinung her. Bei ihm finden sich neu: zuerst das Erdbeben; dann die Geschichte von den Grabeswächtern und die Ausführung des Auftrags des Engels und Jesu, nach Galiläa zu gehen; schließlich die Erscheinung vor den Elf auf dem Berg in

Galiläa mit dem Missions- und Taufbefehl. – *Lukas* jedoch streicht kurzerhand den Auftrag, nach Galiläa zu gehen. Er verschweigt die galiläische Erscheinung und konzentriert das ganze Ostergeschehen örtlich und zeitlich auf das für ihn theologisch und kirchlich entscheidend wichtige kirchliche Zentrum Jerusalem. Hinzugefügt werden von ihm: die künstlerisch gestaltete Erzählung von den Emmausjüngern, die Erscheinung vor den Elf in Jerusalem, eine kleine Abschiedsrede und ein kurzer Bericht von einer Himmelfahrt Jesu, die sich allein bei Lukas findet und die dann in der lukanischen Apostelgeschichte wiederaufgenommen und dort nicht unerheblich erweitert wird.

Dabei wird in den späteren Evangelien manches, was unterdessen kirchliche Praxis geworden war, auf Wirkung und Auftrag des Auferweckten zurückgeführt: Heidenmission und Taufe bei Mattäus; das Brotbrechen (das in der Emmausszene jeden Leser an das Herrenmahl erinnern mußte) bei Lukas; die Stellung Petri und die Vollmacht der Sündenvergebung (für *jeden* Glaubenden) bei Johannes. Bei Markus und Mattäus erscheint ein Engel, bei Lukas und Johannes erscheinen zwei.

Das wiederum beträchtlich spätere Evangelium des *Johannes*, niedergeschrieben vermutlich um das Jahr 100, enthält bei allen Berührungspunkten mit Lukas ebenfalls neue Elemente und Motive: das Gespräch mit Maria aus Magdala, den Wettlauf Petri und des ungenannten Lieblingsjüngers zum Grabe, die Versammlung im Saal zu Jerusalem mit der Geistmitteilung am Osterabend, die Geschichte vom ungläubigen Thomas mit dem hier am massivsten entwickelten Zweifelsmotiv. Hinzugefügt wurde noch später, wiederum im Dienst der Identitätserfahrung, sogar ein ganzes Nachtragskapitel mit der Erscheinung am See Gennesaret, einem wunderbaren Fischfang mit Mahl und dem Sonderauftrag an Petrus, die Schafe zu weiden. Hier erneut das Konkurrenzmotiv zwischen Petrus, dem Ersterscheinung und Vorrang bestätigt werden, und dem Lieblingsjünger, der im vierten Evangelium offensichtlich als der eigentliche Garant der Überlieferung dargestellt wird.

Aufs Ganze gesehen eine äußerst komplexe Entwicklung der Ostertradition! Doch läßt sich Wichtiges daraus ablesen: Historisch gesehen, dürfte der Osterglaube mit größter Wahrscheinlichkeit in Galiläa entstanden sein, wo sich Jesu Anhänger nach der Flucht wieder gesammelt haben, um dann in Erwartung der Wiederkunft des erhöhten Menschensohnes nach Jerusalem hinaufzuziehen. Die vielfachen Erweiterungen, Verschiebungen und Ausgestaltungen der Osterbotschaft –

quantitativ ausgedrückt: 8 Verse bei Markus und 54 bei Johannes – können indessen schon aufgrund der beschriebenen Quellenlage nicht von vornherein auf Historizität Anspruch erheben, sondern dürften weithin legendären Charakter haben. Die Verschiedenartigkeit der Berichte ergibt sich aus der Verschiedenheit und theologischen Eigenart der Gemeinden, der Tradenten und Redaktoren.

Angesichts eines solch komplexen Befundes fragt man natürlich: was ist nun in all den kontrastierenden Aussagen und Vorstellungen, Bildern, Ausmalungen und Legenden das Entscheidende? Für manch einen drängt sich möglicherweise gar die Frage auf: Ist an den Ostergeschichten vielleicht gar alles Legende? Antwort: Nein, sicher nicht in dem Sinn, als ob hier alles fromme Erfindung wäre! Wohl aber in dem Sinne, daß die Ostergeschichten mit all ihren zeitbedingten Verhaftungen in Form und Inhalt der Veranschaulichung, Konkretisierung und Verteidigung der Wirklichkeit des neuen Lebens des Auferweckten dienen wollten. Was für traditionell Erzogene zunächst beängstigend wirkt, kann sich bei näherem Zusehen geradezu als Befreiung auswirken: Die Osterbotschaft ist nicht identisch mit den hier beschriebenen Details der Ostergeschichten! Sowenig, wie die biblische Schöpfungsbotschaft identisch ist mit den Details der biblischen Erzählung vom Sechs-Tage-Werk des Schöpfergottes! Ich kann an die Wahrheit von Ostern glauben, ohne die Ostergeschichten allesamt wortwörtlich für wahr halten zu müssen. Noch einmal: es geht nicht um Polizeirapporte, sondern um (im Dienst der Verkündigung immer mehr ausgestaltete) Glaubenszeugnisse. Und die Konsequenz aus dieser Einsicht ist: eine *Konzentration auf das Wesentliche der Osterbotschaft* ist unumgänglich! Um dies noch deutlicher zu sehen, müssen wir auf das älteste Auferweckungszeugnis zurückgreifen, welches nun freilich nur vier Sätze umfaßt.

4. *Das älteste Osterzeugnis*

Das älteste Osterzeugnis findet sich nicht in den Evangelien. Es findet sich in den Paulusbriefen, die ja um eine ganze Generation älter sind als selbst das Markusevangelium – ja, die die ältesten Dokumente des Neuen Testaments überhaupt darstellen.

Schon im Jahre 55/56 nämlich schrieb der Apostel Paulus aus Ephesus in Kleinasien an die von ihm gegründete Gemeinde von Korinth. Und in diesem *ersten Korintherbrief* findet sich im fünfzehnten Kapitel jenes älteste Osterzeugnis, das Paulus der Gemeinde von Korinth bei ihrer Gründung »überlieferte«, das er aber auch selber »empfangen« hatte und das nach Sprache, Autorität und Personenkreis vermutlich auf die Jerusalemer Urgemeinde zurückgeht: ein Zeugnis, das in jedem Fall aus den Jahren 35 bis 45 stammt, als Paulus – bald nach Jesu Tod – Christ und Missionar wurde. Paulus zitiert dieses Glaubensbekenntnis und erweitert es durch eine für die Zeitgenossen kontrollierbare Liste von Auferweckungszeugen, denen der Auferweckte »sich sehen ließ«, »erschienen ist«, »sich geoffenbart hat«, denen er also – in welcher Weise auch immer – begegnet ist und von denen die Mehrzahl in den Jahren 55/56 noch am Leben und befragbar sind.

Dieser Text lautet – und auch hier kann man die Unterschiede nicht nur zum apokryphen Petrusevangelium, sondern auch zu den kanonischen Evangelienerzählungen feststellen:

»Denn vor allem habe ich euch überliefert, was auch ich empfangen habe:

> Christus ist für unsere Sünden gestorben,
> gemäß der Schrift,
> und ist begraben worden.
> Er ist am dritten Tag auferweckt worden,
> gemäß der Schrift,
> und erschien dem Kephas, dann den Zwölf.

Danach erschien er mehr als fünfhundert Brüdern zugleich; die meisten von ihnen sind noch am Leben, einige sind entschlafen. Danach erschien er dem Jakobus, dann allen Aposteln. Als letztem von allen erschien er auch mir, dem Unerwarteten, der ›Mißgeburt‹.«[7]

Die *Unterschiede* zwischen dem ältesten Osterzeugnis und den späteren Ostergeschichten sind offensichtlich:

- Die Auferstehungserzählungen der Evangelisten gestalten das Berichtete immer mehr aus und divergieren unter sich erheblich. Dieses älteste Osterzeugnis ist von protokollartiger Knappheit.
- Die Ostergeschichten der Evangelisten haben eine deutliche Tendenz zur legendären Ausmalung (Erzählungen zum staunenden Zuhören). Das Zeugnis des Paulus spricht bekenntnismäßig, es mag eine kate-

chismusartige Zusammenfassung, möglicherweise zum Auswendiglernen in der Katechese, gewesen sein.

- Die Evangelisten legen auf das leere Grab zur Illustration der Osterbotschaft Gewicht. Bei Paulus dagegen (wie auch in den übrigen neutestamentlichen Schriften) ist das leere Grab (und sind auch die Engel) überhaupt nicht erwähnt; Paulus betont vielmehr, daß Jesus seinen Jüngern als Lebendiger begegnet sei.
- Und während die Grabesgeschichten von keinen direkten Zeugen gedeckt sind, finden sich in den Paulusbriefen (den Evangelien um Jahrzehnte voraus) verschiedene Aussagen des Paulus selbst, der von »Erscheinungen«, »Offenbarungen« des Auferweckten berichtet.

Nicht durch das leere Grab, sondern durch die »Erscheinungen« oder »Offenbarungen« – wohl objektive oder subjektive Visionen oder Auditionen, jedenfalls Berufungen zur Verkündigung ähnlich denen der Propheten – kamen die Jünger Jesu zum Glauben an Jesu Auferweckung zum ewigen Leben. Der Streit um das *leere Grab* ist von daher ein falscher Streit. Dies hat sich in der theologischen Diskussion geklärt: Historisch läßt sich ein leeres Grab für uns heute allemal nicht verifizieren. Auch kritische Exegeten rechnen mit der Möglichkeit, daß das Grab leer gewesen sein kann. Was aber ist damit bewiesen? Ein leeres Grab ist ja für sich noch kein Beweis für Auferweckung! Der Erklärungen dafür gibt es viele, und schon die Evangelisten berichten von einigen »Möglichkeiten« – wohl in Abwehr jüdischer Tendenzgerüchte: Jüngerbetrug, Leichendiebstahl, Verwechslung, Scheintod. Das heißt, aus sich sagt das leere Grab nur: »Er ist nicht hier.« Es muß schon ausdrücklich hinzugesagt werden, was keineswegs selbstverständlich ist: »Er ist auferweckt.« Und gerade dies kann einem auch ohne Vorzeigen eines leeren Grabes gesagt werden. Denn wie immer man über die Historizität des leeren Grabes denkt: weder Jesu noch unsere Auferweckung ist von einem leeren Grab abhängig. Die Wiederbelebung eines Leichnams ist keine Vorbedingung für eine Erweckung zum ewigen Leben. So ist etwa auch für Paulus nicht das leere Grab, das er überhaupt nicht erwähnt, sondern der Erweis Jesu als Lebendigen für seine Verkündigung (und für die der übrigen neutestamentlichen Briefe) entscheidend. Nicht zum leeren Grab also ruft der christliche Glaube, sondern zur Begegnung mit dem lebendigen Christus selbst: »Was sucht ihr den Lebendigen bei den Toten?«[8]

Ist die Auferweckung also kein *historisches Ereignis*? Präzise geantwortet: nein, kein historisches, trotzdem aber ein wirkliches Ereignis! Was heißt das?

Kein historisches Ereignis heißt: Der Zusatz »auferweckt ›am dritten Tag‹ « ist weniger eine historische als eine theologische Angabe: »drei« – so oft eine symbolische Zahl (zum Beispiel der Prophet Jona drei Tage im Bauch des Fisches)[9] – nicht als Kalenderdatum zu verstehen, sondern als »heilige Zahl«: als Heilsdatum für einen Heilstag, ähnlich wie im zitierten Hosea-Wort vom Aufrichten am dritten Tag. Insofern es um ein Eingehen in Gottes ewiges Leben jenseits von Raum und Zeit geht, läßt sich dieses Leben mit den Mitteln und Methoden der historischen Forschung nicht feststellen. Auferweckung ist kein raum-zeitlicher Akt. Auferweckung meint nicht ein Naturgesetze durchbrechendes, innerweltlich konstatierbares Mirakel, nicht einen lozierbaren und datierbaren supranaturalistischen Eingriff in Raum und Zeit. Zu photographieren und registrieren gab es nichts. Historisch feststellbar sind der Tod Jesu und dann wieder der Osterglaube und die Osterbotschaft der Jünger; zum Tod Jesu und zum Glauben der Jünger – beides öffentliche Ereignisse – dringt der Historiker vor. Die Auferweckung selber aber – kein öffentliches Ereignis – läßt sich nicht dingfest machen, objektivieren. Die historische Wissenschaft – die ebenso wie die chemische, biologische, psychologische, soziologische oder theologische Wissenschaft immer nur *einen* Aspekt der vielschichtigen Wirklichkeit erfaßt – dürfte hier überfragt sein. Und dies durchaus nach dem Verständnis der historischen Wissenschaft selbst, weil sie ja aufgrund ihrer eigenen Prämissen gerade jene Wirklichkeit bewußt, methodisch ausschließt, die für eine Erklärung der Auferweckung und Vollendung ebenso wie schon für die einer Schöpfung und Erhaltung allein in Frage kommt: die Wirklichkeit Gottes!

Kein historisches also, wohl aber ein *wirkliches Ereignis*, das heißt: Gerade weil es in der Auferweckung um das Handeln Gottes geht, geht es um ein nicht nur fiktives oder eingebildetes, sondern um ein im tiefsten Sinne reales Geschehen: freilich nur für den, der nicht neutral beobachten will, sondern der sich im Glauben darauf einläßt. Was geschehen ist, sprengt und übersteigt die Grenzen der Historie. Es geht um ein transzendentes Geschehen aus dem menschlichen Tod in die umgreifende Dimension Gottes hinein. Auferweckung bezieht sich auf eine völlig neue Daseinsweise in der ganz anderen Dimension des Ewigen, umschrieben in einer Bilderschrift, die interpretiert werden muß. Daß Gott dort das letzte Wort behält, wo menschlich gesehen alles zu Ende ist, das ist das wahre Wunder der Auferweckung: das Wunder der Neuschöpfung des Lebens aus dem Tod! Nicht ein Gegenstand der historischen Erkenntnis ist dies, wohl aber ein Anruf und ein Angebot an den Glauben, der allein an die Wirklichkeit des Auferweckten herankommen kann.

Damit ist nun bereits deutlich gemacht: Es geht in Jesu Auferweckung nicht nur um die von Jesus gebrachte »*Sache*«, die weitergeht und historisch mit seinem Namen verbunden bleibt, während er selber nicht mehr ist und nicht mehr lebt, tot ist und tot bleibt. Ähnlich etwa wie die »Sache« des verstorbenen Herrn Eiffel: Der Mann ist tot, aber im Eiffelturm lebt er fort; ähnlich etwa wie Goethe, der, wiewohl tot, in Werk und Erinnerung lebendig geblieben ist, weiterlebt. Nein, es geht vielmehr um des lebendigen Jesu *Person* und *deshalb* Sache. Die Wirklichkeit des Auferweckten selbst läßt sich nicht ausklammern. Über Jesu Sache, die seine Jünger verlorengegeben hatten, wird von Gott selbst durch die Auferweckung zum Leben entschieden: Jesu Sache hat Sinn und geht weiter, weil er selber nicht, gescheitert, im Tod geblieben ist, sondern, von Gott her voll gerechtfertigt, lebt! Nicht neue göttliche Offenbarungen geschehen hier, sondern er selber wird als Gottes wahrer Offenbarer manifestiert. Er hatte schon zu seinen Lebzeiten gegen das konservativ-buchstabengläubige Schriftverständnis der Tempelhierarchie an den Gott des Lebens appelliert und für die Auferweckung der Toten plädiert[10]. Jesu Jünger nun berufen sich auf denselben Gott des Lebens, indem sie die Auferweckung des gekreuzigten Jesus zum Leben verkündigen.

Der *Glaube*, der hier gefordert wird, bezieht sich somit nicht auf irgendwelche frommen Legenden oder sensationelle Wunderlichkeiten. Auch nicht unmittelbar auf Visionen, Auditionen oder welche Erfahrungen auch immer, die wie für Paulus so auch für andere Jünger der erste Anstoß zum Glauben gewesen sein mögen; zu beschränkt sind noch immer unsere Kenntnisse bezüglich geistiger Erfahrungen und mystischer Erlebnisse, wie wir sahen, um klären zu können, welch »Ding zwischen Himmel und Erde« es gibt und was sich an Wirklichkeit hinter den alt- und neutestamentlichen Berufungsgeschichten alles verbirgt[11]. Nein, der Auferweckungsglaube, eine durchaus vernünftige Vertrauens- und Hoffnungshaltung, bezieht sich auf die Wirklichkeit und Wirksamkeit Gottes selber, der in Jesus den Tod überwunden hat.

Auferweckung ist also zweifellos ein Glaubensgeschehen. Ist damit gesagt, daß die Auferweckung etwa von meinem Glauben oder damals vom Glauben der Jünger abhängt? Nein, Ostern ist keine Funktion des Jüngerglaubens. Jesus lebt nicht *durch* ihren Glauben. Ostern ist vielmehr ein Geschehen primär für Jesus selbst: Jesus lebt neu *durch Gott – als Herausforderung für den Glauben*! Voraussetzung des neuen Lebens ist das zwar nicht zeitliche, aber sachliche Prae, Voraus, des Handelns Gottes. Erst so wird jener Glaube möglich, gestiftet, in welchem sich der Lebendige selber als lebendig erweist. Die Auferweckungsbotschaft ist also Glaubenszeugnis, aber nicht Glaubenserzeugnis. Das bedeutet im Hinblick auf Rudolf Bultmanns mißverständliche Formulierung »Jesus ist auferstanden ins Kerygma (Verkündigung) hinein«[12]: Jesus lebt (übrigens auch nach Bultmann) nicht, weil er verkündigt wird, sondern er wird verkündigt, weil er lebt[13]. Also ganz anders als in Rodion Schtschedrins Oratorium »Lenin im Herzen des Volkes«, wo am Totenbett Lenins der Rotgardist singt: »Nein, nein, nein! Das kann nicht sein! Lenin lebt, lebt, lebt!«; womit gemeint ist, daß nur »Lenins Sache« weitergeht.

Nach diesen Reflexionen, die nicht auf Reduktion, wohl aber auf Konzentration zielten, läßt sich die Frage stellen: Was ist das Wesentliche der Osterbotschaft?

5. Das Wesentliche der Osterbotschaft

Die Botschaft mit all ihren Schwierigkeiten kommt von etwas Einfachem her und zielt auf etwas Einfaches hin. Und darin stimmen nun die verschiedenen urchristlichen Zeugen, die Briefe und die Evangelien, die Apostelgeschichte und die Apokalypse durch alle Unstimmigkeiten und Widersprüchlichkeiten der verschiedenen Traditionen überein: *Der Gekreuzigte lebt für immer bei Gott – als Verpflichtung und Hoffnung für uns!* Die Menschen des Neuen Testaments sind getragen, ja fasziniert von der Gewißheit, daß der Getötete nicht im Tod geblieben ist, sondern lebt, und daß, wer an ihn sich hält und nachfolgt, ebenfalls leben wird. Das neue, ewige Leben des Einen als Herausforderung und reale Hoffnung für alle! Nicht ein neues Dogma wird hier verkündet, sondern neu in die Nachfolge gerufen, mit Christus zu sterben und mit ihm aufzuerstehen, wie Paulus sich ausdrückt[14].

Dies also sind Osterbotschaft und Osterglaube! Eine wahrhaft umwälzende, »revolutionäre« Botschaft, sehr leicht zurückzuweisen freilich schon damals, nicht erst heute: Darüber wollen wir dich ein andermal hören, sagten auf Athens Aeropag nach lukanischer Darstellung einige Skeptiker schon dem Apostel Paulus[15]. Aufgehalten hat das den Siegeszug der Botschaft freilich nicht, die – da hat Ernst Bloch zweifellos recht – ganz wesentlich eine Botschaft vom ewigen Leben war.

Das historische *Rätsel der Entstehung des Christentums* erscheint von daher in provozierender Weise *gelöst*: Nach den übereinstimmenden Zeugnissen ist es der als lebendig erfahrene und erkannte Jesus von Nazaret selbst, sind es die neuen Glaubenserfahrungen um Jesus von Nazaret, welche erklären können, warum seine Sache weiterging: warum es nach seinem Tod zu der so folgenreichen Jesus-Bewegung kam, nach Jesu Scheitern zu einem Neubeginn, nach der Jünger Flucht zu einer Gemeinschaft von Glaubenden. Das Christentum, insofern es Bekenntnis zu Jesus von Nazaret als dem lebendigen, wirkmächtigen Christus ist, beginnt mit Ostern. Ohne Ostern kein Evangelium, keine einzige Erzählung, kein Brief im Neuen Testament! Ohne Ostern in der Christenheit kein Christusglaube, keine Christusverkündigung, auch keine Kirche, kein Gottesdienst, keine Mission!

Aber vergessen wir nicht, was in der letzten Vorlesung deutlich geworden ist: Der Osterglaube war schon *im Judentum vorbereitet* worden, in der persischen Zeit nach dem babylonischen Exil. Dieser jüdische Glaube vor apokalyptischem Hintergrund ist im ganzen Neuen Testament die selbstverständliche Voraussetzung. Dieser jüdische Glaube, der freilich – wie wir sahen – von rein zeitbedingten apokalyptischen Vorstellungselementen gelöst werden muß, wird im christlichen Glauben in letzter Eindeutigkeit und Verdichtung zusammengefaßt. Dies bedeutet Gemeinsamkeit und Unterschied zwischen Juden und Christen:

- *Gemeinsamkeit: Beide,* Juden und Christen, glauben an die Auferweckung von den Toten: Der Glaube der Juden und der Christen beruht darauf, daß für sie der lebendige Gott der unerschütterlich treue Gott ist, wie er aus der Geschichte Israels beständig entgegentritt. Er ist der Schöpfer, der seinem Geschöpf und Partner in allem die Treue hält. Der sein Ja zum Leben nicht zurücknimmt, sondern gerade an der entscheidenden Grenze erneut Ja zu seinem Ja sagt: Treue im Tod über den Tod hinaus! Ob diese Gemeinsamkeit der Hoffnung, die im Glauben an den einen und selben Gott ihren Grund hat, nicht noch mehr zur Basis der jüdisch-christlichen Verständigung werden könnte[16]?

- *Unterschied:* Was nun aber die *Juden* für alle Menschen in der Zukunft erwarten, das ist für die *Christen* in dem Einen, als Zeichen der Verpflichtung und Hoffnung für alle, bereits eingetreten. Der jüdische Glaube an eine allgemeine Auferweckung und der besondere Glaube an die Auferweckung Jesu stehen also in wechselseitiger Beziehung: Die ersten Christen erkennen die Auferweckung Jesu im Horizont der jüdischen Hoffnung auf eine allgemeine Totenerwekkung. Aber zugleich bestätigt die Auferweckung Jesu den allgemeinen jüdischen Auferweckungsglauben, wodurch die einzigartige Bedeutung dieses Jesus für die Menschen manifest wird: Die Auferweckung Jesu nämlich ist zu verstehen als der Anfang der allgemeinen Totenerweckung, der Beginn der neuen Zeit, der Anfang vom Ende dieser Zeit, die Erfüllung der Naherwartung! In ihm und nur in ihm ist das neue Leben aus dem Tod offenbar geworden. Ob dieser christliche Glaube, oft als Überwindung des jüdischen mißverstanden, nicht noch mehr als dessen Erfüllung verstanden werden könnte[17]?

Die Christen sagen also nicht nur: Weil es eine allgemeine Totenauferweckung gibt, muß gerade dieser Eine auferweckt sein. Sondern zugleich mit Paulus: Weil dieser Eine auferweckt worden ist, gibt es auch eine allgemeine Totenauferweckung. Für Paulus sind die Auferweckung Jesu und die Hoffnung auf allgemeine Totenauferweckung nicht zu trennen. Also: weil dieser eine lebt und von Gott her eine solch einzigartige Bedeutung für alle hat, werden alle leben, die sich vertrauend auf ihn einlassen. Allen, die in Schicksalsgemeinschaft mit Jesus stehen, wird Anteil am Sieg Gottes über den Tod angeboten: So ist Jesus der Erstling der Toten[18], der Erstgeborene aus den Toten[19].

Doch regelmäßig taucht in diesem Zusammenhang die Frage auf: Ist diese Auferweckung überhaupt vorstellbar?

6. *Auferweckung des Leibes?*

Wie muß man sich die Auferweckung *vorstellen*? Antwort: überhaupt nicht! »Auferweckung« und »Auferstehen« sind metaphorische, bildhafte Termini, übernommen vom Aufwecken und Aufstehen aus dem *Schlaf*. Aber beim Aufwecken und Aufstehen aus dem *Tod* geht es nicht um die Rückkehr in den früheren Wachzustand des alltäglichen Lebens, sondern um die *radikale Verwandlung* in einen völlig anderen, unerhört neuen, endgültigen Zustand: das ewige Leben. Und da gibt es nichts auszumalen, vorzustellen, zu verobjektivieren. Es wäre ja gar kein anderes Leben, wenn wir es mit den Begriffen und Vorstellungen aus unserem Alltagsleben anschaulich machen könnten, gleichsam als die Steigerung und Überbietung von Alltagswünschen und Sehnsüchten in einen paradiesisch ausgemalten Himmel. »Was keines Menschen Auge gesehen und kein Ohr gehört hat«[20]: weder unsere Augen und Ohren noch unsere Phantasie können uns hier weiterhelfen; sie können uns nur irreführen. Das neue Leben bleibt für uns erhoffbar, doch völlig *unanschaulich und unvorstellbar.*

Totaliter aliter, ganz anders: unsere Sprache stößt hier an Grenzen. So wie der Physiker versucht, die unanschauliche Natur des Lichts im atomaren und subatomaren Bereich mit gegensätzlichen Begriffen oder Bildern wie Welle und Korpuskel und mit unanschaulichen mathematischen Formeln und Modellen zu umschreiben, so ähnlich können auch wir dieses ganz andere ewige Leben mit Bildern, Metaphern, Symbolen zu umschreiben versuchen oder aber gedanklich mit widersprüchlichen, paradoxen Begriffen, die für ein völlig anderes Leben verbinden, was in diesem Leben Gegensatz bleiben muß. Auch das Neue Testament greift in den Erscheinungsberichten zu solchen Paradoxen an der äußersten Grenze des Vorstellbaren: kein Phantom und doch nicht greifbar, erkennbar-unerkennbar, sichtbar-unsichtbar, faßbar-unfaßbar, materiell-immateriell, diesseits und jenseits von Raum und Zeit. Und besonders Paulus formuliert sehr zurückhaltend und arbeitet zur Umschreibung der Auferstehungswirklichkeit diskret mit paradoxen Chiffren, die selbst auf die Grenze des Sagbaren hinweisen: ein unvergänglicher »Geistleib«[21], ein »Leib der Herrlichkeit«[22], der durch die radikale »Verwandlung«[23] aus dem vergänglichen Fleischesleib hervorgegangen ist und der so verschieden ist wie die Pflanze vom Samen[24].

Wenn Paulus von Auferweckung spricht, so meint er also gerade nicht in griechischer Weise die Unsterblichkeit einer Seele, die aus dem Kerker des sterblichen Leibes befreit werden müßte. Überhaupt ist ja das *Leib-Seele-Problem* von einer biblischen Theologie her äußerst kritisch zu beurteilen. Zu Recht schärft der evangelische Theologe *Paul Althaus* in seinem auch heute noch lesenswerten Buch »Die letzten Dinge. Lehrbuch der Eschatologie« ein, daß der christliche Glaube generell »nicht von Unsterblichkeit der Seele, sondern von der ›Unsterblichkeit‹, Unaufhebbarkeit des personalen Gottesverhältnisses« spreche; »dieses aber betrifft den Menschen in der Ganzheit seiner seelisch-leiblichen Existenz. Nicht um die ›Seele‹ geht es, sondern um die Person als durch Gottes Berufung begründete lebendige Einheit leiblich-geistigen Seins.«[25]

Auch von der *modernen Anthropologie* her ist der platonisch-augustinisch-kartesianische Leib-Seele-Dualismus heute weitgehend hinfällig geworden. Als wissenschaftlicher Begriff wird die Bezeichnung »Seele« – verstanden als Träger (Substrat) psychischer Vorgänge und Erscheinungen oder auch als aristotelische »Form« (Entelechie) des Leibes – kaum noch verwendet; die jetzt meist verwendete Bezeichnung »Psyche« meint kein vom Leib verschiedenes substantielles Lebensprinzip, sondern einfachhin die Gesamtheit bewußter und unbewußter emotionaler (»seelischer«) Vorgänge und geistiger (intellektueller) Funktionen. Der evangelische Theologe *Wolfhart Pannenberg* macht mit Nachdruck darauf aufmerksam, daß die moderne Anthropologie, näherhin die Verhaltensforschung, es längst aufgegeben hat, den Menschen »als aufgebaut aus zwei ganz verschiedenen Stoffen« zu beschreiben: »Sie benutzt eine Terminologie, die den Unterschied von Körperlichem und Seelischem absichtlich hinter sich läßt, indem sie vom ›Verhalten‹ der Tiere wie des Menschen spricht. Jede Verhaltensweise umfaßt Züge, die früher in Körperliches und Seelisches zerlegt wurden. Solche Trennung ist jedoch künstlich. Kein lebendiges Verhalten läßt sich säuberlich auf Körper und Seele verteilen. Ja, mehr noch: die Unterscheidung von Körper und Seele setzt im menschlichen Verhalten selbst eine ursprüngliche Einheit voraus.« Wie kommt es dann aber zu dem uns wohlbekannten eigentümlichen Erlebnis einer besonderen seelischen Innenwelt? »Für die anthropologische Verhaltensforschung aber erklärt sich dieses Erlebnis aus der Besonderheit unseres leibhaftigen Verhaltens selbst. Die Innenwelt eines lautlosen Denkens und Vorstellens sondert sich erst dem Menschen, der schon sprechen kann, von der Außenwelt ab ... Die Sprache, die die Bedingung für das Entstehen einer besonderen seelischen Innenwelt ist, entsteht selbst im leiblichen Umgang des Menschen mit seiner Umgebung. Die Unterscheidung der Innenwelt und Außenwelt ist also keine ursprüngliche, sondern eine abgeleitete Tatsache, die aus dem leiblichen Verhalten des Menschen erwächst. Daraus folgt: Es gibt keine dem Leibe gegenüber selbständige Wirklichkeit ›Seele‹ im Menschen, ebensowenig aber auch einen bloß mechanischen oder bewußtlos bewegten Körper. Beides sind Abstraktionen. Wirklich ist nur die Einheit des sich bewegenden, sich zur Welt verhaltenden Lebewesens Mensch.«[26]

Gewiß kann man auch heute noch immer von »Seele« reden: zumindest negativ (ein »seelenloser« Betrieb, Roboter) oder altertümelnd (ein Dorf von 500 »Seelen«, »du meine Seele«), auch poetisch (die »Seele des Volkes«, »Zwei Seelen wohnen, ach, in meiner Brust«) oder liturgisch (»Es freut sich meine Seele im Herrn«) oder auch modern abgekürzt (SOS = »Save Our Souls« = »Rettet unsere Seelen«). Die Rede von der »Seele« ist so oft chiffrenartig ein guter Indikator für den Zustand, in dem sich Welt und Mensch befinden. Redet man hier bewußt metaphorisch und nicht objektivierend, sind Mißverständnisse vermeidbar. Wo man aber früher von einer braven, ehrlichen, treuen, guten »Seele« geredet hat, redet man heute lieber von einem braven, ehrlichen, treuen, guten »Menschen«, und auch der »Seel-Sorger« legt heute Wert darauf, daß es ihm um den ganzen leibhaftigen Menschen geht und nicht nur um dessen unsterblichen Teil. Körperliches und Seelisches sind nun einmal nie – nicht einmal im Traum – rein zu haben. Körperliche und seelische Eigenschaften werden, an die elterlichen Chromosomen gebunden, jedem Individuum schon in die Wiege mitgegeben; jedem Bewußtseinszustand liegt von daher ein psycho-physischer Prozeß zugrunde. So sind Leib und Seele immer gleichzeitig gegeben und – die Psychologie legt darauf heute ebenso Gewicht wie die Medizin – als eine psycho-somatische Einheit. Wir haben uns daran gewöhnt, von unserem einen »Ich«, von der menschlichen »Person«, kurz eben vom einen »Menschen« zu reden; denn es ist ja der eine ganze Mensch, der empfindet, denkt, will, leidet, handelt.

So ist nun offenkundig, daß biblisches und heutiges anthropologisches Denken in der Auffassung vom Menschen als einer leib-seelischen Einheit konvergieren, was auch für die Frage eines Lebens nach dem Tode von entscheidender Bedeutung ist. Wenn das Neue Testament von Auferweckung spricht, dann nicht von der natürlichen Fortdauer einer von unseren leiblichen Funktionen unabhängigen Geist-Seele. Es meint dann vielmehr – auf der Linie jüdischer Theologie – die *Neuschaffung, Verwandlung des ganzen Menschen durch Gottes lebenschaffenden Geist*. Der Mensch wird also nicht – platonisch – *aus* seiner Leiblichkeit erlöst. Er wird *mit* und *in* seiner – nun verherrlichten, vergeistigten – Leiblichkeit erlöst: eine Neuschöpfung, ein neuer Mensch. Ostern ist nicht ein Fest der Unsterblichkeit, eines Postulats der praktischen Vernunft, sondern ist ein Christusfest, das Fest des verherrlichten Gekreuzigten.

Also doch eine *leibliche Auferstehung*, eine Auferweckung des Menschen mit seinem Leib? Nein und ja. Nein, wenn man unter »Leib« physiologisch den jeweiligen Körper versteht, den »Leichnam«, die »Reliquien«. Ja, wenn »Leib« im Sinn des neutestamentlichen »Soma« weniger physiologisch als personal verstanden wird: als die identische personale Wirklichkeit, dasselbe Ich mit seiner ganzen Geschichte, das in der buddhistischen Reinkarnationslehre – bei aller Betonung einer neuen (freilich irdischen) Leiblichkeit – zu Unrecht vernachlässigt wird. Die Rede von der Auferweckung des Leibes meint also, wie es der katholische Theologe *Franz Josef Nocke* formuliert, »daß nicht nur das nackte Ich des Menschen durch den Tod hindurch gerettet wird, wobei alle irdische Geschichte endgültig zurückgelassen, alle Beziehungen zu anderen Menschen bedeutungslos würden; leibhaftige Auferstehung bedeutet, daß die Lebensgeschichte und alle in dieser Geschichte gewordenen Beziehungen mit in die Vollendung eingehen und dem auferweckten Menschen endgültig gehören«[27].

Anders gesagt: nicht die Kontinuität meines Leibes als einer physikalischen Größe steht hier auf dem Spiel, so daß sich naturwissenschaftliche Fragen wie die nach dem Verbleib der Moleküle gar nicht stellen. Sondern die Identität der Person: Es stellt sich also die Frage nach der bleibenden Bedeutung meines ganzen Lebens und Geschickes! »Gott liebt mehr als die Moleküle, die sich im Augenblick des Todes im Leib befinden«, sagt der katholische Dogmatiker *Wilhelm Breuning* zu Recht. »Er liebt einen Leib, der gezeichnet ist von der ganzen Mühsal, aber auch der rastlosen Sehnsucht einer Pilgerschaft, der im Lauf dieser Pilgerschaft viele Spuren in einer Welt hinterlassen hat, die durch diese Spuren menschlich geworden ist... Auferweckung des Leibes heißt, daß von all dem Gott nichts verloren gegangen ist, weil er den Menschen liebt. Alle Träume hat er gesammelt und kein Lächeln ist ihm weggehuscht. Auferweckung des Leibes heißt, daß der Mensch bei Gott nicht nur seinen letzten Augenblick wiederfindet, sondern seine Geschichte.«[28]

Diese in Gott wiedergefundene Geschichte kann freilich als vollendete Geschichte gedacht werden. Denn nicht als minderes, geistig oder physisch fragmentarisches Wesen gehe ich in Gott ein, sondern als ein vollendetes. Ich gehe auch nicht, wie indisches Denken insinuiert, in Gott auf wie ein Wassertropfen im Meer, gerade weil der Mensch nicht nur ein Wassertropfen und Gott auch mehr als das Meer ist. Indem der Mensch sich in die Wirklichkeit Gottes hinein verliert, gewinnt er sich. Indem *die endliche Person ins Unendliche eingeht,* verliert sie ihre

Grenzen, so daß der jetzige Gegensatz personal–apersonal ins *Transpersonale* hinein überstiegen wird. Wenn die letzte Wirklichkeit nicht das Nichts, sondern jenes Alles ist, das wir Gott nennen, dann ist der Tod weniger Zerstörung als eine Metamorphose: »vita mutatur, non tollitur«, »das Leben wird verwandelt, nicht weggenommen«, heißt es in der katholischen Totenpräfation. Also nicht ein Enden, gar Verenden, sondern ein Vollenden, nicht eine Minderung, sondern eine Erfüllung, die unendliche Erfüllung.

7. Was heißt »ewig leben«?

Was meint also das Neue Testament mit den verschiedenen Vorstellungsmodellen und Erzählformen, wenn es vom »ewigen Leben« spricht? Wir können nun auf dem Hintergrund des ausgebreiteten Materials dieses Leben zu umschreiben versuchen mit zwei negativen Bestimmungen und einer positiven.

1. Keine Rückkehr in dieses raumzeitliche Leben: Das Neue Testament versteht unter Auferweckung etwas völlig anderes als Friedrich Dürrenmatt in seinem Schauspiel »Der Meteor«, wo es zu einer Wiederbelebung eines (freilich fingierten) Leichnams kommt, der in ein völlig unverändertes irdisches Leben zurückkehrt[29]. Auch mit den Totenerweckungen der Antike darf Jesu Auferweckung nicht verwechselt werden. Wir finden sie vereinzelt in der antiken Literatur von Wundertätern (sogar mit Arztzeugnissen beglaubigt); wir finden sie in drei Fällen auch von Jesus – Tochter des Jairus[30], Jüngling von Nain[31], Lazarus[32]. Ganz abgesehen von der historischen Glaubwürdigkeit solcher legendären Berichte (Markus und die anderen Evangelisten wissen erstaunlicherweise nichts von der sensationellen Totenerweckung des Lazarus vor den Toren Jerusalems): Gerade die vorübergehende Wiederbelebung eines Leichnams ist mit der Auferweckung Jesu nicht gemeint. Jesus ist – selbst bei Lukas – nicht einfach in das biologisch-irdische Leben zurückgekehrt, um wie die von ihrem Tod Auferweckten schließlich erneut zu sterben. Nein, der Tod wird nicht rückgängig gemacht, sondern definitiv überwunden. Nach neutestamentlichem Verständnis hat der Auferweckte den Tod, diese letzte Grenze, endgültig hinter sich. Er ist in ein ganz anderes, »himmlisches« Leben eingegangen: in das Leben Gottes, wofür schon im Neuen Testament sehr verschiedene Formulierungen und Vorstellungen gebraucht werden.

2. *Keine Fortsetzung dieses raumzeitlichen Lebens:* Also etwas völlig anderes auch als das banal-langweilige zeitlich-zeitlose Leben in Max Frischs »Triptychon«. Schon die Rede von »nach« dem Tode ist irreführend: Die Ewigkeit ist nicht bestimmt durch Vor und Nach. Sie meint vielmehr ein die Dimension von Raum und Zeit sprengendes neues Leben in Gottes unsichtbarem, unvergänglichem, unbegreiflichem Bereich. Nicht einfach ein endloses »Weiter«: Weiterleben, Weitermachen, Weitergehen. Sondern ein endgültig »Neues«: neuer Mensch und neue Welt. Was die Rückkehr des ewig gleichen »Stirb und werde« der Natur und den Mythos, von dem indisches Denken so beeindruckt ist, endgültig durchbricht. Definitiv bei Gott sein und so das endgültige Leben haben, das ist gemeint!

3. *Also vielmehr Aufnahme in die allerletzte-allererste Wirklichkeit:* Will man nicht bildhaft reden, so müssen Auferweckung (Auferstehung) und Erhöhung (Entrückung, Himmelfahrt, Verherrlichung) als ein identisches, einziges Geschehen gesehen werden. Und zwar als ein Geschehen im Zusammenhang mit dem Tod in der unanschaulichen Verborgenheit Gottes. Die Osterbotschaft besagt in allen so verschiedenen Varianten schlicht das eine:

- Jesus ist nicht ins Nichts hinein gestorben. Er ist im Tod und aus dem Tod in jene *unfaßbare und umfassende allerletzte und allererste Wirklichkeit hineingestorben,* von ihr *aufgenommen* worden, die wir mit dem Namen *Gott* bezeichnen. Wo der Mensch sein Eschaton, das Allerletzte seines Lebens erreicht, was erwartet ihn da? Nicht das Nichts, das würden auch Nirwanagläubige sagen. Sondern jenes Alles, das für Juden, Christen und Muslime der eine wahre Gott ist. Tod ist Durchgang zu Gott, ist Heimkehr in Gottes Verborgenheit, ist Aufnahme in seine Herrlichkeit. Daß mit dem Tod alles aus sei, kann strenggenommen nur ein Gottloser sagen.

Im Tod wird der Mensch aus den ihn umgebenden und bestimmenden Verhältnissen entnommen. Von der Welt her, gleichsam von außen, bedeutet der Tod völlige Beziehungslosigkeit, Abbruch aller Beziehungen zu Menschen und Sachen. Von Gott her aber, gleichsam von innen, bedeutet der Tod eine völlig neue Beziehung: zu ihm als der letzten Wirklichkeit. Im Tod wird dem Menschen, und zwar dem ganzen, ungeteilten Menschen, eine neue, ewige Zukunft angeboten:

- Eine neue Zukunft nicht in unserem Raum und in unserer Zeit: »hier« und »jetzt« im »Diesseits«.
- Aber auch nicht in einem anderen Raum und anderer Zeit: in einem »Drüben« oder »Droben«, einem »Außerhalb« oder »Oberhalb«, im »Jenseits«.
- Eine neue Zukunft ganz anders: Der letzte entscheidende, ganz andere Weg des Menschen führt nicht wie der der nur klinisch Toten zurück in diesen Alltag noch wie der der Kosmonauten hinaus ins Weltall oder gar über dieses hinaus. Sondern dieser Weg ist (wenn man schon in Bildern reden will) ein Abschied nach innen: eine Einkehr gleichsam hinein in den innersten Urgrund und Ursinn von Welt und Mensch, in das *unaussprechliche Geheimnis unserer Wirklichkeit* – aus dem Tod ins Leben, aus dem Sichtbaren ins Unsichtbare, aus dem sterblichen Dunkel in Gottes ewiges Licht. Kein willkürliches Eingreifen gegen die Gesetze der Natur, sondern ein Auffangen dort, wo die Natur aufgrund ihrer eigenen Gesetze an ein Ende gekommen ist.

8. Auferweckung heute

Was besagt diese Auferweckung Jesu für mich hier und heute? Ich will dies zum Schluß in aller Knappheit an drei Punkten erläutern.

a) Auferweckung bedeutet eine Radikalisierung des Gottesglaubens: Wir haben gesehen: an Auferweckung glauben heißt nicht an irgendwelche unverifizierbare Kuriositäten glauben, heißt überhaupt nicht, zum Glauben an Gott auch noch etwas »dazu« glauben zu müssen. Nein, der Auferweckungsglaube ist kein Zusatz zum Gottesglauben; er ist geradezu die Radikalisierung des Gottesglaubens, die Nagelprobe, die der Gottesglaube zu bestehen hat. Warum? Weil ich mit meinem unbedingten Vertrauen nicht auf halbem Weg anhalte, sondern ihn konsequent zu Ende gehe. Weil ich diesem Gott alles, eben auch das Allerletzte, den Sieg über den Tod, zutraue. Weil ich vernünftigerweise darauf vertraue, daß der allmächtige Schöpfer, der aus dem Nichtsein ins Sein ruft, auch aus dem Tod ins Leben zu rufen vermag. Weil ich dem Schöpfer und Erhalter des Kosmos und des Menschen zutraue, daß er auch im Sterben über die Grenzen alles bislang Erfahrenen hinaus noch ein Wort mehr zu sagen hat; daß ihm wie das erste so auch das letzte Wort gehört, daß er wie der Gott des Anfangs so auch der Gott des Endes ist: Alpha und Omega. Wer so ernsthaft an den ewig lebendigen Gott glaubt, glaubt dann auch an Gottes ewiges Leben, glaubt auch an *sein* – des Menschen – ewiges Leben.

b) Auferweckung bedeutet eine Bestätigung des Christusglaubens: Der Christ glaubt primär nicht »an« die Auferweckung, an das vergangene Faktum, sondern »an« den Auferweckten selber, die gegenwärtige Person. Aber: der da zum Leben erweckt wurde, ist niemand anderer als der Gekreuzigte. Auferweckung ist ohne das Kreuz nicht zu haben. Wer meint, vor lauter Auferweckungsseligkeit das Kreuz überspringen zu können, verfällt der Realitätsblindheit aller Enthusiasten oder Neoenthusiasten der Weltgeschichte. Auferweckungsglaube ist für Christen nicht am Leid, an den Verhältnissen, den Widerständen und dem Widersacherischen vorbei zu haben, sondern nur durch das alles hindurch. Kreuz und Auferweckung verweisen so immer wieder aufeinander: Das Kreuz ist nur im Lichte der Auferweckung »überwindbar«, Auferweckung aber nur im Schatten des Kreuzes lebbar. Der Auferwekkungsglaube weist also immer wieder zurück auf den, dem der weite Weg über Kreuz, Tod und Grab nicht erspart blieb.

Den Gekreuzigten als den Lebendigen zu verkündigen war dabei alles andere als eine Selbstverständlichkeit. Es war nach Paulus eine »moria«, ein »Unsinn«, das Verrückte schlechthin. Bedeutete es doch, sehenden Auges angesichts des Fiaskos – im Hoffen wider alle Hoffnung – daran festhalten, daß dieser Verworfene, von den legitimen Autoritäten Verurteilte, angeblich von Gott Verfluchte, trotz allem recht hatte, ja, daß Gott, in dessen Namen dieser Pseudomessias beseitigt wurde, gerade diesen angenommen, bestätigt hatte. Daß also Gott zu *ihm* sich bekannte und nicht zur gesetzesfrommen, buchstabengläubigen Hierarchie, die Gottes Willen meinte exekutiert zu haben. Glauben an den zum neuen Leben Erweckten heißt also Rückbesinnung auf das Leben, das er gelebt hat, auf den Weg, den er gegangen ist; heißt mit einem Wort *Einweisung in die Nachfolge* des Einen, der mich unbedingt verpflichtet, *meinen Weg, meinen eigenen Weg, nach seiner Wegweisung zu gehen.* So zieht von seinem neuen Leben her im Rückblick noch einmal alles das an mir vorüber, wofür dieser Jesus aus Nazaret stand und wofür er – als der Lebendige – einladend, fordernd und verheißend zugleich auch heute steht:

Ja, er hat recht, wenn er sich mit den Schwachen, Kranken, Armen, Unterprivilegierten und auch den moralischen Versagern identifiziert;

er hat recht, wenn er die Vergebung ohne Ende fordert, den gegenseitigen Dienst ohne Rangordnung, den Verzicht ohne Gegenleistung;
er hat recht, wenn er die Grenzen zwischen Genossen und Nichtgenossen, Fernsten und Nächsten, Guten und Bösen aufzuheben trachtet, und dies in einer Liebe, die auch den Gegner und den Feind aus dem Wohlwollen nicht ausschließt;
er hat recht, wenn er die Normen und Gebote, die Gesetze und Verbote um des Menschen willen da sein läßt, wenn er Institutionen, Traditionen und Hierarchien um der Menschen willen relativiert;
er hat recht, wenn er den Willen Gottes als oberste Norm auf nichts anderes als auf das Wohl des Menschen gezielt sein läßt;
und er hat recht mit diesem seinem Gott, der sich mit den Nöten und Hoffnungen der Menschen solidarisiert, der nicht nur fordert, sondern gibt, der nicht unterdrückt, sondern aufrichtet, der nicht bestraft, sondern befreit, der statt Recht vorbehaltlos Gnade walten läßt.

Die Aufnahme Jesu in das Leben Gottes bringt uns also nicht die Offenbarung zusätzlicher Wahrheiten, sondern das Offenbarwerden Jesu selbst: Er hat die definitive Bestätigung erhalten. Von daher wird auch verständlich, warum seither die Entscheidung für die Gottesherrschaft auf Erden, wie er sie zeit seines Lebens gefordert hat, zur Entscheidung für ihn selbst wird, genauer: warum die Entscheidung für oder gegen die Gottesherrschaft in der Folge – und aufgrund von Ostern in prononcierter Weise – zusammenhängt mit der Entscheidung für oder gegen ihn, in dem das Reich Gottes schon angebrochen – und die Naherwartung bereits erfüllt ist! Ostern bedeutet demnach auch: der zum Glauben Rufende ist zum Inhalt des Glaubens geworden, der Verkündiger zum Verkündigten, wie die bekannte christologische Formel lautet. Das also heißt: Der erniedrigte Jesus als der nun zu Gott Erhöhte ist die Personifizierung der Botschaft vom Gottesreich geworden, ihre zeichenhafte Abkürzung, wenn man so will. Statt wie früher »Gottesreich verkünden« sagte man nach Ostern immer mehr zugespitzt »Christus verkünden«. Und die auf das Gottesreich Hoffenden und an Christus Glaubenden werden kurz die »Christen« genannt. Er, der zum Leben Erweckte, und sein Geist, der Gottes Geist ist, macht Christsein möglich.

c) Auferweckung bedeutet den täglichen Kampf gegen den Tod: Wir alle wissen, und Philosophen wie Heidegger, Jaspers, Sartre, Bloch, Adorno und Horkheimer haben dies immer wieder eingeschärft: So wie es nicht nur ein Leben nach dem Tod, sondern auch ein Leben vor dem Tode gibt, so gibt es nicht nur den Tod am Ende des Lebens, sondern den Tod von Menschen mitten im Leben. Es ist der Tod der Beziehungslosigkeit von Menschen zu Menschen, der Tod der Ohnmacht und der Sprachlosigkeit, der Tod der Anonymität und Apathie, der Tod der Verkümmerung und geistigen Verkrüppelung, der Tod der Betäubung und des Konsums. Es gibt viele Arten zu töten, schreibt Bertolt Brecht: »Man kann einem ein Messer in den Bauch stechen, einem das Brot entziehen, einen von einer Krankheit nicht heilen, einen in eine schlechte Wohnung stecken, einen durch Arbeit zu Tode schinden, einen zum Selbstmord treiben, einen in den Krieg führen usw. Nur weniges davon ist in unserem Staate verboten.«[33] An die Auferweckung glauben

heißt deshalb nicht, einen billigen Optimismus in Hoffnung auf ein Happy-End betreiben;

heißt vielmehr ganz praktisch bezeugen, daß in dieser Welt des Todes Jesu neues Leben die universale Herrschaft des Todes gebrochen hat, daß seine Freiheit sich durchgesetzt, sein Weg zum Leben geführt hat, daß sein Geist, der Gottes Geist ist, am Wirken ist;

heißt, die Partei des Lebens ergreifen, wo immer Leben verletzt, geschändet, zerstört wird;

heißt, sich praktisch gegen die Verendgültigung zwischenmenschlicher und gesellschaftlicher Verhältnisse stemmen und dem täglichen Tod den Stachel ziehen durch spontane Lebenshilfe und strukturelle Verbesserung der Lebensbedingungen;

heißt, im vertrauenden Vorgriff auf das auch uns verheißene Reich der Freiheit den Menschen Hoffnung, Kraft und Einsatzbereitschaft geben, so daß der Tod unter uns nicht das letzte Wort behält.

Dorothee Sölle hat sich in diesem Sinne immer wieder um die Entschlüsselung des Auferweckungsthemas für die Situation unserer Welt bemüht. Hier geht es um den Zusammenhang zwischen der Auferweckungserfahrung und der Befreiungserfahrung von Menschen: »Wenn wir, wie in der Liturgie der Osternacht uns zurufen ›Christus ist auferstanden, er ist wahrhaftig auferstanden‹, so rufen wir ›Befreiung‹ und sind mit den geschundenen, zerstörten Menschen, den Armen zusammen. ›Er ist auferstanden‹, sagen wir und meinen, wir werden satt, wir lieben unsere Mutter, die Erde; wir bauen Frieden mit unserem ganzen Leben. Wir machen aus den Schwertern Pflugscharen. Man muß diese Kraft dessen, was Auferstehung heißt, in unserem Leben spüren.

Wir müssen diese Worte wie ›Auferstehung, Leben aus dem Tod, Gerechtigkeit‹ wieder in Besitz nehmen und sie an unseren eigenen Erfahrungen als wahr erkennen. Wenn wir unsere Erfahrungen benennbar gemacht haben, so können wir unser Leben im Rahmen der großen Symbole unserer Tradition beschreiben: Auch wir waren in Ägypten, auch wir wissen, was Exodus bedeutet, auch wir kennen den Jubel des Freiwerdens – des Auferstehens aus dem Tode. Nur was wir selber an christlicher Erfahrung zu einem Teil unseres Lebens gemacht haben, das läßt sich auch weitersagen, das wird auch für andere kommunikabel.«[34]

Versteht man jetzt, was ich in den hermeneutischen Vorbemerkungen zu diesem zweiten Vorlesungsblock mit der »indirekten Verifikation« des Auferstehungsglaubens, mit der *erfahrungsbezogenen Erkenntnis des ewigen Lebens* meinte: unsere ganz konkreten menschlichen Erfahrungen konfrontiert mit und interpretiert, ausgeleuchtet durch die biblische Auferweckungshoffnung. Die Auferweckungshoffnung erhält so keine vertröstende, sondern eine kritisch-befreiende Funktion. Und was Auferweckungshoffnung als Protest gegen den Tod bedeutet, macht ein Gedicht des Schweizer Pfarrers und Schriftstellers Kurt Marti deutlich:

Das könnte manchen herren so passen
wenn mit dem tode alles beglichen
die herrschaft der herren
die knechtschaft der knechte
bestätigt wäre für immer

das könnte manchen herren so passen
wenn sie in ewigkeit
herren bleiben im teuren privatgrab
und ihre knechte
knechte in billigen reihengräbern

aber es kommt eine auferstehung
die anders ganz anders wird als wir dachten
es kommt eine auferstehung die ist
der aufstand gottes gegen die herren
und den herrn aller herren: den tod[35]

Das heißt: der Protest gegen den Tod aus der Auferweckungshoffnung, der Auferstehungshoffnung heraus ist zugleich ein Protest gegen eine Gesellschaft, in der der Tod ohne diese Hoffnung zur Aufrechterhaltung ungerechter Strukturen mißbraucht wird. Nicht Unterordnung und Überordnung an sich sind hier in Frage gestellt, wohl aber Herrschaft und Knechtschaft, die für beide, Herren und Knechte, sich tödlich auswirken. Hoffnung auf die Auferweckung, die Auferstehung von den Toten wird hier zur Kritik an einer vom Tod gezeichneten Gesellschaft, in der die »Herren« – große und kleine, weltliche und geistliche – ungestraft ihre »Knechte« ausbeuten können, ungestraft, weil sie sich selbst auf dieser Erde zur Autorität, Norm, Wahrheit machen, so daß es für sie faktisch keine höhere Gerechtigkeitsinstanz, keine »superior auctoritas«, mehr gibt. Auferweckungshoffnung, Auferstehungshoffnung klagt diese Gerechtigkeit ein, wird so zur kritisch-befreienden Unruhe unter den Menschen: Sie destabilisiert Herrschaftsverhältnisse, die sich hier und jetzt für endgültig halten, und sie läßt gegenseitige Dienstverhältnisse sinnvoll erscheinen, wo nur der »erhöht« wird, der sich selbst »erniedrigt«, wo nicht nur der Niedrige dem Höheren, sondern auch der Höhere dem Niederen zu dienen hat[36].

Auferweckung, Auferstehung heute und jetzt hat nur dann einen umfassenden Sinn, wenn sie im Horizont der Auferweckung, Auferstehung morgen und dort gedacht wird. Die christliche Tradition kennt dafür zwei Symbole, ein positives und ein negatives: Himmel und Hölle. Was sie bedeuten, ist keine einfache Frage und wird Gegenstand der nächsten Vorlesung sein.

VI. Zwischen Himmel und Hölle

1. Vorweggenommen in ein Haus aus Licht

Auferweckung in das Leben hinein, Auferweckung in ein Leben vor dem Tod ist nur dann keine leere, illusionäre Hoffnung, wenn sie gegründet und getragen ist von einer Auferweckung in ein Leben nach dem Tod. Dies war der Grundgedanke am Ende der letzten Vorlesung. Heute geht es darum, die christliche Auferweckungshoffnung noch stärker zu klären und zu vertiefen. Ich will dies einleiten mit einem Gedicht von *Marie Luise Kaschnitz*, wo das, was diese Hoffnung meint, in äußerster Verhaltenheit anklingt – nicht mehr, aber auch nicht weniger –, und wo die Verschränkung von Auferstehung ins diesseitige Leben und Auferstehung in ein jenseitiges Leben bildhaft zum Ausdruck kommt.

Manchmal stehen wir auf
Stehen wir zur Auferstehung auf
Mitten am Tage
Mit unserem lebendigen Haar
Mit unserer atmenden Haut.

Nur das Gewohnte ist um uns.
Keine Fata Morgana von Palmen
Mit weidenden Löwen
Und sanften Wölfen.

Die Weckuhren hören nicht auf zu ticken
Ihre Leuchtzeiger löschen nicht aus.

Und dennoch leicht
Und dennoch unverwundbar
Geordnet in geheimnisvolle Ordnung
Vorweggenommen in ein Haus aus Licht.[1]

Manchmal also mitten im Alltag des Lebens, wo die paradiesische Endvision eines Jesaja von friedlich weidenden Löwen und sanften Wölfen keinen Platz hat, wo der Mensch nach wie vor lebendig ist und atmet, wo die Zeit vergeht und die Uhren nicht stillstehen, da, so das Gedicht, erahnen wir manchmal im Vorweg, in bestimmten Augenblikken, *dennoch* – zweimal heißt es hier »dennoch« – eine weitere Dimension, die Marie Luise Kaschnitz selber »transzendental«[2] nennt: der Augenblick völlig grundloser Harmonie als Antizipation, als *Vorwegnahme künftiger Harmonie* – in einem Hause des Lichts ... In ihrer Selbstinterpretation schreibt Marie Luise Kaschnitz zu diesem Gedicht: »Mit dem zweimaligen ›und dennoch‹ der letzten Strophe wird dann das eigentliche Erlebnis eingeführt. Die Tätigkeitswörter erscheinen nur in der Form des Partizips, auch die Hilfsverben sind weggelassen. ›Und dennoch leicht‹ – schon die schwebende Satzkonstruktion deutet einen Zustand der Schwebe an. Das Ende spricht für sich, für einen jener möglichen Augenblicke völlig grundloser Harmonie, auf denen vielleicht jede Paradiesesvorstellung beruht.«[3]

Auferstehung hier als Vorwegnahme der Auferstehung dort: Ist es so sicher, daß es ein Haus aus Licht ist, was uns »drüben« erwartet? Zunächst ist einfach zu konstatieren, daß christliche Tradition immer *zwei Symbole* von geradezu archetypischem Charakter kannte – ein positives und ein negatives –, um die Wirklichkeit des erhofften (oder befürchteten) Jenseits zu benennen: Licht und Finsternis, Erfüllung und Verfehlung, *Himmel und Hölle.* Doch sind es gerade diese Symbole, die vielen Menschen heute mehr Glaubensnot als Glaubenshilfe bedeuten.

Um sie aus heutiger theologischer Perspektive richtig zu deuten, setze ich zunächst – auf der Linie der letzten Vorlesung – christologisch ein: mit der Himmelfahrt und Höllenfahrt Jesu. Wer sich darüber wundert, wie man auf so viel Mythologie heute noch Gedanken verschwenden könne, der vergesse nicht, daß es sich hier immerhin um Aussagen handelt, die durch das Apostolische Glaubensbekenntnis zum zentralen Glaubensbestand aller christlichen Kirchen gehören und die wir nicht, wie es manche Theologen aus Verlegenheit oder Bequemlichkeit tun, umgehen dürfen: »Passus sub Pontio Pilato, crucifixus, mortuus et sepultus, descendit ad inferos, tertia die resurrexit a mortuis, ascendit ad coelos, sedet ad dexteram Dei Patris omnipotentis«: »Gelitten unter Pontius Pilatus, gekreuzigt, gestorben und begraben, abgestiegen zu der Hölle, am dritten Tage wieder auferstanden von den Toten, aufgefahren in den Himmel, sitzet zur Rechten Gottes des allmächtigen Vaters«. Wir beginnen, um die Zusammengehörigkeit, ja – wie zu zeigen sein wird – die sachliche Identität von Auferweckung und Himmelfahrt deutlich zu machen, mit der Himmelfahrt Jesu.

2. *Himmelfahrt Jesu – keine Weltraumfahrt*

Daß eine Auffahrt in den Himmel – ebenso wie ein Abstieg in die Hölle – nichts spezifisch Christliches ist, sondern eine in der Religionsgeschichte weit verbreitete religiöse Vorstellung, lehrt ein Blick auf das entsprechende religionsgeschichtliche Material. Nicht nur von Elia und Henoch im Alten Testament, sondern auch von anderen Großen der Antike wie Herakles, Empedokles, Romulus, Alexander dem Großen, Apollonios von Tyana und von Kaiser Augustus wird eine Himmelfahrt berichtet. Ja, der römische Geschichtsschreiber Sueton berichtet in seiner Biographie über den göttlichen Augustus[4], daß nach dem Tode des Kaisers ein hoher kaiserlicher Beamter im Prätorenrang darauf schwor, er habe bei den Beisetzungsfeierlichkeiten die Gestalt des eben verbrannten Kaisers in den Himmel eingehen sehen. Sind diese Geschichten vielleicht nur heidnische Erfindungen, die heute völlig unglaubwürdig und für den Glauben jedenfalls irrelevant sind? Doch ist das im Neuen Testament wirklich anders? Warum sollen die neutestamentlichen Himmelfahrtsgeschichten glaubwürdig und die heidnischen irrelevant sein? Die Frage stellt sich für beide: Ist eine solche Aussage schon deshalb wahr, weil sie angeblich von einem Augenzeugen berichtet worden ist?

In der ältesten Kirche gab es zwar, wie ich dies ausführlich dargelegt habe, die breite Tradition von einer Auferweckung Jesu, die als Erhöhung zu Gott verstanden wurde; aber es gab so gut wie keine Tradition von einer Himmelfahrt Jesu vor den Augen der Jünger. Die einzige Ausnahme findet sich bei *Lukas*, der zweifellos kein Augenzeuge war und der sein Evangelium verhältnismäßig spät (fast ein halbes Jahrhundert später, jedenfalls nach dem Jahre 70) geschrieben hatte, dem er noch später die Apostelgeschichte folgen ließ. Lukas, nach altkirchlicher Tradition möglicherweise ein Arzt, war schon in seinen Auferweckungsberichten mehr als andere an der leibhaftig erwiesenen Wirklichkeit des Auferweckten und der Augenzeugenschaft der Apostel interessiert. Und er ist denn auch der einzige der neutestamentlichen Autoren, der Auferweckung und Erhöhung, die für andere identisch sind (nur zwei verschiedene Worte für die gleiche Sache), trennt und eine separate

Himmelfahrt in Betanien vor den Toren Jerusalems schildert[5]. Mit dieser Himmelfahrt ist für Lukas die Zeit der Erscheinungen Jesu auf Erden abgeschlossen (später hat Paulus eine himmlische Erscheinung) und mit Nachdruck eine Zeit der weltweiten Mission der Kirche bis zu Jesu Wiederkunft eröffnet. Besonders deutlich wird diese geschichtstheologisch bestimmte Periodisierung der Zeit in der auf das Lukasevangelium folgenden, wohl erst zwischen 80 und 90 geschriebenen, Apostelgeschichte.

Doch wie steht es um den Schluß des *Markusevangeliums*, wo doch ebenfalls von einer Himmelfahrt Jesu berichtet wird[6]? Aber gerade dieser Schluß des Markusevangeliums fehlt in den ältesten Handschriften. Nach dem Urteil kritischer Exegese geht man heute deshalb allgemein davon aus, daß er aus dem 2. Jahrhundert stammt und nachträglich angehängt wurde. Das heißt: die von Lukas angestoßene Traditionsbildung war so weit fortgeschritten, daß man nun auch für das Markusevangelium eine separate Himmelfahrt übernahm, in Anlehnung zugleich an Formulierungen bei der Entrückung des Elia und an das Psalmwort vom Sitzen zur Rechten des Vaters. Markus hat also keine eigene Tradition überliefert, sondern wurde am Ende in die lukanische Tradition integriert.

Wie muß man dann aber diese Tradition von einer Himmelfahrt Jesu beurteilen? Muß man lange begründen, daß Jesus selbstverständlich keine Weltraumfahrt angetreten haben kann, wie dies etwa traumhaft-visionär Jean Paul in seinem Roman »Der Siebenkäs« (1796/97) beschreibt, wo Jesus durch »die Wüsten des Himmels« eilt und keinen Gott zu finden vermag (»Rede des toten Christus vom Weltgebäude herab, daß kein Gott sei«)? In einer Zeit, die gewohnt ist, mit Lichtjahren zu rechnen, wird man mit physikalischen Vorstellungen besonders vorsichtig sein. Nun drängt uns ja auch das Neue Testament selber keinerlei Vorstellungen dieser Art auf. Denn selbst Lukas beschreibt nicht – im Gegensatz zu vielen anderen Himmelfahrtsgeschichten – im strengen Sinn eine »Himmelsreise« (weder der Weg zum Himmel noch die Ankunft im Himmel wird berichtet), sondern eine *»Entrückung«* Jesu[7]. Im Neuen Testament ist nur das Entschwinden von der Erde geschildert, wobei das Erzählelement »Wolke« zugleich Nähe und Unnahbarkeit Gottes bedeutet.

Und genau dieses *Entrückungsschema* muß Lukas als Vorstellungsmodell und Erklärungsform zur Verfügung gestanden haben. Kritische neutestamentliche Exegese geht heute weithin übereinstimmend davon aus, daß vermutlich Lukas selber die traditionelle Auferweckungs- und Erhöhungsaussage zu einer Entrückungsgeschichte ausgestaltet hat; alle wesentlichen Bauelemente in frühen Grabes- und Erscheinungsgeschichten lagen ja bereit. Welches theologische Interesse aber stand dahinter? Sicher nicht allein das einer Veranschaulichung der reichlich unanschaulichen Erhöhungsaussage (»Sitzen zur Rechten des Vaters«). Vielmehr schien es Lukas wie in seinem ganzen Evangelium so auch an dessen Ende um eine *energische Korrektur der noch immer verbreiteten frühen Naherwartung der Parusie,* der baldigen Wiederkunft Jesu, gegangen zu sein. Ganz bewußt wird ja – nach dem Bericht der Apostelgeschichte – die ungeduldige, auf die Erfüllung von Erwartungen hier und jetzt zielende Frage der Jünger: »Herr, wirst du in dieser Zeit das Reich für Israel wieder aufrichten?« abgebogen mit dem Hinweis: »Nicht euch kommt es zu, Zeit und Stunde zu wissen, die der Vater in der ihm eigenen Vollmacht festgesetzt hat. Aber ihr werdet Kraft empfangen, indem der Heilige Geist auf euch kommt, und werdet meine Zeugen sein in Jerusalem und in ganz Judäa und Samaria und bis an das Ende der Erde.«[8] Das heißt: Lukas wollte seinen Zuhörern klarmachen: statt untätiges Warten auf die Wiederkunft Jesu besser aktive Mission der Welt! Nicht Jesus selbst, der sich in den Himmel entfernt und den Jüngern die Aufgabe der Mission überlassen hat, sondern der Heilige Geist kommt jetzt, der Beistand, der Tröster, um die Jünger für die bevorstehende Missionszeit – in Kontinuität mit der Zeit Jesu jetzt die Zeit der Kirche! – auszurüsten, bis schließlich am Ende der Zeit Jesus ebenso anschaulich wiederkommen wird: »Ihr Männer von Galiläa, was steht ihr da und schaut zum Himmel hinauf? Dieser Jesus, der von euch weg (in den Himmel) aufgenommen ist, wird ebenso kommen, wie ihr ihn habt zum Himmel auffahren sehen.«[9] Nach Lukas also gilt: Ostern haben nur die verstanden, die nicht zum Himmel emporstaunen, sondern in der Welt für Jesus Zeugnis ablegen.

So erscheint die lukanische Himmelfahrtsgeschichte – insbesondere in der nachträglichen Ausgestaltung der Apostelgeschichte mit Wolke und Engel – geradezu als *umgekehrte Parusiegeschichte.* Noch im Lukasevangelium selber (wie auch im Markusnachtrag) scheinen die Ostererscheinungen und die Himmelfahrt am selben Ostertag erfolgt zu sein. Einzig die spätere Apostelgeschichte erwähnt »40 Tage«[10] zwischen Ostern und Himmelfahrt – und dies in offenkundiger Anlehnung an die heilige biblische Zahl 40 (40 Wüstenjahre Israels, 40 Fasttage Elias, 40 Fasttage Jesu): offenbar also auch dies wie die Zahl Drei eine symbolische Zahl – für eine Periode der Gnadenzeit! Also: nicht als eine zweite »Heilstatsache« nach Ostern ist Himmelfahrt zu verstehen und zu feiern, sondern als ein besonders herausgehobener Aspekt des einen Ostergeschehens.

Was bedeuten dann angesichts dieses biblischen Textbefundes die beiden Bekenntnisaussagen »Aufgefahren in den Himmel«, »sitzet zur rechten Hand Gottes«? Daß Jesus auferweckt ist, besagt im Neuen Testament immer zugleich auch, daß er in der Auferweckung selbst zu Gott erhöht wurde: Erhöhung als Vollendung der Auferweckung. Aufgenommen ist Jesus, so hörten wir, in Gottes ewiges Leben. Aufgenommen ist er, so sagt man in der christlichen Tradition ebenfalls, in die Herrlichkeit des Vaters. Und Herrlichkeit ist hier durchaus wörtlich zu nehmen: Auferweckung und Erhöhung bedeuten nämlich im Anschluß an alttestamentliche Formulierung den *Herrschaftsantritt* (Inthronisation) dessen, der den Tod überwunden hat: daß er, in Gottes Lebensbereich hineingenommen, teilhat an Gottes gnädiger Herrschaft und Herrlichkeit und so seinen universalen Herrschaftsanspruch für den Menschen geltend machen kann. Die Herrschaft-Metapher wird aus dem politischen Bereich zugleich aufgenommen und inhaltlich verwandelt: Nicht der Gott-Kaiser, sondern der Gottes-Knecht ist von nun an der *Herr*: der Gekreuzigte, der in die Nachfolge ruft! Eingesetzt so in seine himmlische, göttliche Würde, was traditionellerweise wiederum in einem Bild ausgesagt wird, das an den Sohn oder Stellvertreter des Herrschers erinnert: »Sitzet zur Rechten des Vaters«. Also seiner Macht am nächsten und sie stellvertretend ausübend in gleicher Würde und Stellung. In den ältesten christologischen Formeln, wie sie etwa in den Apostelpredigten der Apostelgeschichte verwendet werden, war Jesus zwar Mensch in Niedrigkeit, aber Gott hat ihn nach der Auferweckung zum Herrn und Messias gemacht[11]. Zunächst wird vom Erhöhten – und noch nicht vom Irdischen – *Messianität und Gottessohnschaft* ausgesagt[12].

Also: Auferweckung, Auferstehung vom Tod und Erhöhung zu Gott sind im Neuen Testament eins. Osterglaube ist Glaube an den erniedrigten Jesus als den auferweckten, auferstandenen = zu Gott erhöhten Herrn der Welt (Kosmokrator), mit dessen Herrschaft der Liebe und des Friedens die definitive Herrschaft Gottes schon begonnen hat. Und damit hat nun freilich gerade auch die Vorstellung von der Höllenfahrt Jesu zu tun.

3. Höllenfahrt oder Todesfahrt?

Was meint dieses »abgestiegen zu der Hölle«? Was bedeutet diese offensichtliche Entgegensetzung von Abstieg und Aufstieg, Descensus und Ascensus, Himmelfahrt und Höllenfahrt? Die Vorstellung von einer Höllenfahrt ist sehr viel weniger eindeutig als die der Himmelfahrt. Worum geht es dabei? Geht es um jenen *religionsgeschichtlichen Topos*, der schon bei Primitiven nachweisbar ist und der auch in den Hochreligionen – der indischen, babylonischen, ägyptischen, germanischen, finnischen, japanischen Religion – auftritt, der jedoch in der persischen, jüdischen und orphischen Apokalyptik eine besondere Entwicklung erfahren hat? Geht es einfach um jenen Mythos von einem Gott oder auch – in Traum, Vision oder Scheintod – von einem Menschen, dem es gestattet war, einzudringen in jene geheimnisvolle dunkle Unterwelt, jenes Schattenreich der Toten, welches, wie wir bereits hörten, die alten Israeliten »Scheól« (vermutlich »Nicht-Land«, »Un-Land«) nannten? Jenes Reich unter der Erde, welches im Mythos der Griechen nach der Aufteilung der Welt unter die drei Söhne des Kronos (Zeus, Poseidon und Hades) jenem dritten Sohn, dem mitleidlosen und verhaßten Hades, gegeben war? Jene Unterwelt, in die Orpheus, der Griechen ältester Sänger, Zutritt erhielt, um mit dem unwiderstehlichen Zauber seines Gesangs seine so unglücklich gestorbene Gemahlin Euridike in die Oberwelt zurückzuführen...? Ein Unterweltmythos also, der – es mag uns Warnung sein – nach großer Bearbeitung in den Opern eines Monteverdi und Gluck im 19. Jahrhundert auf das triviale Niveau einer Operette von Jacques Offenbach herabsank? Ist das alles in allem nicht ein ausgesprochen problematischer Kontext für eine Aussage des Apostolischen Glaubensbekenntnisses? Sehen wir näher zu.

Noch einmal: was heißt hier »abgestiegen zu der Hölle«, »descendit ad inferna« oder »ad inferos«? Die Deutung hat sich im Lauf der Jahrhunderte geändert, so daß der Glaubensartikel heute einen *Doppelsinn* bekommen hat. »Inferna« oder »Unterwelt« (ursprünglich, bis ins Frühmittelalter, auch das deutsche »Hölle« und das englische »hell«, die beide vom altnordischen »hel« = »hehlen«, »bergen« kommen und stammesverwandt mit »Höhle« sind) meint zunächst ganz einfach neutral und unterschiedslos das *Reich der Toten*, also *aller* Toten (hebräisch »Scheól«, griechisch »Hades«). Aber in der mittelalterlichen Scholastik, wo man die Frommen gleich nach dem Tod (oder Fegefeuer) schon im endgültigen Zustand, als Selige im Paradies oder Himmel, sieht, ändert sich der Sinn: Im Gegensatz zum Reich der Seligen oben, im Himmel, sind die »inferna« jetzt das *Reich der Nicht-Seligen* unten: »inferna« also primär der besondere Ort der endgültig *Verdammten* (hebräisch »Gehénna«, »Hölle«). Zusammen gesehen wird dieses Reich mit drei weiteren unterweltlichen Bezirken: dem Fegefeuer (»Purgatorium«), der Vorhölle für die alttestamentlichen Gerechten (»Limbus patrum«) und schließlich auch noch der Vorhölle der ungetauften Kinder (»Limbus puerorum«).

Von daher fragt man sich natürlich: was setzt ein »descensus ad inferos«, ein Abstieg Jesu in die Unterwelt, an Vorstellungen voraus? Ist es einfach ein Gang ins Totenreich, eine *Todesfahrt* – oder ist es ein Gang ins Reich der Nichtseligen, eine *Höllenfahrt*, zu den alttestamentlichen Gerechten oder gar zu den Verdammten? Neuerdings hat man ohne viel Aufhebens in unseren Kirchen den Wortlaut des deutschen Glaubensbekenntnisses geändert: Früher hieß es »abgestiegen (niedergefahren) zu der Hölle«, jetzt aber (ökumenisch!) »hinabgestiegen in das Reich des Todes«! Eine rein sprachliche Änderung? Man hat diese Änderung in den Gemeinden angenommen, als ob es nur um verständlicheres, besseres Deutsch ginge. Hinter der besseren sprachlichen Fassung verbirgt sich aber eine deutliche Inhaltsverschiebung. Was also ist nun eigentlich der »apostolische Glaube«: Jesu Todesfahrt oder Jesu Höllenfahrt – oder ist vielleicht beides ein Mythos?

Votiert man für die *erste Variante* und sagt ganz neutral, daß Jesus in das Totenreich »hinabgestiegen« sei, so macht das Bekenntnis zunächst kaum Probleme: Es geht ja über die *Affirmation des Todes* Jesu nicht hinaus. Nur fragt man sich bei erneutem Bedenken: Wenn man schon das Gekreuzigt-, Gestorben- und Begrabensein bekannt hat, warum noch ein eigener Glaubensartikel bezüglich des Totenreichs?

Geht es deshalb bei diesem Glaubensartikel nicht doch um mehr als nur um die bildhafte Bekräftigung von Jesu Tod? War hier nicht eigentlich schon immer ein *eigener Vorgang zwischen Tod und Auferweckung* gemeint: eine wie immer verstandene Höllenfahrt? Die Frage freilich bei dieser *zweiten Variante* ist: Läßt sich eine solche Aktion (oder Passion) über den Tod hinaus vom neuen Testament her rechtfertigen?

4. Eine Aktion Jesu in der Unterwelt?

Nur eine einzige Stelle in dem späten, nichtauthentischen *ersten Petrusbrief* läßt sich für eine eigentliche Wirksamkeit Jesu *zwischen* Tod und Auferweckung anführen. Sie spricht vom getöteten Christus, der im Geist hingegangen ist und jenen Geistern im Gefängnis gepredigt hatte, die zur Zeit Noahs und der Sintflut ungehorsam waren: »Denn auch Christus ist der Sünden wegen ein einziges Mal gestorben, er, der Gerechte, für die Ungerechten, um Euch zu Gott hinzuführen; dem Fleisch nach wurde er getötet, dem Geist nach lebendig gemacht. So ist er auch zu den Geistern gegangen, die im Gefängnis waren, und hat ihnen gepredigt. Diese waren einst ungehorsam, als Gott in den Tagen Noahs geduldig wartete, während die Arche gebaut wurde; in ihr wurden nur wenige, nämlich acht Menschen, durch das Wasser gerettet.«[13] Wie ist diese rätselhafte Stelle zu verstehen, über die unendlich viel geschrieben wurde und deren Verständnis doch die ganze Kirchengeschichte hindurch widersprüchlich blieb? Zumindest vier Interpretationen lassen sich unterscheiden:

Geht es bei dieser Stelle um eine *Predigt Jesu im Totenreich*, um allen Toten Gelegenheit zur Bekehrung zu geben, wie die griechische Theologie seit Clemens von Alexandrien annahm? Oder um den *präexistenten Christus*, der schon vor seiner Menschwerdung, seiner göttlichen Natur entsprechend, durch den Mund Noahs den Sündern vor der Sintflut gepredigt habe, wie die augustinisch-mittelalterliche Theologie meinte? Oder meint die Stelle einfach den Tod Jesu, der nach Luther und Calvin als ein Erleiden auch der Höllenqualen der Verdammten verstanden werden muß: nicht als Höllenaktion, sondern als *Höllenpassion*, als das Erfahren von Gottes Zorn im Tod und als Anfechtung zur Verzweiflung? Oder ist die *Seele (»Geist«) Jesu* gemeint, die *zwischen Tod und Auferweckung den Gerechten* des alten Bundes das Evangelium *verkündet* hat (im Limbus der Väter), wie schließlich die gegenreformatorische Theologie meinte?

Doch alle diese vier Interpretationen sind, weil allesamt im Widerspruch zum Text selber, von der modernen Exegese aufgegeben worden. Erst seitdem der protestantische Exeget F. Spitta in den »Geistern«, denen Christus zu predigen hatte, rebellische Engel erkannte, und der Katholik K. Gschwind diese Verkündigung nicht mehr als einen Vorgang *zwischen* Tod und Auferweckung, sondern als eine Tätigkeit des Auferweckten selber verstand, war man auf der richtigen Spur. Und schließlich konnte man – dies zeigten die Forschungen von W. Bieder, B. Reicke, N. Brox, W. J. Dalton – Parallelen zur zeitgenössischen apokryphen Literatur, besonders den beiden Fassungen des frühjüdischen Henoch-Buches, nachweisen und so den schwierigen Text in seinem wohl ursprünglichen Sinn besser verstehen: Christus verkündet hier, durch den Geist verwandelt, auferweckt wie ein neuer Henoch bei seiner Himmelfahrt (nicht Höllenfahrt!), den gefallenen Engeln in den unteren Luftregionen (nicht im Innern der Erde!) ihre definitive Verurteilung[14].

Dies kann man sich nur vom *Weltbild* her klarmachen, das eine solche Aussage voraussetzt. In der christlichen Frühzeit hatte sich unter dem Einfluß hellenistischer Ideen das Weltbild zu ändern begonnen: Das Bild vom dreistöckigen Universum (Himmel, Erde, Unterwelt) wurde vielfach ersetzt durch das Bild einer sich frei bewegenden, von Planetensphären umgebenen Erde; die Himmelsregion über dem Mond war dabei den Göttern und die unter dem Mond den Geistern der Menschen und den dämonischen Mächten vorbehalten. In diesem »zweiten Himmel« werden nach dem vermutlich christlich überarbeiteten slawischen Henoch-Buch (ungefähr aus der Zeit des ersten Petrusbriefes!) die gefallenen Engel zum Zwecke ihrer Bestrafung gefangengehalten. Eine solche Idee ist dem Neuen Testament keineswegs fremd. Denn die Vorstellung von einer Himmelfahrt Jesu zur Bezwingung feindlicher Mächte – schon Rudolf Bultmann weist darauf hin[15] – findet sich auch an anderen Stellen des Neuen Testaments. So im Epheserbrief[16]: »Er stieg hinauf zur Höhe und erbeutete Gefangene«, er gab den »Menschen Geschenke«. So auch im Kolosserbrief: »Derselbe, der herabstieg, ist auch hinaufgestiegen bis zum höchsten Himmel, um das All zu beherrschen.«[17]

Wie immer: von einer Höllenfahrt Jesu zwischen Tod und Auferweckung bleibt bei diesem Befund nichts mehr übrig. Denn es geht ja in diesem Text offenbar gerade nicht um einen Abstieg Jesu in die Hölle, sondern um seinen Aufstieg in den Himmel. Was aber ist dann von diesem Glaubensartikel noch zu halten, der nach Adolf von Harnack in der alten Kirche »nahezu *das* Hauptstück der Verkündigung vom Erlöser« war, aber jetzt in den Kirchen nur noch »eine vertrocknete Reliquie« darstelle[18]? Ich möchte hier nur einige Orientierungsmarken angeben:

1. Daß Jesus *gestorben und begraben* wurde, dies ist nach jüdischem und judenchristlichem Verständnis gleichbedeutend mit der Aussage, daß er in der »Scheól«, in den »Hades«, in die »Totenwelt« gegangen ist. Und in manchen altkirchlichen und mittelalterlichen Exegesen des

Glaubensbekenntnisses wird das »descendit« (abgestiegen) denn auch als gleichbedeutend mit dem »mortuus et sepultus« (gestorben und begraben) nicht gesondert ausgelegt.

2. Ist »Abstieg zur Hölle« aber im Sinn der Reformatoren ein Ausdruck für die reale *Gottverlassenheit* Jesu im Tod, wäre dies zwar vom Neuen Testament gedeckt, hätte aber keines eigenen Glaubensartikels neben Tod und Begräbnis bedurft. Ein psychologisierender Einblick in eine Gewissensangst Jesu, aber auch eine spekulative Interpretation seines »höllischen« Seelenleidens als Sieg über die Hölle vor der Auferweckung sind aufgrund der Quellen kaum möglich.

3. Es gibt keinen eindeutigen neutestamentlichen Beleg für einen Abstieg Jesu (oder seiner Seele) in die Hölle *nach* dem Tod, der mehr als ein Eingehen in die Totenwelt besagte. Das Neue Testament *schweigt* über eine *Passion oder Aktion Jesu zwischen Tod und Auferweckung*: Weder von einer postmortalen *Leidens*fahrt ist die Rede: einer Höllenfahrt als letztem Ausdruck seines Leidens, einem letzten Akt der Erniedrigung nach dem Tod;
noch ist irgendwo die Rede von einer postmortalen *Triumph*fahrt: einer Höllenfahrt als Ausdruck seines Sieges, einem ersten Akt der Erhöhung vor der Auferweckung.

Traditionsgeschichtlich wird man sagen müssen: die Vorstellung von einer Tätigkeit Jesu zwischen seinem Tod und seinem neuen Leben beruht weitgehend auf spekulativem Interesse: abgeleitet aus bestimmten Stellen des Neuen Testaments, die passivisch vom Erleiden des Todes reden[19]. B. Reicke hat deshalb recht, wenn er herausstellt, »daß zum messianischen Drama« auch ein Hadesaufenthalt Christi gehören mußte, »damit sein Tod und sein Sieg über den Tod richtig betont« werden konnten[20]. Wird im heutigen Licht der Tod als ein Hineinsterben in Gott und die Auferweckung als die Aufnahme aus dem Tod in Gottes ewiges Leben verstanden, wie in diesen Vorlesungen dargelegt, so wird die Frage nach einer Zwischen-»Zeit« von vornherein gegenstandslos.

4. Unsere *Solidarität mit den Toten*, besonders mit den tödlich Verstummten und Vergessenen – ein wichtiges Anliegen der Theologie von J. B. Metz –, und überhaupt die *Heilsmöglichkeit der vor- und außerchristlichen Menschheit* (der alttestamentlichen Frommen, der von der Verkündigung nicht Erreichten, der ungetauften Kinder) kann theologisch auch ohne die mythologische Vorstellung einer Predigt Jesu in der Vorhölle begründet werden. Man muß dafür nicht eine so problematische Leidens- oder Triumphfahrt Jesu in eine (heute von

vornherein nicht mehr vorstellbare) Unterwelt bemühen, um das universale Gnadenhandeln Gottes an den Menschen, wie es sich im Kreuz Jesu Christi manifestierte, anschaulich zu machen.

5. Aus all dem erhellt sehr deutlich die *geschichtliche Relativität gerade der Glaubensaussage vom Descensus:* Ursprünglich gab es in den verschiedenen Kirchengebieten verschiedene Glaubensbekenntnisse. Das sogenannte Apostolische Glaubensbekenntnis, schon seit dem 15. Jahrhundert in seiner Apostolizität umstritten, läßt sich – dies hat der »Apostolikumstreit« des 19. und beginnenden 20. Jahrhunderts gezeigt – nicht auf die Apostel zurückführen, wie eine um 400 entstandene Legende es wahrhaben will. Das Apostolikum hat sich allmählich entwickelt; es hat erst im 5. Jahrhundert (in Spanien und Gallien) seine heutige Form gefunden und ist erst im 10. Jahrhundert in Rom von Kaiser Otto I. anstelle des Nicäno-Konstantinopolitanum als Taufsymbol eingeführt worden. Der »descensus ad inferna« findet sich erst in der Mitte des 4. Jahrhunderts zum erstenmal in einem Glaubensbekenntnis[21]; was hier zunächst Beschreibung des Todesschicksals Jesu war, wird im Westen freilich bald als erster Akt des Sieges Jesu über den Teufel verstanden.

Die späte Einfügung dieses Glaubensartikels in das Apostolikum ist vom Schriftbefund her mehr als verständlich: Während Tod und Auferweckung Jesu schon zu den ältesten Schichten des Neuen Testaments gehören, allen neutestamentlichen Schriften gemeinsam und so für den neutestamentlichen Glauben ganz und gar zentral sind, ist die Höllenfahrt Jesu, im qualifizierten Sinn einer Tätigkeit zwischen Tod und Auferweckung, wie wir sahen, im Neuen Testament überhaupt nicht bezeugt. Während der älteste neutestamentliche Zeuge, der Apostel Paulus, von Höllenfahrt und Himmelfahrt kein einziges Wort sagt, verteidigt er Kreuz und Auferweckung unerbittlich als die Mitte der christlichen Predigt. Man kann deshalb die Frage hören: Wird unter diesen Umständen der Descensus nicht besser aus dem Credo eliminiert? Dazu ein Dreifaches:

- Nicht alle Sätze des Apostolikums können auf die gleiche Stufe gestellt werden: Es gibt, wie die katholische Theologie seit dem Zweiten Vatikanum sagt, eine »Hierarchie der Wahrheiten«; es gibt, wie die neuere evangelische Theologie sagt, eine »Mitte der Schrift«.
- Das Apostolikum soll trotz seiner Problematik nicht ersetzt werden: Es ist ein Ausdruck der altkatholischen Tradition und hat zugleich

ökumenische Bedeutung auch für die evangelischen Kirchen, ihre Katechese, ihre Theologie und ihren Gottesdienst.

- Das Apostolikum muß, wenn es nicht von vornherein unverstanden bleiben soll, in *allen* seinen Sätzen kritisch für unsere Zeit interpretiert werden.

Nicht jede Aussage im Apostolikum muß wörtlich verstanden werden. Und gerade die Aussagen über Höllenfahrt und Himmelfahrt sind – abgesehen von ihrem problematischen Schriftfundament – nun einmal mehr als andere an die verschiedenen antiken Weltbilder gebunden. Nicht zuletzt dies läßt uns fragen: Kann man heute überhaupt noch an eine Hölle glauben?

5. *Problematischer Höllenglaube*

Drei Menschen werden an den Ort ihrer Verbannung geführt: ein mieses Hotel, von dessen Schäbigkeit und Banalität man überrascht ist. Für ewig sind diese drei Menschen, alle schuldig, aneinander gebunden, voneinander abhängig: ein Teufelskreis, wo jeder zum Peiniger und zum Gepeinigten zugleich wird: »Also dies ist die Hölle. Niemals hätte ich geglaubt ... Ihr erinnert euch: Schwefel, Scheiterhaufen, Bratrost ... Ach, ein Witz. Kein Rost erforderlich, die Hölle, das sind die anderen.« So heißt es am Ende des Stücks. »Huis clos« (»Bei geschlossenen Türen«) gilt als eines der besten Theaterstücke von *Jean-Paul Sartre*[22]. Der Rückgriff auf christliche Jenseitsvorstellungen überrascht. Doch dem Zuschauer wird je länger desto mehr klar: Das hier als Hölle geschilderte Totenreich ist in Wirklichkeit die Welt des Menschen selber; die »Hölle« hat ihr Erfahrungskorrelat im Umgang des Menschen mit dem Menschen. Wahrhaftig: »Die Hölle – das sind die anderen!«[23]

Wie rasch geht uns oft dieses Wort von den Lippen: Die »Hölle von Indochina und Auschwitz«, das »Inferno von Hiroshima und Nagasaki«; wie rasch hat man in Despoten und Tyrannen aller Art »den Teufel in Menschengestalt« erkennen wollen. Unbestreitbar freilich ist: unsere Erde sieht manchmal – angesichts von Krieg, Terror, Zerstörung, Ausbeutung – der Hölle zum Verwechseln ähnlich. Albert Camus' »Die Pest«, Norman Mailers »Die Nackten und die Toten«, Alexander Solschenizyns »Der erste Kreis der Hölle« schildern solch irdische

Wirklichkeiten der »Hölle«. Wie oft ist das Angesicht des Menschen, der den Mitmenschen terrorisiert und kaputtmacht, zu einer teuflischen Fratze verzerrt, wie oft leidet der Mensch unter dem höllischen Terror von Anonymität und Grausamkeit, von brutalen Strukturen und Abhängigkeitsverhältnissen. Und doch hätte man den ganzen Ernst der hier angezeigten Problematik verfehlt, wäre Hölle nur eine Chiffre für die Erfahrung unfaßbarer Grausamkeiten und Brutalitäten unter Menschen. Die Frage wird *theologisch* brisant, wenn wir fragen, ob diesen Höllenerfahrungen hier und jetzt möglicherweise auch eine Hölle »drüben« entspricht.

Manche Theologen pflegen bei diesem Thema – direkt gefragt – verlegene, ausweichende Antworten zu geben: es sei dies »kein Thema mehr«[24]. Die alten mythologischen Vorstellungen hat man längst aufgegeben, ohne klare neue Antworten geben zu können. Freilich, mit klaren Antworten macht man sich in unseren Kirchen leicht unbeliebt, und dies nach beiden Seiten, wie zuletzt noch der weit beachtete *Streit um die Hölle* in der Kirche Norwegens (lutherischer Konfession) 1953 und die folgenden Jahre gezeigt hat[25]. Da drohte der emeritierte Dogmatikprofessor O. Hallesby im Rundfunk den Hörern: »Ich spreche sicher heute abend zu vielen, die wissen, daß sie unbekehrt sind. Du weißt, wenn du tot zu Boden stürztest, würdest du direkt in die Hölle stürzen, usw.«[26] Dagegen nahm der Bischof von Hamar, Kristian Schjelderup, heftig Stellung: »Ich bin froh, daß am Jüngsten Tage nicht Theologen und Kirchenfürsten, sondern der Menschensohn selbst uns richten wird. Und ich zweifle nicht daran, daß die göttliche Liebe und Barmherzigkeit größer ist als die, die in der Lehre von der ewigen Pein in der Hölle zum Ausdruck kommt ... Für mich gehört die Lehre von der ewigen Höllenstrafe nicht in die Religion der Liebe.«[27] Was also gilt?

Wer als Katholik diesen Streit unter Lutheranern als peripher abtun möchte, sei daran erinnert, daß die Existenz der Hölle in den frühen Glaubensbekenntnissen zwar nicht ausdrücklich erwähnt wird, wohl aber in zwei Bekenntnissen der ausgehenden Väterzeit, in der Fides Damasi[28] und im Symbolum Quicumque[29]. Und nach der Synode von Konstantinopel 543 bestätigte das größte Konzil des Mittelalters, das Vierte Laterankonzil 1215, feierlich, daß »die einen mit dem Teufel die ewige Strafe und die anderen mit Christus die ewige Herrlichkeit empfangen«[30]. Und – wie viele mag man wohl zu »den einen«, die mit dem Teufel in die Hölle gehen, gezählt haben? Zweifellos nicht wenige. Denn das Konzil von Florenz erklärte 1442 – selbstverständlich ohne über Einzelne zu urteilen, aber doch in klarer Bejahung einer Kollektivschuld – ganze, riesige Gruppen von Menschen (faktisch alle Nichtkatholiken) als verdammungswürdig: »Die heilige römische Kirche ... glaubt fest, bekennt und verkündet, daß niemand außerhalb der katholischen Kirche, weder Heide noch Jude noch Ungläubiger oder ein von der Einheit Getrennter – des ewigen Lebens teilhaftig wird, vielmehr dem ewigen Feuer verfällt, das dem Teufel und seinen Engeln bereitet ist, wenn er sich nicht vor dem Tod ihr (der katholischen Kirche) anschließt.«[31]

Aber auch für die Katholiken selber gilt, was Benedikt XII. in der Konstitution »Benedictus Deus« schon 1336 definiert hatte: »Wir bestimmen: wie Gott allgemein angeordnet hat, steigen die Seelen derer, die in einer tatsächlichen schweren Sünde verschieden, sofort in die Hölle hinab, wo sie von höllischen Qualen gepeinigt werden.«[32] Die Auffassung jenes norwegisch-lutherischen Dogmatikers (unterstützt von der Gemeindefakultät im Gegensatz zur staatlichen Theologischen Fakultät von Oslo) ist also in christlicher Tradition alles andere als schwach begründet. Dagegen hat nun freilich das Zweite Vatikanische Konzil – allerdings ohne die nach römischem Verständnis zweifellos unfehlbare und irreformable Definition von Florenz ausdrücklich zu revozieren oder zu korrigieren – erklärt, daß selbst Atheisten guten Glaubens ihr ewiges Heil erreichen können[33]. Aber damit ist die Frage nach der Hölle, die auf dem Vatikanum II nicht behandelt wurde, selbstverständlich nicht erledigt. Also auch hier die Frage: Was gilt nun?

Das Problem »Hölle« darf schon deswegen nicht mit Stillschweigen übergangen werden, weil die *Angst vor der Hölle* – »Höllenangst« ist sprichwörtlich geworden – im Laufe der Jahrhunderte unabsehbaren Schaden gestiftet hat. Wer auch nur wenig in all den Höllenpredigten seit der Väterzeit gelesen hat, etwa die eines Chrysostomos oder eines Augustin, von dem selbst alle ungetauften Kinder wegen einer behaupteten Erbschuld in die Hölle verdammt werden, wird verstehen, wie sich im christlichen Volk, aber auch in der christlichen Kunst, in der niederen und höheren Literatur (Dantes »Inferno«) wilde, oft geradezu sadistische Phantasien von den Verdammten und allen möglichen absurden Höllenqualen bilden konnten. Luca Signorellis »Sturz der Verdammten« im Dom zu Orvieto und die Bilder von Hieronymus Bosch legen hier illustres illustratives Zeugnis ab! Man darf es nicht verschweigen: Sex- und Schuldkomplexe, Sünden- und Beichtmechanismen spielen da mit, und nicht zuletzt die Macht der Kirche über die

Seelen, die durch nichts besser abgesichert schien als durch die Angst vor ewiger Verdammung. Das Ergebnis: eingeschüchterte, verängstigte Christen hatten Angst und machten Angst! Was die Frommen, Moralisten, Asketen oft selber bedrängte (von der unterdrückten Sexualität und Aggressivität bis zu den niedergehaltenen Glaubenszweifeln), kämpften sie kompensierend in anderen nieder. Um sich und andere – besonders die Häretiker, Juden, Hexen, Ungläubigen jeder Art – vor der Hölle zu retten, schien jedes Mittel recht. Mit Schwert, Folter und immer wieder mit Feuer ging man gegen alle die Verdammungswürdigen, fürs Höllenfeuer Bestimmten vor, damit durch den Tod des Leibes im Diesseits vielleicht doch noch die Seele fürs Jenseits gerettet werde. Zwangsbekehrungen, Ketzerverbrennungen, Judenpogrome, Kreuzzüge, Hexenwahn im Namen einer Religion der Liebe, die Millionen von Menschenleben gekostet haben (allein in Sevilla sind in 40 Jahren 4000 Menschen von der Inquisition verbrannt worden). Wahrhaftig: den letzten Gerichtstag, beschworen von der Sequenz »Dies irae, dies illae« (»Tag des Zornes, Tag der Tränen«), welche Papst Pius V., der frühere römische Großinquisitor, 1570 in die Totenmesse einführte, diesen Gerichtstag hat die Kirche schon vor dem Erscheinen des Weltenrichters ungezählte Male in angemaßter Autorität unbarmherzig selbst vollzogen. Und leider sind ja auch die Reformatoren – vom Teufels- und Höllenglauben selber geprägt und gequält – vor der gewaltsamen Verfolgung der Ungläubigen, Juden, Ketzer und der »Schwärmer« insbesondere keineswegs zurückgeschreckt[34]. In der Tat: wenn doch nur der Menschensohn selber und nicht Theologen und Kirchenfürsten zu Gericht gesessen hätte . . .

Was die katholischen Theologen *Thomas und Gertrude Sartory* in ihrem Buch »In der Hölle brennt kein Feuer«[35], der umfassendsten heutigen Darstellung der theologischen Höllenproblematik, geschrieben haben, tönt hart, ist aber bedenkenswert: »Keine Religion der Welt (keine einzige in der Menschheitsgeschichte) hat so viele Millionen Andersdenkender, Andersglaubender auf dem Gewissen. Das Christentum ist die mörderischste Religion, die es je gegeben hat. Damit müssen die Christen heute leben, eine solche Vergangenheit haben sie zu ›bewältigen‹. Und die eigentliche Ursache dieser Perversion christlichen Geistes ist der ›Höllenglaube‹. Wer überzeugt ist, daß Gott einen Menschen aus keinem anderen Grund, als weil er ein Heide, Jude oder Ketzer ist, für alle Ewigkeit in die Hölle verdammt, der konnte gar nicht anders, als auch seinerseits alle Heiden, Juden und Ketzer für ›keinen

Schuß Pulver wert‹ zu halten, für daseinsunwürdig und lebensunwert. Die fast völlige Ausrottung der nord- und südamerikanischen Völker durch die ›christlichen‹ Eroberer ist – so betrachtet – ganz konsequent. ›Taufe oder Tod‹ ist unter dem Aspekt des Höllendogmas eine verständliche Devise.«[36]

Wer dagegen einwenden möchte, heute würde niemand mehr verbrannt, sei daran erinnert,

1. daß dies nicht ein Verdienst der institutionellen Kirchen und ihrer Repräsentanten ist;
2. daß noch immer aus religiösem Fanatismus auch Christen andere in die Hölle verdammen und, wie in Nordirland und im Nahen Osten, in den Tod schicken;
3. daß der wesentliche Grund für die Bestätigung der schweren Sündhaftigkeit jeglicher Empfängnisverhütung durch Paul VI. war, daß anderenfalls Pius XI. und Pius XII. – man höre im Wortlaut das Dokument der Kommissionsminderheit unter Kardinal Ottaviani, welcher der Papst folgte – »höchst unklug Tausende menschlicher Akte, die jetzt gebilligt würden, mit der Pein ewiger Strafen verdammt hätten«[37].

Wie ist diese Geschichte zu bewältigen? Nur, indem wir ihre Ursprünge aufdecken und von dort her neu kritisch Maß nehmen. Erschreckend wird uns heute immer stärker bewußt, daß alles dies nichts, aber auch gar nichts zu tun hat mit dem, in dessen Namen dies alles inszeniert wurde: Jesus aus Nazaret. Nein, niemand wird sagen können, daß er dies alles gewollt habe. Für die Opfer ist dies freilich eine absurde, für die Nachgeborenen eine »entsetzliche« Erkenntnis. Wir, die wir als Christen heute leben, müssen damit fertig werden.

6. Jesus und die Hölle

Gewiß, auch Jesus hat von der Hölle gesprochen, wie man damals allgemein von der Hölle sprach: in der Sprache und Vorstellungsweise seiner Zeit, die von der *Apokalyptik* bestimmt war. Denn im Rahmen der apokalyptischen Bewegung, der neuen, »jenseitigen« Beantwortung des Vergeltungsproblems und der sich entwickelnden Auferweckungshoffnung, von der früher in diesen Vorlesungen die Rede war, hatte sich, so sahen wir, auch die Vorstellung von der Unterwelt, der Scheól, zu ändern begonnen:

Gelangten früher die Toten ohne Unterschied in die Unterwelt, so wird diese jetzt für die Guten ein Ort des Ausruhens und des Friedens (bis zur Auferweckung), für die Bösen aber ein Ort vorläufiger Strafe und nach dem Gericht ein Ort qualvoller Verdammnis. Dieser Ort für die Bösen wird jetzt auch zunehmend sprachlich unterschieden: »*Gehénna*« wird er genannt, griechischer Name für das aramäische »Gehinnam« und das hebräische »Gehinnom«. Etymologisch ist dieses Wort ableitbar von dem wegen Götzenopfern berüchtigten Hinnomtal südlich von Jerusalem. Dort befindet sich nach apokalyptischen Vorstellungen der Gerichts- und Verdammungsort, der sich von hier aus dann freilich noch weit unter die Erde ausdehnt. Finsternis (die Scheól ist finster) und Feuer (im Hinnomtal wurden Molochopfer und Leichen verbrannt) herrschen hier zugleich – ein eigentümlicher Widerspruch. Da das Alte Testament eine solche Vorstellung nicht kannte, mußte die Quelle eine andere sein. Es war das *äthiopische Henochbuch*, unter dessen Einfluß sich die Vorstellung von einer Gehénna (deutsch »Hölle«) durchsetzte, ein Buch, das zur Zeit Jesu weithin die gleiche Autorität besaß und als »heilige« Schrift galt.

Jesus selber hat bezüglich der Hölle zweifellos weithin die apokalyptischen Vorstellungen seiner Zeitgenossen geteilt. Dies zeigt zusammen mit den (in ihrer Authentizität freilich umstrittenen) Gerichtsreden vor allem die lukanische Parabel von Lazarus und dem reichen Prasser in der Hölle[38]. Aber gerade bei diesem Gleichnis, wie überhaupt aus der gesamten Verkündigung Jesu, wird ein Doppeltes deutlich:

a) Jesus ist *kein Höllenprediger:* Nirgendwo zeigt er direktes Interesse an der Hölle. Nirgendwo offenbart er besondere Wahrheiten bezüglich des Jenseits. Nirgendwo beschreibt er den Akt der Verdammnis und die Qualen der Verdammten, wie sie dann im 2. Jahrhundert die apokryphe Petrusapokalypse schildert, jene Hauptquelle für alle die zahllosen Höllenbeschreibungen bis hin zu Dantes neun Höllenkreisen, John Miltons »Paradise Lost« und des Angelus Silesius »Sinnliche Beschreibung der vier letzten Dinge«[39]. Nein, Jesus ist kein Apokalyptiker, der die stets gegebene fromme Neugierde der Menschen bezüglich des Jenseits befriedigt, der die unerfüllten Ängste und Hoffnungen des Hüben auf ein Drüben projiziert. Nur am Rande und in ganz traditionellen Redewendungen spricht er von der Hölle. Das Zentrum seiner Botschaft, die Eu-angelion – also nicht eine bedrohliche, sondern eine erfreuliche Botschaft – sein will, liegt anderswo, wie wir sahen, als wir von seinem Weg in den Tod sprachen.

Seine Höllenworte haben somit keine revelatorische oder definitorische Funktion, sind keine besonderen göttlichen Offenbarungen oder Definitionen. Nein, sie haben eine paränetische, eine ermahnende Funktion im Rahmen der Verkündigung des Gottesreiches: Der Mensch, auch wenn er es sich gern verschleiert, lebt in einer kritischen Situation. Herausgefordert ist er, sich zu entscheiden – für oder gegen seinen Egoismus, für oder gegen Gott und damit für Heil oder Unheil.

Für Jesus ist also die Herausforderung zur Entscheidung wesentlich. Denn eine Umkehr drängt sich – angesichts des herannahenden Endes – gebieterisch auf: Ein neues Denken und Handeln ist dringend erfordert. Diese Umkehr ist nur möglich im vertrauenden Sichverlassen auf die Botschaft, auf Gott selber, in jenem Vertrauen, das sich nicht beirren läßt und das *Glaube* genannt wird. Glaube hat so einen durch und durch positiven Sinn. Der Christ glaubt von daher »an« – das heißt vertraut unerschütterlich auf – den barmherzigen Gott, wie er sich durch Jesus Christus gezeigt und im Heiligen Geist wirksam geworden ist. Aber er *glaubt nicht »an«* – vertraut nicht auf – *die Hölle*. Hier liegt der wesentliche Unterschied. Sowenig wie im Vaterunser oder in den Seligpreisungen kommt die Hölle denn auch in den ersten Glaubensbekenntnissen vor.

b) Jesus *befreit von Dämonen*: Nicht nur Israel, die ganze antike Welt war voll von Dämonenglauben und Dämonenfurcht. Je ferner der große Gott, um so größer das Bedürfnis nach vermittelnden Zwischenwesen zwischen Himmel und Erde, guten ebenso wie bösen. Lang sind die Spekulationen über ganze Hierarchien von bösen Geistern, angeführt von Satan, Belial oder Beelzebub. Überall in den verschiedenen Religionen bemühten sich Zauberer, Priester, Ärzte um Bannung und Vertreibung der Dämonen. Das Alte Testament indessen war dem Dämonenglauben gegenüber recht zurückhaltend gewesen. 200 Jahre aber (539–331) gehörte Israel zum Großreich Persien, dessen Religion vom Dualismus zwischen einem guten Gott, von dem alles Gute, und einem bösen Geist, von dem alles Böse kommt, geprägt war. Eine Beeinflussung ist unübersehbar[40], und deutlich erscheint so der Dämonenglauben im Jahweglauben als ein spätes, sekundäres Moment, das denn auch im späteren und besonders heutigen Judentum wiederum kaum mehr eine Rolle spielt.

Jesus wiederum – in der Zeit massiven Dämonenglaubens lebend – zeigt nichts von einem solchen Dualismus persischer Provenienz, wo sich Gott und Teufel auf gleicher Ebene um Welt und Mensch streiten. Er predigt die Frohbotschaft von der Gottesherrschaft und nicht die Drohbotschaft von der Satansherrschaft. An der Figur eines Satans oder Teufels, an den Spekulationen über Engelsünde und Engelsturz ist er offensichtlich nicht interessiert. Nirgendwo findet sich eine Dämonenlehre entwickelt. Kaum finden sich aufsehenerregende Gesten, bestimmte Riten, Zaubersprüche und Manipulationen wie bei zeitgenössischen jüdischen oder hellenistischen Exorzisten. Krankheit und »Besessenheit« gewiß, aber nicht alle möglichen Übel und Sünden oder gar politische Weltmächte und deren Herrscher werden mit Dämonen in Verbindung gebracht. Die Heilungen und Dämonenaustreibungen Jesu aber sind ja gerade ein Zeichen, daß die Gottesherrschaft nahegekommen ist. Was umgekehrt heißt: die Herrschaft der Dämonen ist zu Ende! Der Satan ist wie ein Blitz vom Himmel gefallen, wie es bei Lukas heißt[41]. So verstanden, bedeutet die Dämonenaustreibung, bedeutet die Befreiung des Menschen vom Dämonenbann gerade nicht irgendeinen mythologischen Akt. Sie bedeutet ein Stück Entdämonisierung und Entmythologisierung von Mensch und Welt und die Befreiung zu wahrer Geschöpflichkeit und Menschlichkeit. Gottes Reich ist gute Schöpfung. Jesus will die Besessenen von den psychischen Zwängen befreien und durchbricht so den Teufelskreis von seelischer Störung, Teufelsglauben und gesellschaftlicher Ächtung.

Nein, wahrhaftig, die *Macht des Bösen*, wie sie im Leben und Sterben Jesu in ihrer ganzen Bedrohlichkeit zum Ausdruck kommt, *soll auch heute nicht verharmlost werden.* Verharmlost wird sie freilich auf zwei Weisen: Einerseits *durch die Privatisierung* des Bösen in den einzelnen Menschen nach der Vorstellung: es gibt nicht das Böse, sondern nur böse Menschen. Als ob sich so Phänomene wie der Nationalsozialismus theologisch deuten ließen! Das Böse als *Macht* ist sowohl vom Neuen Testament (»Mächte und Gewalten«) wie von modernen soziologischen Erkenntnissen her (»anonyme Mächte und Systeme«) wesentlich mehr als die Summe der Bosheiten der Individuen. Verharmlost wird das Böse andererseits aber auch *durch die Personifizierung* des Bösen in einem Heer individueller Geistwesen. Als ob etwa das Böse des Nationalsozialismus durch eine Teufelsbesessenheit Adolf Hitlers erklärt werden könnte. Als ob wir die mythologischen Vorstellungen vom Satan und seinen Legionen von Teufeln, die aus der babylonischen Mythologie ins frühe Judentum und von da ins Neue Testament eingedrungen sind, so einfach übernehmen könnten.

Mit Recht hat *Herbert Haag* dieser Art von personifiziertem Bösen, von Teufelsglauben, der unabsehbaren Schaden gestiftet hat, den »Abschied« gegeben[42]. Was sich auf keinen Fall vertreten läßt, ist jener törichte dualistische Schematismus, der gedankenlos voraussetzt: da es einen personhaften Gott gäbe, müsse es auch einen personhaften Teufel, da es einen Himmel, müsse es auch eine Hölle, da es ein ewiges Leben, müsse es auch ein ewiges Leiden geben. Als ob es, weil es ein Ding gibt, immer auch ein dazugehöriges Unding geben müsse; weil es Liebe gibt, auch immer Haß! Nein, Gott braucht nicht einen Antigott, um Gott zu sein. Nemo contra Deum nisi Deus ipse[43]! Aber die Frage bleibt natürlich: Gibt es eine Wirklichkeit des Bösen, die man die Hölle nennt, und ist die Existenz einer solchen Wirklichkeit gar zeitlich unbegrenzt?

7. *Die Hölle – ewig?*

a) Davon war die traditionelle Theologie der Hölle immer ausgegangen, seit sie 543 nach langen Streitigkeiten auf der genannten Synode von Konstantinopel eine offizielle Fassung erhielt: Gegen Origenes, dem so bedeutende Kirchenväter wie Gregor von Nyssa, Didymos, Diodor von Tarsus, Theodor von Mopsuestia, zeitweise auch Hieronymus folgten, wurde definiert (und anscheinend dann auch vom Papst Vigilius bestätigt): Die *Höllenstrafe* ist nicht nur auf Zeit verhängt; sie ist vielmehr zeitlich unbegrenzt, sie *dauert ewig*[44]. Man mache sich indessen klar, was das heißt: Ein Mensch, wegen einer einzigen »Todsünde« vielleicht, auf ewig verdammt, ewig unglücklich, ewig gequält! Ein Mensch, gewiß vielleicht ein Schwerverbrecher, aber eben doch ein Mensch, ohne alle Aussicht auf irgendeine Erlösung – auch nicht nach Tausenden von Jahren?

Es ist so leicht gesagt, besonders über andere: das Wort, welches der große Dante, in seiner »Commedia« (Ursprungs- und Hauptwerk der italienischen Literatur), selber doch allzusehr in der Rolle des Weltenrichters, über die Hölle schrieb: »Lasciate ogni speranza, voi ch'entrate« (»Laßt alle Hoffnung fahren, ihr, die ihr hier eintretet«)[45]. Was sich seit dem 17. Jahrhundert vereinzelte Kritiker in England (meist anonym), seit der Mitte des 18. Jahrhunderts aber viele in Europa ganz offen fragten, zeigte einen Wandel sowohl in der Einstellung zum Leiden anderer wie im Gottesverständnis an, der das Abschreckungspotential einer ewigen Höllenstrafe in den Hintergrund treten ließ[46]: Diese hoffnungslose, erbarmungslose, lieblose, diese grauenhafte physisch-psychische Tortur seiner Geschöpfe ohne Ende, so fragte man immer lauter, sollte ein Gott der Liebe, womöglich zusammen mit den Seligen im Himmel, eine Ewigkeit lang mit ansehen? Braucht dies der unendliche Gott wirklich wegen einer angeblich unendlichen Beleidigung (Sünde ist als des Menschen Tat doch nur ein endlicher Akt!) zur Wiederherstellung seiner »Ehre«, wie seine Verteidiger meinen? Ist er solch ein hartherziger Gläubiger? Ein Gott der Barmherzigkeit, von dessen Barmherzigkeit Tote ausgeschlossen wären? Ein Gott des Friedens, der den Unfrieden und die Unversöhntheit verewigte? Ein Gott der Gnade und Feindesliebe, der gnadenlos eine ganze Ewigkeit an seinen Feinden Rache nehmen könnte? Was würde man von einem Menschen halten, der derart unversöhnlich und unersättlich seinen Rachedurst befriedigte?

Aber auch abgesehen von diesem wahrhaft erbarmungslosen Gottesbild, das so allem widerspricht, was wir von Jesus über den Vater der Verlorenen annehmen dürfen: Darf man sich wundern, daß in einer Zeit, wo man in Pädagogik und Strafjustiz begonnen hat, auf reine Vergeltungsstrafen ohne eine Chance der Bewährung zu verzichten, vielen Menschen schon aus rein humanitären Beweggründen der Gedanke einer nicht nur lebenslänglichen, sondern einer gar ewigen Züchtigung von Leib und Seele reichlich monströs vorkommt? Sicher: in Glaubensfragen haben Mehrheiten nicht von vornherein recht. Aber auch nicht von vornherein unrecht, besonders wenn man sich in katholischer Theologie und Hierarchie bei anderen Fällen gerne, wo man sich bestätigt glaubt, auf das »gläubige katholische Volk«, den »sensus fidelium«, »den Glaubensinstinkt der Gläubigen« beruft: Schon 1967 antworteten in Deutschland auf die Meinungsumfrage, ob es eine Hölle gebe, mit Nein 78 Prozent der Protestanten und 47 Prozent der Katholiken[47]; 1980 waren es 83 Prozent der Protestanten und 59 Prozent der Katholiken (beim Fegefeuer 87 Prozent und 61 Prozent)[48].

Doch, so argumentieren manche Theologen, es sei ja nicht Gott, der – durch ein Verdikt von außen – den Menschen verdamme. Nein, es sei der Mensch selber, der – aus dem Inneren seiner Freiheit heraus – durch seine Sünde sich selbst verdamme! Nicht bei Gott liege die Verantwortung, sondern beim Menschen! Und durch den Tod werde die *Selbstverdammung* und Gottferne (kein Ort, sondern ein Zustand des Menschen) definitiv. *Definitiv?* Herrscht Gott nicht schon nach den Psalmen auch über das Totenreich? Was soll denn hier gegen den Willen eines allbarmherzigen und allmächtigen Gottes definitiv werden? Warum soll ein unendlich gütiger Gott die Feindschaft, statt sie aufzuheben, verewigen und die Herrschaft mit irgendeinem Gegengott faktisch auf ewig teilen wollen? Warum soll er hier kein Wort mehr zu sagen haben und soll deshalb eine *Reinigung, Läuterung, Befreiung, Erleuchtung* des schuldbeladenen Menschen auf ewig verunmöglichen?

b) *Reinigung, Läuterung, Befreiung, Erleuchtung:* Hier könnte vielleicht – ich möchte diese Gedanken nur einmal zum Überlegen geben – die particula veri, der wahre Kern, jener so problematischen Vorstellung von einem *Purgatorium*[49] liegen, welches im Deutschen seit dem Mittelalter mit der unglücklichen Bezeichnung *»Fegefeuer«* übersetzt wird. Der wahre Kern, der nur wahr bleibt, wenn die Vorstellung nicht verdinglicht wird! Purgatorium: eine Vorstellung, die sich in vielen Religionen (auch bei den Griechen und Römern, bei Platon und Vergil), nicht aber in den alt- und neutestamentlichen Schriften findet[50]; die sich erst in der Patristik (bei Origenes, Cyprian, Augustin und Gregor) und in der Liturgie durchsetzte; die dann freilich im Zusammenhang mit dem Armenseelenkult des Mittelalters eine übermächtige Rolle spielte und schließlich vom Konzil von Trient – das die Frage nach Ort und Art (Feuer) immerhin offen ließ und vor Neugierde, Aberglauben und Gewinnsucht warnte – definiert wurde[51]. Fragwürdig (und heute faktisch weithin außer Gebrauch) ist zweifellos der Ablaß, auch manche anderen frommen Werke und Privatoffenbarungen, die sich an die Vorstellung eines Purgatoriums gehängt haben, wogegen sich Martin Luther mit seinen Thesen von 1517 – die Reformation provozierend – weithin zu Recht gewendet hat.

Andererseits aber: wie kein Mensch ganz böse, so ist auch keiner ganz gut. Jeder Mensch, auch der beste, bleibt hinter sich selber zurück, seinen eigenen Ansprüchen und Normen, und holt sich so nie ganz ein. Damit er voll er selber sei, bedarf selbst der »Heilige« der Vollendung – nicht nach dem Tod, sondern im Tode selber. Und angesichts von so viel unabgegoltener Schuld in dieser Welt fragen sich manche Menschen nicht zu Unrecht: So kann es doch jedenfalls nicht sein, daß das Hineinsterben in Gott, die allerletzte Wirklichkeit, für alle ein und dasselbe ist – dasselbe für die Verbrecher und ihre Opfer, für die Massenmörder und die Masse der Gemordeten; für solche, die ein Leben lang um die Erfüllung des Willens Gottes gerungen haben, den Mitmenschen wahre Helfer, und für solche, die ein Leben lang nur ihren eigenen

Willen durchgesetzt und andere dabei verschlissen haben? Nein, der Wandel vom Scharlachrot der Schuld – um an ein Prophetenwort anzuknüpfen – in das Schneeweiß der Vergebung ist jedenfalls nicht Sache des schuldig gewordenen Menschen, gar eines bloß automatischen Vollzugs, den man – wie immer das Leben vorher war und ohne zur Verantwortung gezogen zu werden – getrost in Rechnung stellen könnte. Umgekehrt: wie diese Verantwortung, Reinigung, Läuterung erfolgt, ist nicht mehr spekulierender oder kalkulierender menschlicher Neugierde anheim gegeben, sondern bleibt Sache des gnädig richtenden Gottes, ist Gottes allumfassender letzter Gnadenakt.

Purgatorium, purificatio: Nicht einen Ort oder eine Zeit der Reinigung hat man sich hier vorzustellen, auch nicht ein Zwischenreich oder eine dem Tod nachgeschaltete Zwischenphase. Einzelne katholische und evangelische Theologen versuchen freilich noch heute, eine Zwischenphase[52] für die leiblose Seele zwischen dem Tod des einzelnen Menschen und dem Jüngsten Gericht theologisch zu begründen – gegen Schrift und moderne physiologische Erkenntnisse: Nach dem Tod wäre eine separate, leiblose Seele – sei es aufgrund ihres natürlichen Wesens (J. Ratzinger[53]) oder durch göttlichen Eingriff (O. Cullmann[54]) – bei Gott, um dann nach unvorhersehbar langem Warten (Ratzinger) oder gar Schlafen (Cullmann) erst am Jüngsten Tag mit dem Leib wieder vereinigt zu werden. Diese Versuche drohen hinter den heute philosophisch-theologisch-naturwissenschaftlich erreichten Denkstand zurückzufallen[55].

Denn: der Mensch stirbt als ganzer, mit Leib und Seele, als psychosomatische Einheit, von der schon eingehend in der vorausgegangenen Vorlesung die Rede war[56]. Doch dies meint gerade keine totale Vernichtung (»Ganztod« als »annihilatio« und ein Bleiben bestenfalls in der Menschen oder in Gottes »Gedächtnis«). Denn entscheidend ist: der Mensch stirbt nicht ins Nichts, sondern in Gott und so in jene Ewigkeit des göttlichen Jetzt hinein, die für den Verstorbenen die zeitliche Distanz dieser Welt zwischen persönlichem Tod und Endgericht irrelevant werden läßt. Des Menschen Zeitlichkeit ist jetzt vollendet in Gottes Endgültigkeit. Richtig sagt Karl Barth: »Der Mensch als solcher hat also kein Jenseits, und er bedarf auch keines solchen; denn Gott ist sein Jenseits. Daß er, Gott, als des Menschen Schöpfer, Bundesgenosse, Richter und Retter sein schon in seinem Leben und endgültig, ausschließlich und total in seinem Tode treues Gegenüber war, ist und sein wird, das ist des Menschen Jenseits. Er, der Mensch als solcher aber ist diesseitig und also endend und sterbend und wird also einmal nur noch gewesen sein, wie er einmal noch nicht war. Daß er auch als dieser Gewesene nicht Nichts, sondern des ewigen Lebens Gottes teilhaftig sein werde, das ist die ihm in diesem Gegenüber mit Gott gegebene Verheißung, das ist seine Hoffnung und Zuversicht. Ihr Inhalt ist also nicht seine Befreiung von seiner Diesseitigkeit, von seinem Enden und Sterben, sondern positiv: die ihm von dem ewigen Gott her bevorstehende Verherrlichung gerade seines von Natur und von rechtswegen diesseitigen, endenden und sterbenden Seins.«[57] Hineinsterben in Gott, so sahen wir, ist gerade nicht platonisch oder aristotelisch-thomistisch zu verstehen als eine Trennung von Leib und Seele, sondern als ein Akt gnädig richtender, reinigender, erleuchtender, heilender Vollendung: wodurch der Mensch durch Gott voll und ganz Mensch, eben »heil«, wird! Das *Purgatorium des Menschen* ist *Gott selber* im Zorn seiner Gnade: Die purificatio ist die Begegnung mit Gott, sofern sie den Menschen richtet und läutert, aber auch befreit und erleuchtet, heilt und vollendet.

Mit Recht schreibt deshalb der katholische Theologe Gisbert Greshake: »Von hier aus ist zu verstehen, was bereits angedeutet wurde, daß nämlich Gott selbst, die Begegnung mit ihm, das Fegefeuer *ist*. Das bedeutet aber: Wir brauchen nicht auf einen eigenen Ort oder gar auf eine eigene Zeit oder auf einen eigenen Vorgang zurückzugreifen, um das zu erfassen, was mit Fegefeuer gemeint ist. Erst recht brauchen wir keine kitschigen Vorstellungen zu entfalten über die ›armen‹ Seelen. Vielmehr können wir das, was die Kirche lehrt, seit früher Zeit gelehrt hat, als ein Moment der Gottesbegegnung im Tod verstehen. So sehen es viele neuere Theologen; auch der holländische Katechismus und das neue ökumenische Glaubensbuch legen es so aus. Deswegen sollte man auch den Ausdruck ›Fegefeuer‹ nach Kräften vermeiden und stattdessen von Reinigung und Läuterung als Moment der Gottesbegegnung sprechen. Dabei sollte vor allem klar sein, daß das Fegefeuer nicht – wie es so oft in der Volksfrömmigkeit erscheint – eine ›halbe Hölle‹ ist, die Gott geschaffen hat, um den Menschen, der nicht ganz schlecht, aber auch nicht ganz gut ist, zu strafen. Das Fegefeuer ist keine halbe Hölle, sondern ein Moment der Gottesbegegnung, nämlich der Begegnung des unfertigen und in der Liebe unreifen Menschen mit dem heiligen, unendlichen, liebenden Gott, eine Begegnung, die zutiefst beschämend, schmerzhaft und deswegen läuternd ist.«[58]

Das heißt: da es um ein Hineinsterben in die Dimensionen Gottes geht, wo Raum und Zeit in die Ewigkeit aufgehoben sind, kann nicht nur über Ort und Zeit, sondern auch über Art und Weise dieser reinigend-heilenden Voll-Endung nichts ausgemacht werden. Was bezüglich des Gebetes für die Toten – ganz kurz vermerkt – bedeutet: nicht ein kleingläubiges lebenslanges Beten (und kostspieliges Lesen von sogenannten »Seelenmessen«) für bestimmte »arme Seelen« im »Fegefeuer« ist geboten, auch nicht ein kaum verständliches Beten »mit« und »zu« den Toten. Wohl aber ist es angebracht, für die *Sterbenden* zu beten, der *Verstorbenen* aber ehrfürchtig-liebevoll zu gedenken und sie der Gnade Gottes zu befehlen – in der lebendigen Hoffnung, daß die Toten endgültig bei Gott sind: »Requiescant in pace! Sie mögen ruhen in Frieden!«

c) Freilich: gerade wenn man vom Grundgedanken eines Sterbens in Gott hinein ausgeht, verstanden als reinigende Voll-Endung, wird die alte Vorstellung von einem Ort *ewiger Strafe* um so fragwürdiger. Um an die Botschaft der Bibel zu glauben, braucht heute niemand mehr am biblischen Weltbild festzuhalten, an der Dreiteilung des Weltganzen in Himmel, Erde und Unterwelt, an die damit verbundenen kosmologisch-mythologischen und oft widersprüchlichen Vorstellungen von einem kosmischen Descensus et Ascensus, Abstieg und Aufstieg. Deutlich ist darüber hinaus geworden, daß, wer an Jesus Christus glaubt, nicht auch dessen Naherwartung des Reiches, die eine zeitbedingte, zeitgebundene apokalyptische Weltanschauung war, übernehmen muß; schon das Johannesevangelium läßt das Gericht ganz und gar in der Gegenwart ergehen (am Jüngsten Tag wird nach ihm nur das Urteil offenbar, das hier und heute ergeht). Auch das in der Apokalypse angekündigte tausendjährige Reich will in den Kirchen – von einigen Sekten abgesehen – niemand mehr wörtlich verstehen; schon Augustin hat ja diese biblische Vorstellung gegen »Millenaristen« (»Chiliasten«) in beinahe Bultmannschem Stil entmythologisiert und das tausendjährige irdische Reich Christi vor dem Weltgericht als die Herrschaft Christi in den Glaubenden interpretiert.

Warum also soll man nun gerade hier am Bibelbuchstaben kleben und die Bildrede vom »Ewigen Feuer« unbedingt wörtlich nehmen wollen? Finsternis, Heulen, Zähneknirschen, Feuer: alles harte Bilder für die drohende Möglichkeit, daß der Mensch seinen Lebenssinn völlig verfehlen kann. Schon Origenes, Gregor von Nyssa, Hieronymus und Ambrosius deuteten das Feuer metaphorisch. »Feuer« ist ein Bild für Gottes

Zorn, »ewig« wird auch im hebräischen, griechischen und modernen Sprachgebrauch nicht immer im strengen Sinn genommen (»das dauert ja ewig« = endlos, unbestimmt lang!). Bei der »ewigen Strafe«[59] des Endgerichts liegt der Akzent darauf, daß diese Strafe definitiv, endgültig, für die ganze Ewigkeit entscheidend ist, nicht aber darauf, daß die Qual ewig andauern werde. Wie im Judentum, so wird auch im Neuen Testament die Strafzeit für die Sünden nicht einheitlich gesehen: Neben Aussagen über eine ewige Strafe wird an anderer Stelle auch eine völlige Vernichtung (»ewiges Verderben«)[60] vorausgesetzt. Und immer wird in der Kirchengeschichte neben dem traditionellen Dualismus auch die Möglichkeit der Vernichtung (annihilatio) oder aber der Allversöhnung (restitutio omnium, apokatástasis ton pánton) vertreten werden.

Aber wie die Schrifttexte im einzelnen auch interpretiert werden: die *»Ewigkeit« der Höllenstrafe* darf *auf keinen Fall absolut gesetzt werden.* Nein, sie bleibt Gott, seinem Willen und seiner Gnade, untergeordnet. Und einzelne Stellen deuten denn auch, im Kontrast zu anderen, eine Versöhnung aller, ein Allerbarmen, an. Wie etwa Paulus im Römerbrief sagt: »Gott hat alle in den Ungehorsam eingeschlossen, um sich aller zu erbarmen.«[61] Und wer es hier besser zu wissen vermeint, der möge sich auch die unmittelbar darauf folgenden Sätze sagen lassen, die Paulus fast ganz dem Alten Testament entnimmt: »O Tiefe des Reichtums, der Weisheit und Erkenntnis Gottes! Wie unergründlich sind seine Entscheidungen, wie unerforschlich seine Wege! Denn wer hat die Gedanken des Herrn erkannt? Oder wer ist sein Ratgeber gewesen? Wer hat ihm etwa gegeben, so daß Gott ihm zurückgeben müßte? Denn aus ihm und durch ihn und auf ihn hin ist die *ganze* Schöpfung.«[62]

d) Nein, dem Anfang und Ende der Wege Gottes ist mit einfachen Lösungen nicht beizukommen. Eines ist deshalb schon hier zu beachten, worauf im Zusammenhang der letzten Vorlesung über Weltende und Reich Gottes zurückzukommen sein wird: Die Problematisierung der Vorstellung von der Ewigkeit der Höllenstrafe, die im Neuen Testament aufs Ganze gesehen, nur eine geringe Rolle spielt, ist nicht identisch mit der Infragestellung des biblischen *Gerichtsgedankens,* der im Neuen Testament durchgängig vertreten wird. Das Sterben in Gott hinein hat, so bemerkten wir, richtend-reinigenden Charakter. Ein vordergründiger Universalismus – das werden wir noch deutlicher sehen –, der alle Menschen als von vornherein gerettet ansieht, würde dem Ernst des Lebens, würde der Bedeutung der sittlichen Entscheidungen und der

Schwere der Verantwortlichkeit des Einzelnen nicht gerecht. Ob die Höllenstrafe ewig ist oder nicht: der Mensch ist *voll verantwortlich*, nicht nur vor seinem Gewissen, das die Stimme seiner praktischen Vernunft ist, sondern auch vor der allerletzten Instanz, vor der auch seine Vernunft verantwortlich ist. Und es wäre zweifellos vermessen, wollte der Mensch das Urteil dieser allerletzten Instanz über sein Leben vorausnehmen. Weder so noch so können wir Gott die Hände binden, über ihn verfügen. Hier gibt es nichts zu wissen, nur alles zu hoffen[63].

Was also ist zur Hölle und zur Höllenstrafe zu sagen? Wir können das Gesagte jetzt zusammenfassen:

- Die Hölle ist in jedem Fall nicht mythologisch als Ort in der Ober- oder Unterwelt zu verstehen, sondern theologisch als ein in vielen Bildern umschriebener, aber doch unanschaulicher Ausschluß von der Gemeinschaft mit dem lebendigen Gott, als extreme letzte Möglichkeit der Gottesferne, die der Mensch von sich aus nicht von vornherein ausschließen kann: Der Mensch kann den Sinn seines Lebens verfehlen, kann sich von der Gemeinschaft Gottes ausschließen.
- Die neutestamentlichen Aussagen über die Hölle wollen keine Neugier und Phantasie befriedigende Information über ein Jenseits liefern. Sie wollen gerade für das Diesseits den unbedingten Ernst des Anspruchs Gottes und die Dringlichkeit der Umkehr des Menschen hier und jetzt vor Augen stellen: Dieses Leben ist der Ernstfall!
- Wer den Ernst biblischer Warnungen vor der Möglichkeit ewigen Scheiterns überhört, richtet sich selbst. Wer an der Möglichkeit eines solchen Scheiterns zu verzweifeln droht, kann die neutestamentlichen Aussagen vom Allerbarmen Gottes als Hoffnung auf sich beziehen.
- Die in manchen neutestamentlichen Bildworten bejahte »Ewigkeit der Höllenstrafe« (des »Feuers«) bleibt Gott und seinem Willen untergeordnet. Einzelne neutestamentliche Stellen, die in anderen nicht ausgeglichen sind, deuten die Vollendung einer Versöhnung aller, ein Allerbarmen an.

Nur in dieser christologisch bestimmten Perspektive wird auch die Auseinandersetzung mit der Hölle nicht privatistisch verengt auf die Frage nach meinem eigenen »Seelen-Heil«, sondern verweist den Menschen zurück auf die Wirklichkeit, in der er seine eigene Hölle so oft wiederfindet. Daß vom gekreuzigten und auferweckten Christus her die Verdammung zur Hölle das letzte Wort nicht ist, hat gerade hier und jetzt entscheidende Konsequenzen. *Jürgen Moltmann* deutet zu Recht darauf hin, wie sehr der Sieg über die Hölle »drüben« Kraft geben kann, an der *Beseitigung der Höllen »hüben«* zu arbeiten: »Die Höllenqualen sind nicht mehr ewig. Sie sind auch nicht das Letzte. ›Der Tod ist verschlungen in den Sieg. Hölle, wo ist dein Stachel‹, so löckt Paulus im 1. Korintherbrief wider den Stachel. Die Hölle ist offen. Man kann frei hindurch gehen. Und das gilt nicht nur für seine Hölle, sondern für alle Höllen auf dieser Erde. Gott hat am Gekreuzigten seine Zukunft anbrechen lassen. So dämmert ein Schimmer von Morgenröte auch über den Totenfeldern der Geschichte und in den Stätten des Mordes und auch über den alltäglichen kleinen Höllen des Lebens... Ist Christus wirklich auferstanden, so führt das zum Aufstand des Gewissens gegen die Höllen auf Erden und gegen alle, die sie anheizen. Denn die Auferstehung dieses Verdammten wird im Aufstand gegen die Verdammung des Menschen durch den Menschen bezeugt und auch schon verwirklicht. Je realer die Hoffnung an die zerbrochene Hölle glaubt, um so militanter und politischer wird sie im Zerbrechen der Höllen werden, der weißen, schwarzen und grünen Höllen, lauten und leisen.«[64]

Gerade weil nun die christliche Hoffnung den Widerstand dagegen mobilisiert, daß die Hölle nicht das letzte Wort behalten möge, soll nun auch diese Vorlesung nicht mit der Hölle schließen. Wie wir mit der Frage nach der Bedeutung des *Himmels* eingesetzt haben, so wollen wir auch mit dem enden, was mit Himmel gemeint ist. Es kann an dieser Stelle nur um einen kurzen Ausblick auf das denkerisch zu bewältigende Problem gehen. Da wir im ganzen dritten Vorlesungsblock immer wieder auf die Frage nach dem Himmel zurückkommen müssen, möchte ich mich hier auf drei knappe Thesen beschränken.

8. Der Himmel des Glaubens

»Himmel« ist das beladenste aller Menschenworte, könnte man ein Wort von Martin Buber in bezug auf »Gott« variieren. Kaum eines ist so besudelt, so mißbraucht, so zerfetzt worden. Was früher für die großen Fragen unseres Woher und Wohin stand, unser allumfassendes Glück:

das hat zunächst gelitten unter der Vermessung der Astronomen, der ernüchternden Ausblicke und Einblicke der Teleskope und Satelliten, der Raumfähren und Raumsonden;

das ist heute so oft verschlissen in Verlegenheit (»Ach du lieber Himmel!«), in Zorn (»Himmel noch einmal!«) oder in billigen Sprachklischees (»Ist das nicht himmlisch?«);
das muß nun herhalten für einfallslose Schlagertexte (»Wir kommen alle, alle, alle in den Himmel, weil wir so brav sind«), für billige Mondscheinromantik (»Und der Himmel hängt voller Geigen«), für gelangweiltes Hallelujasingen auf den Wolken (Ludwig Thoma, »Der Münchner im Himmel«). – Und doch: vom »Tien« der Chinesen bis zum Himmelspreis der deutschen Kirchenlieder hat dieses Wort seinen tief archetypischen religiösen Sinn behalten – ist jedenfalls so leicht nicht zu ersetzen durch etwas Anderes, Besseres, weil es zusammen mit der Erde noch immer das Ganze der Schöpfung meint.

Wir aber fragen hier nicht nach irgendeinem Himmel, von dem wir schwärmen, in den wir flüchten, bei dem wir schwören können. Nein, wir fragen nach einer letzten (und ersten) Wirklichkeit, an die wir als Menschen des 20. Jahrhunderts glauben und auf die wir vertrauen können: den Himmel des *christlichen Glaubens.* Ich will jetzt meine Überlegungen dazu in drei Thesen skizzieren.

- Der Himmel des Glaubens ist kein überweltliches Droben: kein Himmel im physikalischen Sinn.

Man muß heute nicht mehr lange begründen, daß das scheinbar über dem Horizont liegende, halbkugelähnliche Gewölbe, an dem Gestirne erscheinen, nicht mehr wie in biblischen Zeiten als die äußere Seite des Thronsaales Gottes verstanden werden kann. Der Himmel des Glaubens ist nicht der Himmel der Astronauten, wie gerade jene Astronauten, die den biblischen Schöpfungsbericht auf der ersten Fahrt zum Mond aus dem Weltall rezitierten, selber bezeugten. Nein, die naiv anthropomorphe Vorstellung von einem Himmel über den Wolken ist nicht mehr nachvollziehbar. Gott wohnt nicht als »höchstes Wesen« im örtlichen oder räumlichen Sinn »über« der Welt, in einer »Überwelt«. Christen glauben, daß *Gott in der Welt* ist.

- Der Himmel des Glaubens ist auch kein außerweltliches Drüben: kein Himmel im metaphysischen Sinn.

Es ist für die Auffassung des Himmels nicht entscheidend, ob die Welt, naturwissenschaftlich gesehen – wie man in der Neuzeit lange annahm –, unendlich ist in Raum und Zeit oder, wie heute viele kompetente Naturwissenschaftler nach Albert Einsteins Weltmodell voraussetzen, in Raum und Zeit endlich ist. Selbst ein unendliches Universum könnte den unendlichen Gott in allen Dingen nicht beschränken; der Glaube an Gott ist mit beiden Weltmodellen vereinbar. Nein, auch die aufgeklärt-deistische Vorstellung von einem Himmel ist nicht mehr nachvollziehbar. Gott west nicht im geistigen oder metaphysischen Sinne »außerhalb« der Welt in einem außerweltlichen Jenseits, in einer »Hinterwelt«. Christen glauben, daß *die Welt in Gott* ist.

- Der Himmel des Glaubens ist kein Ort, sondern eine Seinsweise; der unendliche Gott ist im Raum nicht lokalisierbar, durch die Zeit nicht begrenzbar. Wenn es also um den Himmel Gottes geht, dann um jene unsichtbare »Domäne«, jenen »Lebensraum« Gottes, des »Vaters«, für den der sichtbare physikalische Himmel in seiner Größe, Klarheit, Lichthaftigkeit freilich noch immer Symbol sein kann. Der Himmel des Glaubens ist nichts anderes als der verborgene, unsichtbar-unfaßbare Bereich Gottes, der der Erde gerade nicht entzogen, der vielmehr, alles zum Guten vollendend, Anteil gibt an Gottes Herrschaft und Reich.

Insofern also hat *Ludwig Feuerbach* in seinem Kapitel über den Unsterblichkeitsglauben durchaus richtig interpretiert, wenn er Gott den »unentwickelten Himmel« und den wirklichen Himmel den »entwickelten Gott« nennt. Gott und Himmel sind tatsächlich identisch: »Gegenwärtig ist Gott das Himmelreich, in Zukunft der Himmel Gott.«[65] Der Himmel ist die Zukunft von Welt und Mensch, die Gott selber ist.

Was kann der Glaube an einen Himmel für uns bedeuten? Der Himmel, auch darin hat Feuerbach recht, hat immer auch etwas zu tun mit unseren Phantasien und Träumen, mit dem Überschüssigen unseres Lebens, dem nicht Abgegoltenen. Artikulation von Auferweckungshoffnung bedeutet auch den Mut, zu unseren Träumen zu stehen, seien sie auch noch so privat und intim. Wieviel spielt hier mit an Persönlichem, Uneingestandenem, Unsagbarem! Es war die Dichterin, mit der wir diese Vorlesung begonnen haben und mit der wir sie auch beenden wollen, *Marie Luise Kaschnitz,* die den Versuch wagte, bei der Frage nach dem Himmel als Frage des Lebens nach dem Tod ganz und gar zurückhaltend, aber doch auch ganz und gar individuell, persönlich zu werden:

Glauben Sie fragte man mich
An ein Leben nach dem Tode
Und ich antwortete: ja
Aber dann wußte ich
Keine Auskunft zu geben
Wie das aussehen sollte
Dort

Ich wußte nur eines
Keine Hierarchie
Von Heiligen auf goldnen Stühlen sitzend
Kein Niedersturz
Verdammter Seelen
Nur

Nur Liebe frei gewordne
Niemals aufgezehrte
Mich überflutend

Kein Schutzmantel starr aus Gold
Mit Edelsteinen besetzt
Ein spinnwebenleichtes Gewand
Ein Hauch
Mir um die Schultern
Liebkosung schöne Bewegung
Wie einst von tyrrhenischen Wellen
Wie von Worten die hin und her
Wortfetzen
Komm du komm

Schmerzweb mit Tränen benetzt
Berg- und Tal-Fahrt
Und deine Hand
Wieder in meiner

So lagen wir lasest du vor
Schlief ich ein
Wachte auf
Schlief ein

Wache auf
Deine Stimme empfängt mich

Entläßt mich und immer
So fort

Mehr also, fragen die Frager
Erwarten Sie nicht nach dem Tode?
Und ich antworte
Weniger nicht[66]

Nein, wahrhaftig, weniger nicht. Vielleicht aber mehr . . .

C. DIE KONSEQUENZEN

VII. Menschenwürdiges Sterben

1. Medizin ohne Menschlichkeit?

Den zweiten, biblisch orientierten, Vorlesungsblock haben wir mit einem Ausblick auf Himmel und Hölle beschlossen, freilich ohne den Boden der Erde unter den Füßen zu verlieren. Ging es doch auch da um die Probleme dieser Erde hier und heute, denen wir jetzt allerdings wieder direkt unseren Blick zuwenden wollen: Vor dem Horizont unserer Zeit müssen im Licht der christlichen Hoffnung einige *Konsequenzen* gezogen werden. Im ersten Vorlesungsblock waren wir von dem Problem der Medizin ausgegangen, und dies soll auch jetzt wieder geschehen. Der Einstieg war damals die Krise des Gottesglaubens in der Medizin, wie sie sich seit dem 18. und 19. Jahrhundert abzeichnete; wir wollen jetzt diesen Teil mit der Krise des Wissenschaftsglaubens in der Medizin beginnen, wie sie erst in unseren Jahrzehnten sichtbar geworden ist.

Man muß es heute nicht mehr lange begründen: Der unbezweifelbare Fortschritt der Wissenschaft auf allen Gebieten läßt besonders in den Industrienationen viele *Zweifel aufkommen am Glauben an die Wissenschaft*: Immer mehr Menschen erkennen, daß Wissenschaft und Technologie den Fortschritt nicht mehr zu garantieren vermögen, daß sie nicht mehr Schlüssel zur wahren Gesundung, zum allgemeinen Wohl und zum Glück der Menschheit sind. Dem Report des Club of Rome von 1979[1] zufolge ist das »menschliche Dilemma« heute, wie Aurelio Peccei in der Einleitung ausführt, das Dilemma des Goetheschen Zauberlehrlings, der die Geister, die er rief, nicht mehr losbekommt und der als Täter zum Opfer seiner eigenen Erfindungen, »Errungenschaften«, wird. Und besteht heute denn nicht in der Tat ein paradoxer Widerspruch zwischen dem enormen technisch-wissenschaftlichen, finanziellen und organisatorischen Potential der modernen Gesellschaft einerseits und dem Mangel der Menschheit an moralischen und politischen

Fähigkeiten, dieses Potential zu nutzen, andererseits? Die Zukunft des Menschen scheint deshalb – aller Futurologie zum Trotz – ungewisser denn je: Ein nie gekanntes Ausmaß an Selbstverwirklichung für den Menschen liegt ebenso im Bereich des Möglichen wie eine unvorstellbare Katastrophe. Von allen Seiten hört man so immer dringendere Warnungen über den zutiefst ambivalenten Charakter des Fortschritts von Wissenschaft und Technologie, die so leicht jeglicher menschlicher Kontrolle entgleiten und heute eine – oft ins Apokalyptische übersteigerte – Zukunftsangst verbreiten.

Zukunftsangst, *Angst* überhaupt, verbreitet zunehmend auch der technische *Fortschritt der Medizin.* Gemeint ist jene immer mehr versachlichte Medizin, die den Menschen, so scheint es vielen, in ihrem Betrieb einfach als Objekt, als »Ding«, als »Sache«, behandelt. Gewiß: die Fortschritte der neuen Medizin sind für Fachleute und erst recht für Laien schlechthin bewundernswert, atemberaubend. In einem früher nicht einmal geträumten Ausmaß ist die Medizin ihrem gesetzten Ziel nähergekommen, Krankheiten zu heilen und Leben zu erhalten. Ihre methodischen und technischen Möglichkeiten sind immens, beinahe unbeschränkt: die Modifikation des genetischen Code, die künstliche Insemination, das Retortenbaby, die Transplantation, die endokrine Substitutionstherapie, die röntgendiagnostische Methode der Computertomographie und alles, was etwa da mit Organautomatik, Sensortechnologie, Laserstrahlen und Ultraschall zusammenhängt... Utopien erscheinen so realisierbar: realisierbar die Visionen einer keimfreien Welt durch Überwindung der Infektionskrankheiten, die Vision eines schmerzfreien Lebens durch Psychopharmaka, die Vision eines endlosen Lebens durch auswechselbare Körperteile, die Vision einer Steuerung und Beschleunigung der Evolution des Menschen durch die neue Eugenik (so etwa schon auf dem Ciba-Symposion von 1962). Ja, Unsterblichkeit: es gibt Enthusiasten in den Vereinigten Staaten, die für ein Einfrieren des menschlichen Organismus (statt Verbrennen der Leiche) und für Dormitorien (statt Friedhöfe) werben, um bei besseren medizinischen Techniken den Menschen wieder zum vollen Leben zurückzubringen und so den Tod zu überlisten.

Und doch: es sind gerade diese so unbeschränkten Möglichkeiten, die Realutopien, diese am Horizont aufscheinende Allmacht der Medizin, welche die Angstsymptome heute verbreiten. Denn mit welchen menschlichen, individuellen, sozialen, politischen Kosten, mit welchem Verlust an Freiheit und echtem Leben würde ein solcher Fortschritt erkauft? Hat dieses Rollen- und Menschenverständnis des Arztes als eines Monteurs und Reparateurs der biologisch-psychologischen Maschine »Mensch« nicht bereits unselige Folgen gezeitigt? Noch ist ja – in Deutschland und in der Welt – nicht vergessen, daß, fasziniert von einer totalitären Utopie, Vertreter einer solchen versachlichten Medizin vor wenigen Jahrzehnten an verbrecherischen Menschenexperimenten und industrialisierten Menschenvernichtungen teilgenommen haben, die alle Ungeheuerlichkeiten der unseligen Inquisition in den Schatten stellten. Und noch ist auch nicht vergessen, daß wiederum Vertreter einer solchen Medizin im Nürnberger Ärzteprozeß jene unbegreiflichen Verstöße gegen die Menschlichkeit – ohne menschliche Gefühle gegenüber den Opfern zu zeigen – in scheinbar rationaler Wissenschaftlichkeit zu erklären und die Verantwortlichkeit dabei kurzerhand auf die politischen Machthaber abzuschieben versuchten.

Kann man deshalb nicht verstehen, daß auch viele Mediziner wie etwa Alexander Mitscherlich aufgrund dieser Erfahrungen heute warnen vor einer *»Medizin ohne Menschlichkeit«*[2]: vor einer technologischen Medizin und Krankenpflege, die den Menschen wie ein Werkstück am Fließband behandelt; vor einer Apparatemedizin, die auf die Anwendung der menschlichen Sprache aus Zeitmangel weithin verzichtet und sie durch eine nur noch Spezialisten verständliche Fülle von Symbolen und Meßdaten ersetzt; vor einer entmenschlichten Medizin, die das Vertrauensverhältnis von Arzt und Patient emotional steril hält und menschliche Kontakte, freundliche Zuwendung, persönlichen Beistand auf das unumgängliche Minimum reduziert? Keine Frage: viele Ärzte, Krankenpfleger und Krankenschwestern beklagen dies alles selber und kämpfen dagegen an[3].

Ja, immer mehr Menschen haben heute Angst vor der Einlieferung, Ablieferung, Auslieferung in die Isolation unserer Großkrankenhäuser, wo die Zetteldiagnostik droht und das Personal nur die arbeitsteilige Verantwortung eines hochspezialisierten Dienstleistungsbetriebs wahrnimmt; wo noch mehr Apparate und Datenbänke das Interesse am lebendigen Patienten als Person ersetzen; wo Intensivstationen zu Maschinenzentren künstlicher Lebenserhaltung und technische Entwicklungen zum Selbstzweck werden; wo die Ärzte schon als Studenten auf Sachlichkeit und Wissenschaftlichkeit und sonst nichts getrimmt werden. Es ist beängstigend und muß allen zu denken geben, daß sich ein Medizinstudent, wie eine Untersuchung ergab, am Anfang seines Studiums noch berufen fühlt, dem Kranken zu helfen, daß daraus aber am Ende einer geworden ist, »der sich so selten wie niemand sonst unter den Studentengruppen sorgenvolle Gedanken um andere Menschen macht«[4]. Nein, die Angst vor einer ohn-menschlichen und so immer mehr un-menschlichen Medizin ist nicht unbegründet.

Ich akzentuiere überdeutlich und erwecke vielleicht den Eindruck, als ob ich mich gegen die neue technisierte Medizin überhaupt ausspreche, als ob ich *Wissenschaftlichkeit und Sachlichkeit, Technik und Spezialistentum, fachgerechte Hilfe* überhaupt verwerfe. Keineswegs! Wer wüßte nicht, daß gerade die Apparate als unentbehrliches Hilfsmittel den Arzt von vielen zeitraubenden Verrichtungen entlasten können, so daß er sich mehr als früher um die psychischen Belange seiner Patienten kümmern könnte. Wer wüßte nicht, daß gerade das Vertrauen auf die Apparate, darauf, daß noch etwas zu »machen« ist, für den Patienten zu einer beruhigenden emotionalen Stabilisierung führen kann. Und wer wüßte nicht, daß Ärzte nicht selten vom Patienten selber unter einen hohen Erwartungsdruck gesetzt werden, als ob ihre Krankheit nur eine vorübergehende Funktionsstörung sei und die Medizin mit allen technischen Mitteln ein störungsfreies, langes Leben ohne Kräfteverfall garantieren müsse ...

Und trotzdem wird man heute warnen müssen vor der Gefahr der Verselbständigung von Einzelaspekten. Einer konstruktiven Selbstkritik bedarf in der heutigen kritischen Situation doch wohl nicht nur die Theologie, sondern auch die Medizin, die heute mehr denn je im Spannungsfeld zwischen technischer Perfektion und Humanität steht: *wenn* sie nämlich zu einer echten *Bewußtseins- und Verhaltensänderung in Richtung auf mehr Ganzheitlichkeit und Menschlichkeit* kommen will, zu jener Menschenfreundlichkeit, die ja nicht nur moralisch, die auch medizinisch notwendig ist – für eine angemessenere Diagnose *und* effizientere Therapie. Krankheitsorientierte Medizin und patientenorientierte Medizin sind gewiß keine Alternative.

Und ist es nicht wahr: auch Ärzte können heute mehr, als sie dürfen; und sie wissen oft nicht, was sie sollen? Denn nicht alles, was technisch möglich ist, ist menschlich richtig und ethisch verantwortbar. »Darf die Medizin, was sie kann?«[5] Das ist heute die Leitfrage für die gesamte medizinische Ethik. Da steht der Arzt dann oft in der Spannung zwischen Machbarkeit und Verantwortbarkeit. Auch ihm stellt sich heute dringlicher denn je zuvor die Frage des Cui bonum: Wem diene ich mit dem, was ich weiß und kann? Hilft diese Therapie dem Menschen wirklich? Wird damit dem Patienten ein wirklicher Dienst erwiesen?

Eine tatsächliche Förderung seiner Möglichkeiten zur Selbstverwirklichung in Mitmenschlichkeit? Für ein menschenwürdiges Leben, ein menschenwürdiges Sterben?

»Die Heilkunde«, so beendet der Freiburger Medizinhistoriker *Eduard Seidler* seinen Überblick über die großartige Entwicklung der Medizin in der abendländischen Neuzeit, »steht heute am Ende einer gewaltigen Epoche des quantitativen Zuwachses an Erkenntnis- und Handlungsmöglichkeiten; wie im 3. vorchristlichen, im 12., im 16. und 18. Jahrhundert wäre die Zeit reif, dieses Wissen und Können geistig zu verarbeiten.«[6] Ja, die Zeit ist reif, das großartige medizinische Wissen und Können geistig zu verarbeiten: Eine der erfreulichsten, hoffnungsvollsten Entwicklungen heutiger Medizin ist, daß auf breiter, gar internationaler Ebene über die ethischen Grundlagen ärztlichen Handelns und Verhaltens nachgedacht, eine *ärztliche Deontologie oder Ethik* reflektiert wird. Dabei ist nicht nur an den Nürnberg-Kodex, die Erklärungen von Genf, Helsinki, Tokio zu denken. In den Mitteilungen der Deutschen Forschungsgemeinschaft liest man: »Das Spannungsverhältnis zwischen Ethik und Wissenschaft kann letztlich weder durch Deklarationen noch durch Kontrollmechanismen gelöst werden. Ähnliches gilt für das Spannungsverhältnis zwischen Wissenschaft und ärztlicher Praxis oder zwischen studentischer Ausbildung und den begründeten Interessen des Kranken. Entscheidend ist vielmehr die Prävention unethischen Verhaltens. Wir sollten mit der heranwachsenden Generation von Ärzten und Forschern wieder häufiger über Ethik und ethisches Verhalten und weniger über deren Kontrolle sprechen.«[7]

Aber das alles ist vielleicht doch nicht ganz so einfach. Und es ist deshalb weiter zu fragen: Wenn sich für den Mediziner im Hinblick auf ein menschenwürdiges Leben und ein menschenwürdiges Sterben der Patienten schon die Frage nach der Ethik stellt, stellt sich dann nicht zugleich die Frage nach *mehr* als Ethik, ich meine nach *Horizont und Basis der Ethik*?

Wenn die Fortschrittsideologie einer von selbst zur Humanität führenden wissenschaftlichen Entwicklung heute auch in der Medizin erschüttert dasteht;

wenn der Fortschritt vielfältig inhuman wirkt, wenn die Rationalität oft irrationale Züge trägt, wenn der Gott Logos sich immer mehr als Götze erweist;

wenn deshalb auch nach vielen Wissenschaftlern und Medizinern der Wissenschaftsglaube als »Weltanschauung«, als Totalerklärung der

Wirklichkeit, und die Technokratie als alles heilende Quasireligion, als Religionsersatz, aufzugeben sind, wenn das alles so ist:
dann, ja dann stellt sich für jenen Doktor Faust, der nebst Philosophie und Juristerei ach auch Medizin durchaus studiert hatte (freilich »leider auch Theologie«), neu die alte Frage des Gretchen:

»Nun sag, wie hast du's mit der Religion?
Du bist ein herzlich guter Mann,
allein ich glaub, du hältst nicht viel davon.«[8]

Und das ist nun meine zweite, die Problematik zuspitzende Frage: ärztliche Ethik ohne Religion?

2. *Ärztliche Ethik ohne Religion?*

Dies vorweg: es soll die heute weitverbreitete Skepsis des Menschen gegenüber Wissenschaft, Technologie und auch der Medizin nicht theologisch ausgebeutet werden. Denn es ist klar: nicht jeder Schritt von Wissenschaftsgläubigkeit weg ist automatisch ein Schritt auf Religion, auf Gottgläubigkeit hin; Skepsis gegenüber Wissenschaft und Technologie begründet noch keineswegs den Glauben an Gott.

Und soll es etwa gerade in der Medizin »herzlich gute Männer und Frauen« nicht auch *ohne* Religion geben können? Nein, es soll in keiner Weise bestritten werden, daß auch unreligiöse Menschen, daß auch *Atheisten und Agnostiker* ein »herzlich gutes«, ein humanes, moralisches Leben führen können, ja, daß sie es faktisch manchmal besser führen als Gottgläubige. Eine atheistisch-humanistische Ethik ist möglich! Die allermeisten Zeitgenossen bleiben ja glücklicherweise aufgrund mehr oder weniger pragmatischer Erwägungen davon überzeugt: Ohne eine minimale Übereinstimmung in vorgegebenen Grundnormen, Grundhaltungen, Grundwerten ist kein menschliches Zusammenleben möglich, ist auch keine wahrhaftig menschliche Medizin gewährleistet, ja, ist bei all den widerstreitenden Interessen selbst das Funktionieren der Demokratie, des Staates, in Frage gestellt.

Und doch geht es mir in dieser Vorlesung um mehr als um den Rückzug auf ein individuelles, subjektiv glaubwürdiges humanistisches Ethos. Daß jeder Arzt menschlich handeln soll, scheint ein ethischer Gemeinplatz zu sein, der keiner philosophisch-religiösen Begründung bedarf. Aber es ist gar nicht so leicht, zu verantwortbaren Begründungszusammenhängen und Gründungsstrukturen für ärztliches Handeln vorzustoßen. Denn der moralische Individualismus (»Ich halte mich an mein Gewissen«) wird ja dann problematisch, wenn die Frage nach einer nicht nur subjektiv glaubwürdigen, sondern alle verpflichtenden, »objektiv« verbindlichen Handlungsweise thematisiert wird: eine *auf Voraussetzungen, Bedingungen und Folgen reflektierende umfassende Ethik*[9]. Eine solche Ethik muß – Kant hat völlig recht – nicht nur hypothetisch (unter gewissen Bedingungen) gelten, sondern kategorisch, ohne Wenn und Aber, unbedingt: ein unbedingtes »du sollst!«. Oder die bekannte Formulierung des Kantschen kategorischen Imperativs: »Handle so, daß die Maxime deines Willens jederzeit zugleich als Prinzip einer allgemeinen Gesetzauslegung gelten könne.«[10]

Aber: kann man heute – vor dem Horizont des Nihilismus und des Immoralismus jenseits von Gut und Böse – noch legitimerweise von einem unbedingten »du sollst« ausgehen, das angeblich jedem denkenden Wesen eingeprägt sei, ein Urfaktum sozusagen des Menschengeistes in seiner Willensdimension? *Warum* soll ich immer *gut* handeln? Es ist hier nicht der Ort, länger zu begründen, was ich nur einmal feststellen möchte: Offensichtlich ist es äußerst schwierig, ja geradezu unmöglich, eine unbedingt verpflichtende Ethik rein rational – mit der Vernunft allein – konkret und überzeugend zu begründen, eine Ethik – ich unterstreiche dies –, die mich *unbedingt verpflichtet.* Denn ist es wirklich von der Vernunft allein her begründbar, *warum* ich unbedingt gut, *menschlich* handeln soll, warum lieben etwa besser sein soll als hassen, heilen besser als verletzen, Leben retten besser als töten, Frieden besser als Krieg – selbst dann, wenn es gegen meine eigenen Interessen oder gegen die Interessen des Staates, der Partei, der Kirche oder anderer Institutionen geht? Ist mit der Vernunft, die ja interessenabhängig ist und bleibt, nicht schon alles dies, aber auch das Gegenteil begründet worden? Unmenschlichkeit, Haß aus rassischer oder klassenkämpferischer »Vernunft«, Verletzungen aus aggressorischer »Vernunft«, Töten aus medizin-wissenschaftlicher »Vernunft«, Krieg aus politisch-strategischer »Vernunft«? Wenn dem aber so ist, wenn die Vernunft allein als Begründungsinstanz zweifelhaft bleibt, dann dürfen angesichts der heutigen Orientierungskrise die Bedeutung und Funktion gerade jener Größe für die ethische Basis oder Grundorientierung des Menschen nicht leichtsinnig überspielt werden, die in all den Jahrtausenden seit der Steinzeit die unbedingte Begründung für Ethos und Ethik gegeben hat:

Jene Größe, die dann nicht ungestraft ignoriert werden kann, ist – die *Religion.*

Nicht zufällig begann und endete ja schon jener sogenannte *hippokratische Eid* für den Umgang mit Patienten, Kollegen und Öffentlichkeit mit der Anrufung der Götter; er hatte weniger juristischen als ethisch-religiösen Charakter. Und was die griechischen Ärzte vor den Göttern der Heilkunde geschworen haben, das schwuren die christlichen vor dem dreieinigen Gott und die moslemischen vor Allah. Warum aber, so fragt man sich, soll gerade dieser Eid aus dem 3. vorchristlichen Jahrhundert, der bekanntlich nicht einmal von Hippokrates stammt, für die Ärzte aller Zeiten und Völker verbindliche Richtschnur sein? Zumal doch heute unter Ethikern diskutiert wird, ob dieser Eid – bei aller historischen Bedeutung – überhaupt noch eine ausreichend breite Basis für die immer komplexer werdenden medizinisch-ethischen Probleme sein kann? Welche Autorität steht denn heute hinter diesem Eid?

Ohne es hier länger auszuführen, muß dies wenigstens thesenartig angedeutet werden[11]. Es gibt keine unbedingte, absolute Verpflichtung zu einem bestimmten Handeln ohne Annahme eines *Unbedingten,* eines *Absoluten.* Keine allgemein verbindliche Verpflichtung ohne Annahme einer allgemeingültigen verpflichtenden Autorität! Das heißt: es gibt kein unbedingt moralisches Handeln, kein allgemein verpflichtendes Ethos ohne die Voraussetzung von Religion! Und wenn zur Begründung der Ethik nicht die wahre Religion dient, dann irgendein Religionsersatz, eine Pseudo- oder Quasireligion marxistischer, szientistischer oder anderer Provenienz! Für eine wahre Religion aber – ob christlich oder nichtchristlich, das sahen wir – ist die einzige Autorität, die unbedingten Gehorsam beanspruchen darf, nichts menschlich Bedingtes, auch kein Staat und keine Kirche und auch nicht die Wissenschaft oder gar die Standesorganisation, sondern nur das Unbedingte schlechthin, jenes eine Absolute, ganz Andere, jene allerletzte-allererste Wirklichkeit, die wir von alters her mit dem – zugegebenermaßen viel mißbrauchten – Namen *Gott* bezeichnen. Die Religion – näherhin das mich unbedingt Verpflichtende – wäre also die Bedingung der Möglichkeit von subjektunabhängigen, allgemeinverbindlichen Handelnsnormen.

Mit der neuen Hinwendung zum Glauben an den *wahren Gott* ist keine Regression gemeint zur früheren Reduktion der Krankheit auf Dämonen, den Satan, die Erbsünde, persönliche Verschuldung oder gar göttliche Strafe; zu Hölle und Teufel wurde ja das zu Sagende gesagt. Auch keine Regression zur frommen Resignation gegenüber der Krankheit, zum christlich verbrämten Fatalismus, zur religiös bestimmten Vernachlässigung der Medizin oder der Medikamente, gar eine Rückkehr zu abergläubischen Praktiken, zu Magie, Okkultismus und Tabus. Nein, mit der neuen Hinwendung zum Glauben an den *wahren* Gott ist gerade für Ärzte gemeint ein Kampf gegen die Krankheit und für die Gesundheit des Menschen auf neuer Basis: eine ethisch wahrhaft fundierte menschliche Medizin, *eine Medizin der Menschlichkeit, begründet in einer mehr als menschlichen allerletzten-allerersten Wirklichkeit.*

Eine Medizin der Menschlichkeit meint ja nicht noch mehr staatliche Reglementierung und Verschärfung der Kontrollmechanismen, meint freilich auch nicht nur Seelenmassage und Pädagogik. Eine Medizin der Menschlichkeit meint, in Anerkennung der Vielschichtigkeit des Menschen und der medizinischen Problematik, eine nicht nur naturwissenschaftlich-technologisch-eindimensionale, sondern eine *mehrdimensionale Betrachtung*: die dem ganzen Menschen gerecht wird, die Wissenschaftlichkeit, Rechtlichkeit und Moralität berücksichtigt, die Religiosität zumindest nicht ausschließt. Nicht eine religiöse, doch, so möchte ich sagen, eine *religionsoffene Medizin.* Auch kein überholtes, antiquiertes ärztliches »Standesethos«, wohl aber eine solide verankerte und zugleich ständig weiterzuentwickelnde ärztliche Grundanschauung.

Also eine ärztliche Deontologie, ja, eine den neuen konzeptionellen, methodischen und technischen Gegebenheiten angepaßte ärztliche Ethik, die gut begründet ist: die also nicht gerade die Tiefendimensionen der Wirklichkeit übersieht, die vielmehr die Grundfragen der menschlichen Existenz und des homo patiens entschlossen in die medizinische Betrachtung einbezieht. Geht es ja gerade hier oft buchstäblich um Fragen von Leben und Tod. Was für eine ärztliche Ethik ist es also, wie sie heute auch von vielen Ärzten angestrebt wird? Um es zunächst grundsätzlich abgrenzend zu sagen:

zweifellos *keine utilitaristische Interessenethik*, die nur Funktion eines »rationalen Selbstinteresses« oder auch einer gruppenegoistischen Standespolitik ist;

auch *keine individualistische Situationsethik,* die mit Berufung auf die Einzigartigkeit jedes Falles und die Schwierigkeit allgemeiner Maßstäbe den Arzt selbst in Problemen wie der Thanatologie allein läßt;

aber auch *keine starre Gesetzesethik,* die unbekümmert um die Situation sich auch in Fragen des Lebens und Sterbens allein an abstrakten Prinzipien, Vorschriften und Paragraphen orientiert.

Ich argumentiere vielmehr für *eine realistische Ethik menschlicher Gesinnung und Tat*: wo Normen die Situation erhellen und umgekehrt die Situation die Normen bestimmt; wo detaillierte Fachkenntnis mit moralischer Verantwortung verbunden ist; wo eine Medizin angestrebt wird, die zugleich von nüchterner Sachlichkeit, von persönlicher Hingabe und Achtung vor der Menschenwürde des Kranken getragen ist.

Auch die Medizin steht heute vor Aufgaben für mehr als eine Generation: in den wissenschaftlichen Untersuchungen mit therapeutischer Zielsetzung ebenso wie in der reinen Grundlagenforschung am Menschen, wo die Prinzipien der Wissenschaftlichkeit immer auch mit denen der ethischen Verantwortbarkeit in Einklang stehen müssen. Selbstverständlich gibt es für die damit verbundenen Schwierigkeiten und alle Fragen des Lebens und Sterbens keine religiösen Konzepte und Rezepte. Religion, die *Antwort auf die Frage nach Gott und einem ewigen Leben* ist *in keinem Fall die direkte Antwort auf aktuelle medizinische Tagesfragen* oder technische Detailfragen der Krebsbekämpfung, Organverpflanzung, der Tier- und Humanmedizin überhaupt. Aber Religion *kann indirekt*, gleichsam vom Grund her, auch in die aktuellen medizinischen Tagesfragen und technischen Detailfragen hineinwirken: indem sie nämlich *Grundüberzeugungen, Grundhaltungen, Grundwerte* ins Spiel bringt, indem sie letzte *Begründungen*, überzeugende *Motivationen*, unbedingte *Normen* liefert. Also zwar keine Herstellungsanleitungen und Gebrauchsanweisungen, wohl aber – von vielen gesucht – ein Standpunkt, eine Ortsbestimmung, ein Koordinatensystem und ein Kompaß! Kurz: das heute auf allen Gebieten so sehr vermißte und doch so dringend benötigte *Orientierungswissen*. Und so zugleich eine neue Identität und Kohärenz in Leben und Beruf, ein neuer Einsatz zum Wohle der Mitmenschen, der Kranken. Eine solide Begründung also für das medizinisch-ethische Axiom »Salus aegroti suprema lex«: »Das Heil des Kranken ist oberstes Gesetz!«

3. *Neues Verhältnis zu Krankheit und Therapie*

Von der Wirklichkeit Gottes her ließe sich begründen, was sich im Hinblick auf Krankheit und Therapie gewiß auch ohne Gott vertreten, was sich aber kaum ohne Gott unzweifelhaft, unbedingt, allgemeinverbindlich begründen läßt: *Imperative der Menschlichkeit!* Anforderungen, Zumutungen, Einladungen, nicht nur für die Kranken, sondern auch für die Gesunden, nicht nur für die Patienten, sondern auch und in erster Linie für die Ärzte. Imperative der Menschlichkeit, wie sie sich gerade von dem Gott her aufdrängen, den wir aus der jüdisch-christlichen Tradition kennengelernt haben.

1. *Eine neue Humanität:* Wenn es einen Gott gibt, der – christlichem Selbstverständnis zufolge – Partner des Menschen sein will, dann ist Menschenwürde kein folgenloses Postulat oder keine bloße politische Parole, sondern – im Prozeß von Verwissenschaftlichung und Versachlichung – eine in Gott selbst begründete, für jeden Menschen unverzichtbare, unverwirkbare Wirklichkeit:
Humanität meint dann Achtung vor dem Wert eines jeden Menschen als Person, die wertvoll bleibt, unabhängig von ihrer Rolle in der Gesellschaft, ihrem Leistungs- und Nutzwert.
Humanität ist dann nie, wie Extremisten zur Rechten und zur Linken meinen, Schwäche, sondern die große Aufgabe des Menschen für den Menschen – ob gesund oder krank, stark oder schwach, jung oder alt, männlich oder weiblich; ihnen allen kommt als Geschöpfen und Partnern Gottes eine unabsprechbare Würde zu, die gerade in Zeiten der Krankheit besonders zu respektieren ist.
Humanität gilt dann gerade auch dem kranken Menschen, der im Prozeß medizinischer Versorgung nie zum Objekt, zum Forschungs- oder Behandlungsgegenstand herabgewürdigt werden darf, sondern stets als Subjekt und mündiger Partner der Heilung ernstzunehmen ist: Arbeit somit an der Vermenschlichung der Medizin im Prozeß der Vermenschlichung des Menschen.

2. *Ein neues Verhältnis zur Krankheit:* Wenn es einen Gott gibt, der – christlichem Selbstverständnis zufolge – den Menschen auch in der Erfahrung von Grenzsituationen nicht allein läßt, sondern im Verborgenen trägt, dann können Arzt und Patient ein neues Verhältnis zur Krankheit gewinnen und unumstößlich begründen:
dann würde zunächst der *Arzt* die Krankheit nie rein chemisch-biologisch nur als regelwidrigen, reparaturbedürftigen Körper- oder Geisteszustand sehen, dem allein mit chemischer, physikalischer oder chirurgischer Technik beizukommen ist;
dann würde er die Krankheit vielmehr sehen als eine Leistungsminderung, Gefährdung, Lebensbedrohung des ganz konkreten, individuellen Menschen, die alle Bereiche des Menschseins betrifft;
dann bräuchte aber auch der *Kranke* selber seine Krankheit nicht, wie so oft vor sich selbst und vor anderen, als Untüchtigkeit, Wertlosigkeit und

Schwäche zu verdrängen oder in Resignation oder Zynismus zu überspielen;
dann wären Zeiten der Krankheit niemals gottverlassene, gottverdammte, verzweifelte Zeiten, sondern Zeiten der Besinnung, Vertiefung, Vermenschlichung;
dann könnten, da Leiden aller Art zum Menschsein dazugehören, Krankheitszeiten ein ebenso wichtiger Lernprozeß der menschlichen Person sein wie Arbeitszeiten: ein Weg zu menschlicher Reife im einwilligenden Annehmen, Durchstehen, Verarbeiten von Konflikten und Leiden, im bewußten Ja zu unserer Endlichkeit.

3. Ein neues Verhältnis zur Therapie: Wenn es einen Gott gibt, wie ihn Christen verstehen, der ein Gott nicht nur des Geistes, sondern auch des Leibes ist, ein Gott nicht nur der Gesunden, sondern auch der Kranken, nicht nur der Jungen, sondern auch der Alten, dann läßt sich eine andere Einstellung nicht nur zum ewigen Heil, sondern auch zur zeitlichen Heilung des Menschen gewinnen. Dann läßt sich für das ärztliche Ethos unumstößlich begründen:
daß der *Mensch* weder materialistisch nur als geistloser Körper noch idealistisch als leibbeherrschender Geist verstanden werden darf, sondern als leib-seelische Einheit, Ganzheit, Person ernst genommen werden muß;
daß der Mensch auch als Kranker, Schwerkranker, Todkranker und auch als Invalider seinen vollen personalen Wert behält, selbst wenn er seine Funktion etwa als Arbeitnehmer oder Familienvater nicht mehr wahrnehmen kann;
daß jedes Menschenleben sinnvoll ist und sinnvoll bleibt und so auch jede Sorge für das Menschenleben sinnvoll ist und sinnvoll bleibt und daß so jeder Mensch, auch der arme, unterprivilegierte, altgewordene, lebensuntüchtige, ein Recht auf angemessene Pflege hat;
daß der *Arzt* nie nur Krankheiten behandeln soll, die der Mensch *hat*, sondern den Menschen, der krank *ist*;
daß jede Therapie zwar auf pathophysikalischer Kenntnis, Erfahrung und prognostischer Einschätzung zu basieren, sich aber zugleich an sittlichen Normen zu orientieren hat;
daß auch die hochtechnisierte Medizin mit ihrer apparativen Therapie nicht zur Vereinsamung der Schwerkranken führen darf und gerade die perfekte Klinik nicht zur bloßen Servicestation optimaler biochemischer Versorgung;
daß vielmehr der Sprach-Losigkeit in unseren Sprech-Zimmern, der

Entpersönlichung in unseren Krankenhäusern und der überall drohenden Dominanz der Apparate Einhalt geboten werden muß durch eine erneute Dominanz der menschlichen Person.
Dies alles setzt die Einsicht in die Erkenntnis voraus, daß dem Menschen nur durch eine ganzheitliche Therapie geholfen ist, eine umfassende leib-seelische Hilfe, ein humanes Klima in der Klinik und vor allem durch das menschliche Gespräch, das für die vertrauensvolle Mitarbeit des Patienten mit dem Arzt unbedingte Voraussetzung ist. Eine notwendige therapeutische Distanz gewiß, aber immer verbunden mit Einfühlungsvermögen; die unvermeidliche Sachlichkeit gewiß, aber immer getragen von fürsorgender Menschlichkeit – bis hinein ins Sterben!

4. *Die Verdrängung des Todes*

Man sagt heute vielfach, daß nicht mehr die Geschlechtlichkeit das große Tabu sei, wie zur Zeit des jungen Freud im prüden Wien, sondern Sterben und Tod. Trifft dies wirklich zu? Schaut man genauer hin, so fällt die Antwort zwiespältig aus.

a) Wurde denn je eine Generation mehr *mit dem Tod konfrontiert* als die unsere? Noch haben wir die Millionenzahlen von Toten, die der Zweite Weltkrieg, Hitlers Konzentrationslager, Stalins Archipel Gulag und die Bomben von Hiroshima und Nagasaki gefordert haben, vor Augen. Und was wir tagsüber in den Nachrichten oder Zeitungen von den Unglücksfällen der Nacht und des Vortags vernehmen, wird uns alle Abende noch am Fernsehen ad oculos demonstriert: Kaum eine Tagesschau ohne Tote! Tote des Elends und der Zerstörung, des Terrorismus und der Kriege. Ganz zu schweigen von all den fiktiven Toten, die wir uns in Krimis, Western, Tragödien auch noch zur Unterhaltung servieren lassen nach der Melodie eines berühmten Italowesterns von Sergio Leone: »Spiel mir das Lied vom Tod« ... In einer Versammlung der American Academy of Pediatrics 1971 wurde berichtet, daß ein Kind von 14 Jahren im Fernsehen durchschnittlich 18 000 Tote gesehen haben dürfte! Wer wird da noch von einer Tabuisierung des Todes sprechen können?

Doch Analytiker der Soziologie des Todes[12] machen darauf aufmerksam, daß das grausame Massensterben im Zweiten Weltkrieg auf die Dauer wenig Auswirkungen gehabt habe. Und die ganze Todesberichterstattung von Presse, Rundfunk und Fernsehen rührt uns bestenfalls für Augenblicke, berührt uns nicht in der Tiefe unseres Wesens. Wir können schließlich nicht alle Abende Trauerarbeit leisten.

So sind wir vielleicht nicht von vornherein unfähig zum Trauern, wie das Alexander Mitscherlich in seiner berühmten Studie im Blick auf die Schuldverarbeitung der nationalsozialistischen Zeit diagnostiziert, wohl aber weithin unfähig gemacht[13]. Und daß uns der fiktive Tod gerade in seiner televisiven Massenhaftigkeit mehr abstumpft als aufrührt, ist nur zu verständlich. Wie soll ein Kind 18 000 Tote emotional verarbeiten können? Im Gegenteil: die Identifikationsfiguren dieser Krimis, Western oder Science-fiction, die töten, aber selten selber getötet werden, vermitteln statt der eigenen Sterblichkeit manchem eher die gefährliche Illusion eigener Unsterblichkeit. Weder zur unmittelbaren Todeserfahrung noch zur Reflexion darauf kommt man auf diese Weise, wohl aber zu ihrer Verdrängung. Und damit kommen wir zu einem zweiten Aspekt der Tabuisierung.

b) *Wo erfahren wir den Tod wirklich?* Der Steinzeitmensch, hörten wir, lebte mit einer mittleren Lebenserwartung von vielleicht 18 Jahren und kannte kaum den »natürlichen« Tod, sondern in der Regel den Tod durch irgendeinen menschlichen oder tierischen Feind. Noch der Mensch zur Zeit Jesu, zur Zeit der römischen Kaiser, lebte im Durchschnitt kaum viel mehr als 20 Jahre. Erst der ungeheure medizinische Fortschritt seit dem 19. Jahrhundert – vor allem der Rückgang sowohl der Säuglings-, Kinder- und Müttersterblichkeit als auch der der tödlichen Massenepidemien – brachte eine radikale Veränderung: Vor hundert Jahren (1875) war in Deutschland und wohl ähnlich in anderen westlichen Ländern die durchschnittliche Lebenserwartung bereits auf 35 Jahre angestiegen. Heute aber beträgt sie das Doppelte: gegen 70 Jahre für Männer und 75 für Frauen[14].

Dies bedeutet: früher kam schon jedes Kind ganz selbstverständlich mit dem Tod in Berührung, mit dem seiner Geschwister, Eltern, Großeltern. Heutzutage haben nur wenige Kinder die Leiche eines Angehörigen gesehen. Der Tod spielt deshalb im Sozialisationsprozeß der Frühphase, die so entscheidend ist, praktisch keine Rolle für die gesamte Einstellung zur Wirklichkeit und zur existentiellen Verarbeitung und Bewältigung gerade des Negativen im Leben. Aber geht es dem erwachsenen Menschen sehr viel anders?

c) Früher starb man in der Großfamilie als dem *Ort der Todeserfahrung*, und jeder konnte den Tod der Angehörigen hautnah miterleben. Wann aber erfahren wir heute noch den Tod eines anderen Menschen so, daß wir uns unserer eigenen Sterblichkeit existentiell bewußt werden? In unserer hochspezialisierten, arbeitsteilig organisierten Krankenbetreuung sterben immer mehr Menschen als Patienten in einem Krankenhaus (in der Bundesrepublik Deutschland sind es heute fast zwei Drittel[15]), umgeben von Fachleuten, Ärzten und Pflegern, die sich nicht bei jedem Sterbenden emotional engagieren können und dürfen. Die Besuchssituation, die mit bestimmten Rollenerwartungen verbunden ist, läßt nur einen zeitmäßig und affektiv reduzierten Kontakt der Angehörigen zum Todkranken zu. Und glücklicherweise kommt es ja wegen der verabreichten Medikamente nur noch selten zu einer Agonie, einem eigentlichen Todeskampf, vielmehr oft zu einem friedlichen Einschlafen, welches, in den Grenzen der Legalität, hinausgezögert oder beschleunigt werden kann. Ist der Patient gestorben, sorgt ein perfekt organisiertes Bestattungsgewerbe von Spezialisten von der Todesanzeige bis zur Beerdigung dafür, daß die Angehörigen mit der Leiche möglichst wenig zu tun haben. Und ein nicht weniger perfekt organisiertes Versicherungswesen samt gesetzlicher Erbregelung hilft dazu, daß die früher bedrohlichen ökonomisch-sozialen Folgen eines Todesfalles auf ein Minimum beschränkt bleiben.

In unserer arbeitsteiligen Gesellschaft scheint ja von vornherein beinahe jedermann ersetzbar zu sein; Trauer kann sich ein Betrieb über einen »geschätzten Mitarbeiter« kaum leisten. So beschränkt sich die Trauer für Angehörige und Freunde oft punktuell auf den Beerdigungstag. Nur ein Minimum an Trauerarbeit, an psychologisch-sozialpsychologischer Verarbeitung des Todes, wird erwartet. Unersetzbar bleibt der Verstorbene nur für die ganz wenigen, die mit ihm zu diesem Zeitpunkt emotional verbunden waren, die aber heute ihre Trauer und Trauerkleidung außer am Beerdigungstag kaum noch in der Öffentlichkeit zeigen.

Herausfordernd muß deshalb der »Fragebogen« klingen, den *Max Frisch* in seinem zweiten Tagebuch (1966–1971) aufgestellt hat. Es sind kritisch-diagnostische Fragen an den »säkularen« Zeitgenossen, um die privatistisch verinnerlichte Sprachlosigkeit angesichts des Todes zu überwinden, Differenziertheit im emotionalen Einstellungsspektrum zum Tod zu gewinnen und um *auszusprechen*, welche Gefühle, welche Ängste, welche Hoffnungen den Menschen bewegen. Also direkt gefragt:

»1. Haben Sie Angst vor dem Tod und seit welchem Lebensjahr?
2. Was tun Sie dagegen?
3. Haben Sie keine Angst vor dem Tod (weil Sie materialistisch denken, weil Sie nicht materialistisch denken), aber Angst vor dem Sterben?
4. Möchten Sie unsterblich sein?
5. Haben Sie schon einmal gemeint, daß Sie sterben, und was ist Ihnen dabei eingefallen: a. was Sie hinterlassen? b. die Weltlage? c. eine Landschaft? d. daß alles eitel war? e. was ohne Sie nie zustandekommen wird? f. die Unordnung in den Schubladen? . . .
8. Möchten Sie wissen, wie Sterben ist? . . .
10. Wem gönnen Sie manchmal Ihren eigenen Tod? . . .
12. Was stört Sie an Begräbnissen? . . .
14. Haben Sie Freunde unter den Toten? . . .
17. Wenn Sie nicht allgemein an Tod denken, sondern an Ihren persönlichen Tod: sind Sie jeweils erschüttert, d. h. tun Sie sich selbst leid oder denken Sie an Personen, die Ihnen nach Ihrem Hinschied leidtun? . . .
22. Wenn Sie an ein Reich der Toten (Hades) glauben: beruhigt Sie die Vorstellung, daß wir uns alle wiedersehen auf Ewigkeit, oder haben Sie deshalb Angst vor dem Tod? . . .
24. Wenn Sie jemand lieben: warum möchten Sie nicht der überlebende Teil sein, sondern das Leid dem andern überlassen?
25. Wieso weinen die Sterbenden nie?«[16]

5. *Neues Verhältnis zum Sterben*

Direkte Fragen als Symptome eines ungeheuren Bewußtseinswandels! Wie ist diese ganze folgenreiche Einstellungsentwicklung zu bewerten? Soll sie bedauert, gar zurückgedreht werden? Man wird dies kaum können. Frag-würdig ist eine solche Entwicklung dagegen allemal, und die Frage richtet sich auf die *Menschlichkeit eines solchen Sterbens*. Ist Sterben heute wirklich *menschlicher als in früheren Zeiten*? Man wird dies nur bedingt behaupten können. Könnte es nicht menschlicher sein? Hier stellen sich jedenfalls Aufgaben. Nicht der medizinische und soziale Fortschritt an sich ist das Problematische, sondern das, was wir vielfach daraus machen:
daß wir den Tod aus unserem Bewußtsein und die Sterbenden möglichst aus unserer Gesellschaft ver-drängen;

daß wir der rationalen Auseinandersetzung mit Sterben und Tod ausweichen;
daß wir leben, »ac si mors non esset«: als ob es den Tod, meinen Tod, nicht gäbe.

Für das, was man im Mittelalter die »ars moriendi«, die »Kunst zu Sterben« genannt hat, hat unsere Gesellschaft jedenfalls überhaupt keine Kultur entwickelt[17]. Man lebt für sich allein und stirbt für sich allein. Wir sind von der Entwicklung einer solchen Kultur vor allem deshalb weit entfernt, weil vielen Menschen mit dem *Sinn des Lebens* auch der *Sinn des Sterbens* abhanden gekommen ist. Dabei sind gerade wir Menschen – zum Unterschied vom Tier – diejenigen Wesen, die stets wissen um die Unausweichlichkeit und Universalität des Todes und die sich damit geistig auseinandersetzen können. Auch diese Auseinandersetzung ist ambivalent. Der Schriftsteller *Erich Fried* tut dies in provozierend-negierender Form:

Ein Hund
der stirbt
und der weiß
daß er stirbt
wie ein Hund
und der sagen kann
daß er weiß
daß er stirbt
wie ein Hund
ist ein Mensch[18]

Der Schriftsteller *Fjodor Michailowitsch Dostojewski* dagegen in provozierend-affirmierter Form: »Karamasoff!« ruft am Ende von Dostojewskis Roman plötzlich Kolja. »Ist es wahr, was die Religion sagt, daß wir von den Toten auferstehen und uns alle wiedersehen werden, alle, auch Iljuschachen?« Und Aljoscha Karamasoff antwortete halb lachend, halb begeistert: »Bestimmt werden wir auferstehen, bestimmt werden wir uns wiedersehen, und freudig werden wir uns gegenseitig alles erzählen, was wir erlebt haben.« Und so ging Aljoscha heiter mit den Knaben zum Totenmahl, Pfannkuchen essen: »Und nun kommt! Seht, jetzt gehen wir alle Hand in Hand!« Und Kolja mit den Knaben begeistert: »Und so laßt uns ewig gehen, das ganze Leben Hand in Hand! Es lebe Karamasoff!« So endet dieser letzte und größte Roman Dostojewskis (er starb drei Monate nach seinem Abschluß, am 28. Januar 1881), der als Motto trägt: »Wahrlich, wahrlich, ich sage Euch: Wenn das Weizenkorn, das in die Erde fällt, nicht stirbt, so bleibt es allein; stirbt es aber, so bringt es viele Frucht.«[19] In seinen »Religiösen Betrachtungen« hatte Dostojewski, einer der frühen Analytiker der menschlichen Psyche, geschrieben: »Ich weiß und fühle es, daß mein Leben sich seinem Ende zuneigt, und doch fühle ich auch am Ende jedes Tages, daß dieses irdische Leben in ein neues, mir noch unbekanntes, aber doch schon deutlich gespürtes Leben übergeht, dessen Ahnung meine Seele erzittern und erbeben läßt und doch auch mit tiefem Entzücken erfüllt. Vor Freude weint mein Herz und erstrahlt mein Geist.«[20]

Daß der Tod nicht das Verstummen des Menschen erzwingt, sondern die Ahnung von einem Unbekannten artikulieren läßt, hat Konsequenzen vielleicht auch für die Kunst, den eigenen Tod sterben zu lernen. Wenn der Sinn des Lebens und der Sinn des Todes notwendig verschränkt sind, dann hat die *Glaubensüberzeugung von einem ewigen Leben* entschiedene Konsequenzen für ein sinnvolles und verantwortetes zeitliches Leben, Konsequenzen aber auch für ein sinnvolles und verantwortetes Sterben. Gewiß, man wird es auch hier nicht leugnen dürfen: Wer von einem Sterben in ein ewiges Leben hinein überzeugt ist, stirbt sicher nicht von vornherein leichter. »Der christliche Glaube schafft Todesangst und Todeshaß nicht einfach ab«, schreibt der evangelische Theologe *Eberhard Jüngel*, »aber er nimmt beiden, der Angst vor dem Tod und dem aus ihr entspringenden Haß auf den Tod, die Blindheit ... Er lehrt ihn zu verstehen. Er klärt ihn auf im Lichte des Evangeliums. Und so bringt er zugleich Licht in das Dunkel des Todes.«[21]

Aber auch für den Menschen, der nach Brecht »mit allen Tieren« stirbt, für den »nichts nachher« kommt, bleibt der Tod, das Sterben zumindest, erfahrungsgemäß ein existentielles Problem. Denn der so souveräne Satz Epikurs, »Solange wir sind, ist der Tod nicht da, und wenn er da ist, sind wir nicht da«[22], ist eben nur scheinbar souverän. Er läßt sich in der Tat leicht umdrehen: »Nur solange wir leben, ist der Tod da – wenn auch verborgen als Geheimnis des Lebens.«[23] Kein Zweifel: so wie es die Gerichts- und Verdammungsangst des Gläubigen gibt, gibt es die Ungewißheits- und Todesangst des Ungläubigen.

Aber: wäre es nicht möglich, daß gerade die Glaubensüberzeugung von einem ewigen Leben die Tabuisierung des Todes bei Ärzten und Patienten durchbrechen helfen könnte? Wäre so vielleicht auch *am*

Krankenbett die Wahrheit auf die urpersönliche Frage nach Leben oder Tod leichter zu sagen und zu ertragen? Nein, es bräuchte nicht so zu sein, daß »Tod« in Krankenhäusern ein verbotenes Wort sein muß; daß der Arzt sich bei Anzeichen des Todes auf seine fachlichen Kompetenzen und Funktionen zurückzieht; daß er die Patienten wenn schon nicht direkt belügt, so doch im dunkeln läßt über das, was für sie jetzt allein wichtig wird... Selbstverständlich meine ich nicht, daß man den Patienten brutal mit der harten Wahrheit überfällt und ihn dann zu einer fatalistischen Tapferkeit auffordert. Aber es sollte möglich sein, daß Arzt, Verwandte oder Freunde die Wahrheit mit Einfühlung und innerlicher Solidarität dem Kranken zu eröffnen vermögen: sukzessive vielleicht, jedenfalls angepaßt jenen Phasen des Sterbens – der Verdrängung, des Zorns, des Verhandelns, der Depression und schließlich der Zustimmung –, wie Elisabeth Kübler-Ross sie beschreibt. Der verantwortbare Glaube an ein ewiges Leben wäre dann – jenseits aller Beschwichtigungs- und Vertröstungsfunktion – eine Hilfe, um Verunsicherung, Verlegenheit, Sprachlosigkeit angesichts des herankommenden Todes zu überwinden; Krankheit und Sterben wären so vielleicht leichter in das Leben des Patienten integrierbar und so auch menschlicher ertragbar.

Ja, wenn es dieses ewige Leben in Gott gibt, dann wäre auch ein *neues Verhältnis zum Sterben* möglich. Genauer: wenn es diesen Gott gibt, wie Christen ihn verkünden, der zu dem Menschen noch im Tode eine neue Beziehung aufnimmt, da alle übrigen Beziehungen zu Menschen und Dingen abgebrochen sind, dann wäre für alles dies eine unerschütterliche Gewähr gegeben:

- Der Mensch wird so befähigt, nicht nur menschenwürdig zu leben, sondern auch menschenwürdig zu sterben.
- Der Kranke braucht sich nicht ängstlich an das Leben als sein Letztes zu klammern, sondern darf sich in großer Freiheit, Gelassenheit und Getröstetheit auf eine allerletzte, allererste Wirklichkeit einlassen.
- Kampf um die Gesundheit kann so gewiß sinnvoll sein, ein Kampf gegen den Tod um jeden Preis aber – ein Helfen, das zum Quälen wird – ist unsinnig. Sinnvoll kann in einer bestimmten Situation tatsächlich nur noch das Gebet sein.
- Auch der Arzt wird im Tod nicht seinen Tod-Feind sehen, dem er, wenn er ihn schon nicht mehr zu bekämpfen vermag, ausweicht. Vielmehr wird der Arzt fähig, den Sterbenden bis zum Ende zu

begleiten, so daß nicht, wenn der Tod kommt, der Arzt geht.
• Angewandte Humanität wäre so die ärztliche Maxime konsequent bis zum Ende: eine ärztliche Leistung unaufrechenbar für Krankenkassen, unbezahlbar vom Patienten, doch kostbarer als viele teure Medikamente. – Aber damit sind wir nun bereits bei den Fragen der Sterbehilfe angelangt.

6. *Sterbehilfe – passiv*

Die ungeheure Verlängerung des menschlichen Lebens stellt den Einzelnen wie die Gesellschaft vor wachsende Probleme. Die zunehmende Zahl alter Menschen, die Verbreiterung der Alterspyramide nach oben, hat erhebliche ökonomische und soziale Auswirkungen, etwa bezüglich der Altersversorgung in der Rentenversicherung: Immer weniger junge Menschen müssen immer mehr ältere Menschen versorgen. Darüber hinaus empfinden zunehmend einzelne Menschen und Gruppen die oft künstliche Lebensverlängerung nicht als Wohltat, sondern als Last. Sie proklamieren deshalb das Recht auf einen »natürlichen Tod« und fordern eine entsprechende Änderung der Gesetzgebung bezüglich der Sterbehilfe oder Euthanasie. Dieses heikle Thema kann man in einer Vorlesung über menschenwürdiges Sterben nicht einfach übergehen. Doch kann ich hier nur kurz das sagen, was mir wichtig scheint, ohne in die Details der medizinisch-ethischen Kasuistik einzusteigen, was Sache der Spezialisten beider Disziplinen ist.

Unter *Sterbehilfe* im weitesten Sinn können alle auf Körper oder Psyche bezogenen Maßnahmen zur Erleichterung des Sterbens von unheilbar Kranken (Moribunden) verstanden werden. Ich spreche hier primär von der *medizinischen* Sterbehilfe und meine damit jede medizinische Maßnahme für unheilbar Kranke zur Vermeidung eines qualvollen Endes. Die Terminologie bezüglich Sterbehilfe oder Euthanasie ist einigermaßen verwirrend: echte oder unechte, lebensverkürzende oder nicht lebensverkürzende, aktive oder passive, direkte oder indirekte ... Ich gehe pragmatisch vor und unterscheide ein Doppeltes: Was ist heute unter Medizinern, Juristen und Theologen im allgemeinen unumstritten, und was ist umstritten? Zunächst: was ist *unumstritten*? Dreierlei:

1. *Abzulehnen* ist die *Pseudo-Sterbehilfe oder Pseudo-Euthanasie* (Euthanasie im pejorativ-uneigentlichen Sinn): Damit meint man die

staatlich verordnete und ohne Zustimmung des Betroffenen durchgeführte Vernichtung angeblich »lebensunwerten Lebens«, also die bewußte Tötung Mißgebildeter, geistig oder physisch Kranker sowie sozial unproduktiver Menschen.

Ursprünglich jedoch, im griechisch-römischen Altertum, meinte »Euthanasie« wörtlich das »gute Sterben«, den »schönen«, den schnellen, leichten, schmerzlosen Tod, bisweilen auch den ehrenvollen Tod des Kriegers im Kampf. Schmerzlinderung beim Sterben – zuerst zu Beginn des 16. Jahrhunderts von Francis Bacon als ärztliche Aufgabe erkannt – wurde seit dem 19. Jahrhundert »Euthanasia medica« genannt. Die Diskussion um die Straffreiheit einer Euthanasie mit gezielter Tötung auf Verlangen und die begrenzte Tötung unheilbar Kranker setzte zuerst – im Blick auf den Glauben an ein ewiges Leben sollte dies nicht vergessen werden – im antireligiös-aufklärerischen Deutschen Monistenbund vor dem Ersten Weltkrieg ein, vorbereitet von sozialdarwinistischen Strömungen. Seit den dreißiger Jahren gab es dann auch in den angelsächsischen Ländern Euthanasie-Gesellschaften, die das Recht auf einen angenehmen Tod propagierten. Max Frisch beschreibt im zweiten Tagebuch in hintergründig-ironischer Distanz und satirischer Verfremdung die Bildung einer »Vereinigung Freitod«, in der sich elf Herren zusammengefunden haben, um praktische Maßnahmen gegen die Überbevölkerung und die Überalterung der Gesellschaft zu ergreifen[24].

Doch die Forderung nach einer »Vereinigung Freitod« war von der Geschichte längst in einer entsetzlichen Weise eingelöst worden. Schon 1920 war eine Schrift von Karl Binding und Alfred Hoche erschienen mit dem Titel »Die Freigabe der Vernichtung lebensunwerten Lebens«[25], welche die Tötung von »leeren Menschenhüllen« und »Ballastexistenzen« forderte, deren Pflege der menschlichen Gesellschaft nicht zugemutet werden könne. Das Hitler-Regime hat diese Theorie durch sein berüchtigtes »Euthanasieprogramm« verbrecherisch in die Tat umgesetzt und noch ausgeweitet, so daß der Sinn des Wortes »Euthanasie« in grauenhafter Weise ins Gegenteil verkehrt wurde. Aufgrund eines geheimen Führererlasses vom 1. September 1939 wurden bis August 1941 in speziellen »Tötungsanstalten« schätzungsweise 60 000 bis 80 000 Menschen getötet. Erst Proteste vornehmlich kirchlicher Kreise (Bischof Clemens August von Galen, Münster) bewirkten die Einstellung dieser Massenmorde: Kindereuthanasie und einzelne »wilde« Euthanasien sogenannter »lebensunwerter« KZ-Häftlinge, gegen die damals kein Bischof protestierte, wurden bis 1945 fortgesetzt.

Seit dem »Holocaust« von Millionen angeblich »lebensunwerter« Juden, Zigeuner (Sinti), Slawen und anderer gilt nun freilich unumstritten: diese Form von Euthanasie ist blanker, verabscheuungswürdiger Mord! Auch die großen internationalen Ärztedeklarationen seit dem Zweiten Weltkrieg lassen daran keinen Zweifel: Zwangseuthanasie ist undiskutabel und verstößt zutiefst gegen die Menschenrechte.

2. Allgemein *akzeptiert* wird die (echte) *Sterbehilfe oder Euthanasie ohne Lebensverkürzung*, bei der der Arzt sich auf die Verabreichung schmerzstillender oder betäubender Mittel beschränkt. Solche Sterbehilfe ist rechtlich unbedenklich, ethisch verantwortbar und medizinisch geboten. Da der Mensch das Recht auf einen »natürlichen«, wahrhaft menschlichen, humanen Tod hat, gehört zu diesem humanen Tod, daß die körperlichen Leiden auf ein erträgliches Maß reduziert und daß auch die menschliche Psyche durch Psychopharmaka in der emotionalen Bewältigung der letzten Lebensphase unterstützt wird. Das kann freilich nicht heißen, daß Psychopharmaka optimale Pflege und freundliche menschliche Zuwendung ersetzen dürften.

3. Allgemein *akzeptiert* wird auch die *passive Sterbehilfe oder Euthanasie mit Lebensverkürzung als Nebenwirkung* (= indirekte Sterbehilfe). Oder genauer: Sterbehilfe durch *Abbruch der künstlichen Lebensverlängerung*. Schon in der klassischen Moraltheologie galt der Satz, daß der Mensch zur Erhaltung des Lebens nicht »media extraordinaria«, »außerordentliche Mittel«, anwenden muß. Dies gilt für den Patienten wie für den Arzt. Das bedeutet konkret:

Der *Patient* ist nicht verpflichtet, in jeder Situation jede mögliche Therapie oder Operation über sich ergehen zu lassen, die sein Leben verlängert; er kann durchaus etwa die Einpflanzung eines Herzschrittmachers verweigern oder eine Heimdialyse nicht fortsetzen. Unbestritten ist indessen ebenfalls, daß es umgekehrt Situationen gibt, in denen der Patient sich – zum Beispiel um seiner Familie willen – zu einer bestimmten Operation verpflichtet fühlen kann.

Auch der *Arzt* ist nicht in jedem Fall zur Anwendung außerordentlicher Mittel verpflichtet, um eine Lebensverlängerung um jeden Preis anzustreben. Wenn etwa ein Karzinom oder ein irreversibler Hirnschaden nicht behandelt und lebensnotwendige Organfunktionen nicht wiederhergestellt werden können, wenn die Widerstandskraft des Patienten erschöpft ist, der Sterbeprozeß sich längere Zeit hinzieht und sich auf das sukzessive Erlöschen der letzten Lebensfunktionen reduziert, so braucht der Arzt gegen auftretende Komplikationen nicht anzugehen, auch wenn so der Tod beschleunigt wird: Er braucht also eine bestimmte Therapie nicht endlos fortzusetzen, sondern darf den Patienten eines »natürlichen« Todes sterben lassen. Dies ist eine Sterbehilfe, bei der der Arzt *passiv* bleibt und die Lebensverkürzung *indirekt* eintritt, und über diese passive Sterbehilfe herrscht heute weitgehend Übereinstimmung zwischen Ärzten, Juristen und Theologen. Diese Art Sterbehilfe wird auch häufig als Abbruch künstlicher Lebensverlängerung bezeichnet. Davon ist grundsätzlich zu unterscheiden – worauf theologische Ethiker wie A. Auer[26], F. Böckle[27], U. Eibach[28], A. Ziegler[29] größtes Gewicht legen – die *aktive* Sterbehilfe durch den Arzt, bei der die Lebensverkürzung *direkt* angestrebt wird. Damit aber sind wir bereits bei dem heute heiß Umstrittenen.

7. Sterbehilfe – auch aktiv?

Umstritten ist diese *aktive Sterbehilfe* (aktive Euthanasie), welche *direkt* auf Lebensverkürzung abzielt: der »Gnadentod«. Früher herrschte über die Ablehnung jeglicher aktiver Sterbehilfe ein Konsens; so ist in den allermeisten Staaten Tötung eines Menschen, auch wenn sie auf dessen unzweideutigen Wunsch erfolgt, nach wie vor strafbar.

Es läßt sich aber nicht übersehen, daß heute immer mehr Menschen und auch ganze Organisationen (Euthanasiegesellschaften) die Legalisierung des »Gnadentodes«, vollzogen durch einen freiwillig bereiten Arzt, fordern. Zum Unterschied von der nazistischen Zwangseuthanasie geht es hier also um eine sowohl von seiten des Patienten wie des Arztes völlig freiwillige Euthanasie, bei der durch eine notariell beglaubigte Erklärung des Betroffenen die genauen – engeren oder weiteren – Bedingungen festgelegt werden sollen: Einschläferung entweder nur bei unheilbarer, zum Tode führender Krankheit; oder auch bei nichttödlichem, aber schwerem und schmerzhaftem körperlichen Gebrechen (zum Beispiel Atemlähmung); oder schließlich auch bei schwerer und irreparabler Gehirnverletzung oder Gehirnerkrankung.

Die theologische Kontroverse spitzt sich zu auf den Punkt: Hat der Mensch das *Recht, über sein Leben bis hin zu seinem Tod zu verfügen*? Wohlgemerkt: die Frage stellt sich für uns hier nicht im Hinblick auf den gesunden, sondern den schwerkranken, ja todgeweihten Menschen (moribundus). Das heißt: ich rede hier nicht von dem Menschen, der einfach – und oft auch nur eine Zeitlang – an Lebensüberdruß leidet, etwa von einem jungen Menschen, dessen erste Liebe in die Brüche gegangen ist und der jetzt am Leben verzweifelt. Nein, die Rede ist von einem Menschen am Ende des Lebens, der seinem Tod – bedingt durch eine unheilbare Krankheit – unausweichlich entgegengeht. Darf *er* über sein Leben verfügen?

Ja, so sagen die Befürworter der aktiven Sterbehilfe, dieses Recht hat der Mensch aufgrund seiner autonomen Verfügungsgewalt über sich selbst, und der liberale Rechtsstaat samt seinen Gerichten hat die Wahrnehmung dieses Rechts zu ermöglichen; die Kirchen aber haben weltanschauliche Minderheiten mit ihren religiösen und moralischen Auffassungen nicht zu bevormunden.

Nein, so sagen nicht nur die meisten Theologen, sondern auch die meisten Juristen und Ärzte: Der Mensch darf nicht selber über sein Leben verfügen, und der Arzt ist zum Heilen, nicht zum Töten da. Überdies sei auffallend, daß mehr gesunde und junge Menschen als alte und kranke nach einer Freigabe des Gnadentodes riefen. In der konkreten Situation der hoffnungslosen Krankheit sei dies jedoch völlig anders; da würde ein solcher Wunsch ärztlichen Erfahrungen zufolge nur selten geäußert. Gerade im Interesse einer wohlverstandenen Freiheit der menschlichen Person, sagen Juristen, könne der Rechtsstaat die Tötung auf Verlangen nicht zulassen. Und manche Theologen fügen hinzu, daß menschliches Leben auf einem Ja Gottes zum Menschen beruhe, daß es Gottes Schöpfung und Gabe sei und dadurch der menschlichen Verfügungsgewalt entzogen sei.

Die Argumentationslage ist äußerst verwickelt und voll objektiver Schwierigkeiten. Ob aber gerade die theologischen Argumente – und diesen Argumenten gilt in erster Linie meine Aufmerksamkeit – für den leidenden, todgeweihten Kranken oder Altersschwachen völlig überzeugend sind?

Das menschliche Leben ist Gottes »Gabe«, gewiß. Aber – ist es nach Gottes Willen nicht zugleich des Menschen *Aufgabe*?

Des Menschen Leben ist Gottes »Schöpfung«, gewiß. Aber – ist es nach dem Auftrag des Schöpfers nicht auch des Menschen *Verantwortung*?

Der Mensch müsse bis zum »verfügten Ende« durchhalten. Aber – *welches* Ende ist denn verfügt?

Eine »vorzeitige Rückgabe« des Lebens sei ein menschliches Nein zum göttlichen Ja. Aber – was heißt angesichts eines physisch oder/und psychisch gestörten Lebens »*vorzeitig*«?

Man baue hier keine falschen Gegenargumente auf: Kein Befürworter einer mehr aktiven Sterbehilfe ist der Meinung, der Mensch würde durch unheilbare Krankheit, Altersschwäche oder definitive Bewußtlosigkeit zum »Nicht-Menschen« oder »Nicht-mehr-Menschen«. Eher umgekehrt: gerade weil der Mensch Mensch ist und bleibt, hat er ein Recht auf ein menschenwürdiges Leben und ein menschenwürdiges Sterben, ein Recht, das ihm durch ein endloses Hängen an Apparaten oder Medikamenten *möglicherweise* verwehrt wird: dann nämlich, wenn nur noch ein Dahinvegetieren, nur noch ein vegetatives Dasein möglich ist. Von daher darf keines der drei Teilziele der Sterbehilfe – Lebensverlängerung, Leidverringerung und Freiheitserhaltung – absolut gesetzt, sondern sie müssen miteinander in Einklang gebracht werden.

Zahllose Menschen haben jene amerikanischen Ärzte nicht verstanden, welche die unrettbare, bewußtlose Karen Ann Quinlan durch Monate hindurch auch gegen den Willen ihrer Eltern künstlich am Leben erhalten haben[30]. Umgekehrt aber haben zahllose Menschen jene holländische Ärztin verstanden, die ihre halbgelähmte, depressive 78jährige Mutter durch eine Überdosis Morphium einschlummern ließ. »Tötung«, sagten die einen, »Mitleid«, »Erbarmen«, »helfende Liebe« die anderen. Schaut man genauer zu, so werden im Prozeß der Unterscheidung von aktiver und passiver Sterbehilfe die Grauzonen immer größer! Denn: ist der Abbruch einer lebenserhaltenden medizinischen Maßnahme – etwa das Abstellen einer Herz-Lungen-Maschine – eine passive oder eine aktive Sterbehilfe? Vom Effekt her gesehen (Eintreten des Todes) kann die Unterlassung einer aktiven Handlung (Normaldosis Morphium und Einstellung der künstlichen Ernährung) genau dasselbe sein wie eine aktive Handlung (Überdosis Morphium). Was sich begrifflich klar scheiden läßt, läßt sich in concreto oft nicht auseinanderhalten; da sind die *Grenzen zwischen all diesen Hilfsbegriffen* – zwischen aktiv und passiv, natürlich und künstlich, lebenserhaltend und lebensbeendend – offensichtlich *fließend*[31]. Und es dürfte für die unklare Situation bezeichnend sein, daß das zuständige holländische Gericht jene Ärztin zwar verurteilte, wie das (bestehende) Gesetz es befahl, sich aber zugleich mit einer symbolischen Freiheitsstrafe von zehn Tagen begnügte, welche die Ärztin nicht anzutreten hatte.

Sind dies Ausnahmefälle? Solidarisiert man sich hier vielleicht allzu gefühlsmäßig mit jemandem in tragischer Situation und opfert geheiligte Prinzipien? Das wäre zu einfach gesehen. Könnte es sich nicht auch hier um den raschen Wandel des Werte- und Normenbewußtseins handeln, der bei dem ungeheuren Einfluß der raschen wissenschaftlich-medizinischen Entwicklung auf unser Lebensgefühl in Rechnung zu stellen ist? Immer mehr ist ja eine Steuerung der Lebensprozesse möglich und in die menschliche Verantwortung gelegt. Einen solchen raschen Wechsel des Werte- und Normenbewußtseins haben wir bereits bezüglich des *Anfangs* des Menschenlebens erfahren. Viele Moraltheologen haben damals die aktive, »künstliche« Geburtenregelung als ein Nein zur Souveränität Gottes über das Leben interpretiert und verworfen, bis sie einsehen mußten, daß auch der Beginn des Menschenlebens von Gott in die Verantwortung des Menschen (nicht dessen Willkür!) gestellt ist. Wäre es denkbar, daß auch das *Ende* des Menschenlebens mehr als bisher in die Verantwortung (nicht Willkür!) des Menschen gelegt ist von demselben Gott, der nicht will, daß wir ihm eine Verantwortung zuschieben, die wir selber tragen können und sollen[32]?

Mit diesen Anmerkungen zu einer höchst umstrittenen Frage will ich keine definitive, irreformable Lehre vertreten, sondern einige, wie mir scheint, *berechtigte Fragen zum Überdenken* stellen, welche die Diskussion etwas entkrampfen könnten. Allzu groß scheint mir die Gefahr, daß sich hier sonst ähnlich starre Fronten bilden wie in der Abtreibungsdebatte (die Argumente etwa der Ethiker J. Fletscher[33] und P. Sporken[34] bezüglich der aktiven Sterbehilfe wären ernsthafter zu diskutieren, als dies in der traditionellen Moraltheologie geschieht). Die Frage Sterbehilfe muß aus der theologischen Tabuzone herausgeholt werden, in der sie lange Zeit war. Doch ist völlig klar, welche verderblichen Folgen jedes Abweichen vom Prinzip der Unantastbarkeit des menschlichen Lebens haben kann, wenngleich man auf der anderen Seite auch nicht immer gleich mit der nazistischen Zwangseuthanasie winken sollte, die ja nun wirklich niemand will. So wie es kein »lebensunwertes Leben« gibt, gibt es aber auch kein unter *allen* Umständen »lebenswertes Leben«, wie wenn das rein biologisch funktionsfähig gehaltene Leben der Güter höchstes wäre.

So plädiere ich demnach nicht für eine Freigabe des Gnadentodes, wohl aber für eine Besinnung auf die *menschliche Verantwortung* auch für das Sterben – und für etwas weniger Angst und Ängstlichkeit in diesbezüglichen Entscheidungen, sowohl auf seiten des Patienten wie auf seiten des Arztes. Für die Verantwortlichkeit des Menschen plädiere ich, und dies gerade aus einer spezifisch theologischen Sicht heraus, die mit dem Glauben an ein eben nicht nur zeitliches, sondern ewiges Leben ernst zu machen versucht. Denn:

Wenn der Mensch nicht sinnlos in ein Nichts hineinstirbt, sondern in eine allerletzte-allererste Wirklichkeit hinein, wenn also sein Sterben nicht nur absurder Abgang und Untergang ist, sondern *Eingang und Heimgang*, dann läßt sich auch das folgende begründen:

- Der Arzt braucht den Sterbeprozeß, gar den Tod eines Patienten (auch in tabula) nie als persönliche Niederlage zu empfinden, die er vor sich und anderen möglichst kaschieren muß. Er soll zwar alles tun, um den Menschen zu heilen, nicht aber alles, um den Tod bei oft unzumutbaren Qualen um Stunden, Tage, ja Jahre künstlich-technisch hinauszuzögern.
- Eine Therapie bleibt nur sinnvoll, solange sie nicht nur zum Dahinvegetieren, sondern zur Rehabilitation, also zur Restitution der ausgefallenen lebenswichtigen körpereigenen Funktionen und so zur Wiederherstellung der ganzen menschlichen Person führt. Auch eine Operation oder eine Intensivtherapie darf nie Selbstzweck, sondern muß immer Mittel zum Zweck eines neuen menschenwürdigen Lebens sein. Ständig zu unterscheiden bleibt also zwischen dem technisch Machbaren und dem ärztlich Sinnvollen.
- Der Kranke selbst hat das Recht, eine lebensverlängernde Behandlung abzulehnen; man sollte ihn nicht unter allen Umständen noch aus der Agonie zurückholen. Der Sterbende ist nicht in die Isolation (Abstellräume) abzuschieben, sondern soll soweit wie möglich in der Klinik (oder Familie) integriert bleiben: damit ihm gerade in der Stunde der Angst der Bezug von Mensch zu Mensch, die wichtigste Sterbehilfe, nicht fehlt.
- Die Aufgabe dem Sterbenden gegenüber sollte sich also nicht in ärztlichen Maßnahmen allein erschöpfen, sondern sollte – je nach Situation – zugleich in der menschlichen Zuwendung von Ärzten, Krankenschwestern, Seelsorgern, Verwandten und Freunden bestehen.

8. *Christenwürdiges Sterben*

Über unser eigenes Verhalten im Tod werden wir uns bei all dem keine Illusionen machen dürfen. In diesem Zusammenhang kommt mir immer wieder Gertrud von Le Forts Novelle »Die Letzte am Schafott«[35] in den Sinn, wo inmitten der Pariser Revolutionsgeschehnisse die Karmelitin Blanche de la Force zuerst aus dem Kloster flieht, weil sie von der Todesangst nicht loskommt, dann aber dem Hinrichtungskarren ihrer Schwestern freiwillig folgt, um schließlich so – ihre Angst überwindend – mit in den Märtyrertod zu gehen.

Es kann so sein, es kann auch anders sein: Wer hier und heute tapfer redet, kann dann im Tod vor Angst verstummen. Wer steht, der sehe zu, daß er nicht falle – Theologen zuallererst. Jeder Sterbliche hat ja seinen eigenen, ganz persönlichen Tod zu sterben, mit seinen je eigenen Belastungen, Befürchtungen und Hoffnungen.

»Si vis pacem, para bellum«, »Wenn du den Frieden willst, bereite den Krieg vor«, lautet das altrömische Sprichwort. Ich möchte es für unsere Thematik variieren: »Si vis vitam, para mortem«, »Wenn du das Leben willst, bereite den Tod vor«.

Aber ob es auch heute nicht wieder so etwas wie eine *»ars moriendi«*, eine »Kunst zu sterben«, geben müßte? Sicher nicht in der Art jener Sterbebüchlein mit diesem Titel, wie sie in den großen Seuchen und der Todesstimmung des Spätmittelalters zur Vorbereitung der Sterbestunde weit verbreitet waren, welche in ihren illustrierten Ausgaben in verschiedenen Szenen Engel und Teufel im Streit am Sterbebett zeigten. Aber vielleicht könnte es doch eine »ars moriendi« geben aus echtem christlichen Glauben heraus, der zwar nicht gerade »jubelnd« in den Tod gehen läßt (wie dies jene Karmelitinnen taten, die sich nach dem Martyrium sehnten), der jedoch den Todestag – wie dies seit dem 4. Jahrhundert in der alten Kirche für den Märtyrertodestag üblich wurde – durchaus als »heméra genéthlios«, als *»dies natalis«*, als »Geburtstag« verstehen läßt: als Tag der Geburt ins neue, ewige Leben hinein.

Ja, sollte es aus dem Glauben an Gott, aus dem Glauben an Gottes ewiges Leben, an unser, mein ewiges Leben, nicht möglich sein, ein ganz anderes menschliches, ein wahrhaft menschenwürdiges, eben ein *christenwürdiges Sterben* zu sterben? Das Christliche hier nicht verstanden als eine Zugabe, eine höhere Droge, ein Überbau, eine Mystifikation. Verstanden vielmehr als eine Vertiefung, Auslotung des Menschlichen, die auch die Untiefen des Negativen, Dunklen, Tödlichen zu ermessen und zu ertragen vermag.

Oder sollte, was dem Stoiker möglich war, dem Christen unmöglich sein? Der römische Philosophenkaiser *Mark Aurel,* der in stoisch-pantheistischer Weise an eine »Allnatur« glaubte, beendet seine einzigartigen »Selbstbetrachtungen« mit den Sätzen: »Was ist es denn Schreckliches, wenn du nicht durch einen Tyrannen, nicht durch einen ungerechten Richter, nein, durch eben die Natur, die dich in diesen Staat eingeführt hat, wieder hinausgesandt wirst? Es ist nichts anderes, als wenn ein Schauspieler durch denselben Prätor, der ihn angestellt hat, wieder entlassen wird. – ›Aber ich habe nicht fünf Akte gespielt, sondern erst drei.‹ – Wohl gesprochen; doch im Leben sind drei Akte schon ein ganzes Stück. Denn den Schluß bestimmt derjenige, der einst das Gesamtspiel einrichtete und es heute beendet; weder das eine noch das andere hängt von dir ab. So scheide denn freundlich von hier; auch er, der dich entläßt, ist freundlich.«[36] Das ist echt stoische Haltung.

Nochmals: sollte, was dem Stoiker möglich war, dem Christen nicht möglich sein? Ihm, der doch an mehr glaubt als an eine alles gebärende und alles verschlingende Allnatur, der glaubt an eine allerletzte-allererste Wirklichkeit, die wir *das* Leben, *die* Güte, *die* Liebe selbst, die wir den menschenfreundlichen Gott und Vater nennen dürfen? Ihm, dem Christen, der doch alles Menschliche und Allzumenschliche, sein endliches Wesen und unendliches Sehnen von jenem Gekreuzigten her sehen darf, der als der absolut einsame und verlassene Sterbende von diesem lebendigen Gott und Vater aus der Todesfinsternis in sein ewiges Leben aufgenommen wurde?

Nein, der Christ muß nicht, wenn es ans Sterben geht, wie der Stoiker Emotionen unterdrücken, Leidenschaften verleugnen, emotionale Kälte und Gelassenheit vorspielen. Jesus von Nazaret ist ja nicht wie ein Stoiker gestorben in leidenschaftsloser Abgeklärtheit, möglichst schmerzlos, sondern unter übergroßen Qualen mit dem Schrei des Gottverlassenen. Angesichts dieses Todes braucht auch der Christ Angst und Zittern nicht zu verleugnen, aber er darf – die Todesangst Jesu im Rücken, seinen Schrei noch im Ohr – gewiß sein, daß auch diese Angst und dieses Zittern von Gott, der die Liebe ist, umfangen sind, verwandelt werden zur Freiheit der Kinder Gottes. Die Einstellung des Christen zum Tod wird dann in der Tat die Einstellung zu einem *veränderten Tod* sein, »zu einem Tod, dem die Macht genommen ist. Dem Tod selbst sieht man das allerdings nicht an. Dazu herrscht er noch viel zu gewaltig. Daß dem

Tod die Macht genommen ist, daß er seinen Stachel in Gott zurücklassen mußte, ist ein Satz des Glaubens. Ohne Glauben kann man den Tod deshalb in der Tat nur hassen – oder aber ihm gegenüber resignieren. Im Glauben hingegen verwandelt sich der Haß auf den Tod in Spott – und das gerade angesichts der Bitterkeit des Todes. ›Die Schrift hat verkündet das, wie ein Tod den anderen fraß: Ein Spott aus dem Tod ist worden‹, heißt es in einem Osterlied Luthers. Dieser geistliche Spott ist aber nichts anderes als konkretes Vertrauen auf Gott. Und er ist nur dann kein geistlicher Übermut, wenn er sich als Fürsorge für das Leben bewährt. Den Tod verspotten heißt vor allem: Das Leben nicht verspotten lassen« (E. Jüngel[37]).

Seit dem Tod in der Auferweckung Jesu Christi der Stachel gezogen ist, ist es nicht mehr still geworden um die Botschaft vom ewigen Leben in Gott, der in Jesus Christus seine Treue erwiesen hat. Seither dürfen wir uns in vernünftigem Vertrauen darauf verlassen, daß es keine Tiefe des Menschseins gibt, keine Schuld, Not, Todesangst und Verlassenheit, die nicht umfangen wäre von einem Gott, der den Menschen immer und auch im Tod voraus ist. Seither dürfen wir vertrauensvoll davon ausgehen, daß wir nicht in eine Finsternis, eine Leere, in ein Nichts hinein sterben, sondern in ein neues Sein, in die Fülle, das Pleroma, das Licht eines ganz anderen Tages und daß wir dabei nicht etwas Neues leisten müssen, sondern uns nur rufen, geleiten, tragen lassen dürfen. Mit Recht sagt der evangelische Theologe *Heinz Zahrnt*: »Der christliche Glaube an das ewige Leben folgt mit innerer Logik aus dem Glauben an den von Jesus verkündeten Gott; er bildet nur seine in die Unendlichkeit ausgezogene Perspektive. Wenn alle Garantien, Stützen und Brükken brechen, durch die wir unser Leben zu sichern trachten, wenn wir allen Boden unter den Füßen verlieren und in die völlige Bewußtlosigkeit versinken, wenn wir uns zu keinem Mitmenschen mehr verhalten können und kein Mitmensch sich mehr zu uns, dann wird der Glaube total, dann enthüllt er sich als das, was er seinem Wesen nach immer schon ist oder sein sollte: *sich allein verlassen auf Gott* – und darum Glaube auf Leben und Tod.«[38]

Aus dieser theologischen Perspektive wird der Tod in der Tat einen anderen Stellenwert bekommen. Der Tod wird dann nicht mehr die brutale Macht der Zerstörung sein, das Auslöschen und Abbrechen menschlicher Möglichkeiten. Er wird aufhören, der Feind des Menschen zu sein, der letztlich über diesen triumphiert. Theologisch oder – wie der protestantische amerikanische Theologe *Langdon Gilkey* sagt – »theonom« gesehen »zeigt der Tod seine Realität, seine Macht und Bedeutung, aber indem er über sich selbst hinausweist in seinen eigenen unendlichen Grund; er ist selbst transzendiert, und seine negative auslöschende Macht ist widerrufen. Durch den Tod transzendieren wir beides: Leben und Tod. Der Tod kann deshalb auf Transzendenz hin ›transparent‹ werden, hin auf eine göttliche Kraft und einen Sinn, der weder einfach Leben noch einfach Tod ist.«[39]

Diese Sicht des Todes liefert nach Gilkey auch den Rahmen, in dem der letzte ethische Auftrag des Evangeliums und vieler anderer religiöser Traditionen verstanden werden kann: »Wer leben will, muß erst sterben; wer sein Leben retten will, der gebe es für ein anderes. Sich selbst zu sterben heißt wahrhaft zu leben beginnen. Tod ist hier mehr als bloße Negation; er ist selbst Transporteur, Mittel des Transzendenten, ein Mittel, das ergriffen, dem man willentlich zustimmen muß, will man das Leben finden.«[40] Schaut man so auf das Kreuz Christi und die hier geschehene Versöhnung Gottes mit den Menschen, so ist »auf eine seltsame Weise der Tod schon ein Mittel der Offenbarung geworden, eine Weise göttlichen Handelns und so gar ein Symbol des Göttlichen, durch das das Göttliche sich uns selbst mitteilt. Immer galt in christlicher Frömmigkeits- und Theologiegeschichte, daß durch diesen Tod Gott uns seine Macht, seine Absicht, seine Liebe mitteilt. Auch für unseren eigenen Tod ist dies angemessen und wahr: Für ein Ich, das sich selbst zu sterben bereit ist, ist der Tod ein Aspekt unseres Lebens, das angenommen und umfangen werden muß als selbst ein Schritt, ein Mittel, ein Symbol des transzendenten Grundes, von dem wir abhängig sind.«[41]

Ob dies nicht Konsequenzen hätte für ein anderes Verhältnis zum Sterben? Genauer: ob von daher nicht sogar *ein anderes Sterben möglich* sein könnte, zumindest, wenn uns die Zeit zum Sterben geschenkt ist und der Tod uns nicht plötzlich überfällt? Sollte es nicht möglich sein zu sterben – gewiß von allen Künsten und Medikamenten der Ärzte gestützt und geholfen – vielleicht nicht ohne Schmerzen und Sorgen, aber doch ohne Todesangst? Indem wir uns bei allem Abbruch der Verbindungen zu Menschen und Dingen ganz auf die eine Bindung, die re-ligio, verlassen, in allem Abschied mit der Hoffnung auf einen neuen Anfang, wissend, daß Sterben schon immer Teil auch des christlichen Lebens war. Wäre so schließlich nicht ein Sterben in Gefaßtheit, stiller Erwartung, hoffender Gewißheit möglich, ja vielleicht sogar – nachdem alles zu Regelnde geregelt ist – in froh-ergebener *Dankbarkeit für das* doch bei allem Üblen reiche *Leben in dieser Zeit,* welches jetzt im dreifachen Hegelschen Sinne »*aufgehoben*« wird *in die Ewigkeit*? Aufgehoben im negativen Sinn: zerstört durch den Tod. Aber aufgehoben zugleich im positiven Sinn: bewahrt durch den Tod des Todes. Und so schließlich aufgehoben im transzendenten Sinn: hinaufgehoben über Leben und Tod hinaus ins Unendliche ewigen Lebens nicht raum-zeitlicher, sondern göttlicher Dimension[42].

Wenn es so nicht der Arzt, sondern Gott ist, der der Herr über Leben und Tod, Tod und Leben bleibt, dann kann der Mensch auch eine *neue Freiheit* in diesem leidvollen Leben gewinnen:

- Befreiung zu einer neuen Freiheit zwar nicht *vom* Leid, aber *im* Leid: jene Freiheit des glaubenden Menschen, der sich in aller Angst vor dem Schmerz nie erdrücken läßt, bei allem Zweifel an sich und der Welt auch im Sterben nicht verzweifelt;
- Befreiung von der Illusion, als ob wir durch technologische Entwicklungen, psychische Stabilisierung, genetische Manipulation je einmal den Tod und überhaupt die Zwiespältigkeit der Wirklichkeit abschaffen, die Teufelskreise menschlicher Selbstzerstörung durchbrechen und das Reich der Freiheit von allem Leid und Tod selber schaffen könnten;
- Befreiung zur nüchternen Einsicht, daß Leiden und Tod zwar mit allen Mitteln bekämpft, aber nicht letztlich besiegt werden können, daß alle Techniken der Heilung die Frage nach dem Heil des Ganzen nicht verstummen lassen;
- Befreiung zur ermutigenden Hoffnung, daß Leiden und Sterben das Definitive, das Letzte nicht sind, daß das Letzte für den Menschen vielmehr ein Leben ohne Leid und Tod ist, welches freilich weder das menschliche Individuum noch die menschliche Gesellschaft je verwirklichen werden, sondern das der Mensch allein von der Vollendung, vom geheimnisvollen ganz Anderen, von seinem Gott erwarten darf.

Ein Sterben in Dankbarkeit – dies schiene mir nicht nur menschenwürdiges, sondern christenwürdiges Sterben zu sein: So jedenfalls habe ich empfunden, als ich im Basler Münster zum Tod meines Landsmannes und väterlichen Freundes Karl Barth als ökumenischer Theologe für die katholischen Christen zu sprechen hatte: Keine einzige triste Rede, keine Klage, kein Gejammer, sondern Dankbarkeit und, nach Mozartschen Klängen von Flöte und Harfe, der mächtige Gesang der Gemeinde, in welchen nicht nur die Glaubenden, sondern auch viele Zweifelnde und vielleicht gar Nicht-mehr- oder Noch-nicht-Glaubende einstimmten: »Nun danket alle Gott mit Herzen, Mund und Händen, der große Dinge tut an uns und allen Enden...« Alles etwa nur ein Wunsch-Denken? Nein, ein Danken im Ge-Denken und Voraus-Denken auf ein ewiges Leben, das wieder auf ein sinnvolles zeitliches Leben hinlenkt. Darüber – unter dem Titel »Himmel auf Erden?« – mehr in der nächsten Vorlesung.

VIII. Der Himmel auf Erden?

1. *Wozu sind wir auf Erden?*

»Wozu sind wir auf Erden?« Die Antwort auf diese bekannte erste Katechismusfrage lautet nach dem weit verbreiteten Standardkatechismus von Joseph Deharbe S. J. (1847) bis weit in unser Jahrhundert hinein: »Wir sind auf Erden, um Gott zu erkennen, ihn zu lieben, ihm zu dienen und dadurch (einst) in den Himmel zu kommen.« Gilt diese Antwort noch heute?

Auch in den Katechismen anderer Kirchen kehrt diese Frage wieder, wenngleich meist an anderer Stelle, in anderer Form und mit anderer Antwort. Im Genfer Katechismus des Calvin von 1542 etwa heißt es: »Quelle est la principale fin de la vie humaine?« (»Welches ist das Hauptziel des menschlichen Lebens?«) – Antwort: »C'est de cognoistre Dieu« (»Gott zu erkennen«). Auch hier – gilt diese Antwort noch heute?

Angezielt ist ja mit dieser Problemstellung die Frage nach dem *Sinn des Lebens*, die entschieden von jedem Christen, ja, von jedem Menschen eine Antwort verlangt. Freilich, ob katholisch »den Willen Gottes zu tun und dadurch in den Himmel zu kommen« oder calvinisch »Gott zu erkennen« und so Gott zu verherrlichen: die meisten Antworten auf diese grundlegende Katechismusfrage scheinen zu eng, um heute noch überzeugen zu können. Gewiß: die alten Formeln sollten nicht einfach zum alten Eisen geworfen werden; sie können aber auch nicht simpel stereotyp wiederholt werden. Kritisch überprüft dürften sich die alten Antworten kaum als schlechthin unsinnig, indessen auch nicht als überzeitlich-wahr herausstellen, wohl aber als vielfältig historisch-gesellschaftlich bedingt. Solche Antworten des Glaubens sind immer wieder neu zu suchen und zu formulieren, wobei es nicht auf die Konstanz der Begrifflichkeit, sondern auf die Konstanz der großen Intentionen und entscheidenden Inhalte ankommt[1].

Wir kommen also heute nicht darum herum, die Formel »Gott dienen und einst in den Himmel kommen« von *anderen Perspektiven* her zu konterkarieren, aufzulösen und neu zusammenzusetzen. Und es ist heute unbestreitbar, daß der Sinn des Christseins nicht nur Gott und das Göttliche ist, sondern auch der Mensch selber, das Humanum allumfassend. Nicht nur der Himmel, sondern auch die Erde, irdisches Glück. Nicht nur das »Gott erkennen«, »Gott lieben«, »Gott dienen«, sondern auch Selbstverwirklichung, Selbstentfaltung, Humanisierung. Wäre von daher nicht deutlicher als bisher zu bedenken, was für das letzte Ziel des Menschen das Vor-läufige bedeutet: die tägliche Arbeit, das Eingefügtsein ins menschliche Kollektiv und das Verflochtensein in gesellschaftliche Verhältnisse, die notwendige Aufhebung der Entfremdung und die echte Emanzipation?

Um die ganze Verführungskraft dieser Fragen zu erfassen, gehen wir von einem lyrischen Text aus, der die Dringlichkeit des Problems in suggestive Verse gebracht hat. Ich zitiere den Anfang eines Gedichts, das in Frankreich geschrieben, doch für Deutschland und die Welt bestimmt war:

Im traurigen Monat November wars,
Die Tage wurden trüber,
Der Wind riß von den Bäumen das Laub,
Da reist ich nach Deutschland hinüber.

Und als ich an die Grenze kam,
Da fühlt ich ein stärkeres Klopfen
In meiner Brust, ich glaube sogar
Die Augen begunnen zu tropfen.

Und als ich die deutsche Sprache vernahm,
Da ward mir seltsam zumute;
Ich meinte nicht anders, als ob das Herz
Recht angenehm verblute.

Ein kleines Harfenmädchen sang.
Sie sang mit wahrem Gefühle
Und falscher Stimme, doch ward ich sehr
Gerühret von ihrem Spiele.

Sie sang von Liebe und Liebesgram,
Aufopfrung und Wiederfinden

Dort oben, in jener besseren Welt,
Wo alle Leiden schwinden.

Sie sang vom irdischen Jammertal,
Von Freuden, die bald zerronnen,
Vom Jenseits, wo die Seele schwelgt
Verklärt in ewgen Wonnen.

Sie sang das alte Entsagungslied,
Das Eiapopeia vom Himmel,
Womit man einlullt, wenn es greint,
Das Volk, den großen Lümmel.

Ich kenne die Weise, ich kenne den Text,
Ich kenn auch die Herren Verfasser;
Ich weiß, sie tranken heimlich Wein
Und predigten öffentlich Wasser.

Ein neues Lied, ein besseres Lied,
O Freunde, will ich Euch dichten!
Wir wollen hier auf Erden schon
Das Himmelreich errichten.

Wir wollen auf Erden glücklich sein,
Und wollen nicht mehr darben;
Verschlemmen soll nicht der faule Bauch,
Was fleißige Hände erwarben.

Es wächst hienieden Brot genug
Für alle Menschenkinder,
Auch Rosen und Myrten, Schönheit und Lust,
Und Zuckererbsen nicht minder.

Ja, Zuckererbsen für jedermann,
Sobald die Schoten platzen!
Den Himmel überlassen wir
Den Engeln und den Spatzen.

Und so weiter Heinrich Heine in seinem »Deutschland. Ein Wintermärchen«[2], geschrieben im Januar 1844, drei Jahre nach Ludwig Feuerbachs »Wesen des Christentums«. Geschrieben auch in einem Jahr, das für

Heine eine intensive freundschaftliche Beziehung zu einem anderen deutschen Exilanten in Paris brachte: Karl Marx.

2. *Kritik des Himmels wird Kritik der Erde*

a) »Den Himmel überlassen wir / Den Engeln und den Spatzen«: dies liegt nicht weit entfernt von den kritischen Kernsätzen, mit denen *Karl Marx* selber die Frage der Religion anging in jener Abhandlung »Zur Kritik der Hegelschen Rechtsphilosophie«, die freilich über die Einleitung nicht hinauskam, die jedoch den einzigen selbständigen Versuch in der marxistischen Literatur darstellt, die marxistische Religionsauffassung philosophisch zu begründen: »Es ist also die *Aufgabe der Geschichte*, nachdem das *Jenseits der Wahrheit* verschwunden ist, die *Wahrheit des Diesseits* zu etablieren. Es ist zunächst die *Aufgabe der Philosophie*, die im Dienste der Geschichte steht, nachdem die *Heiligengestalt* der menschlichen Selbstentfremdung entlarvt ist, die Selbstentfremdung in ihren *unheiligen Gestalten* zu entlarven. Die Kritik des Himmels verwandelt sich damit in die Kritik der Erde, die *Kritik der Religion* in die *Kritik des Rechts*, die *Kritik der Theologie* in die *Kritik der Politik*.«[3]

Die inhaltliche Übereinstimmung zwischen *Heine und Marx* ist dabei alles andere als ein geschichtlicher Zufall: War doch die Schrift zur Hegel-Kritik der Beitrag von Marx zu den »Deutsch-Französischen Jahrbüchern«, deren einziges Heft in demselben Jahr 1844 in Paris erschienen ist, in dem Heine das »Wintermärchen« abgeschlossen hatte. Heine selber verdankt Marx die Hinwendung zur politischen Lyrik; er hatte denn auch zu dieser ersten Lieferung der »Jahrbücher« kritische Spottgedichte auf Bayerns König Ludwig beigesteuert. Umgekehrt war es Marx, der die Veröffentlichung von Heines sozialkritischem »Wintermärchen« in der sozialistischen Zeitschrift »Vorwärts« besorgte, bevor er selber im Januar 1845 aus Paris ausgewiesen wurde.

Für Marx war die »*Kritik der Religion* im wesentlichen beendet«[4], und derjenige, der »das Jenseits der Wahrheit« zum »Verschwinden« gebracht und »die Heiligengestalt der menschlichen Selbstentfremdung entlarvt« hatte, war für Marx – bei allen Vorbehalten, die er diesem Mann gegenüber hatte – niemand anders als *Ludwig Feuerbach*. Im selben Jahr 1844 hatte Marx in einem ersten Brief aus Paris versucht, Feuerbach seine eigene Auffassung zu suggerieren: »Sie haben – ich weiß nicht, ob absichtlich – in diesen Schriften dem Sozialismus eine philosophische Grundlage gegeben, und die Kommunisten haben diese Arbeiten auch sogleich in dieser Weise verstanden. Die Einheit der Menschen mit den Menschen, die auf dem realen Unterschied der Menschen begründet ist, der Begriff der Menschengattung aus dem Himmel der Abstraktion auf die wirkliche Erde herabgezogen, was ist er anders als der Begriff der *Gesellschaft*!«[5]

Keine Frage: Marx gehörte zu jenen, die mit Feuerbach den Himmel auf die Erde statt, wie die Christen, die Erde in den Himmel versetzen wollten. Eine *Kritik des Himmels* verstanden als Versuch, all das auf die Erde an Wünschen und Werten herunterzuholen und einzulösen, was der Mensch an den imaginären Himmel verschleudert hatte. Kurz, es ging darum, so etwas wie den »Himmel auf Erden« herzustellen. Dies wird man mit Fug und Recht als ein Grundmotiv der Marxschen Religionskritik, aber auch als einen Leitgedanken des Marxschen Politikverständnisses bezeichnen können.

Denn Marx war es in Paris deutlich geworden: Die Kritik des Himmels muß zur *Kritik der Erde* werden, was heißt: Aus der religiösen Kritik muß eine sozial-politische Kritik werden; der humanistisch-demokratische Humanismus Feuerbachs ist abzulösen durch eine sozialrevolutionäre »Philosophie der Tat« (Moses Heß). Nein, Aufklärung, Bewußtseinsänderung, Freiheit von religiös-moralischen Zwängen genügt nicht, es muß – wie Marx in seinen Feuerbach-Thesen ausführte – die sinnlich menschliche Tätigkeit, also die Praxis, und zwar die praktisch-kritische, eben die revolutionäre Tätigkeit, dazu kommen: um das Reich der Freiheit, eine klassenlose, sozialistische Gesellschaft zu schaffen. Marx: »Der Hauptmangel alles bisherigen Materialismus (den Feuerbachschen mit eingerechnet) ist, daß der Gegenstand, die Wirklichkeit, Sinnlichkeit, nur unter der Form des *Objekts oder der Anschauung* gefaßt wird; nicht aber als *sinnlich menschliche Tätigkeit, Praxis;* nicht subjektiv ... Er begreift daher nicht die Bedeutung der ›revolutionären‹, der ›praktisch-kritischen‹ Tätigkeit ... In der Praxis muß der Mensch die Wahrheit, i. e. Wirklichkeit und Macht, Diesseitigkeit seines Denkens beweisen.«[6]

Gewiß ist *schon Feuerbach* für menschliche Emanzipation: Diese hängt bei ihm an der Einsicht in das menschliche Wesen, menschliche Ideale, die Ordnung menschlicher Verhältnisse und ist bestimmt von bürgerlichen Reform- und Moralvorstellungen. Aber: Feuerbach erwartet deshalb die gesellschaftliche Umgestaltung vor allem durch Aufklärung, Bewußtseinsänderung, Freiheit von religiös-moralischen Zwängen und Wiedergewinnung menschlicher Beziehungen sowohl zu den Menschen wie zur Natur. Er appelliert darum – ohne wesentliche praktische Resultate – an das Individuum der bürgerlichen Gesellschaft und sein Glücksstreben, das im Anderen zu realisieren ist und das am berechtigten Glücksstreben des Anderen auch immer wieder seine Grenze finden muß: Überwindung des (nach ihm gerade in der Religion zum Ausdruck kommenden) Egoismus durch Liebe zum Menschen.

Marx dagegen analysiert die menschliche Emanzipation als soziale Frage unter ökonomischen, politischen und ideologischen Gesichtspunkten: Emanzipation nicht ein Problem des Egoismus, sondern ökonomischer Zwänge und sozialer Klassen. Gefordert ist nicht ein anderes Verhältnis des Menschen zur außermenschlichen Natur, sondern zur praktischen Politik. Marx erwartet die gesellschaftliche Umgestaltung von der Revolutionierung der Gesellschaft von Grund auf. Er appelliert deshalb an die – für diese Aufgabe allein fähige – Arbeiterklasse und fordert den praktischen politischen Kampf: den Klassenkampf des ausgebeuteten Proletariats gegen die ausbeutende Bourgeoisie! Im Gegensatz zu früheren Sozialismen Befreiung der Arbeiterschaft durch die Arbeiterschaft selbst! Der Sozialismus muß proletarisch und so das Proletariat sozialistisch werden! Alles in allem also die praktische, das heißt sozialistisch-revolutionäre Emanzipation des Menschen: konkret die kommunistische Revolution!

b) Freilich blieb Marx selber schon damals vorsichtig in der *inhaltlichen Konkretisierung* dieser utopischen Chiffre vom »Himmel auf Erden«. Er beschränkte sich in seiner Kritik der Hegelschen Rechtsphilosophie auf negative Umschreibungen dessen, was angezielt ist: »Die Kritik der Religion (= Feuerbach) endet mit der Lehre, daß der Mensch das höchste Wesen für den Menschen sei, also (= Marx) mit dem kategorischen Imperativ, alle Verhältnisse umzuwerfen, in denen der Mensch ein erniedrigtes, ein geknechtetes, ein verlassenes, ein verächtliches Wesen ist, Verhältnisse, die man nicht besser schildern kann als durch den Ausruf eines Franzosen bei einer projektierten Hundesteuer: ›Arme Hunde! Man will euch wie Menschen behandeln!‹«[7] Nur selten greift Marx wie am Ende des Hegel-Aufsatzes in der Umschreibung seiner Zukunftsvision zu religiös besetzter Metaphorik: »Wenn alle inneren Bedingungen erfüllt sind, wird der deutsche Auferstehungstag verkündet werden durch das Schmettern des gallischen Hahns.«[8] Nur selten nimmt er Stellung, wie denn die in Aussicht gestellte glückliche Zukunft, die klassenlose Gesellschaft, das Reich der Freiheit und der Glückseligkeit hier auf Erden aussehen werde.

Der Kritiker Marx tat sich offensichtlich schwer, wenn er die Zukunft beschreiben sollte. Gewiß dachte er nicht an eine Art Schlaraffenland ohne existentielle menschliche Probleme, wohl aber an eine Zukunft ohne Privateigentum und damit, meinte er, ohne Ausbeutung der Menschen durch Menschen und Unterdrückung von Klassen und Völkern: so daß der Staat seine Funktion als Kontrollmacht verlieren kann und Religion überflüssig werde. Exakte Angaben aber über die Zukunft verweigert er in seinen veröffentlichten Schriften. Was ihn allein zu interessieren scheint, ist das unmittelbar durch Revolution zu Erreichende: die radikale Abschaffung des Privateigentums und der Arbeitsteilung und damit die radikale Umwälzung der gesellschaftlichen Verhältnisse.

Ja, Marx hatte den Sozialismus vor ihm, jenen »rohen Kommunismus«, und dessen ideale Auffassung vom Menschen als utopisch, gar als undurchführbar disqualifiziert: Wie sollte man denn je gesellschaftlich veränderte Verhältnisse ohne einen veränderten, neuen Menschen schaffen wollen, der in freier, universeller Tätigkeit sein Menschsein voll entfalten und mit anderen vernünftige menschliche Beziehungen unterhalten kann? Aber fragt man dann im Anschluß an all die glanzvollen Gesellschaftsanalysen nach diesen veränderten gesellschaftlichen Verhältnissen selbst, erhält man statt konkreter gesellschaftspolitischer Entwürfe, Modelle, Pläne, gar Details, höchst abstrakte, unbestimmte, vage, ja *utopisch-schwärmerische Antworten.*

Man höre eine dieser Antworten aus der damals nicht veröffentlichten »Deutschen Ideologie«: In der durch Arbeitsteilung bedingten Klassengesellschaft »hat jeder einen bestimmten ausschließlichen Kreis der Tätigkeit, der ihm aufgedrängt wird, aus dem er nicht heraus kann; er ist Jäger, Fischer oder Hirt oder kritischer Kritiker und muß es bleiben, wenn er nicht die Mittel zum Leben verlieren will – während in der kommunistischen Gesellschaft, wo jeder nicht einen ausschließlichen Kreis der Tätigkeit hat, sondern sich in jedem beliebigen Zweige ausbilden kann, die Gesellschaft die allgemeine Produktion regelt und mir eben dadurch möglich macht, heute dies, morgen jenes zu tun, morgens zu jagen, nachmittags zu fischen, abends Viehzucht zu treiben, nach dem Essen zu kritisieren, wie ich gerade Lust habe, ohne je Jäger, Fischer, Hirt oder Kritiker zu werden.«[9]

Auch später hat Karl Marx – in freilich allgemeineren Formulierungen – an dieser Utopie einer neuen »humanen Gesellschaft« festgehalten, in denen, wie wir hörten, die Menschen »tagtäglich durchsichtige vernünftige Beziehungen zueinander und zur Natur darstellen«, so daß der »religiöse Widerschein der wirklichen Welt... verschwinden« kann[10]. Im »Kommunistischen Manifest« heißt es: »An die Stelle der alten bürgerlichen Gesellschaft mit ihren Klassengegensätzen tritt eine Assoziation, worin die freie Entwicklung eines jeden die Bedingung für die freie Entwicklung aller ist.«[11]

Bemerkenswert: auch ein Mann wie *Lenin*, großer Praktiker und Techniker der Revolution, der er war, lehnte es ab, die zukünftige kommunistische Gesellschaft zu umschreiben, das »Paradies auf Erden«, wie er einmal sagte. Aber das Heine-Wort nimmt er auf: »Durch die Fabrik der Großindustrie erzogen und durch das städtische Leben aufgeklärt, wirft der moderne klassenbewußte Arbeiter die religiösen Vorurteile mit Verachtung von sich, überläßt den Himmel den Pfaffen und bürgerlichen Frömmlern und erkämpft sich ein besseres Leben hier auf Erden.«[12]

Nach Wolfgang Leonhards Darstellung verzichtete die Sowjetideologie sowohl während der Lenin- als auch während der Stalinära auf jegliche Detailschilderung der kommunistischen Zukunft. Vor 1959 – dem Jahr des 21. Parteitags unter Chruschtschow – habe nur *Leo Trotzki* (der als Todfeind Stalins von der Sowjetideologie nicht zitiert wird) einmal folgende Gedanken über das Leben der Menschen in der kommunistischen Zukunft geäußert, die einen an die Paradiesesschilderungen alter und mittelalterlicher Theologen erinnern: »Der Mensch, der imstande sein wird, Flüsse und Berge zu versetzen, Volkspaläste auf dem Gipfel des Mont-Blancs und auf dem Grunde des Atlantiks aufzubauen, der wird natürlich auch wissen, seinem Alltagsleben nicht nur Reichtum, Farbigkeit und Intensität, sondern auch höchste Dynamik zu verleihen... Der Mensch wird es sich zur Aufgabe machen, seiner eigenen Gefühle Herr zu werden, seine Instinkte auf den Gipfel des Bewußtseins zu heben, sie durchsichtig klar zu machen, Leitungsfäden vom Willen unter die Schwelle des Bewußtseins zu führen und sich selber damit auf eine höhere Stufe zu bringen, also einen höherstehenden gesellschaftlich-biologischen Typus oder, wenn man will, einen Übermenschen zu schaffen... Der Mensch wird unvergleichlich stärker, klüger, feiner werden. Sein Körper – harmonischer, seine Bewegungen – rhythmischer, seine Stimme – musikalischer; die Formen des

Seins werden eine dynamische Theatralik gewinnen. Der menschliche Durchschnitt wird sich bis zum Niveau eines Aristoteles, Goethe, Marx erheben. Über diesen Berggrat werden sich neue Gipfel erheben.«[13]

c) Wozu sind wir auf Erden? Die Antwort auf unsere Eingangsfrage wurde von der marxistischen Kritik her überdeutlich konterkariert. Der finalen Verknüpfung von irdischem Dasein und Himmelserwartung wird – mit Berufung auf die menschliche Würde – die Unterdrückungs- *und* Freiheitsgeschichte der Völker entgegengehalten. Gegen allen Mißbrauch des Himmels der Aufstand des geknechteten und unterdrückten Menschen! Aber wie hätte es anders sein können? In einer Zeit, in der in Theologie und Kirche der Himmel weithin nur auf Kosten der Erde zu haben war, Heil nur auf Kosten von Glück, der Mensch nur auf Kosten Gottes, konnten Mensch, Glück und Erde nur dann ihr geschichtliches Recht bekommen, wenn der religiöse Überbau radikal negiert wurde.

Dabei trat nun die *Erde* das geschichtliche *Erbe des Himmels* an: Der religiös-theologischen *Dis*soziierung von Himmel und Erde setzte die marxistische Kritik eine praktisch-politische *As*soziierung von Erde und Himmel entgegen. Das heißt: nicht die einfache Negierung oder Profanisierung des Himmels, nicht die simple Vergottung der Erde, war das Ziel. Vielmehr die Einsicht, daß es der geschichtlichen Tat, der *gesellschaftlichen Praxis* des Menschen bedarf, wenn auf Erden, das heißt hier und jetzt, etwas sichtbar werden soll von dem, was andere Generationen sich nur als im Himmel realisierbar vorstellen konnten. Der ganze Ernst des marxistischen Ansatzes kommt von diesem neuen Primat der Praxis her, der weltkonstituierenden und revolutionierenden Rolle gesellschaftlicher Arbeit, kommt aus der Einsicht, daß der *»Himmel« eine geschichtliche Möglichkeit des Menschen* geworden ist: dann nämlich, wenn er den Mut hat, die »Verhältnisse umzuwerfen«, die den »Himmel auf Erden« verhindern: *das Reich der Freiheit!* Dieses wird so von der marxistischen Kritik und Praxis her zu einer utopisch-politischen Chiffre für den noch nicht erreichten Idealzustand von Mensch und Gesellschaft: eine Denkfigur, die im verweisenden Vorgriff auf ein Totum menschlicher Möglichkeiten und Wirklichkeiten auch die geschichtlichen Defizite der gegenwärtigen Gesellschaft anzeigt.

Freilich: das Reich der Freiheit, von Marx entworfen und im Prozeß enttäuschter »Naherwartung« noch zu seinen Lebzeiten immer verschiedener datiert, konnte auch von der russischen, chinesischen, kubanischen, vietnamesischen Revolution geschichtlich nicht realisiert werden. Im Gegenteil: im real existierenden Sozialismus ist es immer mehr verraten und verdrängt worden. Der sogenannte »Himmel auf Erden«, der mit der sozialistischen Revolution am Horizont der Geschichte konkret aufgetaucht war, versank, als die Revolutionäre von einst die Funktionäre von heute zu werden begannen. Das Reich einer »unfehlbaren Partei« (und Generalsekretärs) und einer »neuen Klasse« und damit der bürokratischen Zwänge und orthodoxen Enge, der Unterdrückung und Glücksverweigerung war die Folge. Sozialismus als Anti-»Solidarität« (Polen)!

Die Menschheit ist so zweifellos um einige Hoffnungen ärmer geworden. Waren es nicht gerade die sechziger Jahre, in denen jener Glaube, der in den letzten beiden Jahrhunderten den Glauben an den einen wahren Gott weithin ersetzt hatte, noch einmal einen – letzten – Höhepunkt erreichte? Der Glaube in Ost und West an den ewigen, unermeßlichen, allwissenden, allmächtigen *Gott Fortschritt*! Aber wer glaubt denn heute noch so naiv an Humanität durch politisch-soziale Revolution? Wer aber auch noch unzweifelhaft an Humanität durch technologische Evolution? Keine Frage: »Kapitalismus«, Wissenschaftsglaube, Technokratie scheinen ebenso wie »Sozialismus«, Marxismus und Revolution für zahlreiche Menschen in Ost und West als Ideologien ihre Bedeutung verloren zu haben, sosehr sich beide in den letzten Jahrzehnten amalgamierten.

3. *Ein Reich der Freiheit?*

Auch Marxisten selbst haben begonnen, die Verbindung von Marxismus und Technokratie-Bürokratie einer Kritik zu unterziehen. Ein erstaunlicher und bemerkenswerter Vorgang: Neomarxisten besinnen sich *zurück auf Feuerbach*, um – jetzt umgekehrt – von ihm her Marx zu korrigieren. Ja, man beginnt zu begreifen, daß die von Marx bei Feuerbach vernachlässigten Elemente geradezu ein Korrektiv bilden könnten gegenüber einem totalitären und immer mehr technokratischen Marxismus[14]. Da ist einmal Feuerbachs Ernstnehmen der *nichtverstandesmäßigen Kräfte des Menschen*, die bei Marx entschieden zu kurz kommen: Herz, Phantasie, Liebe. Viel deutlicher als bei Marx bleibt bei Feuerbach die Sinnlichkeit und Leiblichkeit des Menschen betont, die Bedeutung des Du und der Mitmenschlichkeit – und dies als notwendige

Voraussetzung einer neuen Gesellschaft und einer neuen Freiheit. Da ist zum anderen Feuerbachs positive Wertung der *außermenschlichen Natur*, die bei Marx nur Objekt der Herrschaft des Menschen und Material gesellschaftlicher Arbeit ist. Denn Feuerbach sieht Natur und Freiheit nicht als feindliche Gegensätze, sondern unterstreicht gerade die Versöhnungsfähigkeit von Mensch und Natur. Kurz, Feuerbachs Philosophie kann eine bleibende Mahnung sein gegenüber aller Selbstüberschätzung der technologischen Gesellschaft, gegen die Trennung von Politik und Natur, Moral und Natur, gegen den Utilitarismus einer überdrehten Praxis, gegen die Zerstörung der natürlichen Lebensgrundlagen des Menschen und der menschlichen Gesellschaft.

Auch die Philosophie *Herbert Marcuses* steht für Kritik und Weiterführung der marxistischen These von der Herrschaft des freien Menschen. Gerade Marcuse kritisiert den Herrschafts- und Freiheitsbegriff des Marxismus, der sich unter veränderten ökonomischen Bedingungen, gewandelten Produktivkräften und gestiegener technologischer Vervollkommnung wandeln müsse. Die Marxsche Utopie vom »allseitigen Individuum« wird von Marcuse als unzureichend durchschaut: »Ganz gleich, welche Tätigkeiten das ›allseitige Individuum‹ sich wählte, es wären Tätigkeiten, die unvermeidlich die Qualität der Freiheit verlören, wenn sie ›en masse‹ ausgeübt würden – und sie würden ›en masse‹ ausgeübt; denn selbst die authentische sozialistische Gesellschaft würde das Bevölkerungswachstum und die Massenbasis des fortgeschrittenen Kapitalismus erben. Das frühe Marxsche Beispiel der freien Individuen, die frei zwischen Fischen, Jagen und Kritisieren und so fort wählen, hatte von Anbeginn einen spaßig-ironischen Unterton, was auf die Unmöglichkeit hindeutet, die Formen zu antizipieren, in der befreite Menschen ihre Freiheit gebrauchen werden. Immerhin vermag der peinlich lächerliche Ton ebenso den Grad zu bezeichnen, in dem diese Vision veraltet ist und einer bereits überholten Entwicklungsstufe der Produktivkräfte angehört. Die spätere Marxsche Konzeption schließt die fortbestehende Trennung zwischen dem Reich der Notwendigkeit und dem Reich der Freiheit, zwischen Arbeit und Muße ein – nicht nur in der Zeit, sondern auch derart, daß dasselbe Subjekt in den beiden Reichen jeweils ein anderes Leben führt. Nach dieser Marxschen Konzeption würde sich das Reich der Notwendigkeit im Sozialismus in solchem Umfang fortsetzen, daß wirkliche Freiheit nur außerhalb der gesamten Sphäre gesellschaftlich notwendiger Arbeit herrschte. Marx verwirft die Idee, daß Arbeit jemals Spiel werde. Entfremdung würde sich mit der progressiven

Abnahme des Arbeitstages verringern, der aber ein Tag der Unfreiheit bliebe, rational, aber nicht frei.«[15]

Diesem Marxschen Dualismus setzt Marcuse sein eigenes Konzept vom Einbruch der Freiheit in das Reich der Notwendigkeit entgegen: der Möglichkeit von *Freiheit innerhalb des Reiches der Notwendigkeit*. Warum sollte die quantitative Abnahme der notwendigen Arbeit nicht in eine neue Qualität von Freiheit umschlagen können? Warum soll es nicht zu einer qualitativen Transformation der Arbeit für den Menschen kommen können, wo alle entfremdete, ausbeuterische Form des Lebenserwerbs abgeschafft wäre? Doch – was setzt der Aufbau einer solchen Gesellschaft alles voraus? Nach Marcuse nicht mehr und nicht weniger als einen neuen Menschentyp, »der sowohl eine andere Sensibilität als auch ein anderes Bewußtsein besitzt: Menschen, die eine andere Sprache sprechen, andere Ausdrucksformen haben, anderen Impulsen folgen; Menschen, die eine Schranke gegen Grausamkeit, Brutalität und Häßlichkeit aufgerichtet haben. Solch eine triebmäßige Transformation ist nur dann als Faktor sozialen Wandels denkbar, wenn sie in die gesellschaftliche Arbeitsteilung eindringt, in die Produktionsverhältnisse selbst. Diese würden von Männern und Frauen geformt, die ein gutes Gewissen haben, menschlich und sinnlich zu sein; die sich nicht mehr ihrer selbst schämen; denn ›Was ist das Siegel der erreichten Freiheit? – Sich nicht mehr vor sich selber schämen‹. Die Phantasie solcher Männer und Frauen würde ihre Vernunft bilden und tendierte dazu, den Produktionsprozeß zu einem Schöpfungsprozeß zu machen.«[16]

Andere Sensibilität, *»neue Sensibilität«* – so heißt das entscheidende Stichwort Marcuses, mit dem er nicht nur Entfremdungsprozesse in kapitalistischen Produktionsverhältnissen geißelt, sondern nicht weniger Entfremdungsformen in einem erstarrten, blutleeren, entsinnlichten Marxismus staatskommunistischer Provenienz. Eine »neue Sensibilität« nicht als ein Zurück zu einer privatistisch-bürgerlichen Innerlichkeit, sondern als politischer Faktor, als Sieg des Lebenstriebes über Aggressivität und Schuld. Eine andere Wissenschaft könnte so entstehen, eine neue Technik als Spiel mit Möglichkeiten und Wirklichkeiten nicht zur Vernichtung, sondern zum Schutz von Menschen, zur Steigerung von Lebensqualität. Technik und Kunst könnten dabei ineinander übergehen und ein neues Realitätsprinzip sich entwickeln, ja ein neues »ästhetisches Ethos«.

Ästhetisches Ethos, *»Ästhetik«* – so heißt ein anderes Schlüsselwort für Marcuse, das auch hier nichts mit dem »schönen Schein« gemein hat, der die bürgerliche Kunst auszeichnet. Ästhetik kennzeichnet vielmehr – emanzipatorisch gedeutet – die Qualität schöpferischer Prozesse in einer Welt der Freiheit. Eine solche Ästhetik (ästhetisch = die Sinne oder die Kunst betreffend) im Kontext der neuen Sensibilität ist nicht etwa von der Praxis abgehoben, sondern stiftet eine neue Praxis: »Sie entsteht *gegen* Gewalt und Ausbeutung, in einem Kampf für wesentlich neue Weisen und Formen des Lebens; sie impliziert die Negation des gesamten Establishments, seiner Moral, seiner Kultur; die Behauptung des Rechts, eine Gesellschaft zu errichten, in der die Abschaffung von Armut und Elend Wirklichkeit wird und das Sinnliche, das Spielerische, die Muße Existenzformen und damit zur *Form* der Gesellschaft selbst werden.«[17] Das Ästhetische als mögliche Form einer freien Gesellschaft erscheint, wo »der Haß der Jungen in Gelächter und Gesang ausbricht und sich Barrikade und Tanzboden, Liebesspiele und Heroismus verquicken. Gleichermaßen attackieren die Jungen den *esprit de sérieux* im sozialistischen Lager: Miniröcke gegen Apparatschiks, Rock'n Roll gegen sowjetischen Realismus. Das Bestehen darauf, daß eine sozialistische Gesellschaft leichtfüßig und spielerisch sein kann und sollte, daß diese Qualitäten wesentliche Elemente der Freiheit sind; das Vertrauen in die Rationalität der Phantasie; das Verlangen nach einer neuen Moral und Kultur – bezeichnet diese große anti-autoritäre Rebellion eine neue Dimension und Richtung radikalen Wandels, das Erscheinen neuer Träger einer radikalen Veränderung, eine neue Vorstellung von Sozialismus in seiner qualitativen Differenz von den etablierten Gesellschaften? Gibt es etwas in der ästhetischen Dimension, das eine wesentliche Affinität zur Freiheit hat, nicht nur in ihrer sublimierten kulturellen (künstlerischen), sondern ebenso in ihrer entsublimierten politischen Form, so daß das Ästhetische eine gesellschaftliche Produktivkraft werden kann, ein Faktor in der Produktionstechnik, ein Horizont, unter dem die materiellen und geistigen Bedürfnisse sich entfalten?«[18]

Die Frage, die Marcuse schon 1969 stellte, findet heute zunehmend eine Antwort. Mehr denn je ist heute dieses Verlangen nach einer neuen Moral und Kultur spürbar. Mehr denn je finden sich – gar politisch organisiert – Träger einer wertmäßigen Veränderung, einer qualitativen Differenz zur etablierten Gesellschaft. Herbert Marcuse selbst, der mit seinem unorthodoxen, politisch-ästhetischen Marxismus Ende der sechziger Jahre zum »Vater der Neuen Linken« geworden war, ist in den achtziger Jahren, postum, zum Vater auch der neuen »Alternativen« geworden, die den von Marcuse *geforderten* Wertewandel immer stärker in eine alternative Praxis umzusetzen versuchen. Diesem in der Alternativbewegung sich aussprechenden Hoffnungspotential, dieser sich hier anbahnenden neuen Praxis, dieser hier artikulierten Sehnsucht nach einem »Himmel auf Erden« muß nun unsere besondere Aufmerksamkeit gelten. Denn es sind ja all die »grünen« und »bunten« Gruppen, die begonnen haben, Möglichkeiten eines »alter-nativen«, eines »anders-geborenen« Lebens hier und heute aufzuzeigen.

4. *Aufbruch ins Paradies?*

Drei Fragen stellen sich bezüglich der »Alternativen«: Woher kommen sie? Was wollen sie? Wohin führen sie?

a) *Woher kommen die Alternativen?* Grün als Farbe für Natur, Leben, Hoffnung, Zukunft; die Bunten als die Verbindung aller möglichen vielfarbigen Gruppen und Grüppchen: Die alternativen Gruppen umfassen anders als die APO (außerparlamentarische Opposition) der sechziger Jahre nicht nur Studenten und Intellektuelle, und sie umfassen auch keineswegs nur einzelne Ekzentriker und radikale Aktivisten, sondern sie sind bereits in das Stadium einer breiten Massenbewegung getreten, mit der politisch zu rechnen ist[19].

Die neuen Fragen und Forderungen kommen ja nicht aus einer marginalen »Alternativszene«, sondern mitten aus unserer Gesellschaft (und nicht zuletzt aus den Kreisen der Wohlsituierten und Wohldotierten), produziert und zu verantworten von uns allen und besonders den Regierenden. Darüber hinaus ist der historische Kontext zu berücksichtigen. Nach dem Gießener Sozialwissenschaftler Michael Lukas Moeller in seiner Studie über »Selbsthilfegruppen«[20] haben sechs große soziale Bewegungen in Amerika und Europa seit den sechziger Jahren die gegenwärtige Alternativbewegung vorbereitet: die *Bürgerrechtsbewegung* (Gleichstellung aller Bürger), die *Wohlfahrtsbewegung* (Kritik abhängig machender Sozialinstitutionen), die *Antikriegsbewegung* (Forderung einer neuen, weniger militanten Außenpolitik); dann die *Frauenbewegung* (gegen männliche Dominanz, für ein neues frauliches Selbstverständnis), die *Verbraucherschutzbewegung* (»Naderismus«) und schließlich die *Umweltschutzbewegung*, zu der das überraschende Anwachsen der *psychologisch-therapeutischen Selbsthilfegruppen* kommt.

Alle die heutigen alternativen Gruppen eint nicht wie im Marxismus (und im römischen Katholizismus) eine dogmatische Einheitsideologie, eint keine straffe übergreifende Organisation, eint kein unfehlbarer politischer (oder geistlicher) »Führer«. Doch nehmen diese neuen Gruppierungen, bei aller Resignation und Ratlosigkeit, eine *doppelte Sehnsucht* aus der vorausgegangenen Epoche auf, was oft übersehen wird: Sie werden getragen von der Sehnsucht (des politisch-revolutionären Humanismus) nach einer grundlegenden Änderung der Verhältnisse; aber auch von der Sehnsucht (eines technologisch-evolutiven Humanismus) nach konkreter Realisierbarkeit, nach Vermeidung von Terror und einer problemoffenen, zwanglos-pluralistischen Freiheitsordnung, die niemanden zu einem anderen Glauben zwingt.

So versucht diese Alternativbewegung, die zunächst unbemerkt von der Öffentlichkeit (die vor allem mit den Phänomenen des militanten Terrorismus beschäftigt war) die Nachfolge der Jugend- und Studentenrebellionen Ende der sechziger und Anfang der siebziger Jahre angetreten hatte, sich in Äquidistanz zu halten sowohl zum real existierenden Sozialismus wie zum real existierenden Kapitalismus. Eine höchst *vielschichtige Bewegung* steht hier vor uns, die gleichermaßen marxistische Gesellschaftskritik, ökologisches Ganzheitsdenken, christliche Hoffnungsimpulse und alternative Lebensstile zu einer eigentümlichen Mischung vereint. Das heißt: ein Stück »Himmel auf Erden« kann auch diese Bewegung nicht verleugnen, ein bißchen »Sehnsucht nach dem Paradies« soll wohl auch hier realisiert werden, ohne daß man diese Bewegung etwa religiös vereinnahmen dürfte.

b) *Was wollen die Alternativen?* Selbst wer dieser ganzen Bewegung skeptisch bis ablehnend gegenübersteht, fragt sich bisweilen, ob es denn wirklich der Sinn seines Lebens sein kann, in ständiger Hast und Hektik Geld und Karriere zu machen, darüber hinaus aber bestenfalls Plausch und Pleasure zu genießen. Andere freilich machen ernst mit dem Traum vom einfachen und besseren Leben, den viele nur träumen: Sie werden so zu Aussteigern aus den »Sachzwängen« einer hochindustrialisierten, hochspezialisierten Industriegesellschaft, aus dem Teufelskreis von industrieller Produktion und Konsum, und suchen in kleinen Gruppen nach der vermißten Identität und Solidarität, nach mehr Nähe, Wärme, Gefühl, Empfindsamkeit, Glück.

Sie alle eint, wie Claudia Mast unter dem Titel *»Aufbruch ins Paradies?«*[21] richtig herausgestellt hat, das Unbehagen an der gegenwärtigen Gesellschaft und der demokratischen Pseudorepräsentanz, die Sorge vor der Zukunft und die Suche nach alternativen Lebenszielen, Lebensstilen, Lebensformen, ganz anders jedenfalls als die derzeitig gelebten. Die einen glauben – auch wenn sie darin oft scheitern – ein alternatives Leben zu finden, etwa in *ländlichen* Kollektiven, die der Selbstversorgung auf ökologisch geführten Bauernhöfen dienen oder der Selbstverwirklichung im Handwerk (Töpfern, Weben, Tischlern, Gärtnern) oder der Selbstfindung in Tagungs- und Freizeitkollektiven (Seminare, Selbsterfahrungstrainings, Kinder- und Erziehungsarbeit). Andere versuchen, ein Stück alternativen Lebens in der *urbanen* Szene zu realisieren: Sie suchen (soweit sie nicht überhaupt in subkulturelle Verhältnisse abdriften und abtauchen) einen Ausweg aus der kalten, echolosen Gesellschaft durch Selbsthilfeorganisationen für Frauen, Arbeitslose, Gefangene, psychisch Gestörte; durch Medienarbeit in Zeitungen, Theatern und Filmen; durch Kleingewerbe wie alternative Buchläden, Bioläden, Gaststätten; durch Intensivarbeit in Stadtteilen, Kinderläden, Jugendzentren, Meditationszentren. Wer wollte all diese disparaten Gruppen auch nur annähernd beschreiben wollen! Doch nicht die extremen Ausprägungen sind hier wichtig, sondern die weithin latente Sympathie, die sich mit den Kategorien Links und Rechts nicht mehr einfangen läßt.

Vieles fließt zusammen in diesen Bewegungen, die sich nicht nur im deutschen Sprachraum, sondern auch in anderen westlichen Industrieländern finden, in Holland, Frankreich, Italien, den Vereinigten Staaten: viel an Skepsis, ja Angst vor der alles beherrschenden Großtechnologie und Technokratie und an Sehnsucht nach kleinen, sanften Technologien; viel Erfahrung von Machtlosigkeit, Resignation und Zukunftsangst; viel an Unsicherheit und Orientierungslosigkeit gerade unter Jugendlichen und jungen Erwachsenen. Leider verfügen wir über wenig verläßliche Zahlen bezüglich der veränderten Situation in unserer *jungen Generation.* Statistisch erhärtet wissen wir jedenfalls, daß sich zumindest im Deutschland der letzten 25 Jahre eine beinahe epochale *Abkehr von der Kirche* abgespielt hat, die von den mit Dogma, Disziplin und Kirchensteuer weithin am Volk (und besonders an der Jugend) vorbeiregierenden und um ihre Institution kreisenden Hierarchen noch kaum ernst genommen wurde: eine Abkehr von der Kirche, die einer der Gründe ist für das vielbeklagte Sinndefizit und Orientierungsvakuum in der jungen Generation! Für die unter Dreißigjährigen sank der regelmäßige Kirchenbesuch bei den Protestanten in den vergangenen 25 Jahren von 13 Prozent auf 2 Prozent und – beinahe noch alarmierender – bei den Katholiken von 59 Prozent auf 14 Prozent[22]. Zum erstenmal wächst auch in unserem Land eine Generation heran, bei der von einer christlichen Sozialisation weithin nicht mehr die Rede sein kann, die das Vaterunser und die Zehn Gebote nur noch vom Hörensagen kennt[23].

Für viele Kulturkritiker ist dieses von den Kirchen wesentlich mitverschuldete Orientierungs- und Identitätsvakuum eine der Ursachen für die heute zu beobachtende Krise unserer Gesellschaft. Die Tatsache, daß Antworten auf die Sinnfrage nicht mehr gegeben werden, früher selbstverständliche Normen nicht mehr überzeugen, metaphysische Deutungsmuster für Welt- und Selbstverständnis verbraucht scheinen und ausgeklammert werden, das »transzendierende Wesen schwach« wird (Ernst Bloch): dies alles führt unweigerlich zu einer *Verabsolutierung des hier und jetzt gelebten Lebens.* Um ja in diesem »einzigen« Leben nichts zu verpassen, nimmt die Sucht nach dem raschen Wahrnehmen und rapiden Ausleben von Lebenschancen, von Verwirklichungsangeboten zu. »Hedonismus« als die Ideologie bedenkenlosen Lebensgenusses scheint die Folge, »Konsumismus« als die Ideologie schrankenloser Verfügbarkeit über die Gebrauchsgüter der Überflußgesellschaft, eine Fetischisierung der Objekt- und Warenwelt zur egozentrischen Befriedigung von Lustgefühlen. Eine oft sinnlose, zerstörerische Aggression erscheint dann als Schattenseite, wenn die Bedürfnisse nicht befriedigt werden, wenn die Lust nicht mehr erfüllt werden kann, wenn der Lebenskampf sich als bedrohlicher erweist, als man annahm, und die Welt sich sperriger zeigt, als man glaubte.

Das heißt aber auch: die von kirchlichen, dogmatischen, institutionalisierten Zwängen befreite Religiosität stirbt nicht einfach ab, löst sich nicht in nichts auf, sondern wird umgelenkt auf neue Werte des jetzt zu lebenden Lebens, die einen *quasireligiösen Stellenwert* in einer *säkularen Quasireligion* der *angepaßt-bürgerlichen* oder der *alternativ-antibürgerlichen* Couleur erhalten: Anders gesagt: die freischwebende, »vagabundierende« Religiosität vieler religiös heimatlos gewordener Menschen (Jugendliche zumal) hat sich anderswo niedergelassen. In unserer Gesellschaft zunächst zu einem großen Teil – dies darf nicht übersehen werden – in einer Fortschritts- und Wohlstandsreligion, bei jenen »Göttern«, die man in Amerika kurz »Sex, Car und Career« (Sex, Auto und Karriere) nennt, eine allerheiligste Dreifaltigkeit für Angepaßte. Trotz aller Öffentlichkeitsresonanz sind es ja nicht die Alternativen, die die Mehrzahl der Jugendlichen repräsentieren, sondern immer noch solche, die einen gewohnten, unauffälligen, eben *»angepaßten« Lebensstil* praktizieren – in Loyalität durchaus zu ihrem Beruf, ihrer Familie, ihrem Verein oder Club. Ohne sich um »metaphysische« Fragen zu kümmern, praktizieren viele solche bürgerlich angepaßt lebende Menschen, ungebildete und gebildete, diesen Lebensstil in aller »Normalität«, Nüchternheit und Unauffälligkeit, in Respekt vor Werten, die mit ihrem sozialen Status, ihren Einkommensverhältnissen in einer kausalen Beziehung stehen. Ist dies verwunderlich, wenn man bedenkt, daß das jetzt erreichte Wohlstandsniveau für die meisten Menschen in den westlichen Industrienationen eine geschichtlich exzeptionelle Situation ist, die nach dem Zweiten Weltkrieg nur durch veränderte weltwirtschaftliche Rahmenbedingungen geschaffen werden konnte: durch technologische Innovationen, durch Ausdehnung des Handelsvolumens und des Kapitalmarktes und der Arbeitsteilung in weltwirtschaftlichem Maßstab? All dies führte zu ungeheurer Steigerung der Produktivität, Hebung der Einkommen der Produzierenden, zu beispiellosem Wachstum und noch nie dagewesenem Wohlstand. Kein Wunder, daß viele, die in aufreibendem Arbeitsprozeß und täglichem Existenzkampf stehen, für die Anliegen der Alternativbewegung wenig Verständnis aufbringen. Wer weiß schon, wie lange es uns noch so gut geht . . .

Doch gerade hier setzt die *Alternativbewegung* an, die mit ihren alternativen Sinnangeboten ebenfalls viel freischwebende Religiosität absorbiert hat. Und religiöse Fragen sind hier allemal involviert, religiös im weitesten Sinn des Wortes. Man wird mit *Michael Mildenberger* zunächst *drei Tendenzen* unterscheiden können, die bei allen Unterscheidungen von ihrem Zielpunkt her verschieden sind, die aber ihre Anliegen allesamt mit oft geradezu religiöser Leidenschaft verfechten: »die politisch-ideologische, die ökologisch-lebensreformerische und die transzendental-religiöse«[24]. Dabei weist gerade die letzte Gruppe wieder ein weites Spektrum auf von konservativ-pietistischen Bibelzirkeln über Pfarrgruppen und Studentengemeinden bis hin zu Anhängern neuer religiöser Bewegungen, die von japanischem Zen-Buddhismus und besonders indischer Geistigkeit inspiriert sind. »Aber warum sollte ich«, so sagte in unserem Kompaktseminar »Heil aus Indien?« über »neue religiöse Bewegungen im Westen« eine Studentin, die einige Zeit in einem indischen Ashram zugebracht hat, »warum sollte ich, wenn es mir ums Absolute geht und mir alles andere weniger wichtig ist, nicht ausziehen, um dort das Absolute zu finden, wo ich es finden kann?« Früher hätten solche Menschen wohl in Kirchen und Ordensgemeinschaften eine Heimat gefunden...

Gerade dieses Beispiel macht deutlich: Hier kommt es weniger auf die Quantität der zur alternativen Bewegung zählenden Menschen an als auf die Qualität dieser Menschen, denen es offenkundig um ein *anderes Wertsystem*, eine *andere Wertskala* geht. Gegenüber den Etablierten und Angepaßten sind sich religiöse wie irreligiöse Gruppen mindestens in einem einig, daß man unter »alternativ« – mit den Worten des »alternativen adreßbuchs« – »die jeden tag anstehende entscheidung für oder gegen bestehende wertsysteme« verstehen kann: »die schaffung neuer maßstäbe und verhaltensweisen, abkehr vom politischen wahn- und schwachsinn hin zum ökologisch-gesellschaftlichen sinnvollen. so verschieden die wege... sein mögen, sie alle suchen eben dies neue zeitalter, suchen den menschen – in sich und im anderen – der ›anders geboren‹, ›natürlich entstanden‹ ist oder entsteht (wörtliche übersetzung von ›alter-nativ‹).«[25]

In der Tat, *zwei Wertesysteme* scheinen sich hier gegenüberzustehen, die nur schwer vermittelbar sind: Das eine favorisiert die arbeitsteilige, hochspezialisierte Industriekultur als zu erhaltenden und zu verteidigenden Wert, weil nur sie die Verteilungs- und gesellschaftlichen Ausgleichsprobleme einigermaßen gerecht zu lösen vermag (noch nie ist es so vielen Menschen gleichzeitig so gut gegangen). Das andere will gerade diese Gesellschaft mit ihren neuen Zwängen und unerhörten Zerstörungspotentialen, mit all ihren Störanfälligkeiten und Ungerechtigkeiten durchschaut haben und favorisiert die Gegenkultur als Wert. Dies führt zu der dritten Frage:

c) *Wohin führen die Alternativen?* Oder anders gefragt: Werden angesichts dieser immanenten, strukturellen Widersprüche die Alternativen eine Zukunft haben? Die Frage ist unvermeidbar, nachdem so viele neue Bewegungen und Initiativen bereits versandet sind. Keine Zukunft haben zweifellos manche exzentrische Experimente in Stadt und Land, die schon gescheitert sind oder noch scheitern werden, die weniger auf einer stringenten, kritisch-differenzierenden Gesellschaftskritik als auf einem romantisch regredierenden Protest und antiinstitutioneller Attitüde basierten. Eine Zukunft aber haben zweifellos das *neue Bewußtsein* und die *neuen Werte*, die schon jetzt unsere Gesellschaft weithin zu bestimmen begonnen haben:

statt Leistungsdruck und Entfremdung mehr Kreativität und Selbstverwirklichung,
statt emotionaler Sterilität die Anerkennung der Gefühle und Empfindungen,
statt Fremdbestimmung Autonomie,
statt Anonymität menschliche Wärme und Zärtlichkeit,
statt Zweckrationalität die Befreiung der Sinne, Natürlichkeit, Spontaneität,
statt nur berechnender Intelligenz und Kompetenz mehr soziale Wahrnehmungsfähigkeit und Sensibilität für veränderte Bedürfnisse und Wertprioritäten.

Alternatives Gedankengut ist weit über alternative Organisationen hinaus verbreitet; neue Antworten, neue Formen der Leistung, der menschlichen Gemeinschaft und Solidarität zeichnen sich ab. Denn was sich hier ankündet, ist nicht mehr und nicht weniger als die *Infragestellung der Vorherrschaft materieller Wertorientierungen.* Anzeichen einer postmaterialistischen Lebensorientierung sind erkennbar: »Die Alternativbewegung verkörpert den Abschied von der Fiktion, der Mensch strebe nur nach Materiellem; man müsse ihn nur gut materiell ausstatten, dann sei er zufrieden und glücklich. Ihn beschäftigt heute vielmehr die Frage: Bin ich und sind wir auf dem rechten Wege? Eine Antwort mit den Mitteln des Verstandes zu finden fällt immer schwerer« (C. Mast[26]). Vielleicht, daß hier gerade eine mehr theologisch orientierte Analyse weiterhelfen könnte.

5. Naherwartung säkularisiert

Es ist in der alternativen Bewegung ein Drängen spürbar, das man gewiß zum Teil auf die »Erfüllungsmentalität« einer verwöhnten Generation – im Gegensatz zur »Aufbaumentalität« der Kriegs- und Nachkriegsgeneration – zurückführen darf (Helge Pross). Aber angesichts einer derart unsicheren, dunklen Zukunft ist ein entschiedenes Pochen auf die kurzfristige Einlösung der von der vorausgegangenen Generation gegebenen Versprechen bis zu einem gewissen Grad verständlich: ein »Wir wollen hier auf Erden schon« mit präsentisch-alternativer Zuspitzung! Das heißt: in dieser zunehmend ungastlich gewordenen Welt ein Drängen nach Heimat und Geborgenheit (nicht immer »werden« wollen oder müssen, sondern endlich einmal »sein« und »bleiben«), ein Drängen nach mehr Sinnlichkeit und Sinnhaftigkeit, mehr Befreiung und Selbsterfahrung, aber dies *alles eben hier und jetzt*: »Wir wollen alles, und wir wollen es jetzt!«

Vieles an diesem Drängen und Pochen erscheint ambivalent. Wie soll man etwa den folgenden Brief eines »Drop out«[27] beurteilen? »Ist das Freiheit: die Wahl zwischen Verkäuferin bei Karstadt oder bei Aldi? Am Fließband bei VW oder bei Opel? ›Leitender Mensch‹ bei Siemens oder bei IBM? ... ›Unsere Gesellschaft‹ bietet mir nur ausgetretene 08/15-Pfade und läßt mir die ›Freiheit‹, einen davon zu wählen. Ich will und kann aber kein vorprogrammiertes Leben mit Achtstundentag, Lebensversicherung, Beförderung und Rente führen, sondern will mein Leben erleben. Leben ist so was Tolles, ich will letztlich was davon gehabt haben, wenn's aus ist, wer hat das heute noch? Leben nach Feierabend? Nein, danke! ... Aber es kommt so und so zur Katastrophe ... Ich habe jedenfalls keine Lust, hier Märtyrer zu spielen und zu versuchen, mit einen Karren aus dem Dreck zu ziehen, der schon bis über die Achsen im Schlamm steckt. Sicher ist das eine gehörige Portion Egoismus, aber vor mir liegen fünfzig Jahre Leben. Mein einziges.«

Ein Ausstieg aus den Zwängen, Leistungskriterien, Bewährungsstufen, Hierarchien unserer Gesellschaft ist hier allenthalben spürbar, und manches daran ist verständlich. Und doch – ich nehme das Stichwort Egoismus auf: Eine ungeheure *Ichbezogenheit und mangelnde Bindungsbereitschaft* wird dabei als Gefahr sichtbar, ein Egotrip, allein oder kollektiv, unter Verachtung »bürgerlicher« Konventionen und Werte wie Leistung, Fleiß, Pflichtbewußtsein, Verantwortung. Keine Bindung an Familie, Beruf, Ehe, gar Betrieb, an Partei, Staat oder Kirche. Das Individuum selbst und die kleine Gruppe sind alles, was zählt.

Hier könnte dann in der Tat das gelten, was der amerikanische Historiker und Sozialkritiker Christopher Lasch unter dem Stichwort *»Kultur des Narzißmus«*[28] für unser ganzes Zeitalter diagnostiziert hat. Kulturhistoriker in Europa sind ihm darin gefolgt. Man muß dieses Wort weder als Etikett für eine höchst komplex zu beurteilende Epoche wie die unsrige noch von der Sache her für glücklich halten, die Phänomene freilich, die es abdecken soll, sind beobachtbar: »Der Narziß ist gekennzeichnet durch eine übersteigerte Selbstbezogenheit, durch einen ausgeprägten Mangel an Empfindungsmöglichkeiten, und damit eine Tendenz zur Langeweile; durch eine enge Begrenzung der Fähigkeit, mit dem Ehepartner oder mit Freunden tiefere Beziehungen einzugehen; durch die Unfähigkeit, Liebe als ›Selbstopfer‹ zu leben;

durch einen fehlenden Sinn für Loyalität als Folge der Selbstsucht; durch ein Fehlen von ethischen Zielen; durch einen Drang nach sofortiger Bedürfnisbefriedigung und damit auch eine ausschließliche Ausrichtung auf die Gegenwart, was den Verzicht fast unmöglich macht; wegen seiner inneren Leere ist er aber zugleich abhängig von der Anerkennung und ›Wärme‹ anderer; er fürchtet das Alter, das ihm angesichts des immer noch herrschenden Jugendkults diese Anerkennung zu entziehen droht.«[29]

Diese Kritik läßt sich nicht leicht von der Hand weisen: Es fehlt ja gerade vielen alternativen Gruppen das aktiv-reformerische, gesellschaftsverändernde Engagement, die Verantwortung für die Gesamtgesellschaft, das politisch durchdachte Verändern konkreter Gesellschaftsstrukturen. Dies ist auch die Kritik der Linken an den Alternativen: Man ziehe sich in ein neues Ghetto zurück und erliege schließlich doch wieder den nicht veränderten gesellschaftlichen Zwängen.

Doch ist diese festzementierte Gesellschaft wirklich veränderbar mit ihren unbeweglichen Strukturen und Hierarchien? Bleibt konsequenterweise nicht doch nur der Exodus, um anders und besser zu leben? Haben die großen gesellschaftsverändernden Programme der letzten Jahrzehnte wirklich etwas entscheidend verändert? Haben sich die klassenkämpferischen Konzepte in der hochentwickelten Industriegesellschaft nicht ohnehin überholt, nicht allesamt als unwirksam erwiesen? Nein, auf Subjektivität, Identität, Glücksorientiertheit des Individuums kommt es an, auf persönliche Erfahrungen, positive Lebensentwürfe, konkrete Alltagspraxis: so die Antwort der Alternativen.

Daß eine Veränderung der Gesellschaft nur möglich sein wird durch eine Veränderung des Einzelnen und daß umgekehrt die Veränderung des Einzelnen auf Dauer nur gelingen kann mit einer Veränderung der Gesellschaft, dürfte heute ein Gemeinplatz sein. Bedenklich wird es freilich, wenn diese Verschränkung im Veränderungsprozeß von Individuum und Gesellschaft sich aufzulösen droht. Und dies ist nicht zuletzt dann der Fall, wenn – um statt psychologisch-soziologisch zur Verdeutlichung nun religiös zu reden – die *eschatologische Spannung aufgehoben wird zwischen dem »Doch schon« und dem »Noch nicht«*. Diese auszuhaltende Spannung kann lebenswichtig sein, für die Gesellschaft und den Einzelnen.

»Sehnsucht nach allem« heißt ein neuer Filmtitel über eine Entführungsaffäre: Sehnsucht nach allem – und gleichzeitig Erfüllung von allem: endlich hier und jetzt! Symptome von geradezu apokalyptischer

Ungeduld zeigen sich da. Und vielfach droht heute der irrationale Ausbruch einer *säkularisierten Naherwartung* von explosiver Kraft, völlig einseitig reduziert auf einige elementare menschliche Fragen und Nöte. Man ist je länger desto weniger bereit, sich weiterhin noch vertrösten zu lassen. Auffällig war, daß hinter den Jugendunruhen in Zürich, Freiburg, Frankfurt, Berlin, Amsterdam, hinter all den Kämpfen um Hausbesetzungen, Jugendhäuser, Naturschutzgebiete, Flugplätze, Atomkraft oft die Grundstimmung des »Alles oder nichts« steht, gemäß der Kampfparole »subito« (»sofort«), dem Titel einer Zürcher Jugendpublikation von 1980. Eine Naherwartung mit Erwartungen und Forderungen – oft bewußt schockierend, brutal, aggressiv, obszön formuliert und von Wut und Haß getragen – gegen das »Packeis«: in einer Eiszeit der Gefühle gegen jene kalte, satte, erstarrte, selbstzufriedene Welt der Erwachsenen, in der alles und jedes verplant, verwaltet, verwertet, vermarktet wird. Texte wie der folgende zeigen, um was es geht:

Die Schaufenster unserer musealen
Kultur zerbrechen
durch die Steine,
die man uns gegeben hat,
als wir nach Brot verlangten.
Wir wollen unser Blut zurück,
das man uns entzogen hat,
um damit die Absatzmärkte zu nähren.
Wir wollen unsere Sprache zurück,
die man uns verweigert hat,
um uns dafür mit einfältigen Parolen
abzuspeisen.
Wir wollen unsere Hände befreien,
die man uns gebunden hat,
um uns dafür die Zärtlichkeit aus zweiter
Hand anzubieten.
Wir wollen unsere Liebe zurück,
die man uns entwendet hat,
um uns damit zu vergewaltigen.
Wir wollen wieder mit eigenen Augen
sehen,
die man uns verbunden hat,

um uns in die Irre zu leiten.
Wir wollen unseren Frieden zurück,
den man uns verweigert hat,
um uns gegeneinander aufzuhetzen.
Wir wollen unsere Lieder zurück,
die man uns verfälscht hat,
um uns zu belügen.
Wir wollen unsere Jugend zurück,
die man uns genommen hat,
um uns zu vergreisen.
Den Haß, die Feindbilder dürft ihr
behalten,
unsere Sprachlosigkeit,
unsere Verzweiflung werden wir,
die Jugend,
euch dankend zurückgeben.
Wir solidarisieren uns mit dem all-
gemeinen Unbehagen.[30]

Ja, anders leben: leben und nicht nur gelebt werden, und dies hier und jetzt! Doch bei aller Berechtigung im einzelnen: wie nahe liegt gerade hier die *Frustration*? Frust also nicht nur als Ausgangssituation, sondern dann wieder als Endstation! Wie viele Wohngemeinschaften, »autonome« Zentren, alternative Projekte wurden nach ein paar Monaten oder Jahren – oft in einem Selbstzerfleischungsprozeß der Gruppen – wieder aufgegeben! Gruppendynamische Zwänge, finanzielle Engpässe, konzeptionelle Desillusionen, alles in allem eine enttäuschte Naherwartung des Glücks und des Heils erklären das Scheitern. Ein Scheitern, das nicht selten zum erneuten Sichanpassen in Resignation oder Zynismus führt, manchmal auch zum Einstieg in den Drogenkonsum oder in die Polit-Terror-Szene.

Andere versuchen dieses Scheitern religiös zu kompensieren und das Praxis- und Sinnvakuum mit Heilslehren sektiererhafter oder östlich-spiritueller Provenienz zu füllen: »Das Scheitern der Selbsterhöhung des Menschen im Narzißmus hat den Sinn für das ›Numinose‹, wie es C. G. Jung nannte, nach dem Ergriffenwerden durch eine äußere, höhere Macht und nach dem Eingliedern in einen Gesamtzusammenhang der Schöpfung verstärkt.«[31] In nicht wenigen Fällen aber führte der Prozeß des Scheiterns auch zur inneren Selbstzerstörung und zum Versuch, definitiv aus dieser unerträglich gewordenen Welt auszusteigen. Diese Gefahr ist alles andere als zu verharmlosen.

13 000 *Selbstmordversuche von Jugendlichen* und neuerdings auch Kindern im Jahr allein in der Bundesrepublik Deutschland sind eine erschreckende Anfrage an die Welt der Erwachsenen, die sich nicht wundern darf, wenn mit der Parole »happiness now« sich viele Jugendliche in einen tragischen Konflikt mit der Realität getrieben sehen. Wir treffen hier auf die gleichen gesellschaftlichen Symptome, auf die auch die Alternativen reagieren: »Die jungen Menschen haben nun immer mehr das Gefühl, daß die Welt der Erwachsenen eine solche Welt des Todes darstellt«, meinte der Wiener Psychosomatiker Erwin Ringel, einer der bekanntesten Suizidforscher, »und sie verweigern daher die Gefolgschaft: Sie sehen eine solche Welt nicht für sinnvoll an, sie protestieren dagegen, sie wollen eine Welt, die dem Leben dient.« Ringel illustriert dies mit dem Gedicht eines Abiturienten:

Ich wollte Milch
und bekam die Flasche,

ich wollte Eltern
und bekam Spielzeug,

ich wollte reden
und bekam ein Buch,

ich wollte lernen
und bekam Zeugnisse,

ich wollte denken
und bekam Wissen,

ich wollte einen Überblick
und bekam einen Einblick,

ich wollte frei sein
und bekam Disziplin,

ich wollte Liebe
und bekam Moral,

ich wollte einen Beruf
und bekam einen Job,

ich wollte Glück
und bekam Geld,

ich wollte Freiheit
und bekam ein Auto,

ich wollte einen Sinn
und bekam eine Karriere,

ich wollte Hoffnung
und bekam Angst,

ich wollte ändern
und erhielt Mitleid,

ich wollte leben – . . .[32]

Das alles bedeutet: Wer die Alternativbewegung nicht als eine Herausforderung an die Gesellschaft (und gerade an die Erwachsenen) versteht, die Bedingungen zu verändern, die eine Alternativbewegung (und das Scheitern jeglicher Alternative im Selbstmord) erst möglich machten: der hat von dieser folgenschweren Entwicklung nichts begriffen.

Aber zugleich stellt sich die Frage, ob die Herausforderung der Alternativen nicht noch einmal umgriffen werden müßte – von der Herausforderung einer letzten, großen Alternative: ob die Frage nach einer *anderen* Zukunft hier und jetzt nicht noch einmal ganz anders umgriffen werden müßte von der Frage nach einer Zukunft überhaupt, nach einer *absoluten Zukunft.* Und damit kehren wir zum Anfang zurück: Wozu sind wir auf Erden? Um dereinst in den Himmel zu kommen?

6. *Wozu auf einen Himmel hoffen?*

Ich antworte ganz elementar: aus einem Ja zum Leben, *aus Liebe zum Leben!* Diese Aussage hat eine doppelte Stoßrichtung. Gemeint ist nicht ein oberflächliches Genießenwollen und Konsumierenmüssen; gemeint ist – mit dem Realismus eines Kohelet – ein Leben in der ganzen Ambivalenz menschlicher Praxis und menschlicher Geschichte, in illusionsfreier Aufgeklärtheit über uns selber. Gemeint ist also zunächst eine *Liebe zum Leben vor dem Tod*: als Sorge *und* Freude am Leben, das in allen Spannungen, Brüchen und Konflikten gelebt werden kann in seiner Buntheit, Wärme und Fülle, mit seinen Chancen und Verlusten, seinen Erfolgen und Niederlagen. Das »Auferstehen mitten am Tag« von Marie Luise Kaschnitz gehört hierher, die »Auferstehung hier und jetzt«, von der Kurt Marti gesprochen hat: Liebe zum Leben also als Aufstand gegen den Tod im Leben, als Lebensbejahung und auch Lebensstiftung für den Anderen. Ja, wir wollen durchaus (und bisweilen sind wir es auch), wie Heinrich Heine sagte, »auf Erden glücklich sein«, »mit Brot genug ... mit Rosen und Myrten, Schönheit und Lust, und Zuckererbsen nicht minder«. Und wir denken nicht daran, Erdenleben, Erdenliebe und Erdenglück theologisch abzukanzeln. Aber – überlassen wir deshalb den Himmel »den Engeln und den Spatzen«?

Im Gegenteil: gerade weil wir das Leben lieben, lassen wir uns die Hoffnung nicht nehmen, daß all das Gute, all das Leben und Lieben nicht in eine letzte Vergeblichkeit versinken. *Liebe* also auch *zum Leben nach dem Tod*, denn Liebe zum Leben ist unteilbar! Wir sind gewiß nicht auf Erden, *um* dereinst in den Himmel zu kommen. Wir sind auf Erden, um auf Erden zu leben, und das heißt, um hier und jetzt menschlich, wahrhaft menschlich, christlich zu leben. Aber gerade weil wir das Leben *vor dem Tod* lieben, hoffen wir auf ein Leben *nach dem Tode*: als der großen Alternative. Besser gesagt: dürfen wir – das ist unsere große Möglichkeit, Chance, Gnade – auf ein Leben nach dem Tode hoffen. Gerade weil wir das Leben hier bejahen, lassen wir uns die Hoffnung auf ein ewiges Leben nicht nehmen, ja, wehren wir uns gegen die Mächte des Todes, wo die Negativitäten in diesem Leben überhand zu nehmen drohen: Resignation, Verzweiflung, Zynismus.

Daß auch die glücklichste Stunde nicht dauert, daß Leben immer wieder Leiden heißt, daß unser Leben beendet wird, bevor und ohne daß es vollendet ist, wer wollte das bestreiten? Daß wir selbst dann, wenn wir spät sterben, zu früh sterben und unser Leben ein Torso bleibt, wer könnte dies verleugnen? So viel Unvollendetes, Unerfülltes, Unabgegoltenes, so viele unvollendete Arbeiten, so viel unerfüllte Gerechtigkeit, unabgegoltenes Glück. Wahrhaftig, Brecht hatte recht mit seinem Gedicht »Es wird euch nicht genügen / wenn ihr es lassen müßt« – dieses Leben! Aber gerade weil es uns nicht genügt, treibt es dann – anders als bei Brecht – nicht von selber die Frage aus sich heraus: Was kommt danach? Gibt es ein »Mehr«? Ein Mehr an Gerechtigkeit, Freiheit, Liebe, Frieden und Glück? Das heißt: gerade wer dieses Leben bejaht und an diesem Leben leidet, der ist mit der Frage einer letzten Transzendenz, einer absoluten Zukunft unausweichlich konfrontiert.

Längst sind dies keine eng religiösen Fragen mehr, im Westen nicht und im Osten nicht. Selbst im *orthodoxen Marxismus-Leninismus* kann man nicht umhin, die Fragen nach Sinn, Schuld und Tod im menschlichen Leben differenzierter zu diskutieren. Die gängigen orthodoxen Antworten: Sinn, Glück, Erfüllung des Lebens lägen allein in Arbeit, kämpferischer Solidarität und dialogischer Existenz, sind sowenig befriedigend wie die des westlichen Materialismus (Arbeit, Besitz, Geld, Karriere, Ehre, Sport, Vergnügen). Sie konnten die bedrückenden »privaten Fragen« auch progressiver Marxisten in West und Ost nicht zum Schweigen bringen: Wie ist es um die individuelle Schuld, das persönliche Schicksal? Wie ist es mit Leid und Tod, Gerechtigkeit und Liebe des Individuums? So hörten wir von Ernst Bloch. Karl Marx hatte in seiner berühmten elften »These über Feuerbach« geschrieben: »Die Philosophen haben die Welt nur verschieden *interpretiert*; es kommt darauf an, sie zu verändern.«[33] Es war nach meiner Erinnerung der tschechoslowakische marxistische Philosoph Vitezslav Gardavský, der für unsere neue Situation zuerst neu formuliert hat: »Die Menschen haben die Welt verändert (und haben sie weiterhin zu verändern); heute aber kommt es darauf an, sie verschieden zu interpretieren.«

Und auch die *Neomarxisten* unserer Epoche – von Bloch bis zu den Vertretern der Kritischen Theorie –, ausgehend von gesellschaftlichen Widersprüchen und der Erfahrung von unabwendbarem Leid, von Alter und Tod, all dessen also, was sich nicht einfach begrifflich fassen und aufheben läßt (»negative Dialektik«), haben die Frage nach der Transzendenz aufzugreifen begonnen. Ihre Antwort ist teilweise gar in die Form einer »theologia negativa« gekleidet: als das »Große Vielleicht« (Bloch), als Hoffnung auf vollendete Gerechtigkeit, als unerschütterliche »Sehnsucht nach dem ganz Anderen«, wie sie Max Horkheimer ausgesprochen hat: »Theologie bedeutet hier das Bewußtsein davon, daß die Welt Erscheinung ist, daß sie nicht die absolute Wahrheit, das Letzte ist. Theologie ist – ich drücke mich bewußt vorsichtig aus – die Hoffnung, daß es bei diesem Unrecht, durch das die Welt gekennzeichnet ist, nicht bleibe, daß das Unrecht nicht das letzte Wort sein möge ... Ausdruck einer Sehnsucht, einer Sehnsucht danach, daß der Mörder nicht über das unschuldige Opfer triumphieren möge.«[34]

Gerade vor diesem Horizont bleibt wichtig: Nicht weil wir an der Erde verzweifelt wären, hoffen wir auf einen Himmel, sondern umgekehrt: Gerade weil wir hier trotz allem auch Glück erfahren haben, hoffen wir auf die Dauer des Glücks »im Himmel«. Und auch dies gilt: Gerade weil wir den Himmel erhoffen, wird die Verzweiflung an der Erde nicht das letzte Wort sein. Das heißt: die Treue zur Erde – Nietzsches großes Programmwort – ist zutiefst theologisch begründbar. Christen sollten sich in ihrer Treue zur Erde, besser: in ihrer Treue zur, in ihrer Sorge um die Schöpfung, von niemandem übertreffen lassen. Alles kommt darauf an, daß Himmel und Erde in ihrer *Polarität* und zugleich in ihrer neuen *Zusammengehörigkeit* gesehen werden. Was heißt das?

Das heißt: so wie die Erde nicht der Himmel ist und Erde bleiben soll, so ist der Himmel nicht Erde und soll Himmel bleiben! Wie der Mensch nicht vergöttlicht werden soll, so soll auch die Erde nicht in den Himmel gehoben werden. Aber heißt diese *Polarität*, daß die Erde – wie so oft in »christlichen« Vorzeiten – sich selber überlassen bleiben soll? Oder aber – wie in unseren modernen Zeiten – der Himmel sich selber?

Nein, es geht in der Polarität zugleich um einen *neuen Zusammenhang* von Himmel und Erde. Es geht darum, wenn wir von der Erde reden, von ihren Problemen, Nöten und Hoffnungen, den Himmel – den »Vater im Himmel« – nicht zu vergessen, ja, den sinnstiftenden Zusammenhang zwischen Himmel und Erde neu zu denken und zu sagen. Aber auch umgekehrt: kein Reden vom Himmel ohne Konsequenzen für die Erde: »Sein Wille geschehe, wie im Himmel, also auch auf Erden.« Folglich beides: wer in biblischem Geist vom Himmel reden will, muß notwendig auch von der Erde reden und umgekehrt. Zwei Thesen sollen dies kurz zusammenfassend verdeutlichen:

- Die Erde weist den Menschen auf den Himmel Gottes: Die Treue zur Erde muß *himmeloffen* bleiben, wenn sie menschlich bleiben soll.

Wenn eines allen Erfahrungen seit Marx und Engels bis hin zu den Alternativen gemeinsam ist, dann dies: Der Himmel ist auf Erden nun einmal nicht herstellbar. Zu ambivalent, zu zwiespältig, zu widersprüchlich bleibt nicht nur die Gesellschaft, sondern auch der Einzelne, als daß diese Erde schon der Himmel sein könnte. Noch im Jahre 2000 – früher optimistisch als Jahrtausendwende menschlichen Fortschritts erwartet – werden (nach Angaben der OECD) noch immer 350 Millionen Menschen Hunger leiden müssen (weil sie Lebensmittel nicht kaufen oder herstellen können) und werden noch immer – vor allem in Südostasien und Schwarzafrika – zwei Milliarden Menschen in absoluter Armut leben. Und selbst wenn ein nach heutigen Modellen gemessener Idealzustand auf Erden herstellbar wäre, wären Leid und Elend vergangener

Generationen, wäre die ungeheure Schuld- und Leidensgeschichte nicht schon aufgehoben. Nein, es sieht weniger denn je so aus, daß wir den Himmel auf Erden je haben werden. Eher danach, daß wir unsere Erde uns immer mehr zur »Hölle« machen. Dies ist ohne allen pfäffischen Unterton gesagt, als könne man auf den Ruinen menschlicher Hoffnungsgebilde so einfach einen theologischen Himmelsglauben errichten, als schlügen wir schadenfroh aus dem Scheitern menschlicher Pläne theologisches Kapital. Ich sage dies aus der realistischen Einsicht über uns selber, angesichts erschreckender Erfahrungen mit unseren Möglichkeiten und unseren Wirklichkeiten, im Blick auf die ungeheure Erfolgs- und Elendsgeschichte der Menschheit. Ich sage dies, weil mich jedes neue Scheitern menschlicher Hoffnungen und Pläne betroffen macht und enttäuscht zurückläßt.

- Der Himmel Gottes verweist den Menschen auf die Erde: Die Hoffnung auf den Himmel muß *geerdet* bleiben, wenn sie menschlich bleiben soll.

Wäre der Himmel Vertröstung auf die Zukunft, Befriedigung der frommen menschlichen Zukunftsneugierde, Projektion unerfüllter Wünsche und Ängste, dann wäre er das Produkt puren Aberglaubens. Der Himmel des Glaubens will etwas anderes sein. Gerade vom Horizont einer absoluten Zukunft her wird der Mensch in die Gegenwart eingewiesen: Aus der Hoffnung auf die Zukunft Gottes ist die Welt (und ihre Geschichte) anders zu interpretieren und von daher entschieden zu verändern. Gut sagt es der katholische Theologe *Hermann Häring*: »Nicht also der wird überzeugend vom Himmel reden können, der einfach das Leben liebt und in immer schöneren Farben malt, die ersehnten Zustände des irdischen Lebens einfach verdoppelt. Sondern von dem gehen Kraft und Überzeugung aus, der sich – um eines besseren, anderen Lebens willen – eben nicht mit der Geschichte und unseren Verhältnissen, eben nicht mit der Verzweiflung und der Resignation so vieler Zeitgenossen, der sich eben nicht mit den Sachzwängen dieses Lebens abfindet. In der Hoffnung auf den Himmel artikuliert sich der Widerstand gegen das, was wir aus dem Leben gemacht haben. Und diese Hoffnung wird erst dort wirksam, wo es uns gelingt, dem Bösen an irgendeiner Stelle zugunsten des Nächsten *Einhalt* zu gebieten.«[35]

Wenn überhaupt, dann dürfte es nur aus diesen tiefen religiösen

Wurzeln der Menschen, von den »ältesten, stärksten und dringendsten Wünschen der Menschheit« (Freud) her, gelingen, den nackten Egoismus der Einzelnen und der Gruppen zu bändigen, die fehlende Kontinuität zwischen den Generationen wiederherzustellen, gegen die drohende politische Lähmung und Agonie anzukämpfen und so schließlich doch die gegenwärtige Zerrissenheit der Gesellschaft wieder zu heilen.

7. *Aufgeklärt über uns selber*

Das Spezifikum christlicher Hoffnung auf den geerdeten Himmel freilich ist dies: Wir werden aufgeklärt, bewahrt und befreit zu uns selber:

- Befreit werden wir vom Zwang und den Zwangsneurosen, den Himmel auf Erden selber schaffen zu müssen; das »happiness now« kann nicht die Parole sein.
- Bewahrt werden wir vor der Resignation oder dem Zynismus, die sich immer dann einstellen, wenn die großen Pläne scheitern und die großen Hoffnungen zu sterben beginnen; auch das »happiness afterwards« ist unsere Sache nicht.
- Aufgeklärt werden wir vielmehr über uns selber, über unsere Illusionen von Machbarkeit, Verfügbarkeit und Realisierbarkeit, aber auch über unsere wahren Möglichkeiten zu verändernder Praxis. Das heißt: dem aufklärerischen Glauben, daß zur wahren Befreiung und Aufgeklärtheit des Menschen die Negation des Himmels gehöre, das Losketten der Erde von der Sonne und das Wegwischen des Horizonts (Nietzsche), setzen wir – Zeitgenossen der »Dialektik der Aufklärung« – in Zuversicht und Gelassenheit die These entgegen: Nur wem der Glaube an eine letzte Vollendung die Illusionen über sich selber geraubt hat, der wird diese Erde grundlegend verändern können hin auf mehr Menschlichkeit und Bewohnbarkeit.

Heinrich Heine, von dem in dieser Vorlesung viel die Rede war, hat gegen Ende seines Lebens – gezeichnet von einer schweren Krankheit, die ihn acht Jahre in seiner »Matratzengruft« einkerkerte – begonnen, diesen von uns formulierten Zusammenhang für sich neu zu durchdenken: Statt Himmel und Erde wie früher gegeneinander auszuspielen oder Erde und Mensch weiterhin zu vergöttlichen, betont Heine jetzt die

Polarität von Himmel und Erde, die Zusammengehörigkeit von Diesseits und Jenseits, die Verschränkung von Treue zur Erde und Hoffnung auf den Himmel. Und dies nicht, weil hier ein atheistischer Spötter wieder einmal »weich« geworden wäre, die Todesstunde vor Augen, nicht, weil er früher kritisch Gesagtes gegen Religion und Kirche jetzt nicht mehr wahrhaben wollte, sondern weil hier ein Mensch neue Erfahrungen gemacht hat, die ihm die Illusionen über sich selbst geraubt haben: »In manchen Momenten, besonders wenn die Krämpfe in der Wirbelsäule allzu qualvoll rumoren, durchzuckt mich der Zweifel, ob der Mensch wirklich ein zweybeiniger Gott ist, wie mir der selige Professor Hegel vor fünfundzwanzig Jahren in Berlin versichert hatte.«[36]

Ohne ein Wort von seinen früheren religionskritischen Äußerungen zurückzunehmen, beginnt hier ein Aufklärer mit Hilfe des biblischen Gottesglaubens sich über sich selber aufzuklären: »Ja, ich bin zurückgekehrt zu Gott, wie der verlorene Sohn, nachdem ich lange Zeit bei den Hegelianern die Schweine gehütet«, schreibt Heine im Nachwort zu »Romanzero«[37]: Das himmlische Heimweh: »War es die Misere, die mich zurücktrieb? Vielleicht ein minder miserabler Grund. Das himmlische Heimweh überfiel mich und trieb mich fort durch Wälder und Schluchten, über die schwindligsten Bergpfade der Dialektik.«[38] Heine schloß daraus: »Wenn man nun einen Gott begehrt, der zu helfen vermag – und das ist doch die Hauptsache –, so muß man auch seine Persönlichkeit, seine Außerweltlichkeit und seine heiligen Attribute, die Allgüte, die Allweisheit, die Allgerechtigkeit usw., annehmen. Die Unsterblichkeit der Seele, unsre Fortdauer nach dem Tode, wird uns alsdann gleichsam mit in den Kauf gegeben...«[39]

»Wie sträubt sich unsere Seele gegen den Gedanken des Aufhörens unserer Persönlichkeit, der ewigen Vernichtung«[40], hatte Heine am Schluß von »Romanzero« ausgerufen; und doch bleibt er gerade auch in dieser Periode der Skeptiker, der mit ironischer Distanz zu religiösen Fragen sich jeden vorschnellen Trost verbittet. Aber Heine brauchte jetzt Gott (in der ganzen Ambivalenz dieses Wortes), dem er wie Ijob seine Klage, seine Verzweiflung, seinen Zorn entgegenschleudern konnte: »Gottlob, daß ich jetzt wieder einen Gott habe, da kann ich mir doch im Übermaß des Schmerzes einige fluchende Gotteslästerungen erlauben; dem Atheisten ist eine solche Labung nicht vergönnt.«[41] Denn wer dürfte das großartige Gedicht vergessen, so suggestiv eingänglich wie der Anfang von »Deutschland. Ein Wintermärchen«, das wir zu Beginn dieser Vorlesung zitiert haben. Es ist geschrieben im Stil der Ijob-Klage an Gott im Jahre 1853, drei Jahre vor Heines Tod, fünf Jahre nach Ausbruch der Krankheit:

Laß die heil'gen Parabolen,
Laß die frommen Hypothesen –
Suche die verdammten Fragen
Ohne Umschweif uns zu lösen.

Warum schleppt sich blutend, elend,
Unter Kreuzlast der Gerechte,
Während glücklich als ein Sieger
Trabt auf hohem Roß der Schlechte?

Woran liegt die Schuld? Ist etwa
Unser Herr nicht ganz allmächtig?
Oder treibt er selbst den Unfug?
Ach, das wäre niederträchtig.

Also fragen wir beständig,
Bis man uns mit einer Handvoll
Erde endlich stopft die Mäuler –
Aber ist das eine Antwort?[42]

Kein Zurück also bei Heine zur Religion als Ideologie, als Opium, als falscher Vertröstung. Und auch für uns gibt es kein Zurück! Aber im Lichte neuer Erfahrungen bekommt auch für Heine Religion die Funktion realistischer Selbstaufklärung des Menschen über sich selbst. Religion ist jetzt für Heine – wie Hermann Lübbe zu Recht schreibt – eine »nötige Lebenspraxis des angemessenen Verhaltens zum Unverfügbaren ... Die Bedingungen unserer Existenz sind in unsere individuellen wie kollektiven Disponibilitäten nicht integrierbar.«[43] Hier – führt Lübbe weiter aus – liegt die geschichtliche Stärke der jüdisch-christlichen Religion, die Heine schon vor seiner Krankheit gesehen habe: »Längst bevor seine definitive Erkrankung ihn niederwarf, hat Heine den Grund, der der Religion stets das letzte Wort in der Beantwortung menschlicher Fragen sichert, als den eigentlichen Grund für den Triumph der jüdisch-christlichen Religion über die Götterwelt der Antike angeführt. Was ist der Grund? Die Unverfügbarkeit der Bedingungen unseres Lebens und unseres Lebensglücks, die, wenn nicht schon im Glück, im Leiden erfahren wird, und die bessere Antwort, die Juden und Christen auf diese Erfahrung zu geben wußten.«[44] Fazit: »In einem außerordentlichen Fall läßt uns somit das Werk Heinrich Heines erkennen, wie Religion ihre Kritik überdauert und Frömmigkeit mit vollendeter Aufklärung sich verträgt.«[45]

Darum ging es auch mir in diesen Vorlesungen: Glaube und Kritik, Frömmigkeit und Aufklärung neu in Beziehung zu setzen, ja, Aufgeklärtheit über sich selber zu erreichen durch eine geläuterte, verantwortbare Religion. Der Glaube an das ewige Leben hat hier eine zentrale Funktion. Was er in kosmischer Dimension bedeuten kann, darüber mehr in der letzten Vorlesung.

IX. Weltende und Reich Gottes

1. Weltende machbar?

Drei Gedankenkreise waren für den letzten Vorlesungsblock vorgesehen, um Implikationen und Konsequenzen eines Glaubens an das ewige Leben für den Menschen von heute anzudeuten: Wir gingen von den Problemen der heutigen Medizin aus und fragten nach der *individuellen Dimension*, nach Altern, Sterben, Tod und des Menschen unaufhebbarer Verantwortung. Ein zweiter Gedankenkreis ging aus von den Problemen der heutigen Gesellschaft, um von Heine, Marx, Marcuse und auch der Alternativbewegung her die *gesellschaftliche Dimension* in den Blick zu bekommen. Es bleibt uns noch, die *kosmische Dimension* anzusprechen und stärker zu reflektieren. Wir wollen dabei ausgehen von den Problemen sowohl heutiger Zukunftsliteratur wie heutiger Physik.

Die drei hier aufgewiesenen Dimensionen gehen freilich ineinander über: Wie etwa das individuelle Sterben eine soziale Komponente hat und jegliches gesellschaftliche Problem individuelle Implikationen, so haben die gesellschaftlichen Probleme kosmische Perspektiven und die kosmischen Probleme für uns einen gesellschaftlichen Hintergrund.

»Siehe, ich schaffe einen neuen Himmel und eine neue Erde«: Das Buch des Propheten Jesaja – in seinem dritten Teil von einem unbekannten Heilspropheten (Trito-Jesaja, der Dritte Jesaja) nach dem babylonischen Exil geschrieben – endet mit dieser triumphierenden Verheißung eines neuen Weltalls[1]. Schon während des babylonischen Exils hatte der Zweite Jesaja das Vergehen von Himmel und Erde verkündigt: »Denn die Himmel werden zerfetzt wie Rauch, und die Erde zerfällt wie ein Gewand, und ihre Bewohner sterben wie Mücken.«[2] Schon hier freilich war die Verheißung gefolgt: »Doch meine Rettung wird auf ewig bestehen, und mein Heil wird nicht aufhören.«[3]

Auch das Neue Testament kennt den Weltuntergang als bedrückende, furchterregende Vision: »Ihr werdet vom Krieg hören, und Nachrichten über Kriege werden euch beunruhigen. Gebt acht, laßt euch nicht erschrecken! Das muß geschehen. Es ist aber noch nicht das Ende. Denn ein Volk wird sich gegen das andere erheben und ein Reich gegen das andere, und an vielen Orten wird es Hungersnöte und Erdbeben geben. Doch alles ist erst der Anfang der Wehen ... Sofort nach den Tagen der großen Not wird sich die Sonne verfinstern, und der Mond wird nicht mehr scheinen; die Sterne werden vom Himmel fallen, und die Kräfte des Himmels werden erschüttert werden.«[4]

Erschreckende Visionen schon damals! Nur das eine scheint sich seither verändert zu haben: Erschien den Autoren des Alten und Neuen Testaments das Weltende ganz und gar als *Tat Gottes*, überraschend und unerwartet wie ein Dieb in der Nacht[5], so ist für moderne Autoren das Weltende längst zu einer geschichtlichen *Möglichkeit des Menschen* geworden. »Weltuntergangsgeschichten«: Thema der Literatur von Edgar Allan Poe und Jules Verne bis zu Friedrich Dürrenmatt und Arno Schmidt[6]. Angesichts eines technologischen Entwicklungsstands, der es dem Menschen zum erstenmal in seiner Geschichte erlaubt, sich nicht nur partiell, sondern gänzlich auszurotten, ist dies keineswegs eine bloß phantastische, rein fiktive Möglichkeit.

»Dialektik der Aufklärung« widergespiegelt in der zeitgenössischen Literatur: »Die großen Erfindungen und Entdeckungen« seien »nur eine immer schrecklichere Bedrohung der Menschheit geworden, so daß heute beinahe jede neue Erfindung nur mit einem Triumphschrei empfangen wird, der in einen Angstschrei übergeht«, schrieb *Bertolt Brecht* schon im Mai 1939, als er von der Erfindung der Kernspaltung erfuhr[7]. Es zwang ihn, seinen »Galilei« umzuarbeiten und mit einem leidenschaftlichen Plädoyer für die ethische Verantwortung des Wissenschaftlers ohne allen Opportunismus zu beenden. Und *Friedrich Dürrenmatt* läßt in seinem »Physiker«-Drama, in dem sich ein weltberühmter Physiker freiwillig in ein Irrenhaus zurückgezogen hat, um der Menschheit seine folgenreichen Erkenntnisse zu ersparen, diesen Physiker resignierend sagen: »Wir haben das Ende unseres Weges erreicht. Aber die Menschheit ist noch nicht so weit. Wir haben uns vorgekämpft, nun folgt uns niemand nach, wir sind ins Leere gestoßen. Unsere Wissenschaft ist schrecklich geworden, unsere Forschung gefährlich, unsere Erkenntnis tödlich. Es gibt für uns Physiker nur noch die Kapitulation vor der Wirklichkeit. Sie ist uns nicht gewachsen. Sie geht an uns zugrunde.«[8]

In der Tat: das Gefühl, am Ende des Weges angekommen, an Grenzen gestoßen zu sein, hat viele erfaßt; das Bewußtsein, in einer Endzeit zu leben, die immer rascher auf ein möglicherweise katastrophales, durch menschliches Versagen herbeigeführtes Ende zutreibt, ist nicht wenig verbreitet. Und viele betreiben das Geschäft mit der Angst. Ein Holocaust in globalem Maßstab zeichnet sich ab, die apokalyptische Vision vom Untergang der Welt zieht herauf: Weltuntergang durch Naturkatastrophen, Atomkriege, Überbevölkerung, Umweltzerstörung! Der Zusammenbruch der zweiten Schöpfung droht auch die erste Schöpfung mit in den Abgrund zu reißen.

Wer immer auch nur ein wenig in unsere *Science-fiction-Literaturproduktion* hineingeschaut hat, deren Erfolg mit Hunderten von Titeln selber beredtes kulturelles Symptom ist, erschrickt beinahe über das, was ihm dort an Zukunftsangst und Zivilisationspessimismus entgegenkommt. Daß wir in eine glänzende Zukunft hineingehen, davon ist angesichts der von Menschen gemachten, artifiziellen zweiten Schöpfung in dieser Literatur nichts mehr zu spüren. Gerade bei den bedeutenden Vertretern dieser Literatur, die dieses literarische Genre zu einer großen Literaturform werden ließen, kann von der Ausgestaltung eines zukünftigen Paradieses auf Erden vor der Kulisse einer glitzernden, technisch perfekten, problem- und störungsfrei arbeitenden Welt nicht die Rede sein. Ob George Orwells »1984«, Aldous Huxleys »Brave New World«, Ray Bradburys »Fahrenheit 491«, Stanislaw Lems »Solaris« oder »Eden«: überall erscheint die Zukunft der von Menschen gemachten Welt bedroht, grausam, schreckerfüllt. Und ist es die Lust am Untergang, das nervenkitzelnde Spiel mit der großen Vernichtung oder nur die geschickte kommerzielle Ausbeutung unserer Angst vor Chaos und Tod, das uns in unserer Zeit zahlreiche Katastrophenfilme bescherte: »Earthquake«, »Towering Inferno«, »Killer Bees«...? Science-fiction, fragt man sich, als Katastrophen-Planspiel? Science-fiction jedenfalls als Widerspiegelung einer Welt, die uns aus der Hand zu gleiten droht und den Schöpfer Mensch zum Opfer werden läßt!

Was hier beschrieben wird, ist in der Tat das *Inferno hier und jetzt*, die Hölle, die vorstellbar, machbar, herstellbar geworden ist, nachdem sie uns von Auschwitz, Archipel Gulag, Hiroshima und Indochina her schon bekannt war. In seinem Hörspiel »Festianus, Märtyrer«, das teilweise in der Hölle spielt, läßt *Günter Eich* Belial, einen jungen Teufel, voller Sarkasmus sagen: »... wer müßte die Erde verlassen, um die Hölle kennenzulernen? Wir mußten uns anstrengen, um aufzuholen und auf der Höhe der Zeit zu bleiben ... Wir kämen sonst rettungslos ins Hintertreffen. Und der Gedanke, daß die Hölle eines Tages ganz auf die Erde verlegt würde, wäre ja nicht auszudenken, weder theologisch noch sonstwie ... Der Kommandant zum Beispiel schwört noch auf Dante und alle unsere Dienstanweisungen sind noch auf Inferno abgestellt. Wir Jüngeren haben es schwer, uns dagegen durchzusetzen ... Wir begnügen uns nicht damit. Die Heeresdienstvorschriften, die Akten der Inquisition, die Dokumente aus Konzentrations- und Arbeitslagern haben uns ganz neue Impulse gegeben.«[9]

»Apocalypse Now« – der Titel des Anti-Vietnamkrieg-Films des Hollywood-Regisseurs Francis Ford Coppola, beschreibt vielleicht präzise ein Gefühl unserer Tage angesichts des grauenvollen Umgangs des Menschen mit sich selbst. Kein Wunder, daß in einer Zeit, in der nach Ingeborg Bachmann »das Unerhörte alltäglich geworden« ist[10], unsere Phantasie sich *Ersatz-Helden* zu schaffen beginnt, die uns vor dem Inferno bewahren könnten: von James Bond bis Superman eine illustre Phalanx von Superhelden, Ersatz-Messiassen und Phantasie-Erlösern, die uns das Gefühl suggerieren, noch einmal davonkommen zu können.

Spätestens dort freilich muß die *Alibi- und Entlastungsfunktion* dieser Literatur durchschaut und angeprangert werden, wo Phantasie den Wirklichkeitssinn vernebelt, Literatur die Schicksalsergebenheit fördert und die Katastrophe als eine zwangsläufige Gesetzmäßigkeit präsentiert wird, die der Mensch fatalistisch hinzunehmen habe. Verschafft sich hier nicht der Bürger in seinem Ohnmachtsgefühl mit Hilfe der Droge »Superman« für einen Augenblick Entlastung vom Alpdruck der Infernovision, ohne auf Bedingungen, Ursachen und Veränderungsmöglichkeiten der Zustände zu reflektieren?

Aber man kann es schließlich auch anders sehen: Hier produziert der Mensch jenes Ende der Erde, das ihr – nach dem großen kosmischen Gesetz des Werdens und Vergehens – ohnehin bestimmt ist: Auch diese Erde, nein, sogar der ganze Kosmos hat – so erscheint es in der Perspektive heutiger physikalischer Kosmologie – ein Ende.

2. *Weltende physikalisch gesehen*

Längere Zeit war die Kosmologie von der Naturwissenschaft vernachlässigt worden. Seit einigen Jahren aber rückte sie gerade in der Physik ins Zentrum des Interesses: In der Frage nach Ursprung und Ende des Alls trifft sich erstaunlicherweise die Physik des ganz Großen, des Makrokosmos, die Astrophysik, mit der Physik des ganz Kleinen, des Mikrokosmos, der Elementarteilchenphysik.

Albert Einstein hatte aufgrund seiner Allgemeinen Relativitätstheorie ein neues Weltmodell entwickelt, das von der unendlichen Welt der klassischen Physik Isaac Newtons völlig abwich: ein nichtanschauliches »Raum-Zeit-Kontinuum«, ein vierdimensionaler Zahlenraum, der mit nichteuklidischer Geometrie aus Raum- und Zeitkoordinaten gebildet wird. Aber auch Einstein hatte sich die Welt zunächst noch statisch gedacht. Doch schon in den zwanziger Jahren wurden wichtige Entdekkungen gemacht: 1925 setzte sich mit Friedman die dynamische Sicht des Universums durch. 1927 entwickelte der oft verkannte belgische Abbé und Löwener Professor Georges Lemaître das *Modell eines sich ausdehnenden Weltalls* aufgrund der Hypothese von einem »Urknall« (»big bang«). 1929 konnte der amerikanische Physiker Edwin P. Hubble nach jahrelangen Untersuchungen aus den von ihm gefundenen Rotverschiebungen der Spektrallinien von Milchstraßensystemen (Galaxien) auf die noch weitergehende Expansion unseres Weltalls schließen. Demzufolge bewegen sich die Milchstraßen außerhalb unserer eigenen Milchstraße von uns fort mit einer Geschwindigkeit, die ihrer Entfernung von uns proportional ist.

Und seit wann? Von Ewigkeit her kann es nicht so gewesen sein. Es muß einen *Anfang* gegeben haben! Einen Anfang, in welchem alle Strahlung und alle Materie in einem kaum beschreibbaren Ur-Feuerball von kleinstem Umfang sowie größter Dichte und Temperatur komprimiert war. Mit einer gigantischen kosmischen Explosion (leichter vorstellbar seit der Explosion im Vergleich dazu winziger Atombomben), mit einem *Urknall* – bei einer Temperatur von 100 Milliarden Grad Celsius und etwa viermilliardenmal so dicht wie Wasser – begann nach dieser Theorie die noch immer andauernde gleichförmige (und isotrope) Expansion des Universums: vor vielleicht 13 Milliarden Jahren! Dieses Modell eines sich nach einem Urknall ständig weiter ausdehnenden Weltalls nennt man heute das »Standardmodell«, welches sich gegen andere Erklärungen weithin durchgesetzt hat[11].

Die Frage ist nun: Wird die Expansion des Weltalls immer so weitergehen, oder wird der sich ausdehnende Kosmos einmal ein *Ende* haben? Die hier beschriebenen empirisch festgestellten Tatbestände lassen den Schluß zu, daß unsere Welt alles andere als stabil, unwandelbar oder gar ewig ist. Sie hatte einen Anfang und wird (aller Wahrscheinlichkeit nach) auch einmal ein *Ende* haben. *Zwei hypothetische Möglichkeiten* werden erwogen:

Die eine Möglichkeit: Einmal wird sich die Expansion verlangsamen; sie kommt zum Stillstand und schlägt in Kontraktion um, so daß das Universum sich in einem Milliarden Jahre dauernden Prozeß wieder zusammenzieht und die Galaxien mit ihren Sternen schließlich immer rascher aufeinander zufallen, bis es möglicherweise – man spricht von 80 Milliarden Jahren nach dem Ur-Knall – unter Auflösung der Atome und Atomkerne in ihre Bestandteile zu einem erneuten großen Knall kommt, gleichsam zum End-Knall. Dann könnte, vielleicht, in einer erneuten Explosion wieder eine neue Welt entstehen. Es ist dies die Hypothese von einem »pulsierenden« oder »schwingenden« Universum, die sich freilich in keiner Weise verifizieren ließ.

Die andere Möglichkeit, die unter Physikern heute immer mehr Zustimmung findet: Die Expansion schreitet ständig fort, ohne in Kontraktion umzuschlagen. Auch hier machen die Sterne ihre Entwicklung durch: Die Sonne wird, nach vorübergehendem Helligkeitsanstieg, erlöschen. Als Endstadien der Sternentwicklung entstehen, je nach Größe der Sternmasse, die schwach strahlenden »Weißen Zwerge« oder, nach explosivem Massenausstoß, »Neutronensterne« oder möglicherweise »Schwarze Löcher« (»Black Holes«). Und wenn sich auch aus der im Inneren der Sterne umgewandelten, ausgestoßenen Materie neue Sterne und Sterngenerationen bilden sollten, so werden auch in diesen wieder Kernprozesse vor sich gehen, bei denen die Materie im Sterninneren schließlich zu »Asche« verbrennt. Langsam wird Kälte im Kosmos einziehen, Tod, Stille, absolute Nacht.

»Geistesgeschichtlich wichtig ist dabei die Tatsache«, bemerkt der Hamburger Astronom Otto Heckmann, »daß die Diskussion von Weltmodellen, die mit einem Zustand unendlich hoher Dichte, mit dem Urknall, zu einem bestimmten Zeitpunkt beginnen, die also einen Anfang des Universums vor endlicher Zeit annehmen, niemand mehr zu stören scheint. Man erklärt einfach, die Welt habe ein endliches Alter, möglicherweise werde sie in endlicher Zeit untergehen. Was vor dem Anfang war und nach dem Ende sein wird, sei eine astronomisch – oder auch physikalisch – sinnlose Frage.«[12] Sinnlos vielleicht astronomisch oder auch physikalisch, gewiß! Angemessener, scheint mir, würde man sagen: *astronomisch oder physikalisch unlösbar!* Hier werden eben die Grenzen der raum-zeitlichen Erfahrung und damit die Kompetenz der Physik und der Astronomie grundsätzlich überschritten: zu den für den Menschen (auch den Naturwissenschaftler!) freilich *höchst sinnvollen* Fragen, von Anfang und Ende, des großen Woher und Wohin von Welt und Mensch.

Es gibt nun einmal genuin philosophisch-theologische Probleme, die mit den Mitteln der Naturwissenschaft nicht zu klären sind. Dazu gehört, worauf *Karl Popper* nachdrücklich aufmerksam macht, das »Problem der Kosmologie«, das »alle denkenden Menschen interessiert«: »das Problem, die Welt zu verstehen – auch uns selbst, die wir ja zu dieser Welt gehören, und unser Wissen«[13]. Es läßt sich nämlich nach Popper nicht leugnen, »daß rein metaphysische Ideen – und daher philosophische Ideen – von größter Bedeutung für die geschichtliche Entwicklung der Kosmologie gewesen sind«: »Von Thales bis Einstein, von den griechischen Atomisten bis zu Descartes' Spekulationen über die Materie, von Gilberts, Newtons, Leibniz' und Boscovics Spekulationen über Kräfte bis zu denen von Faraday und Einstein über Felder von Kräften waren metaphysische Ideen wegweisend.«[14]

Dies freilich sind vielfach nicht mehr Fragen des berechnenden Verstandes, sondern Fragen des vernünftigen Vertrauens. Denn daß die Welt, so wie sie ist und geworden ist, mit all ihren Gesetzmäßigkeiten und Undurchschaubarkeiten, einen letzten, aus ihr selbst nicht mehr ableitbaren unverfügbaren Sinn hat und auf eine definitive Vollendung zugeht: dies ist nicht mehr von der naturwissenschaftlichen Kosmologie, vielleicht auch nicht von der Philosophie, sondern möglicherweise nur von der Theologie, die ihrerseits von biblischer Protologie und Eschatologie herkommt, zu begründen. Die Begründung von *Sinn- und Werthorizonten* ist in der Tat die Aufgabe einer aufgrund der biblischen Botschaft entwickelten Theologie – nicht mehr, aber auch nicht weniger.

Damit sind zugleich Aufgabe und Grenze theologischen (Mit-)Redens in Sachen Kosmologie bestimmt. Und die Theologie überschreitet (und überschritt oft) ihre Grenzen, wenn sie meint, in den Berichten des Neuen Testaments von der letzten Drangsal, der Verfinsterung der Sonne und des Mondes, vom Herunterfallen der Sterne und der Erschütterung der Himmelskräfte exakte Vorausberichte vom Weltende zu haben. Zugegeben: diese gespenstischen Visionen sind eine eindringliche Mahnung an den Menschen, den Ernst seines ihm jetzt von Gott gegebenen Lebens nicht zu verspielen. Aber wenn man theologische Kurzschlüsse bezüglich des Weltendes vermeiden will, dann hat man (ebenso wie bezüglich des Weltanfangs) davon auszugehen: Wie die biblische Protologie keine Reportage von Anfangs-Ereignissen sein kann, so die biblische Eschatologie keine Prognose von End-Ereignissen. Und wie die biblischen Erzählungen vom Schöpfungswerk Gottes der damaligen Umwelt entnommen wurden, so die biblischen Erzählungen von Gottes Endwerk der zeitgenössischen Apokalyptik.

3. *Weltende als Weltgericht*

Um dies zu verstehen, müssen wir *sprachphilosophisch* biblisches und naturwissenschaftliches Reden über die Welt unterscheiden. Kritische Exegese hat schon längst erkannt, daß die Sprache der Bibel keine naturwissenschaftliche Faktensprache ist, sondern eine metaphorische Bildersprache. Die Bibel offenbart keine naturwissenschaftlichen Fakten, sondern deutet sie! Beide Sprach- und Denkebenen sind immer sauber zu trennen, sollen die fatalen Mißverständnisse der Vergangenheit auf beiden Seiten vermieden werden. Bei der Sprache der Bibel handelt es sich – wie *Werner Heisenberg* formuliert – um eine Art Sprache, »die eine Verständigung ermöglicht über den hinter den Erscheinungen spürbaren Zusammenhang der Welt, ohne den wir keine Ethik und keine Wertskala gewinnen könnten ... Diese Sprache ist der Sprache der Dichtung näher verwandt als jener der auf Präzision ausgerichteten Naturwissenschaft. Daher bedeuten die Wörter in beiden Sprachen oft etwas Verschiedenes. Der Himmel, von dem in der Bibel die Rede ist, hat wenig zu tun mit jenem Himmel, in den wir Flugzeuge oder Raketen aufsteigen lassen. Im astronomischen Universum ist die Erde nur ein winziges Staubkörnchen in einem der unzähligen Milchstraßensysteme, für uns aber ist sie die Mitte der Welt – sie ist wirklich die Mitte der Welt. Die Naturwissenschaft versucht, ihren Begriffen eine objektive Bedeutung zu geben. Die religiöse Sprache aber muß gerade die Spaltung der Welt in ihre objektive und ihre subjektive Seite vermeiden; denn wer könnte behaupten, daß die objektive Seite wirklicher wäre als die subjektive. Wir dürfen also die beiden Sprachen nicht durcheinanderbringen, wir müssen subtiler denken, als dies bisher üblich war.«[15]

Weltende als Weltgericht: was heißt das? In drei Gedankenreihen wollen wir hier in aller Kürze das Wichtigste zusammenfassen:

a) Die apokalyptischen Bilder und Visionen vom *Weltende*: sie würden gewiß mißverstanden, wenn sie als eine Art chronologischer »Enthüllung« (Apo-kalypsis) oder Information über die »letzten Dinge« am Ende der Weltgeschichte aufgefaßt würden. Viele Sekten und fundamentalistische Gruppen meinen, hier einen offenbaren Wissensschatz zu besitzen. Aber diese Geschichten können für uns nun einmal kein Drehbuch von der Menschheitstragödie letztem Akt sein. Sie enthalten – leider – keine besonderen göttlichen »Offenbarungen«, die unsere Neugierde hinsichtlich des Endes befriedigen könnten. Hier erfährt der Mensch gerade nicht – gewissermaßen mit unfehlbarer Genauigkeit –, was im einzelnen auf ihn zukommt und wie es dann konkret zugehen wird. Vorsichtiger formuliert: Hier hat niemand privilegiertes Wissen! Was also sagen dann diese Bilder vom Weltende?

Um dies zu erläutern, müßte man weit ausholen und zahlreiche exegetische und historische Details ausbreiten; ich kann das in der Vorlesung über die Entstehung des Auferweckungsglaubens Entwickelte hier voraussetzen und beschränke mich darauf, einen exegetischen Grundkonsens in dieser Frage herauszustellen:

- Es gibt weder eine eindeutige wissenschaftliche Extrapolation noch eine genaue prophetische Prognose der definitiven Zukunft von Menschheit, Erde, Kosmos.
- Wie die »ersten Dinge«, so sind auch die »letzten Dinge«, wie die »Ur-Zeit«, so ist auch die »End-Zeit« keiner direkten Erfahrung zugänglich. Es gibt keine menschlichen Zeugen. Dichterische Bilder und Erzählungen stehen für das durch die reine Vernunft Unerforschliche, für das Erhoffte und Befürchtete.
- Die biblischen Aussagen über das Ende der Welt haben Autorität nicht als naturwissenschaftliche Aussagen über das Ende des Universums, sondern als *Glaubenszeugnis vom Wohin des Universums*, das die Naturwissenschaft weder bestätigen noch widerlegen kann. Auf eine Harmonisierung der biblischen Aussagen mit den verschiedenen naturwissenschaftlichen Theorien vom Ende kann deshalb verzichtet werden.
- Das biblische Glaubenszeugnis versteht das Ende entscheidend als die *Vollendung des Wirkens Gottes* an seiner Schöpfung: Wie am Anfang

der Welt, so steht auch an ihrem Ende nicht das Nichts, sondern Gott! Das angekündigte Ende darf nicht wie selbstverständlich mit einer kosmischen Katastrophe und einem Abbruch der Menschheitsgeschichte gleichgesetzt werden. Dies Ende ist bei aller *Beendigung* des Alten, Vergänglichen, Unvollkommenen, Bösen letztlich doch zu verstehen als *Vollendung*!

b) Zur Vorstellung von einem *Weltgericht*: Den apokalyptischen Schwärmern und Sekten müßte zu denken geben, daß nicht die (auch in den frühen christlichen Gemeinden verbreiteten) *Apokalypsen*, sondern die *Evangelien* die für die junge Kirche charakteristische Literaturform geworden sind. Neben der großen Apokalypse des Johannes finden sich bekanntlich auch einige kleinere im Neuen Testament. Sie wurden in das Gesamt des neutestamentlichen Korpus eingebaut und so gleichsam domestiziert[16]. Das hatte theologisch eine nicht unerhebliche Akzentverschiebung zur Folge: Die Apokalyptik wurde vom Evangelium her verstanden und nicht umgekehrt! Sie stellte für eine ganz bestimmte Situation einen Verstehens- und Vorstellungsrahmen dar, der sehr wohl von der gemeinten Sache, von der Botschaft selbst, zu unterscheiden ist.

Wichtig ist dabei: Ausgerichtet sind die Apokalypsen in den Evangelien ganz auf das *Erscheinen Jesu*, der jetzt eindeutig mit dem apokalyptischen Menschensohn identisch ist. Auch die eingangs zitierten Schreckensvisionen des Mattäus sind so zu verstehen: Weltenrichter ist kein anderer als Jesus – und gerade dies ist für alle die, die sich auf ihn eingelassen haben, das große Zeichen der Hoffnung. Dies ist die Botschaft: Er, der in der Bergpredigt die neuen Maßstäbe und Werte verkündete, ist auch der, der uns am Ende nach den gleichen Maßstäben Rechenschaft abfordern wird!

Keine Frage: Michelangelos monumentales Gemälde in der Sixtinischen Kapelle hat die Szene von einem »Jüngsten Gericht« der Menschheit unauslöschlich eingeprägt. Und doch: auch die genialste Kunst bleibt Kunst! Das heißt: das biblische Bild von der Versammlung der gesamten Menschheit (man bedenke: der Milliarden und aber Milliarden Menschen!) ist und bleibt – ein Bild! Gemeint ist mit diesem Bild das *Versammeltwerden aller Menschen zu Gott*, der gesamten Menschheit Schöpfer, Richter und Vollender. Schon die Begegnung mit Gott im Tod – so führte ich früher aus – hat einen kritisch scheidenden, sichtenden, reinigenden, richtenden und nur so voll-endenden Charakter.

Und doch bleibt das Bild vom Jüngsten Gericht aussagekräftig, wenngleich mehr ex negativo. In bildhafter Verdichtung wird hier vieles bezüglich Sinn und Ziel des Menschenlebens und der Menschheitsgeschichte deutlich, was auch für den heutigen Menschen relevant ist:

- Alles Bestehende – politische wie religiöse Traditionen, Institutionen, Autoritäten eingeschlossen – hat provisorischen Charakter.
- Meine undurchsichtige, ambivalente Existenz wie die tief zwiespältige Menschheitsgeschichte verlangen nach einem endgültigen Durchsichtigwerden, nach dem Offenbarwerden eines endgültigen Sinnes; ich selber kann mein Leben und die Geschichte letztlich nicht beurteilen und das Urteil darüber auch keinem anderen menschlichen Tribunal überlassen.
- Wahre Vollendung und wahres Glück der Menschheit sind jedoch nur dann gegeben, wenn nicht nur die letzte Generation, sondern alle Menschen daran teilhaben werden.
- Zu einer Sinnerfüllung meines Lebens und zu einer Vollendung der Menschheitsgeschichte wird es erst in der Begegnung mit der offenbaren Wirklichkeit Gottes kommen; die Zweideutigkeit des Lebens und alles Negative werden definitiv nur durch Gott selber überwunden.
- Auf dem Weg zur Vollendung ist für die Realisierung wahren Menschseins des Einzelnen wie der Gesellschaft jener gekreuzigte und doch lebendige Jesus letzter Richter: der verläßliche, bleibende, definitive Maßstab.

c) *Wie wird das Ganze ausgehen?* Wir haben es schon im Zusammenhang mit Himmel und Hölle angedeutet: Der Ausgang des Ganzen ist und bleibt nicht durchschaubar. Nicht nur weil bei Schöpfung und Neuschöpfung alle Anschauungen und Vorstellungen versagen müssen, sondern weil die Beantwortung letzter Fragen, wie etwa, ob alle Menschen – auch die großen Verbrecher der Weltgeschichte bis Hitler und Stalin – gerettet würden, unmöglich erscheint.

Die größten Geister der Theologie – von Origenes und Augustin über Thomas, Luther und Calvin bis Barth[17] – haben sich abgemüht mit dem dunklen Problem des letzten Schicksals, der Erwählung, Vorausbestimmung, *Prädestination* des Menschen und der Menschheit: ohne den Schleier des Geheimnisses lüften zu können! Geklärt hat sich nur, daß man dem Anfang und Ende der Wege Gottes mit einfachen Lösungen weder vom Neuen Testament noch von den Fragen der Gegenwart her gerecht wird:

weder mit der positiven Vorherbestimmung eines Teiles der Menschen zur Verdammung – Calvins Vorstellung einer »praedestinatio gemina«, einer »doppelten Vorherbestimmung«;
noch mit der positiven Vorherbestimmung aller Menschen zur Seligkeit – des Origenes »Apo-katastasis panton«, »Wieder-Bringung aller«, einer »All-Versöhnung«.

Die Aporien scheinen unüberwindbar: Daß Gott alle Menschen retten und die »Ewigkeit« der Höllenstrafe begrenzen *müsse*, widerspricht der souveränen Freiheit seiner Gerechtigkeit und Barmherzigkeit. Aber ebenso, daß Gott nicht alle Menschen retten und die Hölle am Ende nicht gleichsam leerstehen lassen *dürfe*. Was also?

Im Neuen Testament verkünden die Gerichtserzählungen eine klare Scheidung der Menschheit. Doch andere, insbesondere paulinische, Aussagen, so sahen wir, deuten ein Allerbarmen an. Diese Aussagen sind mit jenen im Neuen Testament nirgendwo ausgeglichen: Die Frage kann also, wie heute viele Theologen sagen, nicht anders denn offenbleiben! Und gerade dies lehrt, die *persönliche Verantwortung und Gottes Gnade* gleichzeitig ernst zu nehmen:

- Wer in Gefahr ist, den unendlichen Ernst seiner persönlichen Verantwortung leichtsinnig zu überspielen, wird gewarnt durch die Möglichkeit eines doppelten Ausgangs: Sein Heil ist nicht von vornherein garantiert.
- Wer aber in Gefahr ist, am unendlichen Ernst seiner persönlichen Verantwortung zu verzweifeln, wird ermutigt durch die mögliche Errettung eines jeden Menschen: Der Gnade Gottes sind, auch in der »Hölle«, keine Grenzen gesetzt.

Hinter dem großen Bild eines Letzten Gerichtes – sei es am Ende des Menschenlebens oder am Ende der Menschheitsgeschichte – verbirgt sich somit eine ebenso ernste wie tröstliche Botschaft, die mit »Vertröstung« nichts gemein hat. »Freilich«, fragt die Katholische Deutsche Synode in ihrem Beschluß über »Unsere Hoffnung« zu Recht, »haben wir in der Kirche diesen befreienden Sinn der Botschaft vom endzeitlichen Gericht Gottes nicht selbst oft verdunkelt, weil wir diese Gerichtsbotschaft zwar laut und eindringlich vor den Kleinen und Wehrlosen, aber häufig zu leise und zu halbherzig vor den Mächtigen dieser Erde verkündet haben? Wenn jedoch ein Wort unserer Hoffnung dazu bestimmt ist, vor allem ›vor Statthaltern und Königen‹ (vgl. Mt 10,18) mutig bekannt zu werden, ist es offensichtlich dieses! Dann auch zeigt sich seine ganze Tröstungs- und Ermutigungskraft: Es spricht von der gerechtigkeitsschaffenden Macht Gottes, davon, daß unsere Sehnsucht nach Gerechtigkeit gerade nicht am Tode strandet, davon, daß nicht nur die Liebe, sondern auch die Gerechtigkeit stärker ist als der Tod. Es spricht schließlich von jener gerechtigkeitsschaffenden Macht Gottes, die den Tod als den Herrn über unser Gewissen entthront und die dafür bürgt, daß mit dem Tod die Herrschaft der Herren und die Knechtschaft der Knechte keineswegs besiegelt ist... Dabei verschweigen wir nicht, daß die Botschaft vom Gericht Gottes auch von der Gefahr des ewigen Verderbens spricht. Sie verbietet uns, von vornherein mit einer Versöhnung und Entsühnung für alle und für alles zu rechnen, was wir tun oder unterlassen. Gerade so greift diese Botschaft immer wieder verändernd in unser Leben ein und bringt Ernst und Dramatik in unsere geschichtliche Verantwortung.«[18]

Eines scheint indessen gewiß: das Letzte Gericht ist das Letzte nicht. Heißt doch die Vater-unser-Bitte nicht: »Dein Gericht komme«, sondern: »Dein Reich komme«. Nicht Gottes Gericht, sondern Gottes Reich ist die Voll-Endung. Was ist damit gemeint?

4. *Weltvollendung als Gottes Reich*

So oft hat man das Gottesreich für die allernächste Zukunft verheißen und erwartet, so oft es gar schon für die Gegenwart proklamiert. Gefunden hat man es nirgends: Das Reich Gottes war weder das christliche Imperium nach Konstantin noch die massiv institutionalisierte Kirche des mittelalterlichen und gegenreformatorischen Katholizismus. Noch war es identisch mit der strengen Genfer Theokratie Calvins oder mit dem apokalyptischen Reich aufrührerischer Schwärmer wie des Thomas Münzer. Es war auch nicht das gegenwärtige Reich der Sittlichkeit und der vollendeten bürgerlichen Kultur, wie theologischer Idealismus und Liberalismus im 19. Jahrhundert bis zum Ersten Weltkrieg dachten. Nein, dies alles – darin dürfte man heute übereinstimmen – war nicht das Reich Gottes! Noch weniger das vom Nationalsozialismus propagierte Tausendjährige Reich, basierend auf Ideologien von Volk, Rasse, vagem Vorsehungs- und Schicksalsglauben, oder das klassenlose Reich des neuen Menschen, wie es der Kommunismus zwar immer wieder angekündigt, aber nicht im entferntesten verwirklicht hat.

Dies waren – ob in religiös-kirchlicher oder in säkularisiert-politischer Form – falsche Identifikationen, die allesamt übersahen, daß es im Reich Gottes wirklich um *Gottes* Reich geht: *Dein* Reich komme! Dies ist der *erste theologische Akzent* dieses Satzes. Und fällt es uns heute – im Zeitalter der Abkehr so vieler Menschen von den technologisch-evolutionären und utopisch-revolutionären Großideologien – nicht etwas leichter zu glauben, daß das Reich der Vollendung, wie wir schon in der letzten Vorlesung andeuteten, weder durch gesellschaftliche (technische oder auch geistige) *Evolution* noch durch gesellschaftliche (linke oder auch rechte) *Revolution* kommt? Nein, nach der gesamten biblischen Botschaft kommt die Vollendung durch *Gottes* nicht vorhersehbare, nicht extrapolierbare *Aktion*! Eine Aktion Gottes freilich, die des Menschen Aktion im Hier und Heute, im individuellen wie gesellschaftlichen Bereich, nicht aus-, sondern einschließt – wobei falscher »Verweltlichung« des Gottesreiches ebenso zu wehren ist wie falscher »Verinnerlichung«.

Hier geht es also um die *wirklich andere Dimension* des eindimensionalen Menschen: die göttliche Dimension. Es geht um ein Transzendieren gerade nicht ohne Transzendenz, wie Ernst Bloch meinte, sondern um ein Transzendieren auf wahre Transzendenz hin! *Transzendenz* also nicht mehr wie in der alten Physik und Metaphysik primär räumlich vorgestellt: Gott *über* oder *außerhalb* der Welt. Und auch nicht, im Umschlag, idealistisch oder existentialistisch verinnerlicht: Gott einfach *in* uns. Nein, Transzendenz muß von der biblischen Botschaft her primär zeitlich verstanden werden: Gott *vor* uns. Nicht ohne Einfluß der Hoffnungsphilosophie Blochs hat die christliche Theologie – und Jürgen Moltmann hat dies systematisch entfaltet[19] – ihr *»Zukunfts-Erbe«* wiederentdeckt: Zukunft als neues Paradigma für Transzendenz. Das heißt: Gott ist nicht einfach als der zeitlos Ewige hinter dem einen gleichförmigen Fluß des Werdens und Vergehens von Vergangenheit, Gegenwart und Zukunft zu denken, wie er insbesondere aus der griechischen Philosophie bekannt ist; sondern gerade als der Ewige ist er der Zukünftige, Kommende, Hoffnung Stiftende, wie er aus den Zukunftsverheißungen Israels und Jesu selbst erkannt werden kann: »Dein Reich *komme*!« Dies ist der *zweite theologische Akzent* dieses Satzes. Gottes Gottheit verstanden also als die Macht der Zukunft, die unsere Gegenwart in einem neuen Licht erscheinen läßt und sie schon jetzt verwandelt.

Wenn nicht nur das Leben des Menschen, sondern – wie es nun auch naturwissenschaftlich wahrscheinlich ist – Erde und Weltall nicht ewig dauern, so stellt sich die Frage: Was kommt dann? Wenn Menschenleben und Menschheitsgeschichte ein Ende haben, was steht an diesem Ende? Die biblische Botschaft – das Neue Testament vom Alten auch in dieser Hinsicht vorbereitet – sagt: An diesem Ende steht nicht das Nichts, sondern Gott. Gott, der wie der Anfang so auch das Ende ist. Die Sache Gottes setzt sich durch, in jedem Fall. Gottes ist die Zukunft; mit dieser Zukunft Gottes ist realistisch zu rechnen, aber sie ist nicht in apokalyptischer Manier auf Jahr und Tag auszurechnen.

Diese Zukunft ist also keine leere, sondern eine zu enthüllende, zu erfüllende Zukunft. Nicht nur ein »Futurum«, ein »Künftiges«, das die Futurologen durch Extrapolation aus der vergangenen oder gegenwärtigen Geschichte konstruieren könnten (ohne freilich je den Überraschungseffekt ausschalten zu können); sondern ein »Eschaton«, jenes »Allerletzte« der Zukunft, das ein wirklich Anderes und qualitativ Neues ist, welches sein Kommen freilich schon jetzt in der Antizipation ankündigt. Insofern also betreiben wir hier nicht Futurologie, sondern Eschatologie, eine Eschatologie, die ohne wahre, noch ausstehende absolute Zukunft freilich eine Eschatologie ohne wahre, noch zu erfüllende Hoffnung wäre[20].

Das alles bedeutet: es gibt nicht nur – es gibt sie selbstverständlich – vorläufige menschliche Sinnsetzungen von Fall zu Fall; es gibt zugleich einen *endgültigen*, dem Menschen allerdings frei angebotenen *Sinn* von Mensch und Welt, von Menschenleben und Weltgeschichte. Nein, die Geschichte des Menschen und der Welt erschöpft sich nicht, wie Nietzsche meinte, in einer ewigen Wiederkehr des Gleichen. Sie verendet aber auch nicht schließlich, wie Zukunftsromane ankündigen und manche befürchten, in irgendeiner absurden Leere. Nein, die Zukunft gehört Gott, und deshalb steht am Ende die Vollendung: Gottes Reich! »Dein *Reich* komme!« Dies ist der *dritte theologische Akzent* dieses Satzes. Gerade dies macht klar, daß es in der Vollendung nicht nur um Gott, sondern um Gottes *Reich* geht: Es geht um sein Dominium, seine Domäne, seinen Herrschaftsbereich. Dies wird aber für Christen nur dann richtig verständlich, wenn wir die christologische Zuspitzung des Reiches Gottes ernst nehmen. Was heißt das?

Für Christen ist ja die Hoffnung auf Verwandlung der Menschheit in Gottes Reich ein Ereignis der Endzeit, dessen Zukunft aber bereits in Botschaft, Praxis und Geschick Jesu von Nazaret angebrochen ist. Christen sind damit unwiderruflich schon jetzt hineingenommen in die

Wirkkraft, den Herrschaftsbereich dieses Reiches Gottes, der für sie identisch ist mit dem Reich Christi. In den *Herrschaftsbereich Christi* hineingestellt zu sein aber heißt zu wissen, welchen »Herrn« man hat, und heißt gleichzeitig, allen anderen »Herren und Mächten«, die nach der Herrschaft über den Menschen greifen, eine entschiedene Absage zu erteilen. Im Herrschaftsbereich Christi zu stehen heißt ja – und dies ist ein Grundgedanke der Theologie *Ernst Käsemanns* – »Entdämonisierung« der Götzen dieser Welt zu betreiben im Blick auf eine menschlichere, christlichere Gesellschaft[21]. Denn Käsemann sieht sehr deutlich, daß es auf diesem Kampffeld »Mensch« die »Besessenheit« des Menschen von selbstfabrizierten Göttern und Idolen gibt, die Verfallenheit an die Welt, von der der Mensch in einem schmerzlichen Aufklärungsprozeß über sich selber von Jesus Christus her befreit werden muß: »Sich aus dem Bereich der Finsternis versetzen zu lassen in das Reich des geliebten Sohnes, hat die alte Taufbotschaft in Kol 1,13 die Befreiung aus Besessenheit charakterisiert und damit zugleich die Alternative von Gott und Götze, Glaube und Aberglaube, Leben unter dem Wort oder in dämonischer Niederhaltung der Wahrheit, echter Menschlichkeit und Inhumanität verbunden. Offensichtlich geht es hier um kosmische Dimensionen, die nicht auf das Versuchsgelände der Psychiatrie reduziert werden können.«[22]

In der Tat: sich entscheiden, welchen Herrn man hat, welchem Herrschaftsbereich man angehört, wessen Domäne man sich zugehörig weiß, ist die entscheidende Herausforderung an den Christen. Der Glaube an Gott, an Jesu Auferweckung zum ewigen Leben, ja, auch die Zugehörigkeit von Himmel und Erde, hat von daher für den Menschen desillusionierenden und so befreienden Charakter: »Die Gerechtigkeit Gottes kennt nicht die billige Gnade. Sie stürzt, was etwas zu sein glaubt, kommt den Niedrigen, Ausgebeuteten, Sterbenden zu Hilfe, wie die Seligpreisungen es verkünden, und holt Gottlosigkeit auch hinter frommen Larven hervor. Das Fürchten wird wie unter dem Kreuz so auch zu Ostern gelernt. Denn beide Male geraten unsere Selbstgerechtigkeit und der irdische status quo ins Wanken. Wo man von einem Tode am Schandpfahl und von dem sich öffnenden Grabe herkommt und in der Nachfolge des Nazareners steht, paßt man nicht mehr in jene Gesellschaft, in welcher die Parolen ›Erfolg und Geld‹ oder ›Brot und Spiele‹ die Menschen berauschen. Wir sollten desillusioniert sein und Nüchternheit um uns verbreiten. Bei den Satten und mit sich selbst Zufriedenen schwindet der Sinn für die Realitäten . . . Wo Himmel und

Erde zusammenkommen und die Frommen die Verheißung für die Heiden zu respektieren haben, scheiden nicht mehr traditionelle Normen und die nach ihnen ausgerichteten Lager, enden die irdischen Tabus, sucht und findet man Zugang zu allen, deren Humanität bedroht und vergewaltigt wird.«[23]

5. *Nur Gott schauen?*

Es ist ein eindrucksvoller Text, dieses kleine Gedicht der spanischen Mystikerin *Teresa de Avila*, einer der bedeutendsten Frauen der Kirchengeschichte, die sich gegen unendlich viele Widerstände (nicht zuletzt die Inquisition) durchgesetzt hat:

Nada te turbe,	Nichts dich ängstige,
Nada te espante,	Nichts dich erschrecke,
Todo se pasa,	Alles vergeht,
Dios no se muda,	Gott ändert sich nicht,
La paciencia	Die Geduld
Todo lo alcanza;	Erreicht alles.
Quien a Dios tiene	Wer an Gott sich hält,
Nada le falta:	Dem fehlt nichts.
Sólo Dios basta.	Gott allein genügt.[24]

Sólo Dios basta? Genügt Gott allein? Vielleicht weniger an die große Teresa, die ihr Leben lang sehr menschen- und (sogar vom Kloster aus) weltbezogen blieb, stellt sich die Frage, sondern ganz allgemein an jene *Mystik* sowohl des Westens wie des Ostens, die ihren Namen vom griechischen »mýein« hat, von (den Mund) »verschließen«. Die Frage an jene mystische Religiosität also, die bezüglich ihrer verborgenen »Geheimnisse« (»Mysterien«) vor profanen Ohren den Mund »verschließt«: um das Heil ganz im eigenen Inneren zu suchen. Weltabkehr und Inneneinkehr. »Mystik« also nicht, wie heute so oft, als vages Schlagwort verstanden, sondern sehr genau bestimmt, etwa mit Friedrich Heiler in seinem klassischen religionshistorisch-religionspsychologischen Werk über »Das Gebet«: Mystik als »jene Form des Gottesumgangs, bei der die Welt und das Ich radikal verneint werden, bei der die menschliche Persönlichkeit sich auflöst, untergeht, versinkt in dem unendlichen Einen der Gottheit«[25].

In dieser mystischen Religiosität nimmt schon die höchste Stufe des Gebetes oder der Meditation die Vollendung voraus. Unter Mißachtung von Welt, Materie und Leib konzentriert sich der Mensch ausschließlich auf das »Ab-solute«, das von allem »Los-Gelöste«, auf das Eine, Unendliche, Ewige. Erfüllung findet solches Streben entweder (wie in der christlichen Mystik) in der Ekstase der mystischen Liebe, im beseligenden Einswerden mit der Gottheit, oder aber (wie in Hinduismus und Buddhismus) im Eingehen ins Nirwana, in der beseligenden Ruhe und Leidenschaftslosigkeit, in der Vernichtung des Lebensdurstes und im »Verwehen« im Einen und Einzigen.

Sollen wir uns also so die Vollendung, den Himmel, das Reich Gottes vorstellen? Unter dem Einfluß der platonischen Ideenschau, des jüdisch-hellenistischen Philosophen Philon und der neuplatonischen Mystik hat man sich schon in der altkirchlichen Theologie konzentriert auf die »Visio beatifica«, die *»beseligende Schau« Gottes.* So insbesondere *Augustins* neuplatonisches Modell einer ganz und gar vergeistigten Glückseligkeit, wo die Materie, der Leib, die Gemeinschaft, die Welt bestenfalls am Rande erwähnt werden.

Gewiß, Augustin spricht auch von der »Stadt Gottes« und dem »himmlischen Jerusalem« – kollekiv-eschatologische Bilder menschlicher Gemeinschaftsbildung –, und wenige Sätze umschreiben inhaltlich so eindrücklich und sprachlich so brillant die Vollendung wie der Schluß von Augustins großem geschichtstheologischen Werk »Über den Gottesstaat«[26], wo die Rede ist vom großen Sabbat, dem Tag des Herrn, dem ewigen achten Tag, der die ewige Ruhe des Geistes und des Leibes bringen wird: »Ibi vacabimus et videbimus, videbimus et amabimus, amabimus et laudabimus. Ecce quod erit in fine sine fine. Nam quis alius noster est finis nisi pervenire ad regnum, cuius nullus est finis?« – »Da werden wir frei sein und werden sehen, werden sehen und werden lieben, werden lieben und werden loben. Siehe, das wird am Ende sein ohne Ende. Denn was anderes ist unser Ende als zu gelangen zu dem Reich, dessen kein Ende ist?«

Gewiß hat Gott – wenn irgendwo – so in seinem Reich den absoluten Vorrang, den Primat schlechthin. Und doch: wird hier nicht die Verengung des Neuplatonikers sichtbar, der alles individualisiert, verinnerlicht und vergeistigt: das vacare (Leerwerden), videre (Sehen), amare (Lieben), laudare (Loben) – alles ganz auf Gott ausgerichtet (»Gott und meine Seele«), ohne die Erwähnung zwischenmenschlicher Beziehungen und kosmischer Dimensionen? Kommen nicht von solcher exklusiv betonten »Gottesschau« und derart sublimer »Gottseligkeit« jene heutzutage mit Recht abgewiesenen Vorstellungen: von den »Heiligen auf goldnen Stühlen sitzend« (Marie Luise Kaschnitz), vom langweiligen »Alleluja«-Singen auf den Wolken (Ludwig Thomas Parabel vom Münchner im Himmel), vom »Himmel der Engel und der Spatzen« (Heinrich Heine), vom öden Ort einer aussichtslosen, erwartungslosen »banalen Ewigkeit« (Max Frisch)? Wie steht es denn – bei Kaschnitz und in Dostojewskis Karamasow-Schluß klingt es an – um die *menschliche* Kommunikation, Sprache, Gemeinschaft, Liebe? Wie steht es um die *Natur*, die Erde, den Kosmos? Schauen und lieben wir allein Gott, die anderen Menschen aber, wie manche Theologen meinen, bestenfalls indirekt? Ist das alles nicht ein Himmel, dem außer dem Gold der Ewigkeit alle Farbe fehlt, alle Wärme, Empfindung, vitale Freude, Sinnlichkeit, echtes Menschenglück – und damit so ungefähr alles, was schon auf Erden ein »alternatives Leben« ausmacht? Ein Himmel für Ästheten und Asketen?

Zu Recht bemerkt der katholische Theologe *Hermann Häring* zur »radikalen Sublimierung vitaler Bedürfnisse« im »mönchisch-asketischen Himmelsideal«, das nur »einer kleinen, religiös hochbegabten und intellektuell möglichst trainierten Elite möglich« sei: »Sagen wir es ohne alle Anmaßung und ohne ein Urteil über die Erwartungen früherer Generationen zu fällen: Für viele Menschen hat ein solcher Himmel *zu wenig mit der Erde*, mit diesem Leben, zu wenig mit ihren Hoffnungen zu tun. Auf eine gefährlich selbstverständliche Weise war er zum Reich der reinen Geister geworden. Zu sehr haben wir ihn als das Ziel einer glücklichen Flucht aus dem Diesseits verstanden. Die Langeweile seiner Ausstattung hat allmählich die Hoffnungsimpulse der Menschen überdeckt.«[27]

Wem solcher Einspruch allzu weltlich vorkommt, der denke an die Schrift: Ist mit solcher vergeistigten Gottesschau das abgedeckt, was Altes und Neues Testament vom Endzustand zu sagen wissen? Zugegeben: was schon nach dem Alten Testament für den Menschen auf Erden tödlich ist – Gott sehen[28] –, wird nach dem Neuen Testament *zentraler Inhalt* der Vollendung. Aber wichtig im Blick auf die Mystik: die Erfüllung der Verheißung erfolgt in der *Zukunft*! Schon Jesus selber, wohl Gedankengänge aus der Apokalyptik aufgreifend, sagt in der Bergpredigt: »Selig, die reinen Herzens sind, denn sie werden Gott schauen.«[29] Und nicht weniger deutlich macht es Paulus, daß die Gottesschau nicht auf Erden, durch Gnosis oder Mystik, zu erreichen ist, sondern erst in der Vollendung: »Jetzt schauen wir in einen Spiegel und sehen nur rätselhafte Umrisse, dann aber schauen wir von Angesicht zu Angesicht. Jetzt erkenne ich unvollkommen, dann aber werde ich durch und durch erkennen, so wie ich auch durch und durch erkannt worden bin.«[30] Und im ersten Johannesbrief heißt es: »Wir wissen, daß wir ihm ähnlich sein werden, wenn er offenbar wird; denn wir werden ihn sehen, wie er ist.«[31] Und wichtig vor allem: was nach dem Neuen Testament *zentraler* Inhalt der zukünftigen Vollendung ist, ist doch *nicht* ihr *einziger* Inhalt!

6. Die neue Erde und der neue Himmel

Daß die Bibel die Vollendung in Gott mit Hilfe einprägsamer irdisch-menschlicher *Bilder* umschreibt, lernen wir vielleicht – angesichts des weit fortgeschrittenen Prozesses der Intellektualisierung in Theologie und Kirche – wieder neu auch als eine Chance zu begreifen. Wir lernen vielleicht, welche geistige Verarmung es bedeutete, wollte man diese Bilder wegrationalisieren oder auf einige Begriffe und Ideen reduzieren: Da ist schon bei Jesus selber die Rede vom endzeitlichen Freudenmahl mit neuem Wein[32], von der Hochzeit[33], vom großen Festmahl, zu dem alle geladen sind[34], da herrscht allenthalben große Freude... Alles Hoffnungsbilder, noch nicht von der Blässe des Gedankens angekränkelt.

Gewiß kann man sich den Himmel auch *allzu sinnlich*, allzu phantastisch ausmalen. So etwa, wenn nicht nur die Apokalyptik[35], sondern im Anschluß an jüdisch-christliche Vorstellungen der Koran das Paradies – wirklich nur symbolisch? – voll der irdischen Seligkeit sieht: In den »Gärten der Wonne« unter Gottes Wohlgefallen (von der Gottesschau ist am Rande die Rede[36]) das »große Glück«: ein Leben voller Seligkeit, auf edelsteingeschmückten Liegebetten, köstliche Speisen, Bäche niemals verderbenden Wassers und Milch von geklärtem Honig und köstlichem Wein, gereicht von ewig-jungen Knaben, die Seligen zusammen mit entzückenden Paradiesjungfrauen, die niemand zuvor berührte (»großäugige Huris als Gattinnen«)[37].

Umgekehrt aber mag es nicht nur manchem Moslem, sondern auch manchem Christen als *allzu übersinnlich* erscheinen, wenn etwa nach dem Supplementum zur »Summa theologiae« des Thomas von Aquin[38] selbst die Himmelskörper in ewiger Ruhe verharren, die Menschen nicht essen und trinken und sich selbstverständlich nicht fortpflanzen; Pflanzen wie Tiere seien deshalb entbehrlich auf dieser neuen Erde, die ohne Flora, Fauna und selbst Mineralien, dafür aber mit viel Glorienschein (»aureolae« der Heiligen) ausgestattet sein wird, worüber das Supplementum gleich mehrere Artikel[39] enthält.

Hat man in dieser ganzen mehr platonisierenden als christlichen Tradition nicht jene Verheißungen einer *befriedeten Natur* und einer *befriedeten Menschheit* weithin vergessen, wie sie für Juden und Christen schon im *Jesaja-Buch* (Marie Luise Kaschnitz hat recht: nicht für die Gegenwart, sondern für die Zukunft!) angekündigt sind? »Dann wohnt der Wolf beim Lamm, der Panther liegt beim Böcklein. Kalb und Löwe weiden zusammen, ein kleiner Knabe kann sie hüten. Kuh und Bärin freunden sich an, ihre Jungen liegen beieinander. Der Löwe frißt Stroh wie das Rind. Der Säugling spielt vor dem Schlupfloch der Natter, das Kind streckt seine Hand in die Höhle der Schlange. Man tut nichts Böses und begeht kein Verbrechen auf meinem ganzen heiligen Berg; denn das Land ist erfüllt von der Erkenntnis des Herrn, so wie das Meer mit Wasser gefüllt ist ...«[40]

Am Ende des Jesaja-Buches – beim Dritten Jesaja nach dem babylonischen Exil – findet sich auch jenes bereits zitierte große Wort, welches wohl am umfassendsten die Vollendung ansagt, die auf keinen Fall weltflüchtig, materiefeindlich, leibabwertend verstanden werden darf, die vielmehr als *Neuschöpfung* – ob in Umgestaltung oder Neugestaltung der alten Welt –, eben als *»neue Erde und neuer Himmel«*, darum unsere beglückende Heimat, zu verstehen ist: »Denn schon erschaffe ich einen neuen Himmel und eine neue Erde. Man wird nicht mehr an das Frühere denken, es kommt niemand mehr in den Sinn. Nein, ihr sollt euch ohne Ende freuen und jubeln, über das, was ich erschaffe.«[41] Und dann ist die Rede davon, daß die Menschen nicht mehr als Säuglinge sterben, sondern in jugendlichem Alter leben, daß sie Häuser bauen, Reben pflanzen und ihre Früchte genießen ... Und neue Schöpfung: das heißt zugleich – nach Jeremia[42] – »Neuer Bund« und – nach Ezechiel[43] – »neue Herzen, neuer Geist«.

Dies also sind die Bilder für das Reich Gottes, für die Vollendung der Menschheitsgeschichte durch den getreuen Gott, den Schöpfer und Neuschöpfer, im Neuen Testament aufgenommen und vermehrt: Braut und Hochzeitsmahl, das lebendige Wasser, der Baum des Lebens, das neue Jerusalem. Bilder für Gemeinschaft, Liebe, Klarheit, Fülle, Schönheit und Harmonie. Aber spätestens hier haben wir uns zu erinnern:

Bilder sind – Bilder. Sie dürfen wie nicht eliminiert so auch nicht verobjektiviert, verdinglicht werden. Wir haben uns an das zu erinnern, was wir im Zusammenhang mit der Auferweckung Jesu so deutlich gesagt haben: Es geht in der Vollendung von Mensch und Welt um ein neues Leben in den *unanschaulichen Dimensionen Gottes* jenseits unserer Zeit und unseres Raumes. »Der allein Unsterbliche, der wohnt in unzugänglichem Licht, den kein Mensch gesehen hat, noch zu sehen vermag«, heißt es im ersten Timotheusbrief[44]. Wie sollten wir da unsere Bilder mit der Wirklichkeit Gottes identifizieren können? Über allem menschlichen Erfahren, Vorstellen und Denken ist Gottes Vollendung. Völlig neu, ungeahnt und unfaßlich, undenkbar und unsagbar ist die Herrlichkeit des ewigen Lebens: »Was kein Auge gesehen und kein Ohr gehört hat, was keinem Menschen in den Sinn gekommen ist: das hat Gott denen bereitet, die ihn lieben.«[45]

Und so wird unsere Rede von der Vollendung, wenn sie weder allzu sinnenhaft-abstrus noch allzu blutleer-abstrakt sein soll, sich am besten *auf der Grenze von Bild und Begriff* bewegen. Erfahrung ist dabei als Korrelat unverzichtbar, sollen die Bilder sich nicht in Abstraktionen verflüchtigen; doch ist Erfahrung keinesfalls einziges Kriterium, sollen unsere Bilder nicht zu reinen Wunsch-Bildern ausarten. Je feiner also die Dialektik zwischen Erfahrung und Abstraktion gewahrt ist, desto geeigneter dürfte ein Bild-Begriff sein, um das auszudrücken, was mit Vollendung gemeint ist. Und sind so nicht vielleicht doch die großen symbolträchtigen Begriffe des Menschen, Leben, Gerechtigkeit, Freiheit, Liebe, Heil, wie schon in der Schrift, so auch noch heute am geeignetsten, um auf der Grenze von Begriff und Bild deutlich zu machen, um was es in der Vollendung geht?

Bild-Begriffe, die gewiß vom Ganzen der Schrift her gewonnen, im Lichte Jesu von Nazaret aber zugespitzt werden müssen. So läßt sich – vom Gekreuzigten und Auferweckten her gesehen – die *Vollendung* in dialektischer Denkbewegung umschreiben: als Leben, Gerechtigkeit, Freiheit, Liebe, Heil.

- Ein *Leben*, in das wir mit unserer ganzen Geschichte hineingenommen sind, in welchem aber Vorläufigkeit und Sterblichkeit überwunden sein werden durch Dauer und Beständigkeit; ein wahres, unvergängliches Leben in jenem Gott, der sich am Gekreuzigten als der lebendige, lebenschenkende Gott erwiesen hat: ein *ewiges* Leben!
- Eine *Gerechtigkeit*, für die wir in dieser Gesellschaft bereits kämpfen,

ohne sie aber wegen der Ungleichheit, Unfähigkeit und Unwilligkeit der Menschen je zu erreichen; eine Gerechtigkeit, die – vom gerechtfertigten Jesus her – sich als das Recht seiner Gnade erweist, die Gerechtigkeit und Barmherzigkeit vereint: eine *allesübersteigende* Gerechtigkeit!

- Eine *Freiheit*, die wir auf Erden schon gespürt haben, deren Relativitäten jedoch aufgehoben sein werden durch das Absolute selbst; eine Freiheit, die – Gottes großes Geschenk in Jesus – Gesetz und Moral endgültig hinter sich gelassen hat: eine *vollkommene* Freiheit!
- Eine *Liebe*, die uns hier schon zuteil wurde, die wir hier schon gestiftet haben, deren Schwäche und Leid indessen verwandelt sein werden durch göttliche Kraft und Macht; eine ganz und gar erfüllte Liebe durch den Gott, dessen Liebe sich in Jesus als stärker denn selbst der Tod erwiesen hat: eine *unendliche* Liebe!
- Ein *Heil*, dessen Ahnung wir hier schon erfahren haben, dessen Gebrechlichkeit und Bruchstückhaftigkeit jedoch gänzlich aufgehoben sein werden in einem definitiven Ganz-Sein, Heil-Sein Gottes, das im Lichte der Auferweckung des Getöteten den Menschen in allen seinen leib-seelischen Dimensionen erfaßt: ein *endgültiges* Heil!

Das alles also ist als das Reich der vollkommenen Freiheit, der alles übersteigenden Gerechtigkeit und der unendlichen Liebe das endgültige Heil: das *ewige Leben* – für Mensch und Welt ein Leben ohne Leid und Tod in der Fülle eines ewigen Jetzt, wie schon Boethius[46] die *Ewigkeit* klassisch definiert hat: »interminabilis vitae simul et perfecta possessio«: »eines unbegrenzten Lebens gleichzeitig ganzer und vollkommener Besitz«. Aber diese klassische Definition der Ewigkeit neuzeitlich-dialektisch interpretiert als wirkliches *Leben*:

- Ewigkeit nicht rein affirmativ verstanden als linear fortgesetzte Zeit:
  als fortlaufende *Endlosigkeit* eines reinen Prozesses ausdehnungsloser Augenblicke;
- Ewigkeit aber auch nicht rein negativ verstanden als statische Negation aller Zeit:
  als pure *Zeitlosigkeit* einer unveränderlichen Identität;
- Ewigkeit vielmehr, von der Botschaft des zum Leben Erweckten her, dialektisch verstanden als die Zeitlichkeit, die »aufgehoben« ist in die Endgültigkeit:
  als die vollendete *Zeitmächtigkeit* eines Gottes, der gerade als der Lebendige zugleich Identität und Prozeß in sich schließt.

Jüdisch-christlich-islamisches Denken (von der Wiedergeburt zum ewigen Leben) und indisches Denken (von Wiedergeburt und Nirwana) könnten sich hier vielleicht doch finden.

- Realsymbol von unersetzlichem archetypischen Symbolwert für Gottes und so des Menschen ewiges Leben wird – nach Entmythologisierung durch Astronomie und Theologie – der *Himmel* bleiben: Zeichen der Entgrenzung und Unendlichkeit, des Hellen, Lichten, Leichten, Freien, des überirdisch Schönen, wahrhaftig nie Langweiligen, sondern ständig Neuen, unendlich Reichen, der vollkommenen Glückseligkeit.

Aber es geht hier nicht etwa um eine Schwärmerei aus lauter Hoffnungsseligkeit, sondern um eine möglichst präzise zusammenfassende Umschreibung dessen, was ewiges Leben heute bedeuten kann. Alle Vorfreude, dies muß bis zum Ende festgehalten werden, darf Christen nie diese Zeit, darf nie das Kreuz, den *Gekreuzigten*, vergessen lassen, welches nun einmal das große christliche Distinktivum bleibt gegenüber allen sonstigen Unsterblichkeitshoffnungen und Ewigkeitsideologien. Daß das Leben hier und jetzt oft genug durchkreuztes Leben ist, wer wüßte das besser als solche, denen es um die Nachfolge des gerechtfertigten Gekreuzigten ernst ist. Daher gilt: nicht die intellektuelle Bewältigung des – im spekulativen Detail höchst komplexen – Problems des ewigen Lebens ist von uns gefordert. Auch nicht das individualistisch-spiritualistische »Rette deine Seele!«. Sondern mit den Anderen zusammen, die mit uns leben – aus der Hoffnung auf ein ewiges Leben und im Einsatz für eine bessere Menschenwelt angesichts des kommenden Gottesreiches –, ein *praktisches Leben im Heute*, welches sein Maß an Jesus dem Gekreuzigten nimmt.

Die Radikalität der urchristlichen Botschaft vom Gekreuzigten und Auferweckten bekommt man nur von dorther in den Blick. *Ernst Käsemanns* Ausführungen sind gerade hier nicht genug zu unterstreichen: Die urchristliche Osterbotschaft »spricht auch von unserer persönlichen Hoffnung und der uns über das Grab hinaus gegebenen Verheißung. Sie tut es aber an zweiter Stelle und im Schatten dessen, was ihr über alle Maßen wichtig ist: ›Gott hat diesen Jesus zum Herrn und Christus gemacht‹, ›Christus aber muß herrschen‹, ›er hat die Mächte zur Schau getragen‹, ›alle Knie müssen sich ihm beugen‹. Man kann diese Reihenfolge nicht vertauschen, ohne daß alles schief wird. Es ist ganz und gar unchristlich, wenn sich zu Ostern unsere eigenen

Wünsche und Hoffnungen so in den Vordergrund drängen, daß Jesus nur der Garant ihrer Erfüllung ist. Unsere Zukunft ist christlich ein Stück seiner Herrschaft, die weit darüber hinausgreift. Weil seine Herrschaft aber die des Gekreuzigten bleibt, geht es in ihr auch an Ostern immer wieder unseren eigenen Wünschen und Sehnsüchten entgegen. Die Stimme des Auferstandenen ist noch nie anders ergangen, als daß sie uns in die Jüngerschaft beruft, und sie tut es mit den gleichen Worten, die das Evangelium vom irdischen Jesus berichtet: ›Wer nicht sein Kreuz auf sich nimmt und folgt mir nach, der ist mein nicht wert.‹«[47]

Diese Vorlesungen haben uns aus dem Horizont dieser Zeit zur zentralen christlichen Hoffnung in Gottes Ewigkeit und von da zu den praktischen Konsequenzen wieder neu in diese Zeit hineingeführt. Ich will sie abschließen mit einem Plädoyer für den Glauben an ein ewiges Leben, ein Plädoyer der Hoffnung, das durchaus auch den Charakter des Bekenntnisses trägt und tragen soll, vernünftig nachvollziehbar vielleicht auch für den Menschen am Ende des zweiten Jahrtausends.

Epilog: Ja zum ewigen Leben

Wozu das Ganze?

Die Glaubensbekenntnisse enden mit dem Satz, den alle Komponisten der christlichen Jahrhunderte zusammen mit dem großen Amen triumphal gestaltet haben: »Credo ... in vitam venturi saeculi!« Eine Formulierung, die gegen alle vermeintliche Erstarrung, Statik, die Dynamik von Gottes Ewigkeit zum Ausdruck bringt: »Ich glaube ... an das Leben der zukünftigen Welt.«

Dies ist eine Zukunftsgewißheit, die nicht auf Zukunftsforschung, sondern auf Zukunftshoffnung beruht. Wir haben gesehen: Die Frage nach dem letzten Wohin von Welt und Mensch, die Frage, wozu es überhaupt etwas gibt und nicht vielmehr nichts, stellt sich in jedem Fall, auch unabhängig von der Frage, ob etwa unser Universum sich dabei als endlich in Raum und Zeit oder als unendlich erweist. Eine grundlegende Frage ist hier aufgeworfen, die die Empirie der raum-zeitlichen Welt übersteigt und deren Beantwortung nicht Sache des Naturwissenschaftlers sein kann. Sie deshalb als unnütz oder sinnlos abzutun wäre nun in der Tat verfehlt.

Kurz gefaßt, lautet die Frage: Wozu das Ganze? Ich habe als Mensch des 20. Jahrhunderts allen Anlaß, diese Frage keineswegs vom Standpunkt intellektueller Überlegenheit, sondern in aller *Bescheidenheit* zu stellen: gerade weil ich mehr denn je erkenne, was die *Grenzen unseres Erkenntnisvermögens* sind. Denn könnte es nicht sein – und der Naturwissenschaftler *Hoimar von Ditfurth* macht diesen Vergleich in seinem vorzüglichen Buch über Naturwissenschaft und Religion aufgrund verhaltenswissenschaftlicher Ergebnisse[1] –, daß der Mensch in bezug auf weitere Dimensionen der Wirklichkeit eine ähnlich beschränkte Wahrnehmungsfähigkeit hat wie die Zecke, die Graugans, der Hahn oder der Menschenaffe in bezug auf deren transzendierende

Dimensionen? Könnte nicht auch für unseren Menschenverstand heute (auf dem gegenwärtigen Entwicklungsstand des Gehirns) manches noch jenseitig-transzendent sein, was für ihn in späteren Jahrtausenden möglicherweise immanent-diesseitig sein wird? Erkennen wir unsere Wirklichkeit – Makrokosmos wie Mikrokosmos – nicht in jedem Fall doch nur sehr partiell, umrißhaft? Sind unser Erkenntnisvermögen und unser Erkenntnishorizont nicht sehr viel beschränkter, als wir lange Zeit dachten: genetisch geprägt durch eine jahrtausendealte Entwicklungsgeschichte, wie der Verhaltensforscher und Nobelpreisträger Konrad Lorenz dargelegt hat[2]? Ein Prozeß der Wirklichkeitsentschließung über Jahrtausende, der freilich nach vorne offen ist und der, wenn der Mensch sich und seine Welt nicht selbst zerstört, auf weitere Wirklichkeitsdimensionen, zugleich aber auch wieder auf neue Erkenntnisgrenzen stoßen wird...

Hoimar von Ditfurth hat deshalb recht, wenn er folgert, daß gerade die Tatsache der Evolution uns die Augen dafür geöffnet hat, daß die Realität dort nicht enden kann, wo die von uns erlebte Wirklichkeit zu Ende ist: »daß der Umfang der realen Welt den Horizont der uns auf unserem augenblicklichen Entwicklungsniveau zu Gebote stehenden Erkenntnis quantitativ und qualitativ um unvorstellbare Dimensionen überschreiten muß«[3]. Und er hat auch recht, wenn er mit vielen anderen vermutet, daß das Leben nicht auf unsere kleine Erde am Rand einer Milchstraße beschränkt ist, sondern daß wir nach neuesten Erkenntnissen mit Lebewesen, intelligenten Lebewesen, wiewohl ganz verschiedenen, auch auf anderen Sternen des unermeßlichen Alls rechnen müssen, so daß mit dem Untergang der Menschheit noch keineswegs der Untergang der Welt oder auch nur der Untergang aller vernunftbegabten Individuen erfolgen würde. Einzig der noch immer weitverbreitete menschliche »Mittelpunktswahn« könne sich so etwas einbilden.

Dieser »Mittelpunktswahn« wird spätestens dann entzaubert, wenn wir die Grenzen unserer Erkenntnis angesichts neuer mikro- wie makrophysikalischer Einsichten reflektieren. Bekanntlich meinten ja schon die griechischen Naturphilosophen Leukipp und Demokrit (im 5./4. Jahrhundert vor Christus) mit dem »A-tom« (= das »Un-Teilbare«) auf die unteilbare, unveränderliche kleinste Einheit der Materie gestoßen zu sein. Ein Irrtum – wie man weiß. Als aber dann zu Beginn unseres Jahrhunderts Ernest Rutherford und Niels Bohr das moderne Atommodell, jenes Bild vom Atom als einem kleinen Planetensystem – Kern mit einer Elektronenhülle –, formuliert hatten, glaubte man wirklich erkannt zu haben, »was die Welt im Innersten zusammenhält«. Auch das war voreilig. Denn je mehr seit den fünfziger Jahren die Elementarteilchenphysiker mit Hilfe riesiger Teilchenbeschleuniger in Stanford, Genf, Hamburg von diesem Atomkern erkannten, der ja wiederum aus Protonen und Neutronen zusammengesetzt ist, die aber ihrerseits wiederum aus noch winzigeren Untereinheiten, den sogenannten Quarks und Gluonen (= »Klebstoff«) samt den elektrodynamischen Kräften, zusammengesetzt sind, die ihrerseits vielleicht auch wieder Strukturen haben[4]: um so weniger können wir uns vorstellen, was der Urstoff der Welt nun wirklich ist. Das heißt: je tiefer wir in die Materie eindringen, um so unanschaulicher, geheimnisvoller wird sie, um so größer wird der Abstand zwischen den Theorien der Naturforscher und den Vorstellungen des naturwissenschaftlich nicht vorgebildeten Bürgers, um so deutlicher werden auch unsere Grenzen.

Vom Makrokosmos, so scheint mir, gilt dies analog. Denn je mehr die Astrophysiker vom Weltall erkennen, das neben der dreidimensionalen Wirklichkeit eine vierte Zeitdimension (und vielleicht noch andere Dimensionen) enthält, um so unvorstellbarer wird uns dieser nach Einstein unbegrenzte und doch endliche gekrümmte Zeit-Raum mit seinen noch immer expandierenden Sternsystemen und den erst jetzt entdeckten äußerst seltsamen Objekten wie den Pulsaren und Quasaren. Und wie die faszinierende Welt der subatomaren Elementarteilchen, so läßt sich auch das nicht weniger faszinierende physikalische Universum nur noch unscharf mit unseren Begriffen darstellen, läßt es sich letztlich nur mit Bildern, Chiffren und Vergleichen, mit Modellen und vor allem mathematischen Formeln umschreiben.

Wahrhaftig, wie soll ich mir die von der Elementarteilchenphysik untersuchten unglaublich kleinen Prozesse – in der Größenordnung bis zu 10^{-15}cm = 1 Billiardstel cm = 1 durch 1 Million Milliarden cm (1 Billiarde = 1 Million Milliarden!) und Geschwindigkeiten von 10^{-22}sec = 1 durch 10 Trilliarden sec (1 Trilliarde = 1 Million Billiarden!) – vorstellen? Da verlieren doch selbst Wörter wie »Teil« und »räumliche Ausdehnung« weithin ihre übliche Bedeutung. Und wie soll ich mir die von der Astrophysik erforschte ungeheuer große Welt »vorstellen«, in der Raumfahrer, falls es ihnen je gelänge, den Weg in die Mitte unserer eigenen Milchstraße und zurück zur Erde zu finden, selber in relativer Jugend eine Menschheit anträfen, die unterdessen rund 60 000 Jahre älter geworden ist? Nein, es besteht kaum Aussicht, daß der Mensch jemals in die »Tiefen des Weltraums« (oder auch nur die der eigenen Milchstraße) vordringen könnte, wie ihm vermutlich auch die Entdeckung einer »Weltformel« im subatomaren Bereich – so jedenfalls nach dem physikalischen Chemiker und Nobelpreisträger Ilya Prigogine – kaum den Universalschlüssel zu all den so vielfältigen physikalischen Erscheinungen in die Hand gäbe und damit, wie Friedrich Dürrenmatt in seinen »Physikern« befürchtet, allmachtiges Wissen[5].

So werden im Mikro- wie im Makrophysikalischen die Grenzen meiner Erkenntnis überdeutlich, aber dabei auch die *periphere Stellung des Menschen* im Gesamt des Kosmos: Was sind denn schon meine Lebensjahre im Vergleich mit dem Alter der Menschheit? Was sind 100 000 Lebensjahre der Menschheit ihrerseits im Vergleich mit den 13 oder mehr Milliarden Jahren dieses Kosmos? Und ist nicht diese Erde wiederum ein Stäubchen im Vergleich mit dem Ganzen der Milchstraße, die etwa 100 Milliarden Einzelsterne umfaßt, von denen einer die Sonne ist? Und diese unsere Milchstraße: ist sie nicht wiederum ein Stäubchen im Vergleich mit jenen Milchstraßen-Haufen (»Nebel«), von denen einzelne 10 000 Milchstraßen enthalten, so daß die Zahl der beobachtbaren Milchstraßen in die 100 Millionen geht? Soll ich da, je mehr ich über die erstaunlichen Ergebnisse der Astrophysik nachdenke und erneut wie die Menschen eh und je in den hellen Nachthimmel hinausschaue, mich nicht – wie gesagt: in aller Bescheidenheit – fragen: Was soll das Ganze? Wohin das Ganze? Wohin die Menschheit? Wohin ich selbst?

Das frage ich mich ganz realistisch inmitten einer großen, erhabenen und doch zugleich unendlich grausamen Geschichte des Kosmos mit seinen Katastrophen, von denen die Menschen so oft mitbetroffen sind: Erdbeben und Hungersnöte, Überschwemmungen und Vulkanausbrüche. Soll ich mich nicht auch in dieser Perspektive, je mehr ich gerade über diese kosmisch-globale Katastrophengeschichte der Menschheit nachdenke, immer wieder neu staunend und erschreckt zugleich fragen: Was soll das Ganze? Wohin das Ganze? Wohin die Menschheit? Wohin ich selbst?

Vertrauen oder Mißtrauen

Die Antwort des christlichen Glaubens, so hoffe ich, ist eindeutig geworden: Mensch und Welt sind zu einer Vollendung bestimmt, die ihnen durch Gott selber zukommen wird. Im Leben der zukünftigen

Welt: nur von daher kommt ein letzter *Sinn* in Menschenleben und Menschheitsgeschichte. Jeder Mensch, auch der Naturwissenschaftler und der Mediziner, ist hier vor eine *existentielle Alternative* gestellt: Ich fasse zusammen:

Entweder ich sage *Nein* zu einem Ur-Grund und Ur-Ziel des Menschenlebens, des ganzen Weltprozesses: die Konsequenzen sind unübersehbar. Zu Recht beschwört denn auch der Nobelpreisträger für Biologie Jacques Monod, ein Atheist, den Sisyphus des Camus und sagt: »Wenn er (der Mensch) diese (negative) Botschaft in ihrer vollen Bedeutung aufnimmt, dann muß der Mensch endlich aus seinem tausendjährigen Traum erwachen und seine totale Verlassenheit, seine radikale Fremdheit erkennen. Er weiß nun, daß er seinen Platz wie ein Zigeuner am Rande des Universums hat, das für seine Musik taub ist und gleichgültig gegen seine Hoffnungen, Leiden oder Verbrechen.«[6]

Oder ich sage *Ja* zu einem Ur-Grund und Ur-Ziel des Menschenlebens, des ganzen Weltprozesses. Dann kann ich zwar die Sinnhaftigkeit von Welt- und Menschheitsgeschichte nicht beweisen, wohl aber vertrauend voraussetzen. Die Frage, die ein anderer Nobelpreisträger für Biologie, Manfred Eigen, stellt, wäre dann positiv beantwortet: »Das Erkennen von Zusammenhängen bringt nach wie vor keine Antwort auf die von Leibniz gestellte Frage: ›Warum etwas und nicht nichts ist.‹«[7] Mit dem vertrauenden Hinweis auf eine erste und letzte Wirklichkeit wäre diese wie auch die andere Frage beantwortet: »Wozu ist etwas, wozu die Welt, wozu ich selbst?«

Mit einer solchen Antwort sollen nicht etwa naturwissenschaftliche Erkenntnisse und religiöse Bekenntnisse vermischt werden. Im Gegenteil: Man wird nicht aus (durchaus zu respektierenden) ethisch-religiösen Impulsen dem Evolutionsprozeß von vornherein die Richtung auf einen bestimmten Endzustand Omega und damit eine Sinngebung zuschreiben, wie sie Pierre Teilhard de Chardin, hochverdient um ein neues Verstehen zwischen Theologie und Naturwissenschaft, mit naturwissenschaftlichen Argumenten meinte beweisen zu können. Diese Antwort nach dem letzten Sinn kann *nicht die Naturwissenschaft*, sie kann nur ein – durchaus vernünftiges – *Vertrauen* geben.

Ist das eine für den wissenschaftlich geschulten Geist *unerträgliche intellektuelle Zumutung*: daß wir eine Wirklichkeit auf Vertrauen hin anzunehmen haben? Doch kommt der, der sich an wissenschaftlich (gar naturwissenschaftlich) Verifizierbares, die empirisch erfaßbare Außen- oder Objektwelt, zu halten gewohnt ist, um ein solches Vertrauen (oder

Mißtrauen) herum? Ist denn etwa die Existenz einer von meinem Erleben unabhängigen objektiven *Außenwelt* jemals streng philosophisch bewiesen worden, bewiesen gegenüber einem philosophischen Sol-ipsisten, für den »allein« das »Selbst«, das Ich, existiert und für den alle Gegenstände der Außenwelt und auch die fremden Ichs nur Bewußtseinsinhalte, nur traumartige Projektionen sind? Die Geschichte der neuzeitlichen Erkenntniskritik von Descartes, Hume und Kant bis Popper und Lorenz, so scheint mir, hat es deutlich werden lassen: Daß es überhaupt eine von unserem Bewußtsein unabhängige Realität gibt, kann nur in einem Akt des Vertrauens angenommen werden. Wenn es aber schon mit der Wirklichkeit unserer Welt so steht, auf deren objektive Sichtbarkeit und Greifbarkeit der heutige Mensch in der Diskussion um die Gottesfrage so gern verweist: dann kann auch die Existenz einer – von unserer Welt verschiedenen, aber nicht getrennten – Wirklichkeit *Gottes* nicht schon deshalb als pure Projektion abgelehnt werden, weil auch sie aufgrund eines Vertrauens angenommen wird. Auch sie also nicht aufgrund nur eines irrationalen Gefühls, aber auch nicht aufgrund eines rationalen Beweises, sondern aufgrund eines durchaus *vernünftigen Vertrauens*, das im Hinblick auf die Wirklichkeit Gottes allerdings wesentlich radikalisiert erscheint: eines Gottvertrauens im nüchternen Wortsinn, auch Gottesglaube genannt, der in den Fragen nach Anfang und Ende zweifellos besonders herausgefordert ist.

Der Evolutionsprozeß als solcher schließt, naturwissenschaftlich gesehen, einen ersten Ursprung (ein Alpha) und ein letztes Sinn-Ziel (ein Omega) weder ein noch aus. Aber auch für den Naturwissenschaftler und Mediziner, für den Historiker und Sozialwissenschaftler stellt sich nun einmal die existentielle Frage nach Ursprung und Sinn-Ziel des ganzen Prozesses, der er nicht ausweichen darf. Es ist meine Entscheidung des Vertrauens oder Mißtrauens, meine Glaubensentscheidung: ob ich eine letzte Grund- und Sinnlosigkeit hinnehmen will, wie Jacques Monod dies tut, oder aber einen Ur-Grund und Ur-Sinn von allem, wie es auf der Linie von Manfred Eigen liegt, ja, einen Schöpfer-Gott und Vollender-Gott des Weltprozesses, wie ihn die christliche Verkündigung annimmt.

Ein solches Vertrauensvotum, das zweifellos über den Horizont meiner Erfahrung hinausgeht, ist – dies dürfte in diesen Vorlesungen geklärt worden sein – nicht nur zumutbar, sondern ist auch in ungeschmälerter intellektueller Redlichkeit zu verantworten. Hier geht es ja nicht um eines jener »Geheimnisse«, die Theologen und Kirchenmänner aufgrund selbstverschuldeter Aporien kreiert haben und dann als solche deklarieren mußten. Nein, hier geht es, jenseits aller Kategorien und Vorstellungen, um das wahre, eine, aber allüberall präsente *Große Geheimnis der Wirklichkeit:* jenes eine »Mysterium stricte dictum, tremendum et fascinosum« – ein Geheimnis im strengen Sinn, erschreckend und faszinierend zugleich –, das durch keinen Begriff zu begreifen, durch keine Aussage voll auszusagen, durch keine Definition festzulegen ist; das diese unsere Wirklichkeit umgreift und doch nicht mit ihr identisch ist, das ihr innewohnt und doch nicht in ihr aufgeht. Es geht um den unsagbaren, unbegreiflichen, unergründlichen Gott selbst! Und nur insofern das Ende, aber auch schon die Mitte und erst recht der Anfang von Welt und Mensch mit diesem großen Alpha und Omega, dem Zentrum der Zentren, zu tun haben, verdienen auch sie ein Geheimnis, ein Mysterium, ein Gegenstand der »Mystik« genannt zu werden. Und weil ich in meiner Entscheidung an dieses eine Geheimnis rühre, wird denn auch diese Entscheidung nie eine Entscheidung der reinen Vernunft sein, sondern die Entscheidung meiner selbst, als ganzer Person. Ein Wagnis des Glaubens, dem der Liebe verwandt.

Haben Gläubige es leichter?

Im letzten Kapitel von »Der Mensch in der Revolte« beschreibt der von Monod zitierte *Albert Camus* zwei entscheidende Grunderfahrungen des Menschen: das Böse und den Tod. Die Revolte stoße »dauernd an das Böse«, heißt es da, »von wo aus sie nur einen neuen Anlauf nehmen kann«. Der Mensch müsse »in der Schöpfung alles in Ordnung bringen, was in Ordnung gebracht werden« könne. Und doch werden »Kinder immer zu Unrecht sterben, selbst in der vollkommenen Gesellschaft«: »Auch bei seiner größten Anstrengung kann der Mensch sich nur vornehmen, den Schmerz der Welt mengenmäßig zu vermindern. Aber Leiden und Ungerechtigkeit werden bleiben, und, wie begrenzt auch immer, nie aufhören, der Skandal zu sein. Dimitri Karamasows ›Warum‹ wird weiterhin ertönen.«[8] Keine Frage: »Vor dem Tod schreit der Mensch von innen heraus nach Gerechtigkeit«, schreibt Camus, und nicht jeder stirbt so gelassen, so aufrecht wie sein Held Mersault in seiner Erzählung »Der Fremde«, der sich noch in der Todeszelle jeden Trost von seiten des Gottgläubigen verbittet[9].

Gegen den Priester, der ihn aufsucht, um mit ihm über seinen bevorstehenden Tod zu sprechen, über seine Sünden und Gottes Gerechtigkeit, wendet Mersault sich im Zorn: »Er sehe so sicher aus, nicht wahr? Und doch sei keine seiner Gewißheiten ein Frauenhaar wert. Er sei nicht einmal seines Lebens gewiß, denn er lebe wie ein Toter. Es sehe so aus, als stünde ich mit leeren Händen da. Aber ich sei meiner sicher, sei aller Dinge sicher, sicherer als er, sicher meines Lebens und meines Todes, der mich erwarte. Ja, nur das hätte ich. Aber ich besäße wenigstens diese Wahrheit, wie sie mich besäße... Während dieses ganzen absurden Lebens, das ich geführt habe, wehe mich aus der Tiefe meiner Zukunft ein dunkler Atem an, durch die Jahre hindurch, die noch nicht gekommen seien, und dieser Atem mache auf seinem Weg alles gleich, was man mir in den wirklicheren Jahren, die ich lebte, vorgeschlagen habe.«[10]

Die Figur dieses Mersault sollte uns nicht so rasch aus dem Kopf gehen. Hier verweigert ja ein Mensch den religiösen Trost nicht aus Dummheit oder Hybris, sondern aus einem Gefühl für die eigene Würde, einem Gespür für eigene Identität. Selbstgewißheit wird hier demonstriert im Horizont der Absurdität, die nicht beklagt, die in aller Nüchternheit akzeptiert wird. Nach allem, was in diesen Vorlesungen über die Hoffnung auf ein Leben nach dem Tod gesagt wurde, über das geprüfte, realistische Vertrauen fern aller Illusionen, werden wir zum Schluß noch einmal auf die elementare Frage zurückgeworfen: Mache ich es mir als Gottgläubiger nicht allzu leicht mit meiner Hoffnung auf einen definitiven Sinn, eine letzte Erfüllung? Allzu leicht, weil ich sonst das Leben in seiner Härte, Brutalität, Chaotik nicht ertragen könnte? Ergibt denn die nüchterne Selbsteinschätzung des Menschen nicht, daß wir prinzipiell trostlos leben müssen, ja, gehört es nicht zu Würde und Stolz des Menschen, sich fern aller Hybris den Trost der Religion zu verbitten, der doch allemal nur Vertröstung ist? Ist es nicht ehrlicher, freilich dann auch härter und grausamer, religiöse Hoffnungen endlich als Illusionen zu begraben? Hat nicht *Sigmund Freud* dies in »Die Zukunft einer Illusion« für unsere Zeit exemplarisch formuliert, daß der Mensch ohne den Trost religiöser Illusionen leben kann, daß er ohne sie die Schwere des Lebens, die grausame Wirklichkeit ertragen könne? »Gewiß wird der Mensch sich dann in einer schwierigen Situation befinden, er wird sich seine ganze Hilflosigkeit, seine Geringfügigkeit im Getriebe der Welt eingestehen müssen, nicht mehr der Mittelpunkt der Schöpfung, nicht mehr das Objekt zärtlicher Fürsorge einer gütigen Vorsehung. Er wird in derselben Lage sein wie das Kind, welches das

Vaterhaus verlassen hat, in dem es ihm so warm und behaglich war. Aber nicht wahr, der Infantilismus ist dazu bestimmt, überwunden zu werden? Der Mensch kann nicht ewig Kind bleiben, er muß endlich hinaus ins ›feindliche Leben‹. Man darf das ›*die Erziehung zur Realität*‹ heißen.«[11]

Und doch: kann die Einsicht in die »große Gleichgültigkeit« von Welt, Leben, Geschichte (so »Der Fremde«), kann das Pathos der Nüchternheit und Illusionsfreiheit (so Freud, Monod) den Schrei Dimitri Karamasows angesichts all des Leides Unschuldiger zum Verstummen bringen, von dem Camus selber gesprochen hatte: »Warum?« Diese Warum-Frage, so habe ich es immer wieder herausgearbeitet, treibt die Frage nach einem letzten Sinn und einer definitiven Erfüllung aus den Konfliktfeldern unserer Erde heraus und speist all die Hoffnungsbilder, die Sehnsuchtsgemälde, die Erfüllungsvisionen. Diese Hoffnung ist jedoch nur dann keine billige Illusion, dieser von hierher gewonnene Trost ist nur dann keine Vertröstung, wenn Hoffnung und Trost verbunden sind mit einer realistischen Aufklärung des Menschen über sich selbst, seine Illusionen von Machbarkeit und Verfügbarkeit. Dem Illusionsverdacht Freuds und aller Religionskritiker habe ich die Entlarvungsfunktion der Religion selber entgegenzusetzen versucht, freilich einer geläuterten, verantwortbaren Religion. Das heißt: nur wem im Glauben an Gott, wie er sich in Kreuz und Auferweckung Jesu Christi gezeigt hat, die Illusionen über sich selbst genommen wurden, der wird eingewiesen in die Nachfolge des Nazareners, die Erde nicht zur Hölle verkommen, sondern ein Stück vom kommenden Reich Gottes hier und heute sichtbar werden zu lassen. Dieser Hoffnung ist mit dem Projektionsverdacht ebensowenig beizukommen wie mit dem Vertröstungsverdacht. Keine Flucht nach vorn, sondern – gegen alles immer wieder drohende Zweifeln und Verzweifeln – Taten der Hoffnung! Angesichts der kommenden Vollendung einen Beitrag zum Kampf gegen die Mächte des Widersacherischen, die auch Ernst Bloch kannte, gegen das »Böse«, von dem Camus gesprochen hatte, kurz, gegen die Mächte der Ungerechtigkeit und der Unfreiheit, des Elends: für mehr Gerechtigkeit und Leben!

Nein, wer dies ernst nimmt, hat es nicht »leichter«. Wer in den Konfliktfeldern unserer Erde, wo er nun einmal hingestellt ist, die Hoffnung auf Gottes ewiges Leben auch praktisch durchhält, jenseits von Selbstüberschätzung und resignativer Verzweiflung, hat nicht von vornherein den leichteren Teil gewählt. Und wer so nicht nur zu seinen

Hoffnungen auf ein Leben in Gott steht, sondern vertrauend-glaubend im Tod sich diesem seinem Gott als dem Herrn und Richter überantwortet, der weiß um Ernst und Verantwortung seiner Entscheidung, die mit den billigen Illusionen und dem vorschnellen Trost nichts gemein hat. Wenn somit jeder Glaube an das ewige Leben, der praktisch folgenlos bliebe, selber dem Illusions- und Vertröstungsverdacht verfiele, dann erwartet die Frage um so dringender eine Antwort: Was änderte sich, wenn ...

Was änderte sich, wenn ...

Ja, was änderte sich, wenn es diese Vollendung im ewigen Leben wirklich gäbe? Im Blick auf philosophische Entwürfe der Gegenwart, wie wir sie in diesen Vorlesungen des öfteren vor Augen hatten, ließe sich sagen: Wenn es die Vollendung in einem ewigen Leben gibt,
dann habe ich die begründete Hoffnung, daß die »ältesten, stärksten, dringendsten Wünsche der Menschheit« gegen Sigmund Freuds atheistische Befürchtung nicht Illusionen sind, sondern schließlich doch erfüllt werden;
dann ist der Gedanke, der Tod sei das schlechthin Letzte, den Theodor W. Adorno in der »Negativen Dialektik« unausdenkbar fand, in der Tat unausdenkbar, weil unwahr;
dann ist mir ein befreiendes Über-Schreiten, Transzendieren, des »eindimensionalen Menschen« in eine wirklich andere Dimension hinein, eine reale Alternative, wie sie Herbert Marcuse fordert, schon jetzt – freilich grundlegend anders als bei Marcuse – ermöglicht;
dann ist selbst alles unabwendbare Leiden, das sich nach den Vertretern der Kritischen Theorie nicht begrifflich aufheben läßt, dann sind Unglück, Schmerz, Alter und Tod des Einzelnen, aber auch das drohende Eschaton der Langeweile in einer total verwalteten, toten Welt doch nicht das Letzte, sondern können auf ein ganz Anderes verweisen;
dann ist die Hoffnung Max Horkheimers und ungezählter anderer Menschen nach vollendeter Gerechtigkeit, nach unbedingtem Sinn und ewiger Wahrheit nicht irreal, sondern schließlich und endlich erfüllbar, unendlich erfüllbar;
dann hat die unendliche Sehnsucht des Menschen, der nach Ernst Bloch unruhig, unfertig, nie erfüllt, immer neu unterwegs ist, weiterverlangend, weitererkennend, weitersuchend, sich ständig ausstreckend nach

Anderem und Neuem, doch einen Sinn und geht nicht schließlich ins Leere; dann ist auch das große Peut-être des sterbenden Rabelais, das für Bloch die äußerste Möglichkeit der Stellungnahme blieb, doch definitiv einlösbar, verweisend nicht nur auf ein Unbestimmtes, Ungewisses, sondern auf eine ganz andere, neue Wirklichkeit.

Ja, wenn die Hoffnung auf einen Gott im Himmel berechtigt ist, dann läßt sich für diese Erde verstehen, begründen und motivieren:
warum der Mensch eine Verantwortung für diese Erde trägt, die er nicht selbst geschaffen hat, für die *Natur*, die zwar nicht mehr Gegenstand romantisch-religiöser Inbrunst, wohl aber seine Lebensgrundlage ist, mit der er vernünftig umzugehen hat;
warum wir uns dabei nicht nur um unsere Generation, sondern auch um die *kommenden Generationen* kümmern müssen; warum also auch die nachfolgenden Generationen ein berechtigtes Interesse haben an einer bewohnten Erde, an nicht durch Rüstung verschwendeten natürlichen Ressourcen, an einer noch tragbaren finanziellen Schuldenlast;
warum so nicht jedes wirtschaftliche »Wachstum« auch schon *»Entwicklung«*, schon *»Fortschritt«* bedeutet: warum also stets zu fragen ist nicht nur nach dem Wieviel, sondern auch nach dem Was von Produktion und Konsum, nach der *Qualität* des Wachstums, nach dem *Wohin* von Entwicklung und Fortschritt.

In summa

Was heißt es, an eine Vollendung im ewigen Leben durch den Gott, wie er sich in Jesus von Nazaret gezeigt hat, zu glauben?

An ein ewiges Leben glauben heißt, mich in vernünftigem Vertrauen, in aufgeklärtem Glauben, in geprüfter Hoffnung darauf verlassen, daß ich einmal voll verstanden, von Schuld befreit und definitiv angenommen sein werde und ohne Angst ich selber sein darf; daß meine undurchsichtige und ambivalente Existenz, wie die zutiefst zwiespältige Menschheitsgeschichte überhaupt, doch einmal endgültig durchsichtig und die Frage nach dem Sinn der Geschichte doch einmal endgültig beantwortet werden. So brauche ich nicht mit Karl Marx an das Reich der Freiheit nur hier auf Erden zu glauben oder mit Friedrich Nietzsche an die ewige Wiederkehr des immer Gleichen. Ich brauche aber auch nicht mit Jacob Burckhardt die Geschichte in stoisch-epikureischer Distanziertheit aus der Haltung eines pessimistischen Skeptikers heraus zu betrachten. Und ich brauche erst recht nicht mit Oswald Spengler den Untergang des Abendlandes, und auch den unserer eigenen Existenz, kulturkritisch zu betrauern.

Nein, glaube ich an ein ewiges Leben, so kann ich in aller Nüchternheit und allem Realismus, und ohne gar dem Terror gewaltsamer Volksbeglücker zu verfallen, für eine bessere Zukunft, eine bessere Gesellschaft, auch eine bessere Kirche, in Frieden, Freiheit und Gerechtigkeit arbeiten – und weiß zugleich ohne alle Illusionen, daß all dies vom Menschen nur angestrebt, aber nie voll realisiert werden kann.

Glaube ich an ein ewiges Leben, so weiß ich: Diese Welt ist nicht das Letzte, die Verhältnisse bleiben nicht so auf ewig, alles Bestehende – politische wie religiöse Institutionen und Hierarchien miteingeschlossen – hat provisorischen Charakter; vorläufig bleibt die Aufteilung in Klassen und Rassen, Arm und Reich, Herrschende und Beherrschte; die Welt ist veränderlich und veränderbar.

Glaube ich an ein ewiges Leben, dann ist mir immer wieder neu in meinem Leben und im Leben der Anderen Sinnstiftung ermöglicht. Der unaufhaltsamen Evolution des Kosmos ist ein Sinn gegeben aus der Hoffnung heraus, daß es zur wahren Vollendung des Individuums und der menschlichen Gesellschaft, ja, zur Befreiung und Verherrlichung der Schöpfung, auf der die Schatten der Vergänglichkeit liegen, erst durch die Herrlichkeit Gottes selber kommen wird. Erst dann werden die Konflikte und Leiden der Natur überwunden und ihre Sehnsüchte erfüllt sein. Ja, »alle Lust will Ewigkeit, will tiefe, tiefe Ewigkeit«, Nietzsches Gesang im »Zarathustra« ist hier und nur hier wahrhaft »aufgehoben«. Durch den Apostel Paulus belehrt, weiß ich, daß auch die Natur dann teilhaben wird an der Herrlichkeit Gottes: »Denn das sehnsüchtige Verlangen der Schöpfung wartet auf das Offenbarwerden der Söhne (und Töchter) Gottes. Auch die Schöpfung als solche soll von der Knechtschaft der Vergänglichkeit befreit werden zur Freiheit der Herrlichkeit der Kinder Gottes. Denn wir wissen, daß die ganze Schöpfung insgesamt seufzt und in Wehen liegt bis zum heutigen Tag. Doch nicht nur das: Auch wir selber, obwohl wir als Erstlingsgabe den Geist haben, seufzen in unserem Herzen und erwarten die Annahme an Sohnes Statt, die Erlösung unseres Leibes.«[12]

Aber im Glauben an den Gott, wie er sich in Jesus von Nazaret gezeigt hat, habe ich davon auszugehen: Eine wahre Vollendung und ein wahres

Glück der Menschheit kann es nur geben, wenn nicht bloß die letzte Generation, sondern wenn die Vollzahl der Menschen, auch die in der Vergangenheit gelitten, geweint, geblutet haben, ihren Anteil daran haben wird. Nicht ein Menschenreich, nur das *Gottesreich* ist das Reich der Vollendung: ist das Reich des endgültigen Heiles, der erfüllten Gerechtigkeit, der vollkommenen Freiheit, der unzweideutigen Wahrheit, des universalen Friedens, der unendlichen Liebe, der überfließenden Freude, ja, des ewigen Lebens.

Ewiges Leben: dies meint Befreiung ohne neue Versklavung. Mein Leiden, das Leid des Menschen, ist aufgehoben, der Tod des Todes eingetreten: »Ein neues Lied, ein besseres Lied« (Heine) wird dann zu singen sein. Die Geschichte hat dann ihr Ziel erreicht, die Menschwerdung des Menschen ist abgeschlossen. Dann sind, wie Marx hoffte, der Staat und das Recht, aber auch Wissenschaft, Kunst und gar die Theologie wirklich überflüssig geworden. Dies ist die echte Transzendenz (Bloch), die wirklich »andere Dimension« (Marcuse), das wahre »alternative Leben«:

Nicht mehr das »Du sollst«, die Moral, wird herrschen, sondern das »Du bist«, das Sein.

Nicht mehr die distanzierte Relation, die Religion, wird das Verhältnis Gott – Mensch bestimmen, sondern das offenbare In-eins-Sein von Gott und Mensch, von dem die Mystik träumte.

Nicht mehr die Christusherrschaft der Zwischenzeit im Zeichen des Kreuzes, unter dem Glauben, in der Kirche wird gelten, sondern direkt und allein, zum Glück einer neuen Menschheit, die *Gottesherrschaft.* Ja, Gott selbst wird herrschen in seinem Reich, dem sich auch Jesus Christus, der Sohn, unter- und einordnen wird, nach jenem anderen großen Paulus-Wort: »Wenn ihm (dem Sohn) dann alles unterworfen ist, wird auch er, der Sohn, sich dem unterwerfen, der ihm alles unterworfen hat, damit Gott sei alles in allem.«[13]

Gott alles in allem: Ich darf mich auf die Hoffnung verlassen, daß im Eschaton, im Allerletzten, im Gottesreich die Entfremdung von Schöpfer und Geschöpf, Mensch und Natur, Logos und Kosmos, die Spaltung in Diesseits und Jenseits, Oben und Unten, Subjekt und Objekt aufgehoben sein wird. Gott dann also nicht mehr nur *in allem,* wie schon jetzt. Sondern wahrhaftig *alles in allem,* weil er – alles in sich verwandelnd – allen Anteil gibt an seinem ewigen Leben in grenzenloser, endloser Fülle. »Denn«, sagt Paulus im Römerbrief[14], »von ihm und durch ihn und zu ihm hin sind alle Dinge. Ihm sei die Ehre in Ewigkeit.«

Gott alles in allem: In großer poetischer Form – kosmische Liturgie, Hochzeitsjubel und stilles Glück ineinander verwebend – wird es für mich unübertroffen auf den letzten Seiten des Neuen Testaments, am Ende der Geheimen Offenbarung, vom Seher ausgedrückt in Sätzen der Verheißung und der Hoffnung, mit denen ich diese Vorlesungsreihe über das ewige Leben beschließen möchte: »Dann sah ich einen neuen Himmel und eine neue Erde; denn der erste Himmel und die erste Erde sind vergangen, auch das Meer (Ort des Chaos) ist nicht mehr. Ich sah die heilige Stadt, das neue Jerusalem, von Gott her aus dem Himmel herabkommen; sie war bereit wie eine Braut, die sich für ihren Mann geschmückt hat. Da hörte ich eine laute Stimme vom Thron her rufen: Seht, die Wohnung Gottes unter den Menschen! Er wird in ihrer Mitte wohnen, und sie werden sein Volk sein; und er, Gott, wird bei ihnen sein. Er wird alle Tränen von ihren Augen abwischen: Der Tod wird nicht mehr sein, keine Trauer, keine Klage, keine Mühsal. Denn was früher war, ist vergangen.«[15] So wird es nicht mehr nur ein Leben im Licht des Ewigen sein, sondern das Licht des Ewigen wird unser Leben und seine Herrschaft unsere Herrschaft sein: »Sie werden sein Angesicht schauen, und sein Name ist auf ihre Stirn geschrieben. Es wird keine Nacht mehr geben, und sie brauchen weder das Licht einer Lampe noch das Licht der Sonne. Denn der Herr, ihr Gott, wird über ihnen leuchten, und sie werden herrschen in alle Ewigkeit.«[16]

Allgemeine Literatur

1. Theologische Handbücher: zu konsultieren in den Abschnitten über Christologie (insbesondere Auferstehung) und Eschatologie:

H. Denzinger, Enchiridion symbolorum, definitionum et declarationum de rebus fidei et morum (Barcelona–Freiburg–Rom [31]1960) (= Denz).

P. Althaus, Die christliche Wahrheit. Lehrbuch der Dogmatik (Gütersloh 1947; [6]1962).

K. Barth, Die kirchliche Dogmatik, Bd. I/1-IV/4 (Zollikon–Zürich 1932 ff).

E. Brunner, Dogmatik, Bd. I–III (Zürich 1946 ff).

H. Diem, Theologie als kirchliche Wissenschaft, Bd. I–III (München 1951 ff).

G. Ebeling, Dogmatik des christlichen Glaubens, Bd. I–III (Tübingen 1979).

Glaubensverkündigung für Erwachsene (Holländischer Katechismus), hrsg. im Auftrag der Bischöfe von Holland durch das Höhere Katechetische Institut in Nijmegen (Nijmegen–Utrecht 1968).

Mysterium Salutis. Grundriß heilsgeschichtlicher Dogmatik, Bd. I–V. Hrsg. von J. Feiner und M. Löhrer (Einsiedeln–Zürich–Köln 1965 ff).

Neues Glaubensbuch. Der gemeinsame christliche Glaube. Hrsg. von J. Feiner und L. Vischer (Freiburg–Zürich 1973).

H. Ott, Die Antwort des Glaubens. Systematische Theologie in 50 Artikeln. 3., überarbeitete und erweiterte Auflage, hrsg. von K. Otte (Stuttgart–Berlin 1981).

K. Rahner, Grundkurs des Glaubens. Einführung in den Begriff des Christentums (Freiburg–Basel–Wien 1976).

M. Schmaus, Katholische Dogmatik, Bd. I–V (München 1956 ff).

H. Thielicke, Der evangelische Glaube. Grundzüge der Dogmatik, Bd. I–III (Tübingen 1968–1978).

P. Tillich, Systematische Theologie, Bd. I–III (Stuttgart [3]1956 ff).
O. Weber, Grundlagen der Dogmatik, Bd. I–II (Neukirchen-Moers 1959–1962).

2. Spezialliteratur zur Eschatologie:

P. Althaus, Die letzten Dinge. Lehrbuch der Eschatologie (1922; Gütersloh [10]1970).
G. Greshake, Stärker als der Tod. Zukunft – Tod – Auferstehung – Himmel – Hölle – Fegefeuer (Mainz 1976).
G. Greshake – G. Lohfink, Naherwartung – Auferstehung – Unsterblichkeit. Untersuchungen zur christlichen Eschatologie (Freiburg–Basel–Wien 1975; [4]1982).
F. J. Nocke, Eschatologie (Düsseldorf 1982).
J. Ratzinger, Eschatologie – Tod und ewiges Leben (Regensburg [5]1978).
H. Vorgrimler, Hoffnung auf Vollendung. Aufriß der Eschatologie (Freiburg–Basel–Wien 1980).

Anmerkungen

I. STERBEN ALS EINGANG INS LICHT?

1 *M. Frisch,* Triptychon. Drei szenische Bilder (Frankfurt 1981).
2 AaO S. 33.
3 AaO S. 38, 44, 78 f.
4 AaO S. 82.
5 AaO S. 93.
6 AaO S. 95.
7 AaO S. 100.
8 AaO S. 15.
9 AaO S. 109.
10 AaO S. 139.
11 AaO S. 16.
12 AaO S. 27.
13 *R. Wagner,* Menschenschöpfung und Seelensubstanz. Ein anthropologischer Vortrag, gehalten in der ersten öffentlichen Sitzung der 31. Versammlung deutscher Naturforscher und Ärzte zu Göttingen am 18. September 1854 (Göttingen 1854); vgl. auch *ders.,* Über Wissen und Glauben mit besonderer Beziehung auf die Zukunft der Seelen (Göttingen 1854).
14 *C. Vogt,* Köhlerglaube und Wissenschaft (Gießen 1854).
15 *L. Feuerbach,* Über Spiritualismus und Materialismus, besonders in Beziehung auf die Willensfreiheit, in: Sämtliche Werke (Leipzig 1846–1866) Bd. X, S. 37–204; Zit. X, 119.
16 *A. de Condorcet,* Esquisse d'un tableau historique des progrès de l'esprit humain (Paris 1794).
17 *Platon,* Politeia, 10. Buch.
18 *E. Kübler-Ross,* On Death and Dying (New York 1969); dt.: Interviews mit Sterbenden (Stuttgart–Berlin [4]1972).
19 AaO S. 220.
20 *R. A. Moody,* Life after Life (Covington, Ga. 1975); dt.: Leben nach dem Tod (Hamburg 1977).
21 AaO S. 28.
22 AaO S. 70 f.
23 *E. Wiesenhütter,* Blick nach drüben. Selbsterfahrungen im Sterben (Gütersloh 1974).
24 AaO S. 17 f.
25 *J. C. Hampe,* Sterben ist doch ganz anders. Erfahrungen mit dem eigenen Tod (Stuttgart 1975).
26 AaO S. 92.
27 Weiteres Material z. B. bei *C. Fiore – A. Landsburg,* Death Encounters (New York 1979); dt.: Begegnungen im Jenseits. Was kommt nach dem Tod? Persönliche Erfahrungen und wissenschaftliche Erkenntnisse (München 1980).

28 *J. C. Hampe*, Sterben ist doch ganz anders S. 93.
29 *R. A. Moody*, Leben nach dem Tod S. 9.
30 AaO S. 15.
31 Ein negatives Beispiel theologischer Ausbeutung der Sterbeerlebnisse, das für viele stehen mag, ist das Buch von *J. Weldon – Z. Levitt*, Is There Life After Death? (Irvine, Calif. 1977).
32 *J. Hick*, Death and Eternal Life (London 1976).
33 AaO S. 121.
34 *W. Shakespeare*, Hamlet I, 5.
35 Eine kritische Reportage aus der Okkultbewegung in Deutschland gibt *H. Knaut*, Rückkehr aus der Zukunft. Phantastische Erfahrungen in der Welt der Geheimwissenschaften (Bern–München–Wien 1970). Hier findet sich ein Gespräch mit Hans Bender, dem einzigen Lehrstuhlinhaber für Parapsychologie in Deutschland, über die Behauptung der Spiritisten, mit jenseitigen Geistern Kontakt aufnehmen zu können: »Viele Menschen glauben, durch bestimmte Praktiken mit einem Jenseits in Verbindung zu kommen. Dazu gehört das sehr bekannte Glasrücken – ein wandelndes Glas berührt Buchstaben, und man glaubt, ein Geist spräche dadurch. Dazu gehört auch das Tischrücken – und klopfende Tische geben Botschaften aus einer Geisterwelt. Diese ›Botschaften‹ haben ganz natürliche Ursachen. Es sind unterbewußte, nicht wahrnehmbare Denkprozesse, die sich dadurch äußern und als Geister interpretiert werden. Der kritischen Wissenschaft ist es nicht möglich zu beweisen, daß eine solche Nachricht aus dem Jenseits kommt.« Auf die Frage nach dem Bedürfnis so vieler Menschen nach solchen Jenseitskontakten antwortet Bender: »Nun, natürlich ein Heilsverlangen, das gesteigert wird durch die Unsicherheit der Zeit, in der wir leben, durch die wachsende Bedrohung, durch die grauenhaften Destruktionsmittel. Zum Beispiel liegt der Angst vor dem Atomtod der Welt zugrunde, daß man plötzlich spiritistisch mit Planetariern in Verbindung kommt, mit moralisch höherstehenden Wesen, die über eine technische Perfektion verfügen und nun warten einzugreifen, wenn hier unten irgend etwas Furchtbares passiert. Es ist also Heilsverlangen, Unsicherheit, Bedürfnis nach Geborgenheit und nicht zuletzt ein Sich-nicht-mehr-angesprochen-Fühlen von der Religion – also eine Flucht in das Pseudo-Mystische. Man muß natürlich auch untersuchen: Die Leute, die als Mittler auftreten, welche Motive haben sie? Es gibt sicherlich darunter humanitär Erfüllte, die ein missionarisches Bedürfnis haben. Aber es gibt darunter auch Menschen, die auf diese Weise einen Machtanspruch geltend machen wollen« (S. 238 f).
Zur Ergänzung vergleiche auch *H. Knaut*, Das Testament des Bösen. Kulte, Morde, Schwarze Messen – Heimliches und Unheimliches aus dem Untergrund (Stuttgart-Degerloch [3]1979).
36 *R. A. Moody*, Reflections on Life after Life (New York 1977); dt.: Nachgedanken über das Leben nach dem Tod (Hamburg 1978).
37 *K. Thomas*, Warum Angst vor dem Sterben? Erfahrungen und Antworten eines Arztes und Seelsorgers (Freiburg 1980).
38 *A. Salomon*, Und wir in seinen Händen. Situationen unseres Lebens (Stuttgart [3]1978) S. 129.
39 *E. Wiesenhütter*, Blick nach drüben S. 65 f.
40 *R. A. Moody*, Leben nach dem Tod S. 154.
41 Vgl. *R. K. Siegel*, Der Blick ins Jenseits – eine Halluzination?, in: Psychologie heute, April 1981, S. 23–33. Vgl. auch *R. K. Siegel – L. West*, Hallucinations: Behavior, Theory and Experience (New York 1975).
42 In diesem Zusammenhang ist bemerkenswert, daß es der Herzchirurgie in den vergangenen zwei Jahrzehnten gelungen ist, das Herz während der Operation vollständig stillzulegen. Durch die sogenannte Myokard-Protektion und -Perfusion – entwickelt durch den Physiologen Professor H. J. Bretschneider (Göttingen) und den Chirurgen Professor G. Rodewald (Hamburg) – kann das Herz durch zusätzliche Kühlung gewissermaßen in einen künstlichen Winterschlaf versetzt werden. Der

Sauerstoffbedarf wird dadurch verringert, daß selbst nach mehreren Stunden (in Zukunft möglicherweise 24 Stunden) bei der Wiederbelebung noch genügend Energiereserven zur Verfügung stehen. Damit ist das Ende der Entwicklung noch keineswegs erreicht. *R. Flöhl* schließt seinen Bericht über die Fortschritte der Organkonservierung mit folgender Zukunftsperspektive: »Für ihn (Bretschneider) geht es darum, auch den Stoffwechsel des Gehirns so zu dämpfen, daß vorübergehender Sauerstoffmangel besser toleriert wird. Durch ›chemisches Einfrieren‹ sollte in jeder Zelle Energiesparen möglich sein. Die Erfolge beim Herzen sind eine große Herausforderung, denn dort ist es immerhin gelungen, die Überlebenszeit von wenigen Minuten um mehr als das Tausendfache auf viele Stunden zu erhöhen« (»Das kalte Herz«, in: Frankfurter Allgemeine Zeitung v. 27. 5. 1981).

43 *R. A. Moody*, Leben nach dem Tod S. 154.
44 Ebd.
45 *M. Frisch*, Triptychon S. 69.
46 AaO S. 11.

II. DAS JENSEITS – EINE WUNSCHPROJEKTION?

1 *B. Brecht*, Hauspostille (1927), in: Gesammelte Werke Bd. VIII (Frankfurt 1967) S. 260.
2 *H. Krüger*, Gegen Verführung?, in: Frankfurter Anthologie Bd. IV (Frankfurt 1979) S. 172–174.
3 AaO S. 172.
4 *L. Feuerbach*, Gedanken über Tod und Unsterblichkeit (Nürnberg 1830), in: Werke in sechs Bänden, hrsg. von E. Thies (Frankfurt 1975 ff) I, S. 77–349.
5 *G. Keller*, Werke Bd. VIII (Basel o. J.) S. 125.
6 *A. von Schirnding*, Durchs Labyrinth der Zeit (München 1979) S. 229 f.
7 *F. Engels*, Ludwig Feuerbach und der Ausgang der klassischen deutschen Philosophie (Stuttgart 1888), in: Marx-Engels-Werke Bd. XXI (Berlin 1962) S. 272.
8 *A. Ruge*, Brief an Stahr (8. 9. 1841), in: Arnold Ruges Briefwechsel und Tagebuchblätter aus den Jahren 1825–1880, hrsg. von P. Nerrlich, Bd. I (Berlin 1886) S. 239.
9 *F. Feuerbach*, Das Wesen des Christentums (Leipzig 1841), hrsg. von W. Schuffenhauer, Bd. I–II (Berlin 1956) S. 51.
10 AaO S. 41.
11 AaO S. 76 f.
12 AaO S. 270.
13 Ebd.
14 AaO S. 272.
15 AaO S. 273.
16 AaO S. 279.
17 AaO S. 283.
18 AaO S. 284.
19 Ebd.
20 AaO S. 287.
21 *L. Feuerbach*, Vorlesungen über das Wesen der Religion (gehalten 1848/49 in Heidelberg), in: Gesammelte Werke Bd. VI (Berlin 1967) S. 30 f.
22 Vgl. *K. Wolff* (Hrsg.), Karl Mannheim: Wissenssoziologie (Neuwied 1964); *P. L. Berger und T. Luckmann*, The Social Construction of Reality (New York 1966); dt.: Die gesellschaftliche Konstruktion der Wirklichkeit. Eine Theorie der Wissenssoziologie (Frankfurt 1970).
23 *E. v. Hartmann*, Geschichte der Metaphysik Bd. I–II (Leipzig 1900; Neudruck Darmstadt 1969); Zit. II, 444.
24 *S. Freud*, Die Zukunft einer Illusion (1927), in: Studienausgabe Bd. IX (Frankfurt 1974) S. 169.

25 AaO S. 164.
26 *W. Schulz*, Wandlungen der Einstellung zum Tode, in: Der Mensch und sein Tod, hrsg. von J. Schwartländer (Göttingen 1976) S. 104. Vgl. zur historischen Entwicklung *Q. Huonder*, Das Unsterblichkeitsproblem in der abendländischen Philosophie (Stuttgart–Berlin 1970) sowie zahlreiche Beiträge in dem Sammelwerk von *M. M. Olivetti*, Filosofia e religione di fronte alla morte (Padova 1981).
27 Ebd.
28 Den Zusammenhang zwischen Auschwitz als Symbol technologisch-technokratischer Verfügungs- und Vernichtungsmacht über Menschen mit der Weiterentwicklung unserer hochdifferenzierten westlichen Industriegesellschaft analysiert *R. L. Rubinstein*, The Cunning of History. Man, Death and the American Future (New York 1975).
29 *M. Heidegger*, Sein und Zeit (1927) (Tübingen [2]1953).
30 AaO S. 245.
31 Ebd.
32 AaO S. 266.
33 *J.-P. Sartre*, L'être et le néant (Paris 1943).
34 AaO S. 617.
35 *K. Jaspers*, Philosophie Bd. III (Berlin–Göttingen–Heidelberg 1956) S. 62 f.
36 *M. Heidegger*, Sein und Zeit S. 247 f.
37 *K. Jaspers*, Philosophie Bd. III, 125 f.
38 *J.-P. Sartre*, L'être et le néant S. 617.
39 Ebd.
40 *J.-P. Sartre*, Les Mots (Paris 1964); dt.: Die Wörter (Reinbek [4]1969).
41 AaO S. 144.
42 AaO S. 151.
43 AaO S. 152.
44 Erstveröffentlicht und in einem weiteren Kontext interpretiert als »Gedankenaustausch mit Horst Krüger«, in: *H. Küng*, Kunst und Sinnfrage (Zürich–Einsiedeln–Köln 1980) S. 70–78.

III. MODELLE DES EWIGKEITSGLAUBENS IN DEN RELIGIONEN

1 *E. Bloch*, Ergänzungsband zur Gesamtausgabe. Tendenz – Latenz – Utopie (Frankfurt 1978) S. 360.
2 AaO S. 312.
3 AaO S. 314 f.
4 AaO S. 319.
5 *H. Spencer*, The Principles of Psychology (London 1855); *ders.*, First Principles (London 1862) als Band I von »A System of Synthetic Philosophy«.
6 *E. B. Tylor*, Primitive Culture. Researches into the Development of Mythology, Philosophy, Religion, Art, and Custom, Bd. I–II (London 1871).
7 *J. G. Frazer*, The Golden Bough. A Study in Comparative Religion, Bd. 1–11 (London 1890); *ders.*, Totemism and Exogamy. A Treatise on Certain Early Forms of Superstition and Society, Bd. I–IV (London 1910).
8 *J. G. Frazer*, The Belief in Immortality and the Worship of the Dead, Bd. I–III (London 1913–1924); vgl. bes. I,58.
9 *É. Durkheim*, Les Formes élémentaires de la vie religieuse. Le système totémique en Australie (Paris 1912, [5]1968).
10 *A. Lang*, The Making of Religion (London 1898); *ders.*, Magic and Religion (London 1901).
11 *W. Schmidt*, Der Ursprung der Gottesidee, Bd. I–XII (Münster 1912–1955).
12 *J. Hick*, Death and Eternal Life (London 1976).
13 *J. G. Frazer* bejaht vehement die Universalität des Unsterblichkeitsglaubens in der

prähistorischen Menschheit (vgl. The Belief in Immortality and the Worship of the Dead I,33).

14 *J. Hick*, Death and Eternal Life S. 57.

15 AaO S. 56.

16 AaO S. 57 f.

17 Vgl. bes. aaO S. 56–58.

18 *K. J. Narr*, Ursprung und Frühkulturen, in: Saeculum Weltgeschichte, Bd. I (Freiburg –Basel–Wien 1965) S. 21–235; Zit. S. 53. Narr bemerkt in einer anderen Abhandlung, »daß im frühen Paläolithikum die Magie zwar nicht schlechthin gefehlt, aber kaum eine solch bedeutende oder gar überragende Rolle gespielt haben dürfte, wie man sie ihr oft zuschreiben möchte«; *ders.*, Geistiges Leben in der frühen und mittleren Altsteinzeit, in: Handbuch der Urgeschichte, hrsg. von K. J. Narr, Bd. I (Bern 1966) S. 158–168; Zit. S. 168.

19 *A. Rust*, Urreligiöses Verhalten und Opferbrauchtum des eiszeitlichen Homo sapiens (Neumünster 1974).

20 *A. Rust*, Der primitive Mensch, in: Propyläen Weltgeschichte, hrsg. von G. Mann und Th. Heuss, Bd. I (Berlin–Frankfurt–Wien 1961) S. 155–226; Zit. S. 194; zum analogen Befund in der jüngeren Steinzeit S. 216; vgl. *ders.*, Die jüngere Altsteinzeit, in: Historia Mundi, Bd. I: Frühe Menschheit (Bern 1952) S. 289–317.

21 *M. Eliade*, Geschichte der religiösen Ideen, Bd. I: Von der Steinzeit bis zu den Mysterien von Eleusis (Freiburg 1978) S. 21. – Zum Gebrauch der roten Blutfarbe schon für den Pekingmenschen (Sinanthropus) schreibt *J. Needham*, Science and Civilization in China (Cambridge 1976) S. 2 f: »As far back as prehistoric times people were wont to paint the human remains in burials with colours which would give the appearance or significance of life. Red was the colour of blood and its ceaseless movement, so it was a natural piece of sympathetic magic to use red pigments in symbolic revivification of the entombed dead. It has been reported that ornamental stone beads worn by the Upper Cave Man of Choukhou-tien, dating from the very end of the Pleistocene, were painted red with haematite, and that a large quantity of haematite powder was also found scattered around the body. This custom persisted through historical times. There have been many reports of the use of red ochre in colouring skulls and skeletons in palaeolithic and neolithic graves. But mixtures of iron compounds were not the only red substances used in this way. Pigment on oracle-bones has been ascertained to be cinnabar by micro-chemical methods. As we found in another connection, amulets of jade, beads or cicadas, were placed in the mouth of the dead during the Chou period, and these were sometimes painted with the life-giving colour of red cinnabar or haematite.«

22 AaO S. 22.

23 AaO S. 20.

24 *A. Leroi-Gourhan*, Préhistoire de l'art occidental (Paris 1971); dt.: Prähistorische Kunst. Die Ursprünge der Kunst in Europa (Freiburg–Basel–Wien 1971) bes. S. 187–219.

25 AaO S. 209.

26 *B. Malinowski*, Magic, Science and Religion. And other Essays (New York 1948); dt.: Magie, Wissenschaft und Religion. Und andere Schriften (Frankfurt 1973) S. 9.

27 Die folgende Synthese setzt die Arbeit vieler Spezialisten auf dem Gebiet der vergleichenden Religionswissenschaft sowie des interreligiösen ökumenischen Dialogs voraus, auf die hier nicht im einzelnen eingegangen werden kann. Genannt seien deshalb nur einige wichtige einführende neuere Arbeiten: *A. Bertholet – H. v. Campenhausen*, Wörterbuch der Religionen (Stuttgart 1952); *H. v. Glasenapp*, Die nichtchristlichen Religionen (Frankfurt 1957); *G. Günther* (Hrsg.), Die großen Religionen (Göttingen 1961); *H. Ringgren – A. V. Ström*, Die Religionen der Völker. Grundriß der allgemeinen Religionsgeschichte (Stuttgart 1959); *R. C. Zaehner*, The Concise Encyclopedia of Living Faiths (London 1959); *E. Dammann*, Grundriß der Religionsgeschichte (Stuttgart 1972); *G. Mensching*, Die Weltreligionen (Darmstadt

1972); *E. Brunner-Traut* (Hrsg.), Die fünf großen Weltreligionen (Freiburg–Basel –Wien 1974); *M. Eliade*, Geschichte der religiösen Ideen, Bd. I–II (Freiburg–Basel–Wien 1978–1981).

Zum Verhältnis Christentum–Weltreligionen vgl. besonders *E. Benz*, Ideen zu einer Theologie der Religionsgeschichte (Mainz 1960); *P. Tillich*, Christianity and the Encounter of World Religions (New York 1962); dt.: Das Christentum und die Begegnung der Weltreligionen (Stuttgart 1964), *R. Panikkar*, Religionen und die Religion (München 1965); *ders.*, The Intrareligious Dialogue (New York 1978); *G. Rosenkranz*, Der christliche Glaube angesichts der Weltreligionen (Bern–München 1967); *J. Neuner* (Hrsg.), Christian Revelation and World Religions (London 1967); *R. C. Zaehner*, Concordant Discord. The Interdependence of Faiths (Oxford 1970); dt.: Mystik. Harmonie und Dissonanz. Die östlichen und westlichen Religionen. Mit einem Geleitwort von A. M. Haas (Olten–Freiburg 1980); *S. J. Samartha*, Dialogue between Men of Living Faiths (Genf 1971); *ders.* (Hrsg.), Living Faiths and Ultimate Goals. A Continuing Dialogue (Genf 1974); *J. Hick*, Truth and Dialogue in World Religions. Conflicting Truthclaims (Philadelphia 1974); *W. C. Smith*, The Meaning and End of Religion. Foreword by J. Hick (San Francisco 1978).

28 *G. R. Welbon*, The Buddhist Nirwana and its Western Interpreters (Chicago–London 1968) weist auf, daß die westlichen Interpretationen des Nirwana zuerst negativ und atheistisch waren, aber im Verlauf genauerer wissenschaftlicher Erforschung immer positiver wurden. »Clearly, no claim that nirvāna ever signified merely annihilation or bliss – in our tradition's acceptance of such terms – could be substatiated. I incline to the view of Louis de La Vallée Poussin (and further reinforced by Mircea Eliade), that, in earliest Buddhism, nirvāna – if the term was used at all (and, of course, it is most unlikely that a Sanskrit rather than a Prakrit form would have been employed) – probably signified ›un séjour inébranlable‹ ... It need be neither cowardice nor ignorance that forces us to say finally that nirvāna's ›meanings‹ are many and include both annihilation and bliss, negation and affirmation, nonexistence and existence« (S. 299, 302). Zum Vergleich hier neben den Werken Glasenapps besonders *F. Heiler*, Unsterblichkeitsglaube und Jenseitshoffnung in der Geschichte der Religionen (München–Basel 1950); *M. Dhavamony*, Phenomenology of Religion (Roma 1973), bes. Kap. 13: Scope of Religion and Salvation.

29 *E. Conze*, Buddhism. Its Essence and Development (Oxford [2]1953); dt.: Der Buddhismus. Wesen und Entwicklung (Stuttgart 1953) S. 36. Zahlreiche Belege für dieses nur scheinbar negative und in Wirklichkeit höchst positive Verständnis des Nirwana finden sich auch bei *H. Nakamura*, Die Grundlehren des Buddhismus. Ihre Wurzeln in Geschichte und Tradition, in: *H. Dumoulin* (Hrsg.), Buddhismus der Gegenwart (Freiburg 1970) S. 26–30.

30 Vgl. *M. Abe*, Christianity and the Encounter of the World Religions, in: The Eastern Buddhist New Series I/1 (1965) S. 109–122, bes. S. 116f. *H. Nakamura*, aaO S. 26f weist darauf hin, daß schon die Pali-Texte »viele poetische Ausdrücke« für den Endzustand kennen, im Gegensatz zum Westen, wo »ausschließlich der Terminus Nirvana geläufig« ist: »Nur dem Anschein nach ist Nirvana ein negativer Zustand. Wahrscheinlich kommt dies von der traditionellen Denkgewohnheit der Inder her, die die negative Ausdrucksform bevorzugt. So sagen die Inder z. B. ›nicht einer‹ *(aneka)* anstatt ›viele‹, ›nicht gut‹ *(akusala)* anstatt böse usw. Nirvana ist nicht bloße Leere. Zwar wird die Frucht der Übung oft negativ als ›*Befreiung vom Leiden*‹ dargestellt, aber sie ist auch Glück. Der Idealzustand des Friedens und der allumfassenden Liebe, den der Heilige erreicht, wird im Bewußtsein im höchsten Grade positiv erfahren. Nirvana ist ›*unaussprechliche Seligkeit*‹.«

31 Eine erfreuliche Ausnahme macht *J. Hick*, aaO S. 297–396.

32 Eine kurze Zusammenfassung findet sich etwa bei *H. v. Glasenapp*, Art. Seelenwanderung, in: Religion in Geschichte und Gegenwart, Bd. V (Tübingen 1961) Sp. 1637–1639. Vgl. auch *G. Adler*, Seelenwanderung und Wiedergeburt. Leben wir nur einmal? (Freiburg–Basel–Wien 1977).

33 *G. E. Lessing,* Erziehung des Menschengeschlechts (1780), in: Werke in drei Bänden (München–Wien 1982) III, 658.
34 Vgl. die Materialien bei *J. Hick,* aaO S. 392–394.
35 AaO S. 129–146. Zurückhaltender als überzeugte Anhänger schließt überraschenderweise auch der englische Philosoph *A. Flew* ein Weiterleben des Menschen in einem »Astralleib« nicht aus. Zusammenfassend erklärt er in seinem Buch »The Presumption of Atheism and other philosophical essays on God, Freedom and Immortality« (London 1976) S. 118: »My conclusion is, therefore, that if there is to be a case for individual and personal survival, what survives must be some sort of astral body; but that, in the present state of the evidence, we have no need of that hypothesis.«
36 Auffälligerweise ist selbst im religionswissenschaftlich umfassend informierenden Buch von *J. Hick* die chinesische Tradition nicht berücksichtigt, wie auch in Hicks Lösung die konsequenzenreiche Frage der Wiedergeburt in Tiergestalt nicht ernsthaft in Betracht gezogen wird.
37 Haben die *Chinesen* an ein Leben nach dem Tod geglaubt? Der Ahnenkult ist Beweis genug, nicht nur für diesen Glauben überhaupt, sondern auch für die von den Chinesen bis heute gepflegte Verbindung der Lebenden mit den Verstorbenen. Wie aber haben sich die Chinesen das Leben nach dem Tod gedacht? Die konfuzianischen Klassiker sprechen von einer »oberen« oder »geistigen« Seele *(»hun«)* und von einer »unteren« oder »sinnenhaften« Seele *(»p'o«).* Im Volksglauben steigt die obere, höhere Seele in den Himmel, und die sinnenhafte, niedere Seele löst sich in die Erde auf. Das letzte Schicksal der oberen Seele freilich bleibt unklar. Vgl. zu dieser wichtigen Frage *J. Ching,* Confucianism and Christianity. A Comparative Study (Tokio–New York–San Francisco 1977) S. 92: »The word *hun* refers to all conscious activity, the word *p'o* to bodily form. The common element of the two ideograms originally depicted a person wearing a mask: the ›impersonator‹ at the ceremony wore the mask, and the dead man's spirit took up residence in it. The words, therefore, were early associated with ritual practices of honoring the dead. In popular belief, the higher soul, *hun,* ascends to heaven, and the lower soul, *p'o,* joins the earth. With the development of a Confucian metaphysics, *hun* became related to vital force *(ch'i)* and *po'o* to bodily form itself. In the Book of Rites, it is said that ›the spiritual soul *(hun)* and the vital force *(ch'i)* return to Heaven (after death); the body and the sentient soul *(p'o)* return to earth.« Vgl. insbesondere zur Todesauffassung im Schamanismus, Hinduismus, tibetanischen Buddhismus, im Zen und im Islam *M. de Smedt* (Hrsg.), La Mort est une autre naissance (Paris 1978); ebenso *F. E. Reynolds – E. H. Waugh,* Religious Encounters with Death (University Park–London 1977).
38 *F. Nietzsche,* Ecce homo, Also sprach Zarathustra I, in: *ders.,* Werke in drei Bänden, hrsg. von K. Schlechta (München 1954–1965), Zit. II, 1128.
39 *F. Nietzsche,* Fröhliche Wissenschaft IV, 341, in: Werke II, 202.
40 Ebd.
41 AaO S. 202 f.
42 *F. Nietzsche,* Also sprach Zarathustra III, Vom Gesicht und Rätsel 2, in: Werke II, 408 f.
43 *F. Nietzsche,* Also sprach Zarathustra III, Der Genesende, in: Werke II, 462.
44 Ebd.
45 AaO S. 463.
46 AaO S. 466.
47 AaO S. 465.
48 AaO S. 465 f.
49 *F. Nietzsche,* Also sprach Zarathustra III, Das andere Tanzlied 3, in: Werke II, 473; zwischen den Verszeilen: die Glockenschläge der Mitternachtsglocke.
50 *F. Nietzsche,* Also sprach Zarathustra III, Die sieben Siegel. Oder: das Ja- und Amen-Lied 1, in: Werke II, 473 f.
51 *M. Eliade,* Le Mythe de l'Éternel Retour, Archétypes et répétition (Paris 1949); dt.

erweiterte Ausgabe: Kosmos und Geschichte. Der Mythos der ewigen Wiederkehr (Hamburg 1966) S. 94.

52 AaO S. 102.

53 *Milič Čapek,* Art. Eternal Return, in: The Encyclopedia of Philosophy III (New York–London 1967) S. 61–63; Zit. S. 63.

54 1 Petr. 3,15.

IV. AUFERWECKUNG DER TOTEN?

1 Zuerst in *Platons* Jugenddialog »Gorgias«, dann vor allem in den Dialogen »Phaidros« und »Phaidon«.

2 *I. Kant,* Träume eines Geistersehers, erläutert durch Träume der Metaphysik (1766), in: Werke in sechs Bänden, hrsg. von W. Weischedel (Frankfurt–Darmstadt 1956–1964) I, 617–738.

3 *I. Kant,* Kritik der reinen Vernunft (1781), in: Werke II.

4 Psychologisch gesehen gibt es angesichts der hier zu treffenden Entscheidung mehr als zwei Möglichkeiten: Möglichkeiten der Evasion, Dilatation oder auch schlicht Verdrängung; insofern gibt es mehrere »Optionen«. Aber grundsätzlich philosophisch gesehen gibt es angesichts der Frage »Ewiges Leben ja – oder nicht ja?« nur eine Alternative. In seinem Buch »Das Elend der Theologie. Kritische Auseinandersetzung mit Hans Küng« (Hamburg 1979) hat der Kritische Rationalist *H. Albert* den hier angewandten, aber in »Existiert Gott? Antwort auf die Gottesfrage der Neuzeit« (München 1978) breit geistesgeschichtlich und systematisch entwickelten Grundgedanken von der erfahrungsbezogenen, indirekten Verifikation theologischer Wirklichkeit angesprochen – freilich mehr in der Form einer breit kommentierenden Rezension als einer an den neuralgischen Punkten kritisch argumentierenden Auseinandersetzung. Bei der hier zu behandelnden speziellen Frage nach dem ewigen Leben, die eine Variation der Gottesproblematik darstellt, kann die fällige Weiterführung der Diskussion mit Alberts Kritischem Rationalismus nicht geleistet werden. Nachdem in meinem Buch zur Gottesfrage Alberts Argumente und seine in vielem nur zu berechtigte Kritik an der Theologie wohl mehr als sonstwo in der theologischen Literatur positiv aufgenommen wurden, konnte man auf Alberts Antwort gespannt sein. Leider fiel sie enttäuschend aus, nicht nur im Stil (die überlegen-ironische Attitüde des Wissenden), sondern auch in der Sache. Eine Weiterführung der philosophischen Auseinandersetzung – wenn wir hier von den spezifisch christlichen Fragen der Christologie, Ekklesiologie und Moraltheologie absehen – müßte sich unter anderem auf folgende Punkte konzentrieren:
1. Meine Kritik an der mangelhaft durchreflektierten Basis des Albertschen »kritischen Rationalismus«, der ein vernünftiges Funktionieren der menschlichen Vernunft einfach voraussetzt, hat Albert mit einem Verdikt (»Rückfall in den klassischen Rationalismus«) und einem Frageverbot beantwortet, das einen selber reichlich dogmatisch anmutet.
2. Die auch von Alberts Lehrmeister K. Popper eingeräumte Tatsache eines »Glaubens an die Vernunft« (= Grundvertrauen) kann auch meiner Überzeugung nach nicht logisch begründet werden. Sie darf aber auch nicht nur postuliert, sondern muß rational verantwortet werden. Gerade dies aber wird bei Albert selber nirgendwo kritisch reflektiert, sondern einfachhin übergangen.
3. Von daher zeigt sich Albert auch nicht imstande, in bezug auf eine keineswegs »einfach postulierte« letzte-erste Wirklichkeit den Unterschied zwischen rationalem Beweis und Vertrauen (innere Rationalität) sowie den Unterschied zwischen vernünftigem Vertrauen und unverantworteter Projektion zu verstehen. Nicht jeder Akt vernünftigen Vertrauens darf schon als reines Wunschdenken denunziert werden, soll nicht der kritische Rationalismus selbst als unkritischer »Schleichweg« zur Rationalität der menschlichen Ratio erscheinen.

So blieben meine Fragen an den Kritischen Rationalismus leider ohne befriedigende Antworten, meine Antworten auf die Gottesfrage aber ohne überzeugende Gegenargumente. Eine (hoffentlich etwas selbstkritischer) fortgesetzte Diskussion im Geiste gegenseitigen Verständnisses könnte vielleicht zeigen, daß theologisches und kritisch-rationalistisches Verhältnis zur Wirklichkeit in der Weise des vertrauenden Sicheinlassens auf diese Wirklichkeit, die unverfügbar bleibt, doch stärker konvergieren, als Alberts Buch es wahrhaben will.

Zur theologischen Kritik der Auffassungen Alberts vgl. neuestens *K.-H. Weger*, Vom Elend des kritischen Rationalismus. Kritische Auseinandersetzung über die Frage der Erkennbarkeit Gottes bei Hans Albert (Regensburg 1981).

Wie sehr theologisches und naturwissenschaftliches Wirklichkeitsverständnis letztlich kompatibel sind, macht in Auseinandersetzung mit P. Bergers »Projektionstheorie« der Beitrag des englischen Religionsphilosophen *N. Smart* deutlich: Religion and Projection, in: The Science of Religion and the Sociology of Knowledge. Some Methodological Questions (Princeton 1977) S. 74–91.

5 *G. B. Shaw*, The Black Girl in Search of God and Some Lesser Tales (London 1934); dt.: Ein Negermädchen sucht Gott (Frankfurt 1948).

6 Vgl. *N. Lohfink*, Kohelet (Würzburg 1980) S. 11; vgl. zur Interpretation neben Lohfink auch *A. Lauha*, Kohelet (Neukirchen-Vluyn 1978) und *F. J. Hungs*, Ist das Leben sinnlos? Bibelarbeit mit dem Buch Kohelet (Prediger) (Zürich–Köln 1980).

7 *B. Lang*, Ist der Mensch hilflos? (Zürich–Einsiedeln–Köln 1979).

8 Koh 12,8.

9 Koh 5,14.

10 Koh 6,3–6.

11 Koh 3,10 f.

12 Koh 8,16 f.

13 *N. Lohfink*, Kohelet S. 14 f.

14 Koh 9,5 f. 10.

15 Hos 6,2.

16 Ez 37,1–6.

17 Jes 26,19.

18 Ps 16,10 f (Rettung aus Todesgefahr); Ps 73,25 ff (Gemeinschaft mit Jahwe im Diesseits); Hiob 19,25–27 (solange Hiob lebt, möchte er Jahwe schauen); Jes 53,10 (der hingerichtete Knecht Jahwes wird Nachkommen sehen).

19 Dan 12,1–3.

20 *U. Kellermann*, Auferstanden in den Himmel. 2 Makkabäer 7 und die Auferweckung der Märtyrer (Stuttgart 1979) S. 40.

21 2 Makk 7,6.

22 Dtn 32,36.

23 2 Makk 7,9.

24 2 Makk 7,11.

25 2 Makk 7,14.

26 2 Makk 7,23.

27 2 Makk 7,29 f.

28 *W. Eichrodt*, Theologie des Alten Testaments II/III (Stuttgart [4]1961) S. 360.

29 Mk 12,18 par.

30 *G. Fohrer*, Grundstrukturen des Alten Testaments (Berlin–New York 1972) S. 267.

31 Ebd.

32 Mk 9,1 par; 13,30 par; Mt 10,23. Zu Recht sagt *J. Blank* in seinem Buch: Der Jesus des Evangeliums (München 1981): »Daß Jesus eine eschatologische Botschaft verkündet, bezeichnet noch nichts Besonderes, sondern stellt Jesus von Nazareth unverwechselbar in seine Zeit und Umwelt hinein. Dann kann freilich die Besonderheit nur darin liegen, *wie Johannes und Jesus den Gedanken der eschatologischen Naherwartung aufnahmen, wie sie ihn interpretierten und welche praktischen Konsequenzen sie daraus zogen oder auch nicht zogen«* (S. 159). Vgl. auch den Aufsatz von *G. Lohfink*, Zur

Möglichkeit christlicher Naherwartung, in: *G. Greshake – G. Lohfink*, Naherwartung – Auferstehung – Unsterblichkeit. Untersuchungen zur christlichen Eschatologie (Freiburg–Basel–Wien [4]1982).

33 Jes 53.
34 Mk 15,40 f.
35 Lk 23,34. 43.
36 Joh 19,26 f.
37 Mt 27,46.

V. SCHWIERIGKEITEN MIT DER AUFERWECKUNG JESU

1 *G. E. Lessing*, Eine Duplik (1778); in: Werke in drei Bänden (München–Wien 1982) III, 362
2 Vgl. 1 Kor 15,14.
3 *W. Michaelis* (Hrsg.), Die Apokryphen Schriften zum Neuen Testament (Bremen [2]1958) S. 55.
4 Mk 16,1–8.
5 Für die unabsehbare exegetische Literatur zur Auferweckung oder Auferstehung Jesu muß ausnahmsweise auf die ausführlichen bibliographischen Angaben von »Christ sein« (zu Kapitel C V,1) verwiesen werden. Unter der neueren, insbesondere exegetischen, Literatur scheinen mir erwähnenswert: *Ch. Kannengießer*, Foi en la résurrection. Résurrection de la foi (Paris 1974); *A. Vögtle – R. Pesch*, Wie kam es zum Osterglauben? (Düsseldorf 1975); *J. E. Alsup*, The post-resurrection appearance stories of the gospel tradition: a history-of-tradition analysis; with text-synopsis (Stuttgart 1975); *N. Perrin*, The Resurrection according to Matthew, Mark, and Luke (Philadelphia 1977) sowie der große Artikel »Auferstehung«, in: Theologische Realenzyklopädie Bd. IV (Berlin–New York 1979) S. 441–575 (besonders der Teil über das Neue Testament von P. Hoffmann). Wichtig unter hermeneutisch-systematischem Gesichtspunkt *G. Ebeling*, Dogmatik des christlichen Glaubens Bd. II (Tübingen 1979) S. 279–360.
6 Mk 16,1–8; Mt 28; Lk 24; Joh 20 f.
7 1 Kor 15,3–8; vgl. Gal 1,16; 1 Kor 9,1.
8 Lk 24,5.
9 Vgl. Jon 2,1; ebenso Gen 22,4; 42,18; Ex 19,6 usw.
10 Vgl. Mk 12,24–27.
11 Vgl. die obengenannte Diskussion zwischen A. Vögtle und R. Pesch.
12 *R. Bultmann*, Das Verhältnis der urchristlichen Christusbotschaft zum historischen Jesus (Heidelberg 1960) S. 27.
13 Ein besonders in Frankreich viel diskutiertes Buch ist *J. Pohier*, Quand je dis Dieu (Paris 1977), dt.: Wenn ich Gott sage (Olten–Freiburg 1980), das eine schwerwiegende Intervention der römischen Glaubenskongregation (13. April 1979) zur Folge hatte, die mit Absetzung, komplettem Lehr- und Predigtverbot und der öffentlichen Eucharistiezelebration des angeklagten Dominikanertheologen endete. Hier kann und muß nur unter dem Gesichtspunkt unseres Themas Auferweckung Stellung bezogen werden, wozu drei Anmerkungen genügen:
1. Auch in diesem Fall verstößt das Vorgehen der römischen Inquisitionsbehörde (vgl. Pohiers Bericht in der Einleitung zur deutschen Ausgabe S. 14–25) eklatant gegen Menschen- und Christenrechte.
2. Mit Ausnahme der Auferweckungsfrage sind die Anklagen der römischen Behörde nach Auffassung und Belegen des Autors (vgl. S. 25–34) und zahlreicher kompetenter Beobachter theologisch unbegründet.
3. In der Frage der Auferweckung (der vierte und letzte Teil des Buches) anerkennt der Autor eine gewisse Berechtigung der Kritik und gibt im deutschen Vorwort einige Präzisierungen. Bezüglich seiner, scheint mir, allzu optimistischen Einschätzung des –

»gewiß zur Natur gehörenden« – Todes (als »Bruder« und »positive Bedingung des Lebens« (S. 38) und auch bezüglich der Wirklichkeit von Auferweckung und ewigem Leben haben diese Vorlesungen – wie schon die betreffenden Kapitel von »Christ sein« und »Existiert Gott?« – eine andere Tendenz. Das heißt jedoch nicht, daß die Auffassungen Pohiers, statt sie sachlich und fair zu diskutieren, mit inquisitorischen Mitteln zu unterdrücken wären.
Sehr hilfreich – auf der Basis seiner beiden großen Jesus-Bücher und unter Zurückweisung der Fehlinterpretationen von W. Löser und W. Kasper – sind die Präzisierungen von *E. Schillebeeckx* in seiner »Zwischenbilanz« (der der deutsche Verlag wohl aus publizistischen Gründen irreführende Titel und Untertitel gegeben hat): Tussentijds verhaal over twee Jezus boeken (Bloemendaal 1978); dt.: Die Auferstehung Jesu als Grund der Erlösung. Zwischenbericht über die Prolegomena zu einer Christologie (Freiburg–Basel–Wien 1979) S. 88–110.

14 Vgl. Röm 6,4–11.

15 Vgl. Apg 17,32.

16 Vgl. dazu das sehr lesenswerte Buch von *Sch. Ben-Chorin*, Jüdischer Glaube. Strukturen einer Theologie des Judentums anhand des Maimonidischen Credo. Tübinger Vorlesungen (Tübingen 1975), bes. Kap. 13: »Auferstehung«. Der letzte Glaubensartikel des Maimonides lautet: »Ich glaube mit vollkommenem Glauben an die Auferstehung der Toten zu der Zeit, da es der Wille des Schöpfers ist, sein Name sei gelobt und erhoben und sein Gedenken von Ewigkeit zu Ewigkeit.« Entsprechend ist auch für Ben-Chorin der Glaube an die Auferweckung im Judentum schöpfungstheologisch begründet: »Der Glaube an die Auferstehung und der Glaube an das Fortleben nach dem Tode sind sicher nicht identisch, aber gemeinsam ist ihnen das Wissen der Seele, oder vielleicht auch nur ihre Ahnung, daß der Tod nicht das letzte Wort behalten darf. Der Tod des Todes (Jes 25,8; 1 Kor 15,26.55) ist die Quintessenz der biblischen Hoffnungen, die nicht isoliert dastehen, sondern zum Gemeingut der menschlichen Hoffnungen gehören. – Fast mit denselben Worten finden wir diese Hoffnung in der hebräischen Bibel und im Evangelium, so daß sich auch in diesem letzten Kapitel des Glaubens die zwei Glaubensweisen des größeren Israel, des Judentums und des Christentums, begegnen und sich einreihen in den noch weit größeren Chor der Hoffnung, in den der Islam und viele andere Religionen mit einstimmen. – Die Lehre von der Auferstehung ist die Lehre von der Würde des Menschen. Sie ist das Letzte und sie folgt auf das Erste. Der Mensch, der von Gott geschaffen ist, in seinem Gleichnis und Ebenbilde (wie immer wir das auch interpretiert haben), trägt das Unterpfand der Auferstehung von der Schöpfung her in sich. Dabei ist über die Form der Auferstehung nichts auszusagen und kann auch nichts ausgesagt werden. Hier verliert sich der Glaube nur allzuleicht in Apokalyptik und Gnosis, in unkontrollierbare Mystik, in Phantasie und Allegorie – und der Schatten aller dieser Übersteigerungen ist der Aberglaube« (S. 319 f).

17 Daß selbst die Auferstehung *Jesu* ein »jüdisches Glaubenserlebnis« sein kann, ist das überraschende, aber für die eigenen Glaubensgenossen verständlicherweise umstrittene Ergebnis des kühnen Buches des jüdischen Theologen *P. Lapide*, Auferstehung. Ein jüdisches Glaubenserlebnis (Stuttgart 1977). Der christliche Theologe muß hier – ohne alle Absicht, Juden gegeneinander ausspielen zu wollen – die innerjüdische Diskussion abwarten. Man wünscht sich aber um des jüdischen Verfassers und der jüdischen Sache willen, daß diese Diskussion in ökumenischer Offenheit sowohl zwischen Juden und Juden als auch zwischen Juden und Christen geführt wird.

18 1 Kor 15,20.

19 Kol 1,18; vgl. Apk 1,5.

20 1 Kor 2,9.

21 1 Kor 15,44.

22 1 Kor 15,43.

23 1 Kor 15,52.

24 Vgl. 1 Kor 15,36 ff.

25 *P. Althaus*, Die letzten Dinge. Lehrbuch der Eschatologie (1922; Gütersloh ^{10}1970). Diese 10. Auflage ist der unveränderte Neudruck der 4. Auflage 1933.
26 *W. Pannenberg*, Was ist der Mensch? Die Anthropologie der Gegenwart im Lichte der Theologie (Göttingen ^{6}1981) S. 35 f.
27 *F. J. Nocke*, Eschatologie (Düsseldorf 1982) S. 123.
28 *W. Breuning*, Gericht und Auferweckung von den Toten als Kennzeichen des Vollendungshandelns Gottes durch Jesus Christus, in: *J. Feiner – M. Löhrer* (Hrsg.), Mysterium Salutis, Bd. V (Zürich 1976) S. 882.
29 Vgl. dazu die ausgezeichnete theologische Interpretation von *D. Mieth*, Friedrich Dürrenmatts ›Der Meteor‹. Zur ethischen und religiösen Relevanz der literarischen ›Aussage‹, in: Festschrift für Richard Brinkmann. Literaturwissenschaft und Geistesgeschichte, hrsg. von J. Brummach (Tübingen 1981).
30 Mk 5,21–43 par.
31 Lk 7,11–17.
32 Joh 11.
33 *B. Brecht*, Me-ti. Buch der Wendungen, in: Gesammelte Werke Bd. XII (Frankfurt 1967) S. 466.
34 *D. Sölle*, Wählt das Leben (Stuttgart 1980) S. 119.
35 *K. Marti*, Leichenreden (Neuwied–Berlin 1969) S. 63.
36 Es ist gerade *K. Marti*, der sich in seinen Texten immer wieder gegen den »täglichen Tod« gestemmt hat. Einer seiner Auferstehungstexte endet mit dem programmatischen Satz: »Ich weiß nur, wozu er uns ruft, zur Auferstehung heute und jetzt.« In einem Gespräch mit *K.-J. Kuschel*, geführt für die Osternummer 1981 von »Publik-Forum«, antwortete Marti auf die Frage, was denn Auferstehung hier und jetzt konkret bedeute: »Indem das nicht mehr geschieht, daß man einander umbringt, im Krieg – aber auch im Verkehr. Man gewöhnt sich ja so schnell an alles. Aber vielleicht auch, daß man einander nicht umbringt auch in einem übertragenen Sinne, nämlich mit Worten, mit Unverständnis, mit Haß und Vorurteilen. Das alles ist auch ein Stück sich gegenseitig Umbringen. Positiv gesagt: daß man gemeinschaftsfähig wird, gemeinschaftsfähig ist, füreinander, miteinander lebt und in diesem Miteinander auch das eigene Leben entfalten kann. Gott will das Leben und nicht das Gegenteil, daß wir einander das Leben nehmen, stehlen, uns gegenseitig um das Leben betrügen.«

VI. ZWISCHEN HIMMEL UND HÖLLE

1 *M. L. Kaschnitz*, Auferstehung, in: Dein Schweigen – meine Stimme. Gedichte 1958–1961 (Hamburg 1962) S. 13.
2 *M. L. Kaschnitz*, Auferstehung, in: Doppelinterpretationen. Das zeitgenössische deutsche Gedicht zwischen Autor und Leser, hrsg. und eingeleitet von H. Domin (Taschenbuch-Ausgabe Frankfurt 1969) S. 95. Zum Thema Ostern – Auferstehung in der deutschsprachigen Gegenwartsliteratur vgl. *K.-J. Kuschel*, Jesus in der deutschsprachigen Gegenwartsliteratur (Zürich–Köln–Gütersloh 1978), bes. S. 290–297.
3 Ebd.
4 *Sueton*, Vita Divi Augusti, 100.
5 Lk 24,50 f.
6 Mk 16,19.
7 Lk 24,51.
8 Apg 1,7 f.
9 Apg 1,11; vgl. neben den früheren Arbeiten von E. Schweizer und W. Thüsing vor allem *G. Lohfink*, Die Himmelfahrt Jesu. Untersuchungen zu den Himmelfahrts- und Erhöhungstexten bei Lukas (München 1971); *ders.*, Die Himmelfahrt Jesu – Erfindung oder Erfahrung (Stuttgart 1972).
10 Apg 1,3.
11 Apg 2,36.

12 Vgl. Röm 1,37.
13 1 Petr 3,18–20.
14 Ich halte mich in der Interpretation vor allem an *W. J. Dalton*, Christ's Proclamation to the Spirits (Roma 1965). Zusammenfassung im Aufsatz: Interpretation and Tradition: An Example from 1 Peter, in: Gregorianum 49 (1968). Vgl. dazu die Kommentare zum ersten Petrusbrief von *K. H. Schelkle* (1961) und *N. Brox* (1979).
15 *R. Bultmann*, Theologie des Neuen Testaments (Tübingen [3]1958) S. 179; vgl. 505.
16 Eph 4,8–10 mit Bezug auf Ps 68,19.
17 Vgl. Kol 2,15.
18 *A. v. Harnack*, Marcion. Das Evangelium vom fremden Gott (1921; Darmstadt 1960) S. 130.
19 Vor allem Mt 12,40; Apg 2,24. 27.
20 *B. Reicke*, Art. Höllenfahrt Christi, in: Die Religion in Geschichte und Gegenwart, Bd. III (Tübingen [3]1959) S. 408.
21 In der sogenannten Vierten Formel von Sirmium 359, formuliert vom Syrer Markus von Arethusa.
22 *J.-P. Sartre*, Huis clos. Pièce en un acte (1947), dt.: Bei geschlossenen Türen, in: Gesammelte Dramen (Reinbek 1970) S. 67–98; Zit. S. 97.
23 Ebd.
24 Selbst so hervorragende Werke zeitgemäßer Glaubensverkündigung wie der »Holländische Katechismus« und das »Neue Glaubensbuch« enttäuschen hier.
25 *F. Schauer*, Was ist es um die Hölle? Dokumente aus dem norwegischen Kirchenstreit (Stuttgart 1956).
26 AaO S. 23.
27 AaO S. 25 f.
28 Denz 16.
29 Denz 40.
30 Denz 429; vgl. 211.
31 Denz 714.
32 Denz 531.
33 *Concilium Vaticanum II*, Constitutio de Ecclesia (1964) Art. 16.
34 Vgl. neuestens *H. A. Oberman*, Wurzeln des Antisemitismus. Christenangst und Judenplage im Zeitalter von Humanismus und Reformation (Berlin 1981).
35 *Th. und G. Sartory*, In der Hölle brennt kein Feuer (München 1968).
36 AaO S. 88 f.
37 Vgl. *H. Küng*, Unfehlbar? Eine Anfrage (Zürich 1970) Kap. I; Zit. S. 44.
38 Lk 16,19–31 in offensichtlichem Anschluß an Henoch Kap. 22.
39 Angstauslösende Schilderungen von den Höllenqualen gibt auch der Koran: »Im Koran wird die Hölle meist an-nār, ›das Feuer‹, genannt, aber ǧahannam, ›Gehenna‹ (ein hebräisches oder äthiopisches Lehnwort), kommt ebenfalls häufig vor. Die Hölle hat auch verschiedene andere Bezeichnungen wie z. B. al-ḥuṭama (104.4), was soviel wie ›Ẓermalmer‹ oder ›Vielfraß‹ bedeutet und offenkundig Furcht einflößen soll. Es gibt einige angstauslösende Schilderungen von den Qualen der Verdammten: ›bei uns sind Fesseln und ein Höllenbrand (für sie bereit), und Speise, die einem (vor Ekel) im Hals stecken bleibt‹ (73.12 f); ›die Höllenhitze ... versengt die Haut‹ (74.27–29). Eine besonders schmerzhafte Folter besteht darin, daß man die Früchte eines Baumes namens zaqqūm essen muß. Die Frucht dieses Baums ist ›wie flüssiges Metall und kocht im Bauch (der Sünder) wie heißes Wasser kocht‹ (44.43–46; vgl. 37.62–68; 56.51–56).« *W. Montgomery Watt*, Der Islam I (Stuttgart–Berlin 1980) S. 219.
40 Zu dem (im einzelnen schwierig zu beurteilenden) iranischen Einfluß – besonders in der spätnachexilischen Zeit (seit ca. 200 v. Chr.) durch den Zervanismus (eine Sonderform der Zarathustra-Religion) – auf das jüdische Denken vgl. *H. Haag*, Teufelsglaube (Tübingen 1974) Exkurs II: Zarathustra und der iranische Dualismus, S. 263–269.
41 Vgl. Lk 10, 18

42 *H. Haag*, Abschied vom Teufel (Einsiedeln 1969); *ders.*, Vor dem Bösen ratlos? (München–Zürich 1978); *H. Häring*, Die Macht des Bösen. Das Erbe Augustins (Zürich–Köln–Gütersloh 1979).

43 Vgl. zu diesem Goethe-Wort *E. Spranger*, Nemo contra Deum nisi Deus ipse, in: Gesammelte Schriften, hrsg. von H. W. Bähr, Bd. IX (Tübingen 1974) S. 315–331.

44 Denz 211; vgl. auch die Verurteilung von Scotus Eriugena, Denz 320–325.

45 *Dante*, La Divina Commedia, Inferno 3,9.

46 Dies macht der englische Historiker *D. P. Walker* überzeugend deutlich: The Decline of Hell. Seventeenth-Century Discussions of Eternal Torment (Chicago 1964).

47 Vgl. Was glauben die Deutschen? Eine Emnid-Umfrage. Ergebnisse und Kommentare, hrsg. von W. Harenberg (München–Mainz 1968) S. 83.

48 Nach einer Umfrage des Ifak-Instituts (Taunusstein) vom Oktober 1980 (vgl. Der Spiegel Nr. 46 und 47, 1980).

49 Definiert wurde die Fegefeuer-Lehre zuerst gegenüber den Griechen auf den Konzilien von Lyon 1274 und Ferrara–Florenz 1439, dann gegenüber den Protestanten auf dem Konzil von Trient 1563: Das Wort »Feuer« wird konstant vermieden (vgl. Denz 464; 693; 983).

50 Vgl. *J. Gnilka*, Ist 1 Kor 3,10–15 ein Schriftzeugnis für das Fegfeuer? Eine exegetisch-historische Untersuchung (Düsseldorf 1955).

51 Denz 983.

52 Eine Erklärung der *römischen Glaubenskongregation* vom 17. Mai 1979 »Zu einigen Fragen der Eschatalogie« (vgl. Herder-Korrespondenz 33 (1979)) verteidigt die überkommene Lehre nicht nur in zentralen Punkten, wie den Glauben an ein ewiges Leben, Himmel und Hölle, sondern auch in Lehrpunkten, die heute in der katholischen Theologie allgemein umstritten sind, wie etwa die bezüglich eines bestimmten leiblosen *Zwischenzustandes* einer reinen Geistseele zwischen individuellem Tod und jüngstem Gericht (als Basis für Totenkult etc.). Die katholische Herder-Korrespondenz faßt zweifellos eine in der katholischen Theologie weit verbreitete Kritik zusammen, wenn sie die Erklärung wie folgt kommentiert: »Die Problematik der Erklärung der Glaubenskongregation liegt hier nicht darin, daß sie Bedenken gegen mißverständliche theologische Denk- und Aussageweisen erhebt und auf die Überlieferung verweist, sondern daß sie eine ungemein diffizile Fragestellung praktisch auf eine Ebene mit den in den anderen Punkten genannten fundamentalen Glaubensartikeln stellt. Sie greift dadurch weder auf eine dem gegenwärtigen Argumentationsniveau angemessene Weise in den theologischen Disput ein, noch bietet sie eine für die Gläubigen hilfreiche Entfaltung traditioneller Hoffnungsbilder. – Damit ist auch das eigentliche Problem des Schreibens angesprochen. Die Glaubenskongregation sieht sich als Anwalt der Gläubigen und will deren Verunsicherung durch ungewohnte Sprechweisen und neue Begriffe gegensteuern. Es wird damit der Anschein erweckt, als sei der Glaube an das ewige Leben vor allem durch halbverstandene theologische Kontroversen bedroht. Das mag in manchen Fällen sicher so sein; aufs Ganze gesehen, verhält es sich doch wohl eher umgekehrt: Der Versuch, eine neue Sprache für das Leben nach dem Tod und die Vollendung von Welt und Geschichte zu finden, wird gerade von der verbreiteten Unsicherheit provoziert und entspringt so meist durchaus der pastoralen Verantwortung, die das Schreiben zu Recht von den Theologen fordert.« Herder-Korrespondenz 33 (1979) S. 437 f.

53 Die überkommene Position wird verteidigt von *J. Ratzinger*, Eschatologie – Tod und ewiges Leben (Regensburg [5]1978), bes. S. 91–135. Weithin angepaßt (wenngleich zweideutig) zeigt sich auch *H. Vorgrimler*, Hoffnung auf Vollendung. Aufriß der Eschatologie (Freiburg–Basel–Wien 1980), bes. S. 150–155; wo die Fragen theologisch brenzlig werden, zitiert Vorgrimler vollinhaltlich die vatikanische Erklärung, wagt dann schließlich aber doch auch eine Kritik wie die folgende: »Es ist befremdlich, daß hier (im Unterschied zu den Glaubensbekenntnissen) eine *negative* Erwartung als Gegenstand des religiösen Glaubens ausgegeben, daß Heil und Unheil als völlig parallele Möglichkeiten vor Augen gestellt und daß das Unheil noch nicht einmal als

Selbstverweigerung des Todsünders, sondern als ›ewige Strafe‹ aufgefaßt wird« (S. 160).

54 Auf evangelischer Seite ist der prominenteste Vertreter der überkommenen Lehre vom Zwischenzustand *O. Cullmann*, Unsterblichkeit der Seele oder Auferstehung der Toten? Antwort des Neuen Testaments (Stuttgart 1956). Einen guten Überblick über die Auffassungen in der evangelischen Theologie seit der Dialektischen Theologie und P. Althaus bietet das Buch von *A. Ahlbrecht*, Tod und Unsterblichkeit in der evangelischen Theologie der Gegenwart (Paderborn 1964), das heute selbstverständlich zu ergänzen und in seiner katholischen Kritik zu modifizieren wäre.

55 Anvisiert von der römischen Glaubenskongregation waren möglicherweise (neben J. Pohier) das von *J. Feiner* und *L. Vischer* herausgegebene »Neue Glaubensbuch« (Freiburg–Zürich ²1973) und die Schrift von *G. Greshake – G. Lohfink*, Naherwartung – Auferstehung – Unsterblichkeit. Untersuchungen zur christlichen Eschatologie (Freiburg–Basel–Wien 1975).

Greshake – Lohfink haben sich in der 4., erweiterten Auflage (1982) energisch sowohl gegen die Kritik von J. Ratzinger und H. Vorgrimler wie auch gegen die Erklärung der römischen Glaubenskongregation (nur eine bestimmte Interpretation derselben?) zur Wehr gesetzt, und dies mit durchaus begründeten Argumenten. *Lohfink* wirft Vorgrimler einen »fahrlässig freien Umgang mit Texten« vor (»Hier wird ein Phantom aufgebaut, gegen das ich nur protestieren kann«, S. 194 f); »Zu Herbert Vorgrimlers Vorwurf der Geschichtsentwertung« S. 193–207.

Greshake wehrt sich gegen »Mißverständnisse und Fehlbeurteilungen Ratzingers« und den »durchgehend polemischen Ton Ratzingers« (»empörend«; vgl. S. 156–184). Zu Ratzingers Auslegung des römischen Dokuments, die Greshake als »rigoros« charakterisiert (S. 187), bemerkt Greshake: »Diese Auslegung Ratzingers wirft erhebliche Fragen auf. Denn im gleichen Artikel betont der Autor (= Ratzinger), daß ›der Seelenbegriff der Überlieferung . . . wörtlich und einheitlich im Neuen Testament in der Tat nicht zu finden‹ ist, daß ›nur in einem sehr langsamen Prozeß . . . der christliche Begriff des Menschen aus Leib und Seele geformt und nunmehr die ‚Seele' als der Träger des ‚Zwischenzustandes' beschrieben‹ wurde und daß diese Entwicklung ›erst bei Thomas von Aquin, also im hohen Mittelalter, zu einem gewissen Abschluß kam‹. Wenn aber weder im NT noch in der Väterzeit, noch (durchreflektiert) in der Frühscholastik, noch (unangefochten) in der Neuzeit der Seelenbegriff zur ›Grundsprache‹ des Glaubens zählte, so zeigt sich eben darin, daß die Kontinuität dieses Begriffs gar nicht *so* groß ist, wie Ratzinger dies voraussetzt« (S. 187 f).

Gegen die Lösung des Thomas von Aquin wendet Greshake zu Recht ein: »1. Obwohl – thomanisch – die Seele die unica forma corporis ist, muß dem nach der Trennung der Seele im Tod verbleibenden Leichnam noch eine Form (oder viele) zugesprochen werden, die jene im Augenblick ihres Scheidens aus sich entläßt. 2. Die Seele überdauert die Trennung. Sie ist in ihrem Überdauern nicht menschliche Person, sondern etwas vom Menschen (pars naturae) und deswegen in ihrer Subsistenz fern vom Körper geradezu in einem naturwidrigen Zustand. Um in dieser Naturwidrigkeit existieren zu können (um z. B. irgendwelche Erkenntnisakte ohne Leiblichkeit setzen zu können), müssen die Funktionen der Leiblichkeit durch Gott mirakulös ersetzt werden. 3. Die Unsterblichkeit der subsistierenden Seele, die für Thomas per se, naturaliter gilt, stößt sich hart mit der Gratuität der Auferstehung des Leibes . . . Alle drei Denkschwierigkeiten resultieren im Grunde aus einer bei Thomas noch verbleibenden dualistischen Konzeption des Leib-Seele-Verhältnisses« (S. 95 f).

Angesichts dieser von Widersprüchen gekennzeichneten Diskussionslage in der katholischen Theologie wird sich mancher Beobachter fragen, wer sich denn, gemessen an neueren Dokumenten der vatikanischen Glaubenskongregation – außerhalb der Glaubenskongregation selber –, noch ehrlich einen »katholischen Theologen« nennen darf! Nachdem nun der Vertreter der angeblich »rigorosen« Interpretation der Erklärung der Glaubenskongregation deren Präfekt wurde, darf man füglich auf den weiteren Verlauf des »Verfahrens« gespannt sein.

56 Es wurde ausgeführt, wie diese Einheit sowohl biblisch-theologisch wie heute auch anthropologisch gefordert ist (mit Hinweis auf die Ausführungen von P. Althaus, W. Pannenberg, F. J. Nocke, W. Breuning). Einen guten historischen Überblick über die Leib-Seele-Problematik im Hinblick auf den Tod von Hippokrates, Platon und Aristoteles bis zur Gegenwart gibt die Textsammlung von *A. Flew*, Body, Mind and Death (New York 1964). – Zu berücksichtigen wäre hier auch die neue Hypothese von *K. Popper – J. Eccles*, The Self and its Brain. An Argument for Interactionism (Heidelberg 1977); dt.: Das Ich und sein Gehirn (München–Zürich 1982), die das menschliche Bewußtsein oder »Selbst« als Instanz im Menschen darstellen, welche über dem menschlichen Gehirn steht, insofern sie die vom Gehirn kommenden Informationen interpretiert, kontrolliert und integriert und zugleich autonom im menschlichen Gehirn verändernde Prozesse auslöst. Während jedoch Eccles an einen nichtevolutiven Ursprung des »Selbst« glaubt, erklärt Popper die Entstehung des »Selbst« aus dem allgemeinen Evolutionsprozeß. Eine Entscheidung dieser allgemein umstrittenen Frage ist in unserem Zusammenhang nicht nötig. – Zu dieser Problematik siehe unter anderem *W. Heintzeler*, Der Mensch im Kosmos – Krone der Schöpfung oder Zufallsprodukt? Ein Gespräch über das Selbstverständnis des Menschen im Spannungsfeld zwischen Naturwissenschaft und Religion (Stuttgart 1981), bes. S. 54–78.

57 *K. Barth*, Die kirchliche Dogmatik Bd. III, 2 (Zollikon–Zürich 1948) S. 770 f.

58 *G. Greshake*, Stärker als der Tod. Zukunft – Tod – Auferstehung – Himmel – Hölle – Fegefeuer (Mainz 1976) S. 92 f.

59 Mt. 25, 46.

60 2 Thess 1, 9.

61 Röm 11, 32.

62 Röm 11, 33–36.

63 *K. Rahner*, Grundkurs des Glaubens. Einführung in den Begriff des Christentums (Freiburg–Basel–Wien 1977): »Wir sind von der christlichen Anthropologie und Eschatologie aus, bei einer ernsthaften, vorsichtigen Interpretation der Heiligen Schrift und ihrer eschatologischen Aussagen, nicht verpflichtet zu erklären, wir wüßten sicher, daß für bestimmte Personen die Heilsgeschichte tatsächlich als Unheilsgeschichte in absoluter Verlorenheit ende. Wir brauchen deswegen als Christen die Rede von Himmel und Hölle nicht als gleichrangige Aussagen der christlichen Eschatologie zu betrachten« (S. 418).

64 *J. Moltmann*, Umkehr zur Zukunft (München 1970) S. 84 f.

65 *L. Feuerbach*, Das Wesen des Christentums (1841), hrsg. von W. Schuffenhauer (Berlin 1956) S. 270.

66 *M. L. Kaschnitz*, Ein Leben nach dem Tode, in: Kein Zauberspruch. Gedichte (Frankfurt 1972) S. 119.

VII. MENSCHENWÜRDIGES STERBEN

1 *A. Peccei* (Hrsg.), Das menschliche Dilemma. Zukunft und lernen. Club-of-Rome-Bericht für die achtziger Jahre (Wien–München–Zürich–Innsbruck 1979).

2 *A. Mitscherlich*, Der Patient – ein Werkstück?, in: Der Spiegel Nr. 38/1978.

3 Vor allem seit dem bewußt provokativen Buch von *I. Illich*, Limits to Medicine (London 1976); dt.: Die Nemesis der Medizin. Von den Grenzen des Gesundheitswesens (Reinbek 1977), befindet sich die Medizin in der Defensive. Unter den zahllosen Diskussionsbeiträgen ragt wegen der Fachkompetenz und der kritisch-selbstkritischen Haltung hervor das Buch des Heidelberger Physiologen *H. Schaefer*, Plädoyer für eine neue Medizin (München–Zürich 1979).

4 *K. Christoph*, Die Medizin als Patient. Zum Selbstverständnis der sogenannten Schulmedizin, in: Frankfurter Hefte. Zeitschrift für Kultur und Politik 30 (1975) S. 33–41; Zit. S. 37 f mit Berufung auf *D. Beckmann* u. a., Studenten. Wie sehen

sie sich selbst, ihre Arbeit und die Hochschule?, Sender Freies Berlin (Oktober 1969).

5 *P. Sporken*, Darf die Medizin was sie kann? Probleme einer medizinischen Ethik (Düsseldorf 1971).

6 *E. Seidler*, Abendländische Neuzeit, in: Krankheit, Heilkunst, Heilung, hrsg. von H. Schipperges, E. Seidler und P. U. Unschuld (Freiburg–München 1978) S. 303–341; Zit. S. 337.

7 DFG-Mitteilungen Nr. 1, 1979.

8 *J. W. v. Goethe*, Faust I, 354–356; 3416–3418.

9 Gesamtdarstellungen christlicher Ethik liegen vor auf katholischer Seite unter anderem von F. Tillmann, B. Häring, F. Böckle, H. E. Hengstenberg; auf evangelischer Seite von E. Brunner, A. de Quervain, D. Bonhoeffer, N. H. Søe, P. Ramsey, H. v. Oyen, K. Barth, H. Thielicke, P. L. Lehmann. Eine erfreuliche ökumenische Neuerscheinung ist das von A. Hertz, W. Korff, T. Rendtorff und W. Ringeling herausgegebene Handbuch der christlichen Ethik Bd. I, II (Freiburg–Gütersloh 1978).

10 *I. Kant*, Kritik der praktischen Vernunft A 54, in: Werke in sechs Bänden, hrsg. von W. Weischedel, Bd. IV (Frankfurt–Darmstadt 1956) S. 140.

11 Die Konvergenz zumindest unter katholischen Ethikern in der Frage der Normenbegründung wird deutlich sichtbar im Themenheft Nr. 12 Concilium 12 (1976), hrsg. von *F. Böckle* und *J.-M. Pohier*: Werteinsicht und Normbegründung, mit Beiträgen von J. Gründel, D. Mieth, G. Sala, F. Böckle, B. Schüller, R. Simon, R. McCormick, Ch. Curran.

12 Vgl. *A. Toynbee*, Man's Concern with Death (London 1968); dt.: Vor der Linie. Der moderne Mensch und der Tod (Frankfurt 1970) S. 75–124; 167–182; *W. Fuchs*, Todesbilder in der modernen Gesellschaft (Frankfurt 1969); *J. Hofmeier*, Die heutige Erfahrung des Sterbens, in: Concilium 10 (1974) S. 235–240; *J. Hick*, Death and Eternal Life (London 1976) S. 81–96; *Ph. Ariès*, L'Homme devant la mort (Paris 1977); dt.: Geschichte des Todes (München–Wien 1980).

13 *A. und M. Mitscherlich*, Die Unfähigkeit zu trauern. Grundlagen kollektiven Verhaltens (München [9]1973).

14 Vgl. Artikel Lebenserwartung, in: Meyers Enzyklopädisches Lexikon Bd. XIV (Mannheim–Wien–Zürich 1975) S. 722.

15 *J. Mayer-Scheu – R. Kautzky* (Hrsg.), Vom Behandeln und Heilen. Die vergessene Dimension im Krankenhaus (Wien–Freiburg–Basel–Göttingen 1980) S. 121.

16 *M. Frisch*, Tagebuch 1966–1971 (Frankfurt 1972) S. 424–426.

17 Vgl. zur historischen Entwicklung das monumentale Werk von *Ph. Ariès*, das eine Fülle von Materialien über die Einstellung zum Tod vom 9. Jahrhundert bis zur Gegenwart ausbreitet.

18 *E. Fried*, Definition, in: Warngedichte (München 1964) S. 120.

19 *F. M. Dostojewski*, Die Brüder Karamasoff (München 1952) S. 1274.

20 *F. M. Dostojewski*, Religiöse Betrachtungen (Zürich 1964) S. 46.

21 *E. Jüngel*, Der Tod als Geheimnis des Lebens, in: *ders.*, Entsprechungen: Gott – Wahrheit – Mensch. Theologische Erörterungen (München 1980) S. 338; vgl. vom selben Verfasser: Tod (Stuttgart–Berlin 1971).

22 Epikurea, hrsg. von *H. Usener* (1878; Rom 1963) S. 61, 6–8.

23 *E. Jüngel*, Entsprechungen, S. 331.

24 *M. Frisch*, Tagebuch 1966–1971: »Die Idee: – angesichts der Tatsache, daß die Zahl der Menschen, die zu lange leben, in katastrophaler Weise zugenommen hat und weiterhin zunimmt – Frage: müssen wir so alt werden, wie die heutige Medizin es ermöglicht? ... Tod, der ein Leben in der Fülle abreißt, wird zur Rarität; Angst vor dem Tod hat sich verlagert in Angst vor dem Altern, d. h. vor dem Verblöden ... wir regeln den Eintritt ins Leben, es wird Zeit, daß wir auch den Austritt regeln ... Meine Herren! ... ohne jetzt schon auf die theologische Frage einzugehen, Heiligkeit des Lebens und so weiter, wobei allerdings in erster Linie, wie Sie wissen, das Leben der weißen Rasse

gemeint ist, nicht unbedingt das Leben in Afrika oder Asien, insbesondere das Leben einer bestimmten Klasse, nicht unbedingt das Leben in den Slums ... was ich sagen will: da wir heute, wie die Statistik zeigt, die durchschnittliche Lebensdauer der Menschen verlängern können, sodaß heute, im Unterschied zu früheren Epochen, die Mehrheit mit dem Altern zu rechnen hat, ist Altern ein gesellschaftliches Problem geworden wie noch nie – es geht nicht um die Planung von Altersheimen, die bestenfalls die Überalterung unsrer Gesellschaft humanisieren, aber nichts beitragen zur Verjüngung dieser Gesellschaft ... auch ein individuelles Problem: ein Problem der Persönlichkeit, die sich nicht der Chirurgie und Pharmacie überlassen kann, sondern in Zukunft, meine ich, ihr Ende selber zu bestimmen hat – Meine Herren! ... Wenn die Vereinigung, die zu gründen wir entschlossen sind, das Ziel hat, Freitod zu einem gesellschaftlich-sittlichen Postulat zu machen, so ist uns bewußt: erstens: – Usw.« (S. 95 f).

25 *K. Binding – A. Hoche*, Die Freigabe der Vernichtung lebensunwerten Lebens (Leipzig 1920).

26 *A. Auer*, Das Recht des Menschen auf einen »natürlichen« Tod, in: Der Mensch und sein Tod, hrsg. von J. Schwartländer (Göttingen 1976) S. 82–93; im selben Tübinger Sammelband einschlägige Artikel von *J. Schwartländer* (Der Tod und die Würde des Menschen), *H. Heimann* (Bewußtes und Unbewußtes über Tod und Sterben), *W. Dölle* (Der manipulierte Tod? Möglichkeiten und Grenzen der Sterbehilfe in medizinischer Sicht), *A. Eser* (Der manipulierte Tod? Möglichkeiten und Grenzen der Sterbehilfe aus rechtlicher Sicht) u. a.

27 *F. Böckle*, Menschenwürdig sterben (Zürich–Einsiedeln–Köln 1979).

28 *U. Eibach*, Recht auf Leben – Recht auf Sterben. Anthropologische Grundregeln einer medizinischen Ethik (Wuppertal 1974).

29 *A. Ziegler*, Sterbehilfe – Grundfragen und Thesen, in: Orientierung Nr. 4, 1975, S. 39–41; Nr. 5, 1975, S. 55–58.

30 Vgl. *Joseph und Julia Quinlan mit Phyllis Battelle*, Karen Ann. The Quinlans Tell Their Story (New York 1977).

31 Daß auch bei grundsätzlicher Ablehnung eines »direkten Eingriffs zur Lebensbeendigung« die Grenzen zwischen »aktiv« und »passiv«, »Handeln« und »Unterlassen« im konkreten Fall fließend bleiben, zeigt die *Resolution der Deutschen Gesellschaft für Chirurgie* zur Behandlung Todkranker und Sterbender: »Maßnahmen zur Lebensverlängerung dürfen beendet werden, wenn bei einer unausweichlich in kurzer Zeit zum Tode führenden Krankheit die vitalen Funktionen des Zentralnervensystems, der Atmung, der Herzaktion und des Kreislaufs offensichtlich schwer beeinträchtigt sind und wenn der fortschreitende allgemeine Verfall nicht aufzuhalten ist oder wenn nicht beherrschbare Infektionen vorliegen. In solchen Fällen sollte der Arzt Komplikationen nicht mehr über das Maß hinaus, das die Leidensminderung erfordert, behandeln. Entscheidend ist dabei der Umfang der ärztlichen Behandlungspflicht, nicht die rechtliche Einordnung als Handeln oder Unterlassen« (Frankfurter Allgemeine Zeitung v. 26. 4. 1979).

32 Der katholische Ethiker *V. Eid* betont, von der Überlegung, daß Gott der Herr des Lebens ist, führe »kein Weg zu einem direkten Verbot der Selbsttötung, wohl aber zu der schweren Verpflichtung, das Leben nicht nach Belieben in Gefahr zu bringen oder gar zur Disposition zu stellen«. Freie Verfügung über das eigene Leben?, in: *V. Eid* (Hrsg.), Euthanasie oder Soll man auf Verlangen töten? (Mainz 1975) S. 71–94; Zit. S. 84.

33 *J. Fletcher*, The Patient's Right to Die, in: *A. B. Downing* (Hrsg.), Euthanasia and the Right to Death. The Case for Voluntary Euthanasia (London 1969) S. 61–70.

34 *P. Sporken*, Darf die Medizin was sie kann?; *ders.*, Menschlich sterben (Düsseldorf 1972); *ders.*, Umgang mit Sterbenden (Düsseldorf [2]1975).

35 *G. v. Le Fort*, Die Letzte am Schafott (1931; München 1959).

36 *Mark Aurel*, Selbstbetrachtungen XII, 36.

37 *E. Jüngel*, Entsprechungen, S. 349.

38 *H. Zahrnt*, Westlich von Eden. Zwölf Reden an die Verehrer und die Verächter der christlichen Religion (München–Zürich 1981) S. 212.

39 *L. Gilkey*, Meditation on Death and its Relation to Life, in: *M. M. Olivetti* (Hrsg.), Filosofia e religione di fronte alla morte (Padova 1981) S. 19–32 (eigene Übersetzung).

40 Ebd.

41 AaO S. 31 f.

42 Der katholische Krankenhausseelsorger und Psychotherapeut *E. Engelke*, Sterbenskranke und die Kirche (München–Mainz 1980), stellt anhand von 153 Gedächtnisprotokollen (von 70 verschiedenen Seelsorgern) fest, daß das Angebot der Kirche der konkreten physischen und psychischen Leidsituation der Sterbenden nicht entspricht: Aus allzu exklusiver Sorge um die religiöse Zukunft der Kranken und das Jenseits gehen die kirchlichen Gebete und Riten (Krankensalbung) weithin an der akuten Schmerz- und Leiderfahrung, am Konflikt der Kranken mit sich selbst, mit der Umwelt und mit der Religion (Sinnfrage, Gottesfrage) vorbei. Der Verfasser schlägt eine stärkere Berücksichtigung alttestamentlicher Texte (Ijob, Psalmen, Kohelet, Der leidende Gottesknecht), die Zulassung der Schattenseite des Lebens und die Berücksichtigung der besonderen Lebens- und Glaubenssituation des Kranken vor.
Sehr hilfreich sind hier die Gesprächsanalysen des evangelischen Krankenseelsorgers *H.-Ch. Piper*, Gespräche mit Sterbenden (Göttingen 1977). Vgl. auch *I. und H.-Ch. Piper*, Schwestern reden mit Patienten. Ein Arbeitsbuch für Pflegeberufe im Krankenhaus (Göttingen [2]1980). – Sterben als Thema kirchlicher Praxis behandelt schon das von *N. Greinacher* und *A. Müller* herausgegebene Heft Nr. 4 der Internationalen Zeitschrift für Theologie Concilium 10 (1974). Für eine Integration von Vertrauen im Leben und Vertrauen im Sterben plädiert gut die amerikanische Theologin *M. Casebier McCoy*, To Die with Style (Nashville–New York 1974).

VIII. DER HIMMEL AUF ERDEN?

1 Vgl. das Themenheft der Internationalen Zeitschrift für Theologie Concilium 13 (1977) Nr. 10 »Wozu sind wir auf Erden?«, hrsg. von H. Küng und J. Moltmann.

2 *H. Heine*, Sämtliche Schriften in zwölf Bänden, hrsg. von K. Briegleb (München–Wien 1976) Bd. VII, 577 f.

3 *K. Marx*, Zur Kritik der Hegelschen Rechtsphilosophie, in: *ders.*, Werke – Schriften – Briefe, hrsg. von H.-J. Lieber und P. Furt, Bd. I–VII (Darmstadt 1962 ff). Diese Ausgabe wird abgekürzt mit »Werke« zitiert; Zit. Werke I, 489.

4 *K. Marx*, Werke I, 488.

5 *K. Marx – F. Engels*, Werke, hrsg. vom Institut für Marxismus-Leninismus beim Zentralkomitee der SED. 39 Bde., Ergänzungsband in 2 Teilen und Supplementum in 2 Teilen (Berlin 1956–1971); Zit. XXVII, 425.

6 *K. Marx*, Thesen über Feuerbach (1./2. These), in: Werke II, 1.

7 *K. Marx*, Werke I, 497.

8 AaO I, 505.

9 *K. Marx – F. Engels*, Die deutsche Ideologie. Kritik der neuesten deutschen Philosophie in ihren Repräsentanten Feuerbach, B. Bauer und Stirner, und des deutschen Sozialismus in seinen verschiedenen Propheten, in: Werke II, 5–655; Zit. II, 36. Eine abstrakter formulierte Zukunftsvision findet sich in den damals ebenfalls nicht veröffentlichten Pariser Manuskripten: *K. Marx*, Ökonomische Studien, in: *K. Marx – F. Engels*, Historisch-kritische Gesamtausgabe, hrsg. von D. Rjazanov bzw. V. Adoratskij, im Auftrag des Marx-Engels-Instituts in Moskau (Frankfurt 1927–1932); Zit. 1. Abt. III, 546 f.

10 *K. Marx*, Das Kapital. Kritik der politischen Ökonomie. Erster Band. Erstes Buch: Der Produktionsprozeß des Kapitals, in: Werke IV, 46–63; Zit. S. 57.

11 *K. Marx – F. Engels*, Manifest der Kommunistischen Partei, in: Werke II, 813–858; Zit. S. 843.

12 *W. I. Lenin*, Über die Religion. Eine Sammlung ausgewählter Aufsätze und Reden (Berlin 1956) S. 10. 7.

13 *L. Trotzki*, Literatur und Revolution (Wien 1924) S. 176–179.

14 Vgl. *A. Schmidt*, Emanzipatorische Sinnlichkeit. Ludwig Feuerbachs anthropologischer Materialismus (München 1973); *ders.*, Erfordernisse gegenwärtiger Feuerbach-Interpretation, in: Atheismus in der Diskussion. Kontroversen um L. Feuerbach, hrsg. von H. Lübbe und H.-M. Sass (Mainz 1975) S. 166 f.

15 *H. Marcuse*, Versuch über die Befreiung (Frankfurt [4]1978) S. 38 f.

16 AaO S. 40.

17 AaO S. 45 f.

18 AaO S. 46 f.

19 In seinem Buch »Wer soll das alles ändern? Die Alternativen der Alternativbewegung« (Berlin 1980) kommt *J. Huber* auf der Basis empirischen Materials zu dem Ergebnis, die »Alternativbewegung« umfasse in der Bundesrepublik schätzungsweise 11 500 Projekte. Da diese Projekte im statistischen Durchschnitt 7 Mitglieder zählten, ergäbe sich eine Zahl von circa 80 000 Menschen (S. 29). Doch muß man – nach *H. E. Bahr* – »von einer weitaus größeren Zahl von Bürgern ausgehen, die zwar in ihrer gewohnten Lebenswelt verbleiben, aber sich aktiv oder sympathisierend für Umweltschutz einsetzen. Nach neueren Angaben sind es mehr als fünf Millionen Bürger der Bundesrepublik Deutschland, die sich in 1100 regionalen und 130 überregionalen Gruppierungen für Umweltschutz engagieren.« *H. E. Bahr*, Naturverbundenheit und menschliche Welt. Unterwegs zur Ökologie des Zusammenlebens, in: Franziskus in Gorleben. Protest für die Schöpfung (Frankfurt 1981) S. 133.

20 Vgl. *M. L. Moeller*, Selbsthilfegruppen (Reinbek 1978) S. 58 f.

21 *C. Mast*, Aufbruch ins Paradies? Die Alternativbewegung und ihre Fragen an die Gesellschaft (Zürich–Osnabrück 1980).

22 Vgl. die Allensbacher Langzeitstudie »Eine Generation später. Bundesrepublik Deutschland 1953–1979« (Allensbach 1981) S. 24–26.

23 *G. L. Eberlein*, Angst vor der Konkurrenz? Die Jugendreligionen in der Kritik der Kirchen, in: Evangelische Kommentare 15 (1982) S. 187–190 stellt mit Recht kritische Anfragen an die kirchliche Abwehr gegenüber den »Jugendreligionen« (zu denen bekanntlich auch viele Erwachsene gehören). *M. Mildenberger* in seiner Antwort (Die religiöse Revolte. Jugend zwischen Flucht und Aufbruch (Frankfurt 1979) S. 190–192) gibt zu: »Die entscheidende Rückfrage an die kirchliche Apologetik bleibt allerdings offen: ob nämlich der volkskirchliche Anspruch auf gesamtgesellschaftliche Repräsentanz noch gedeckt ist. Dieser Frage haben sich die Kirchen im Zusammenhang mit dem zunehmenden Auftreten neuer religiöser Gruppen und alternativer Angebote nicht oder nicht ehrlich genug gestellt. Allzu schnell waren sie dabei, angeblichen oder tatsächlichen Schaden von außen abzuwehren. Gerade wenn man die öffentliche Funktion der Volkskirchen wichtig nimmt, läßt sich die Frage nach ihrer Integrationskraft und ihrer Fähigkeit zur Sinnstiftung nicht mehr verdrängen« (S. 192).

24 *M. Mildenberger*, Die religiöse Revolte S. 204; vgl. auch *Ch. Stückelberger – V. Hofstetter* (Hrsg.), Die Jugendunruhen – Herausforderung an die Kirchen. Information – Interpretation – Dokumentation (Basel 1981). Dieses Buch informiert über die Jugendunruhen in der Schweiz.

25 Zitiert bei *M. Mildenberger*, Die religiöse Revolte S. 200.

26 *C. Mast*, Aufbruch ins Paradies S. 81.

27 Zitiert bei *C. Mast*, aaO S. 51.

28 *Ch. Lasch*, The Culture of Narcissism. American Life in An Age of Diminishing Expectations (New York 1979).

29 *K. Müller*, Zeitgeist und Freiheit. Von der »Überfluß«- zur Überdrußgesellschaft, in: Neue Zürcher Zeitung v. 9. u. 15. 1. 1982 (mit Bezug auf Lasch).

30 *Th. Graf*, Gruppe Olten, »Die Zürcher Unruhe«, in: Integral. Das Forum zur Auseinandersetzung zwischen Ost und West Nr. 6 (1981) S. 30.

31 *K. Müller*, Zeitgeist und Freiheit (in NZZ v. 9. u. 15. 1. 1982).

32 Jetzt gedruckt in: Selbstmord bei Jugendlichen. Vorbeugung und Hilfe (Münster 1981) S. 7.
33 K. *Marx*, Thesen über Feuerbach, in: Werke II, 4.
34 *M. Horkheimer*, Die Sehnsucht nach dem ganz Anderen. Ein Interview mit Kommentar von H. Gumnior (Hamburg 1970) S. 61 f.
35 *H. Häring*, Was bedeutet Himmel? (Zürich–Einsiedeln–Köln 1980) S. 47 f; vgl. dazu die zentrale These des evangelischen Theologen und Biologen *G. Altner*, der unter dem Titel »Tod, Ewigkeit und Überleben. Todeserfahrung und Todesbewältigung im nachmetaphysischen Zeitalter« (Heidelberg 1981) den Zusammenhang zwischen Überlebenskrise (Umweltzerstörung) und Verdrängung der Todesangst analysiert: kein erfülltes Leben ohne Sterbebewußtsein, keine Bewältigung des Sterbens ohne die Liebe zum Leben.
36 Zitiert nach *F. Schlingensiepen*, Heinrich Heine als Theologe. Ein Textbuch (München 1981) S. 164.
37 *H. Heine*, Sämtliche Schriften in zwölf Bänden, XI, 182.
38 Ebd.
39 AaO S. 183.
40 AaO S. 186.
41 Zitiert nach *F. Schlingensiepen*, Heinrich Heine als Theologe S. 166.
42 *H. Heine*, Sämtliche Schriften in zwölf Bänden, XI, 201 f.
43 *H. Lübbe*, Heinrich Heine und die Religion nach der Aufklärung, in: Merkur. Zeitschrift für Politik und Kultur Bd. 35 (1981) S. 1031.
44 AaO S. 1029 f.
45 AaO S. 1025.

IX. WELTENDE UND REICH GOTTES

1 Jes 65, 17.
2 Jes 51, 6.
3 Ebd.
4 Mt 24, 6–8.29.
5 Mt 24, 43 f.
6 Weltuntergangsgeschichten von Edgar Allan Poe bis Arno Schmidt. Mit Weltuntergangszeichnungen von Albrecht Dürer bis Roland Topor. Kompiliert vom Diogenes-Katastrophen-Kollektiv (Zürich 1975; Taschenbuchausgabe Zürich 1981).
7 *W. Hecht* (Hrsg.), Materialien zu Brechts »Leben des Galilei« (Frankfurt 1963) S. 24 f.
8 *F. Dürrenmatt*, Komödien II und Frühe Stücke (Zürich 1970) S. 342.
9 *G. Eich*, Fünfzehn Hörspiele (Frankfurt 1966) S. 537 ff.
10 *I. Bachmann*, Die gestundete Zeit – Anrufung des Großen Bären. Gedichte (Taschenbuchausgabe München 1974) S. 28.
11 Vgl. *St. Weinberg*, The First Three Minutes. A Modern View of the Origin of the Universe (New York 1977); dt.: Die ersten drei Minuten. Der Ursprung des Universums (München–Zürich 1977).
12 *O. Heckmann*, Sonderbeitrag Astronomie, in: Meyers Enzyklopädisches Lexikon (Mannheim–Wien–Zürich 1971) Bd. II, S. 796–802; Zit. S. 801.
13 *K. R. Popper*, Logik der Forschung (1934; 6., verbesserte Auflage Tübingen 1976) S. XIV.
14 AaO S. XIX.
15 *W. Heisenberg*, Naturwissenschaftliche und religiöse Wahrheit, in: Schritte über Grenzen. Gesammelte Reden und Aufsätze (2., erweiterte Auflage München 1973) S. 348.
16 Mk 13; Lk 21; Joh 5, 25–29 usw.
17 Vgl. *G. Kraus*, Vorherbestimmung. Traditionelle Prädestinationslehre im Licht gegenwärtiger Theologie (Freiburg–Basel–Wien 1977).

18 Gemeinsame Synode der Bistümer in der Bundesrepublik Deutschland. Beschlüsse der Vollversammlung. Offizielle Gesamtausgabe Bd. I (Freiburg–Basel–Wien, 2., durchgesehene und verbesserte Auflage 1976) S. 92 f.
19 Vgl. *J. Moltmann,* Die Zukunft als neues Paradigma der Transzendenz, in: Internationale Dialog-Zeitschrift I (1969) 2–13; *ders.,* Theologie der Hoffnung. Untersuchungen zur Begründung und zu den Konsequenzen einer christlichen Eschatologie (München [5]1966).
20 Vgl. zum inflationären Gebrauch des Wortes »Eschatologie« *J. Carmignac,* Les Dangers de l'eschatologie, in: New Testament Studies 17 (1971) S. 365–390.
21 *E. Käsemann,* Gottes Gerechtigkeit in einer ungerechten Welt, in: SOG – Mitteilungen der Solidaritätsgruppe engagierter Christen in Österreich 9 (1979) Heft Nr. 3.
22 AaO S. 3.
23 AaO S. 5.
24 *Theresia von Jesu,* Sämtliche Schriften der heiligen Theresia von Jesu, Bd. IV (München 1941) S. 294 f.
25 *F. Heiler,* Das Gebet. Eine religionsgeschichtliche und religionspsychologische Untersuchung (München 1918; unveränderter Nachdruck der 5. Auflage mit Literaturergänzungen München–Basel 1969) S. 249.
26 *Augustin,* De civitate Dei XXVII, 30.
27 *H. Häring,* Was bedeutet Himmel? (Zürich–Einsiedeln–Köln 1980) S. 31.
28 Vgl. Ex 33, 20.
29 Mt 5, 8.
30 1 Kor 13, 12.
31 1 Joh 3, 2.
32 Mk 14, 25.
33 Mt 25, 1–13.
34 Lk 14, 15–24.
35 Vgl. 1 Henoch.
36 Vgl. Koran, Sure 75, 22 f.
37 Vgl. Koran, Sure 44, 54; Sure 55, 46–78; Sure 78, 31–34. Vgl. dazu *W. Montgomery Watt,* Der Islam I (Stuttgart–Berlin 1980) S. 219 f.
38 Vgl. *Thomas von Aquin,* Summa theologiae, Supplementum, Quaestio 91.
39 AaO Quaestio 96.
40 Jes 11, 6–9.
41 Jes. 65, 17 f.
42 Jer 31, 31–34.
43 Ez 36, 26 f.
44 1 Tim 6, 16.
45 1 Kor 2, 9.
46 *Boethius,* De consolatione philosophiae V, 6; zum Verhältnis Zeit und Ewigkeit vgl. *G. Ebeling,* Dogmatik des christlichen Glaubens Bd. III (Tübingen 1979) S. 408–436.
47 *E. Käsemann,* Die Gegenwart des Gekreuzigten, in: Christus unter uns. Vorträge in der Arbeitsgruppe Bibel und Gemeinde des 13. Deutschen Evangelischen Kirchentages, Hannover 1967 (Stuttgart 1967) S. 12.

EPILOG: JA ZUM EWIGEN LEBEN

1 *H. v. Ditfurth,* Wir sind nicht nur von dieser Welt. Naturwissenschaft, Religion und die Zukunft des Menschen (Hamburg 1981).
2 *K. Lorenz,* Die Rückseite des Spiegels. Versuch einer Naturgeschichte menschlichen Erkennens (München–Zürich 1973).
3 *H. v. Ditfurth,* Wir sind nicht nur von dieser Welt S. 189.
4 Eine allgemeinverständliche Einführung in die neueste Forschung gibt *H. Fritzsch,* Quarks. Urstoff unserer Welt (München–Zürich 1981).

5 *I. Prigogine – I. Stengers,* Dialog mit der Natur. Neue Wege naturwissenschaftlichen Denkens (München–Zürich 1980): »Es ist eine dramatische Geschichte. Es gab in der Tat Augenblicke, als dieses ehrgeizige Programm kurz vor seiner Vollendung zu stehen schien. Einer dieser Augenblicke war etwa die Formulierung von Bohrs berühmtem Atommodell, das die Materie auf einfache Planetensysteme aus Elektronen und Protonen reduzierte. Ein anderer Moment von großer Spannung verband sich mit Einsteins Versuch, sämtliche Gesetze der Physik zu einer einzigen ›einheitlichen Feldtheorie‹ zu kondensieren. Dieser gigantische Traum ist heute gescheitert. Wohin wir auch blicken, finden wir Entwicklung, Diversifikation und Instabilitäten. Das gilt interessanterweise für alle grundlegenden Ebenen – im Bereich der Elementarteilchen, in der Biologie und in der Astrophysik, die uns ein expandierendes Universum und die Entwicklung von Sternen zeigt, welche in der Bildung von Schwarzen Löchern kulminiert« (S. 10).
Das wichtigste Resultat der Diskussion um Instabilität und Irreversibilität der Prozesse (»der gemeinsame Pfeil der Zeit«) sieht Prigogine darin, daß die Zukunft nicht länger von vornherein gegeben, in der Gegenwart enthalten ist und daß in der Naturwissenschaft deshalb »das Ende des klassischen Ideals der Allwissenheit« (auch theoretisch) gekommen ist: »Die Naturwissenschaften haben sich somit auf der makroskopischen wie auf der mikroskopischen Ebene von einer Konzeption der objektiven Realität befreit, die glaubte, das Neue und das Mannigfaltige im Namen eines unwandelbaren universellen Gesetzes leugnen zu müssen. Sie haben sich von einer Faszination freigemacht, die uns die Rationalität als etwas Geschlossenes und die Erkenntnis als etwas Abschließbares erscheinen ließ. Dadurch sind sie offen geworden für das Unerwartete, das sie nicht länger zum Resultat einer unvollkommenen Erkenntnis oder einer unzureichenden Kontrolle erklären. Sie haben sich dem Dialog mit einer Natur geöffnet, deren Inhalt nicht durch eine alles beherrschende Rationalität erschöpft werden kann. – Wir gelangen zu einem Dialog mit einer offenen Welt, bei deren Konstruktion wir selbst eine Rolle spielen« (S. 284).

6 *J. Monod,* Zufall und Notwendigkeit. Philosophische Fragen der modernen Biologie (München ^{5}1973) S. 211.

7 *M. Eigen – R. Winkler,* Das Spiel. Naturgesetze steuern den Zufall (München 1975) S. 190 f.

8 *A. Camus,* L'Homme révolté (Paris 1951); dt.: Der Mensch in der Revolte (Hamburg 1953, Taschenbuchausgabe Reinbek ^{4}1972) S. 245.

9 *A. Camus,* L'Étranger (Paris 1953); dt.: Der Fremde (Taschenbuchausgabe Reinbek ^{10}1967).

10 AaO S. 120.

11 *S. Freud,* Die Zukunft einer Illusion (1927), in: Studienausgabe Bd. IX (Frankfurt 1974) S. 182.

12 Röm 8, 19–23.

13 1 Kor 15, 28.

14 Röm 11, 36.

15 Offb 21, 1–4.

16 Offb 22, 4 f.

Namenregister

Katholische Kirche – wohin?

Wider den Verrat am Konzil.

Herausgegeben von Norbert Greinacher und Hans Küng.
1986. 467 Seiten. Serie Piper 488

Was kritische Katholiken seit Jahren beklagen, wird hier nun auch einer breiteren Öffentlichkeit deutlich gemacht: Die katholische Kirchenleitung mit Papst Johannes Paul II. an der Spitze steuert einen restaurativen Kurs – wider den Geist des Zweiten Vatikanischen Konzils, zurück zu einem defensiv-engen römischen Katholizismus. In dieser Situation stellt sich nicht nur für Katholiken die Frage: Ist diese Entwicklung unabänderlich – oder gibt es die Chance, die Erneuerung der katholischen Kirche und den Prozeß ökumenischer Verständigung fortzusetzen? Zwanzig Jahre nach Abschluß des Konzils ziehen kritische Theologen und engagierte Christen in diesem Buch eine eigene Bilanz in vier Kapiteln: Kirchenleitung – Stagnation und Reaktion; Theologie – Restauration und Inquisition; Typische Vorgänge; Exemplarische Fälle.
In diesem Buch weisen sie auf verhängnisvolle Entwicklungen hin und plädieren engagiert für eine Weiterführung des »Aggiornamento«, wie es vom Konzil eingeleitet worden ist.

PIPER